普通高等教育经管类专业“十三五”规划教材

管理学

史秀云　刘俊贤　主　编
乔冠华　郑建志　刘文钊　刘悦男　副主编

清华大学出版社
北　京

内 容 简 介

管理学是研究管理过程的普遍规律、基本原理和一般方法的学科。本书针对应用型本科经管类专业特点编写而成，主要介绍管理的基本理论与基本方法，管理理论的演进，计划、组织、领导和控制等职能的相关理论。全书体系完整、思路清晰、重点突出。本书突出强调理论讲授与案例分析相结合、管理思想与管理实践相结合的教学理念。

本书既可作为本科经管类专业的教材，也可作为管理学爱好者的读物。

本书对应的电子课件、教案和教学周历可以到 http://www.tupwk.com.cn 网站下载。

图书在版编目(CIP)数据

管理学/史秀云，刘俊贤　主编. 一北京：清华大学出版社，2016（2018. 7重印）

(普通高等教育经管类专业“十三五”规划教材)

ISBN 978-7-302-43908-0

Ⅰ. ①管…　Ⅱ. ①史…　②刘…　Ⅲ. ①管理学一高等学校一教材　Ⅳ. ①C93

中国版本图书馆 CIP 数据核字(2016)第 111199 号

责任编辑：胡辰浩　马玉萍
封面设计：周晓亮
版式设计：孔祥峰
责任校对：曹　阳
责任印制：丛怀宇

出版发行：清华大学出版社

网　　址：http://www.tup.com.cn，http://www.wqbook.com
地　　址：北京清华大学学研大厦 A 座　　　邮　　编：100084
社 总 机：010-62770175　　　邮　　购：010-62786544
投稿与读者服务：010-62776969，c-service@tup.tsinghua.edu.cn
质 量 反 馈：010-62772015，zhiliang@tup.tsinghua.edu.cn
课 件 下 载：http://www.tup.com.cn，010-62781730

印 刷 者：北京富博印刷有限公司
装 订 者：北京市密云县京文制本装订厂
经　　销：全国新华书店
开　　本：185mm×260mm　　印　　张：20.25　　字　　数：492 千字
版　　次：2016 年 7 月第 1 版　　印　　次：2018 年 7 月第 2 次印刷
定　　价：39.00 元

产品编号：069508-01

前　言

管理学是在自然科学与社会科学的交叉点上建立和发展起来的一门综合性交叉学科，同时也是相关人员从事经营管理研究和实践必须掌握的基本知识和技能。

作为一门应用性很强的管理学科，国内外的许多学者和专家对此已有很多描述。本书作为管理学科的教材，在体系设计和内容安排上，我们更多地考虑了学习者的要求，并适当兼顾了该学科的系统性与整体性。根据这一思想，我们设计了本书的框架，全书以管理职能学说为主线，由十一章构成：第一章管理与管理者；第二章管理理论的形成与发展；第三章计划与决策；第四章组织；第五章人力资源管理；第六章激励；第七章沟通；第八章领导；第九章控制；第十章管理环境；第十一章管理的新趋势。本书既体现了管理学的全貌，又反映了管理学领域的新进展。

本书内容有以下特点。

(1) 结构系统性。以管理职能学说为主线，编排了十一章内容，详细分析了管理职能的主要内容，便于读者清晰掌握本课程的知识体系。

(2) 案例成熟性。为方便读者了解和掌握管理学知识，本教材每章均编写了导入案例并设有思考题。案例选取方面，既保留国外经典案例，又结合中国本土实际，选取了中国企业的案例。

(3) 结合实践性。重点突出基本理论的实际应用，将实际管理工作中经常用到的基本思想、基本原理和基本方法讲透。本书在每一章的结尾都安排了“趣味阅读”、“思考题”和“技能训练”，需要学生综合运用所学过的管理学知识，在课堂展开讨论或联系实际，甚至进行一定的实践之后才能回答，这能加深学生对所学知识的理解。

本书坚持管理学的一般性和普遍性原则，突出一般组织的管理共性。因此，本书不仅适用于普通高等院校，也适用于高等职业学校、高等专科学校、成人高校和民办高校，特别适合作为工商管理、行政管理、物流管理、人力资源管理、工程管理、市场营销、旅游与饭店管理等管理专业的专业骨干课教材，也可供五年制高职、中等职业学校学生参考使用，同时还可作为管理学知识普及用书。

本教材是多位老师合作的成果，是其多年教学和科研实践的结晶。参编的单位有：哈尔滨金融学院、黑龙江工程学院、黑龙江东方学院和哈尔滨市哈投供热公司等。史秀云、刘俊贤任主编，乔冠华、郑建志、刘文钊、刘悦男任副主编，徐向东参编。具体分工如下：史秀云撰写第三章，史秀云、郑建志、刘文钊撰写第八章，刘俊贤撰写第十章、第十一章，徐向东、刘悦男、刘俊贤撰写第一章，乔冠华撰写第六章、第七章、第九章，郑建志撰写第二章，刘文钊撰写第五章，刘悦男撰写第四章。另外，参加编写的人员还有徐向东、刘博文、王兰君、乔松淞、王秀和、杨丹丹、董胜、林鹿、杨柳、李博昊、耿晓龙、曾彩华、杨磊、艾欣、陈愉、郝馨玥、李健男、田玉兰、林桂妃、王田田。本书在编写过程中，参考了很多同类教材、著作和期刊等，限于篇幅，恕不一一列出，特此说明并致谢。由于受时间、资料、编者水平及其他条件限制，书中难免存在一些不足之处，恳请同行专家及读者指正。我们的邮箱是 huchenhao@263.net，电话是 010-62796045。

本书对应的电子课件、教案和教学周历可以到 http://www.tupwk.com.cn 网站下载。

目 录

第一章

管理与管理者

【本章学习目标】

通过本章的学习，读者应了解管理学的研究内容、研究方法和特征；理解管理的含义、职能，管理者的角色理论；掌握管理的性质、特征，管理者的分类及各项技能等内容。

【导入案例】

管理学是科学吗?

李强是国内某著名电器企业集团所属的电子研究所的高级工程师，他与所长王华是老朋友，经常在一起讨论问题。最近一个多月来，集团组织高层管理人员参加企业高级管理研讨班，请著名的专家学者来做讲座，以提高集团整体的管理水平。这天，王华刚从研讨班学习归来，就碰到了李强，两个人又聊了起来。

李强说："我觉得管理学与其说是一门科学，不如说是一门艺术，因为它没有科学基础。拿我现在做的工作来说，我正在设计一套人工模拟系统，我知道自己在做什么，也知道自己该怎么做，因为我有电子学、工程学、计算机技术知识和其他可以利用的科学知识。可是，作为这个项目的总负责人，能否做好整个项目的管理工作，我就没多少把握了。因为没有管理的科学理论来指导我。"

王华说："我记得你曾经向我借过两本管理学方面的书看过，没有得到什么启发么?"

李强说："我是看过几本管理方面的书，我的印象是：管理人员必须在一个封闭的系统的基础上进行管理，管理人员能够做的也就是亲切地同他的下属人员商量每件小事，同时制定严格的规章制度、工作程序，使下属人员不会做错。我看不出管理上有更多的科学。现在有那么多的管理学书本、文章，有那么多的管理学派和理论，但是，与数学、物理学这些精确的科学相比，管理学远不能称为科学。"

听了李强一席话，王华很吃惊。因为在这一个多月的研讨班学习期间，专家学者们不断地强调管理知识如何有用，又如何重要。但是他认为李强说的又确实有道理。该怎么回答他呢?

问题：(1) 如果你是王华，你应该怎样答复李强?

(2) 你认为管理学怎样才能更科学?

(资料来源：www.docin.com/p-486684216.html)

第一节　管理概述

一、管理的含义

管理实践活动历史悠久，人类进行管理的历史可以追溯到远古。纵观古今，无论是公元前214年，秦始皇命大将蒙恬率兵30万建造的万里长城，还是公元前2800年古埃及建造的金字塔；无论是战国时期李冰父子在成都岷江建造的都江堰水利工程，还是隋朝开凿的全长2000多公里的京杭大运河；无论是美国耗资20亿美元、耗时3年多制造出第一颗原子弹的“曼哈顿工程”，还是投资360亿、400多万科研人员参加、历时8年、迄今为止世界上最大的工程“阿波罗登月计划”，都得有统一的组织管理。

那么究竟什么是管理?对这个问题的回答可以说是众说纷纭，仁者见仁，智者见智。以下是几种有代表性的观点。

(1)《世界百科全书》的解释是：管理就是对工商企业、政府机关、人民团体以及其他各种组织的一切活动的指导。它的目的是要使每一行为或决策有助于实现既定的目标。

(2) 重视管理者个人领导艺术的管理学家认为：组织中一切有目的的活动都是在不同层次的领导者的领导下进行的，管理就是领导。

(3) 重视决策作用的管理学家认为：组织中任何工作都是通过一系列决策完成的，管理就是决策。

(4) 重视管理职能的管理学家认为：管理就是对被管理对象实施一系列管理职能的过程。

(5) 重视工作效果的管理学家认为：管理就是由一个或更多的人来协调他人的活动，以便收到个人单独活动不能收到的效果而进行的各种活动。

(6) 重视协调工作的管理学家认为：管理就是在某一组织中，为完成目标而从事的对人与物质资料进行协调的活动。

上述关于管理的概念，从不同的角度对管理进行了描述，综合各种观点，可以对管理做如下概括。

管理是指一个组织为了实现组织的目标，通过决策、计划、组织、领导、控制和创新等工作，对组织所拥有的资源进行合理配置和有效使用，以实现组织预定目标的过程。具体理解如下：

(1) 管理是一项有目标的活动，管理的核心就是实现组织的目标；

(2) 管理是一个过程，是实施决策、计划、组织、领导、控制和创新职能的过程；

(3) 管理实现目标的手段是通过合理配置和使用资源。

二、管理的重要性

随着社会经济的进步和发展，管理所起的作用越来越大，主要表现在以下几个方面。

(一) 管理具有广泛性

管理适合于任何类型的组织，如企业、行政机关、学校、医院、军队等都需要管理。因此，管理具有广泛性。当然，由于组织性质和组织目标不同，管理方式会有些差别，但所有类型的组织，其管理的原理和管理的方法都具有许多共性。

(二) 管理具有效益性

管理的效益性主要体现在：一个组织的效益与管理水平的高低密切相关，通常管理水平越高，组织的效益越好。管理在社会经济中，实际上起到放大和增效的作用，即放大组织中人力、物力、财力等要素的作用，增加各要素之间的效应。管理的效益性可以比作一个三极管。三极管的发射极，即输入极为各种资源以及科学技术等投入；集电极，即输出极为组织创造的经济效益；基极就是管理。有效的管理可以充分发挥资源潜力，为组织创造更多的经济效益；反之，无效的管理会给企业带来损失，甚至使企业破产。

(三) 管理是生产力要素

通常人们认为，生产力的构成要素中只包含劳动者、劳动对象和劳动手段 3 个物质要素。随着社会化大生产的发展，人们发现管理使生产力的 3 个物质要素有机结合起来构成现实的生产力。管理成为现实生产力的要素已被大量的事实所证明，并被越来越多的人认可。甚至有人提出，生产力除了包括 3 个物质要素之外，还包括两个非物质要素，即管理和科学技术。科学技术必须体现在 3 个物质要素之中，才能成为现实的生产力。管理是体现在组织 3 个物质要素，组织得好，将产生正效果；组织得不好，将产生负效果。

三、管理的两重性

马克思在分析资本主义管理的性质和职能时指出：凡是直接生产过程具有结合过程的形态，而不表现为独立生产者的孤立劳动的地方，都必然会产生监督劳动和指挥劳动。不过它具有二重性。马克思论述的管理的二重性的主要内容是：①任何社会的管理都具有二重性，即管理的自然属性和管理的社会属性；②管理的二重性表现为合理组织生产力和维护生产关系两种管理职能；③“指挥劳动”是同生产力直接相联系的，是由共同劳动的社会化性质产生的，是进行社会化大生产的一般要求和组织劳动协作过程的必要条件，它体现了管理的自然属性；④“监督劳动”是同生产关系直接相联系的，是由共同劳动所采取的社会结合方式的性质产生的，是维护社会生产关系和实现社会生产目的的重要手段，它体现了管理的社会属性。

(一) 自然属性

管理的自然属性是由共同劳动的社会化性质决定的、与生产力相联系的、不以人们的意志为转移也不因社会制度不同而改变的一种客观存在的性质。正如马克思在百余年前的论证：一切规模较大的直接社会劳动或共同劳动，都或多或少地需要指挥，以协调个人的活动，并执行生产总体的运动(不同于这一总体的独立器官的运动)所产生的各种一般职能。一个单独的提琴手是自己指挥自己，一个乐队就需要一个乐队指挥。

人类的任何活动都需要管理，这是由人类的共同劳动的社会化性质决定的。管理是人类社会活动的客观需要，如果没有管理，社会的生产、交换、分配活动都不可能正常进行，社会劳动过程就会发生混乱。管理也是生产力，任何社会、任何企业，其生产力水平的高低取决于各种经济资源是否得到有效利用以及社会劳动者的积极性是否得到充分发挥，而这两者都依赖于管理。具有同样资源和劳动力的社会和企业，之所以表现出不同的生产力水平和经营效果，原因主要在于管理水平不同。因此，管理是生产力。

由于管理贯穿于各种社会活动中，从这一点上讲体现的是管理的一般职能，但是这些一般职能是需要通过管理的基本职能表现的。

(二) 社会属性

管理的社会属性是由共同劳动所采取的社会结合方式的性质决定的，是同生产关系直接相联系的，是由维护社会生产关系和实现社会生产这一目的决定的一种性质。管理的社会属性实际上体现的就是“为谁管理’的问题。在漫长的人类历史中，管理历来是为统治者实现社会生产目的服务的，因此，管理就必然是维护生产关系的。

马克思曾对资本主义社会做过深刻论述：资本家的管理不仅是一种由社会劳动过程的性质产生并属于社会劳动过程的特殊职能，它同时也是剥削社会劳动过程的职能，因而也是由剥削者和他所剥削的原料之间不可避免的对抗决定的。

随着社会经济的发展，在资本主义社会，管理的社会属性已经不能简单地体现为资本家剥削工人的工具。因为管理者在行使管理职能时，既要满足资本家及所有股东对股息和红利的要求，又要满足职工物质和精神的需要；既要保证扩展企业实力的需要，又要考虑到广大消费者的利益；既要追求企业的最大利润，又要处理好企业与政府的关系。但是，从本质上讲，管理仍没有改变剥削性，只是披上了一层公平和民主的面纱，从形式上看更巧妙了。

在社会主义社会中，管理的社会属性体现为任何组织和个人在行使管理职能时，都要从全社会的整体利益出发，自觉地让局部利益服从全局利益，让个人利益服从集体利益。我国随着经济体制改革的深入，公有制的形式正在向多样化方向发展，但是，管理的社会属性并没有发生根本改变。管理是为人民服务的，管理的目的就是使人与人之间的关系，国家、集体和个人之间的关系更加协调。任何管理者都应当成为人民的公仆，人民应当真正成为社会组织的主人。

管理二重性的理论是指导人们认识和掌握管理特点和规律，实现管理目标的有力武器。只有认识和掌握管理二重性的原理，才能分清不同社会制度下管理的共性和个性，正确处理学习与创新的关系。

四、管理的基本职能

管理作为一个工作过程，管理者在其中要发挥的作用，就是管理者的职能，也就是通常所说的管理职能。这里职能一词指的是“活动”、“行为”的意思，因此，一项职能就表示一类活动，而管理的基本职能就是管理工作包括的几类基本活动内容。基本职能具体包括以下几项。

(一) 计划

计划是对未来活动如何进行的预先筹划。人们从事一项活动之前，首先要制定计划，这是进行管理的前提。计划工作主要包括以下内容。

(1) 研究活动条件。组织的业务活动是利用一定条件在一定环境中进行的。活动条件研究包括内部能力研究和外部环境研究。内部能力研究主要是分析组织内部在客观上对各种资源的拥有状况和主观上对这些资源的利用能力；外部环境研究是要分析组织活动的环境特征及其变化趋势，了解环境是如何从昨天演变到今天，以找出环境的变化规律，并据以预测环境在明天可能呈现的状态。

(2) 制定业务决策。活动条件研究为业务决策提供了依据。所谓业务决策，是在活动条件研究的基础上，根据这种研究所揭示的环境变化中可能提供的机会或造成的威胁，以及组织在资源拥有和利用上的优势和劣势，确定组织在未来某个时期内的活动方向和目标。

(3) 编制行动计划。确定了未来的活动方向和目标以后，还要详细分析为了实现这个目标，需要采取哪些具体的行动，这些行动对组织的各个部门和环节在未来各个时期的工作提出了哪些具体的要求。因此，编制行动计划的工作，实质上是将决策目标在时间上和空间上分解到组织的各个部门和环节，对每个单位、每个成员的工作提出具体要求。

(二) 组织

计划要能够实现，还必须落实到组织的每个环节和岗位，这是组织工作的任务。为了保证计划活动的有效实施，管理的组织职能要完成下述工作。

(1) 设计组织。包括设计组织机构和结构。机构设计是在分解目标活动的基础上，分析为了实现组织目标需要设置哪些岗位和职务，然后根据一定的标准将这些岗位和职务加以组合，形成不同的部门；结构设计是根据组织业务活动及其环境的特点，规定不同部门在活动过程中的相互关系。

(2) 人员配备。是根据各岗位所从事的活动的要求以及组织员工的素质和技能特征，将适当的人员安置在组织机构适当的岗位上，使适当的工作由适当的人去做。

(3) 开动组织。是指向配备在各岗位上的人员发布工作指令，并提供必要的物质和信息条件，以开动并维持组织的运转。

(4) 监视组织运行。是指根据业务活动及其环境特点的变化，研究与实施组织机构与结构的调整与变革。

(三) 领导

为了有效地实现业务活动的目标，不仅要设计合理的组织，把每个成员安排在适当的岗位上，还要努力促使每个成员以高昂的士气、饱满的热情投身到组织活动中去。这便是领导工作的任务。所谓领导是指利用组织赋予的权力和自身的能力去指挥和影响下属为实现组织目标而努力工作的管理活动过程。有效的领导要求管理人员在合理的制度(领导体制)环境中，利用优秀的素质，采用适当的方式，针对组织成员的需要及行为特点，采取一系列措施去提高和维持组织成员的工作积极性。

(四) 控制

控制是为了保证组织按预定要求运作而进行的一系列工作，包括根据计划标准，检查和监督各部门、各环节的工作，判断工作结果与计划要求间是否存在偏差。如果存在偏差，则要分析偏差产生的原因以及偏差产生后对业务活动的影响程度。在此基础上，如果有必要的话，还要针对原因，制定并实施纠正偏差的措施，以确保计划活动的顺利进行和计划目标的有效实现。

控制不仅是对某时点以前的组织活动情况的检查和总结，而且可能要求某时点以后对组织的业务活动进行局部甚至全局的调整。因此，控制在整个管理活动中起着承上启下的连接作用。

上文简明地介绍了管理的基本职能。从这些职能在时间方面的逻辑关系来看，它们通常按照一定的先后顺序发生，即先计划，继而组织，然后领导，最后控制。但从不断持续进行的实际管理过程来看，在进行控制工作的同时，往往又需要编制新的计划或对原计划进行修改，并开始进行新一轮的管理活动。这意味着管理过程是一个各职能活动周而复始的循环过程，而且由于管理工作过程的复杂性，实际的管理职能并不一定会按某种固定的模式或顺序进行。

关于管理职能问题，这里还需补充说明以下几点。

(1) 不同业务领域在管理职能内容上有差别。虽然管理工作和作业工作是两类性质不同的工作，但管理工作通常需要紧密地联系作业工作去做。由于不同组织、不同部门的具体业务领域各不相同，其管理工作也就表现出各自不同的特点。例如，同为计划工作，营销部门做的是产品定价、推销方式、销售渠道等的计划安排，人事部门做的是人员招募、培训、晋升等的计划安排，财务部门做的则是筹资规划和收支预算，它们各自在目标和实现途径上都表现出不同的特点。当然，在不同的组织层次上，管理工作与作业工作联系的密切程度是不一样的。一般说来，低层次的管理工作与作业工作联系得较为紧密，而高层次的管理工作与作业工作的联系就相对少一些。

(2) 对管理职能的认识不断深化。对计划、组织、领导和控制 4 个基本职能，早在 20 世纪初管理界就已有认识。时至今日，这种认识也未发生根本性的变化。只是随着管理理论研究的深化和客观环境对管理工作要求的变化，人们对管理职能有了进一步的认识。这表现在，一方面人们对于上述各项基本职能所涵盖的内容和所使用的方法已经加深了理解；另一方面，人们在此基础上又提出了一些新的管理职能，或者更准确来说，是对原有 4 个职能的某些方面进行强调，从中分离出新的职能，其中特别值得一提的是决策和创新这两个职能。

决策职能从 20 世纪 50 年代开始受到人们的重视。决策贯穿管理过程的始终。因为无论计划、组织、领导还是控制，其工作过程说到底都是由决策的制定和决策的执行两大部分活动所组成的。决策渗透于管理的所有职能中，所以管理者在某种程度上也被称为决策者。

管理界对于创新职能的重视始于 20 世纪 60 年代。因为当时市场正面临着急剧变化，竞争在日益加剧，许多企业感到不进行创新就难以生存下去，所以有不少管理学者主张将创新看成是管理的一项新职能。所谓创新，顾名思义，就是使组织的作业工作和管理工作都不断地有所革新、有所变化。创新与使组织按照既定方向及轨迹持续运行——谓之“维持”，常常是有矛盾的。有效的管理工作，就是要在适度的维持与适度的创新之间取得平衡。

五、管理学的特点

(一) 管理学是一门综合性的学科

管理活动是非常复杂的，管理者作为管理活动的主体，需要具备广泛的知识才能进行有效的管理活动。例如，作为公司的总经理，要处理决策、计划和生产等问题，因此必须具备统计学、工艺学、数学和经济学等知识；同时，作为总经理，要处理与人有关的问题，因此，必须具备心理学、社会学、生理学和伦理学等知识。可见，管理活动的复杂性和多样性决定了管理学内容的综合性，管理学是一门综合性的学科。

管理学主要涉及的学科有哲学、心理学、人类学、社会学、经济学、历史、生理学、伦理学、数学、统计学、运筹学、系统论、会计学、理财学、工艺学、计算机应用、教育学和法学等。因此，管理者要在掌握管理知识的同时，具备丰富的知识，以提高管理工作的有效性。

(二) 管理学是一门具有艺术性的学科

管理学作为一门科学，主要体现在它以反映客观规律的管理理论和方法为指导，有一套分析问题、解决问题的科学的方法论。管理学发展到今天，已经形成了比较系统的理论体系，揭示了一系列具有普遍应用价值的管理规律，总结出了许多管理原则。

管理学作为一门指导人们从事管理工作的科学，不可能为管理者提供所有管理问题的标准答案。管理学只是探索管理的一般规律，提出管理的一般理论、原则和方法等，而这些理论、原则和方法的应用，还要求管理者必须从实际出发，具体问题具体分析。从这个意义上讲，管理学作为一门学科又具有一定的艺术性。正如美国管理学家哈罗德·孔茨(Harold Koontz)所指出的："最富有成效的艺术总是以对它所依借的科学的理解为基础。因此，科学与艺术不是相互排斥的，而是相互补充的。"

管理的科学性和艺术性是相互补充的。不注重管理的科学性，只注重管理的艺术性，这种艺术性就会表现为随意性；相反，不注重管理的艺术性，管理科学就会变成僵硬的教条。管理的科学性来源于实践，管理的艺术性要结合具体情况并在实践中体现出来，两者是统一的。

(三) 管理学是一门不精确的学科

科学分为精确学科和不精确学科。精确学科是指在给定条件下能够得出确定结果的学科。例如，数学就是一门精确学科，只要给出一定的条件，按照一定的方法就能得出确定的结果。但是，管理学不同，在已知条件完全相同时，有可能产生截然不同的结果。例如，两个企业，即使在生产条件、资源等完全相同的情况下，其产生的经济效果也可能相差甚远。

造成管理学是一门不精确学科的原因主要是影响管理效果的因素很多，并且这些因素是不确定的。如国家的政策、法规，自然资源的变化，竞争者的决策，人的心理等因素的不确定性。

随着科学技术的发展，特别是数学和计算机科学的发展，定量分析在管理中得到了广泛应用，但是，无论如何，管理学都不可能成为一门精确的学科。

(四) 管理学是一门应用性学科

管理者要想实施有效的管理活动，不仅要掌握一定的管理知识和理论，而且要能熟练灵活地将所掌握的管理知识用于实践。这一点与其他学科不同，例如，学会了数学方法，就能解数学方程，学会了化学方程式，就能做化学实验。但是，如果管理者仅仅掌握一定的管理知识，即使背会了所有的管理学原理，也不一定能有效地进行管理活动。因此，管理学是一门应用性很强的学科。

管理学的应用性使管理者必须要在掌握管理知识的基础上，通过实践和应用，培养灵活运用管理知识的技能。管理不可能脱离实践，管理理论必须与管理实践相结合。

六、管理学的学科体系

对于管理学的学科体系，我们可以从以下 3 个方面进行讨论。

(一) 管理学是一个包括许多分支学科的学科体系

在整个人类社会中，人们会按照专业化分工的原则从事各种各样的工作，社会也因此形成各种各样的部门或行业，这样也就有各个部门或行业的管理活动，也就形成了以不同的部门或行业的管理活动的内在规律性作为自己研究对象的不同部门或行业的管理学，即形成了许多以不同的管理活动作为自己的研究对象的管理学的分支学科，诸如经济管理学、军队管理学、行政管理学、教育管理学和体育管理学等。而在每一个分支学科中，又形成了许多更细的分支学科。如经济管理学又可以再分成宏观(国民)经济管理学、中观(部门)经济管理学、微观(企业)经济管理学等。企业管理学又可以按企业类型的不同分成工业企业管理学、农业企业管理学、商业企业管理学等；还可以按管理职能的不同分成生产管理学、财务管理学、质量管理学、技术管理学、营销管理学、劳动管理学和设备管理学等。

(二) 管理学是一门吸收许多其他学科知识的交叉学科

对于人类的各种社会活动来说，要能取得有效的活动效果，就需要有效的管理。而人类所从事的各种社会活动各有其自身的内在规律性。作为协调他人活动的管理活动，要能取得有效的管理成效，就必须对自己的管理对象的活动规律性有清楚的了解。比如说，要对科研活动进行有效的管理，就必须了解科研活动的内在规律性，要想提高教育管理工作的成效，就必须了解教育活动的内在规律性。因此，以管理活动的规律性作为自己的研究对象的管理学就必然要吸收其他各门学科的知识来充实自己，才能使管理的理论对管理的实践有真正的指导意义。这是一个方面。

另一个方面，就对人类的某一方面的社会活动进行协调的管理活动来说，要想有效地解决社会活动的协调问题，本身也需要有各个方面的知识。比如说，在企业管理中的决策问题，需要决策者具有有关工艺技术方面的知识，使决策者对决策问题本身的内在规律性有清楚的了解；需要决策者具有有关决策方法的知识，如数学、运筹学、排队论等方面的知识，使决策者能掌握科学的决策方法；需要决策者具有有关会计和财务管理方面的知识，使决策者在决策时有明确的经济效益的观点；需要决策者具有有关心理学方面的知识，使决策者在决策时能了解组织中员工的心理活动的规律，充分地调动员工的工作积极性。

因此，以管理活动的内在规律性作为自己研究对象的管理学，就必须吸收其他各门学科如经济学、政治学、社会学、心理学、工艺技术学、数学、运筹学、会计学等的知识来充实自己。它是一门新兴的交叉学科。

但是，管理学在吸收其他学科的知识来充实自己的时候，并不是把各门学科的知识进行简单加总，而是以管理学自己的核心知识为基础，吸收其他各门学科中的有用知识，形成管理学自己的学科理论体系。管理学的核心知识包括管理过程理论、管理职能理论、管理决策理论等。管理学正是以这些核心知识为基础，吸收其他各门学科的知识来充实自己，形成管理学自己的理论体系。

管理学在吸收其他学科的知识来充实自己的同时，要注意把管理学与其他学科区分开来。管理学仅仅是吸收其他学科的有用知识来充实自己，其他学科并不能取代管理学。因此，要在管理学与其他学科之间划分界限，其他学科的知识在管理学上的应用可能对管理思想、管理方法、管理工具和管理手段等的形成和发展会有所帮助，但它们并不能代替管理学本身。

(三) 管理学是一门包括多个知识层次的综合性的学科体系

管理学是以管理活动的内在规律性作为自己的研究对象的。尽管不同组织的管理活动有自己不同的特点，有自己活动的规律性，但是，在各种组织之间，管理活动仍然有其共同的普遍性的一面。以这共同的普遍性的管理活动的内在规律性作为自己的研究对象，就形成了基础理论层次(即第一层次)的管理学，也就是本书所研究的管理学原理。

以管理学基本理论为指导，管理学要研究能适用于各种组织的管理方法、管理工具和管理手段，这就形成了管理学学科体系中第二个层次的管理科学理论，即有关管理的方法、工具和手段的理论，如数量化管理方法、电子计算机在管理中的应用、管理信息系统、管理系统工程等。由于不同领域和不同组织的管理活动有其不同的规律性，因此在管理学的学科体系中就形成了以不同组织或不同的管理活动领域为研究对象的管理学理论，这就是属于专门领域(即第三层次)的管理学理论，如工业企业管理学、商业企业管理学、旅游企业管理学、财务管理学、生产管理学、质量管理学、劳动管理学和营销管理学，等等。

第二节　管理者

一、管理者的定义

美国管理学大师德鲁克曾给“管理人员”下定义：在一个现代的组织里，每一个知识工作者如果能够由于他们的职位和知识，对组织负有贡献的责任，因而能够实质性地影响该组织经营及达成成果的能力者，即为管理人员。这一定义，强调作为管理人员首要的标志是必须对组织的目标负有贡献的责任，而不是权力；只要共同承担职能责任，对组织的成果有贡献，他就是管理人员，而不在于他是否有下属人员。依据这一分析，管理人员的定义应为：管理人员是指履行管理职能，对实现组织目标负有贡献责任的人。

二、管理者的类型

管理人员的类型，我们可以从一个组织的纵面和横面进行分类。

(一) 纵面

从纵面，即按管理层次划分，大多数人都把管理人员分为高级、中级和第一线(又称基层或作业线)管理人员。

(1) 高级管理人员。它指一个组织中最高领导层的组成人员，他们在一个组织内的管理人员中占的数量很小，主要包括企业组织中的董事会董事、总裁、总经理和副总经理以及其他高级职员等。高级管理人员负责制定组织目标、总战略，掌握方针政策和评价整个组织的业绩。他们在对外交往中，往往以代表组织的“官方”身份出现。

(2) 中级管理人员。这一层管理人员的数量较大，包括分厂、分公司的厂长、经理、总公司下属分部经理等。他们的主要职责是执行高级管理层做出的计划和决策，把高层制定的战略目标付诸实践。他们负责向最高管理层直接报告工作，同时负责监督和协调第一线管理人员的工作。与最高管理层相比，他们更注意组织日常的管理事务。最新的调查研究报告表明：如果中级管理人员被授权的话，组织内生产和改革的步伐都会更快。

(3) 第一线管理人员。它主要包括：车间主任、工长、基层单位主管人员、监督人员和办公室负责人等。他们的主要职责是给下属人员分派具体工作任务，监督下属人员的工作情况，协调下属人员的活动，使大家都能完成既定的目标。他们直接向中层管理人员报告工作。

(二) 横面

从横面，即按管理工作的性质与领域划分，一般有以下几种类型的管理人员。

(1) 市场管理人员。他们的基本工作都与市场有关——市场调查分析、产品促销、市场推广、广告宣传、顾客服务、营销策划、网络销售等。市场经济条件下，市场对企业的重要性决定了市场管理人员的重要作用。

(2) 财务管理人员。他们基本上都与组织的金融资源打交道。具体来说，财务管理的主要职责包括：资金的筹措、预算、核算、投资和财务监控等。

(3) 生产管理人员。他们主要的工作包括：建立能为组织制造产品和提供服务的系统，负责制定计划和控制组织日常的生产活动、生产规划、质量控制、工厂及设备的选择和布局等。现在，越来越多的人都更为注意改进生产工艺、提高产品质量、保护及充分利用有限的资源等问题，这就使生产管理人员在企业组织中的地位变得越来越重要了。

(4) 人事管理人员。人事管理人员的主要职责是对人力资源进行管理。具体来说，人事部门主要负责人力资源的计划、招聘和选择组织所需要的合格人才，并对这些人才进行有效的培训和合理的使用，建立合理而有效的业绩评估、晋升、奖励和惩罚以及报酬制度等。在市场经济条件下，企业之间的竞争本质上是人才的竞争。随着国内外对人才竞争态势的日趋加剧，人事部门的工作将会变得越来越繁多和重要。

(5) 行政管理人员。对一个组织来说，行政管理人员也是极为重要的。比起从事某一专业方面工作的管理人员来说，他们从事的工作更加综合化，管理实践的面更广，因此，他们富有各个方面的管理经验，对管理职能也更加熟悉。

(6) 其他方面的管理人员。除了上述的各种管理人员以外，在国内外的企事业单位还有其他专职的管理人员。例如，公共关系管理人员，主要负责处理公共关系方面的事务；研究与开发方面的管理人员，他们专门负责协调科技人员和工程师，以便进行科技项目和新产品的开发。

三、管理者应具备的技能

一个管理人员要想把计划、组织、领导、控制和创新这些管理职能付诸实践，要想在变化万千的复杂环境中进行有效管理，实现组织目标，获得成功，就必须使自己具备必要的管理技能。这些管理技能主要包括以下 3 个方面。

(一) 技术技能

技术技能是指管理人员掌握与运用某一专业领域内的知识、技术和方法的能力。技术技能包括：专业知识、经验；技术、技巧；程序、方法、操作与工具运用熟练程度等。这些是管理人员对相应专业领域进行有效管理所必备的技能。

特别是第一线管理人员，技术技能尤为重要。第一线管理人员的主要工作包括：训练下属人员和回答下属人员有关具体工作方面的问题。因此，他们必须知道如何去做自己下属人员所做的各种工作。只有这样，才能成为下属所尊重的有效的管理人员。例如，工厂的生产车间主任，就必须懂得有关操作机器设备方面的知识，要懂得各种操作技术，而且还要负责给下属人员做示范，教会他们，在组织车间工人的生产和各种活动中，还要有正确的工作方法。

(二) 人际技能

一个管理者的大部分时间和活动都是与人打交道的：对外要与有关的组织和人员进行联系、接触；对内要联系下属，了解下属，协调下属，还要善于激励诱导下属人员的积极性(即做人的工作)。所有这些都要求管理人员必须具备人际关系方面的技能。许多实践证明，人际关系技能是管理者必须具备的技能中最重要的一种技能。这种技能对各层次的管理人员都具有同等重要的意义。

(三) 概念技能

概念技能是指一个管理者进行抽象思考、形成概念的能力。作为一个管理者需要快速敏捷地从混乱而复杂的环境中辨清各种因素的相互联系，能抓住问题的实质，并根据形势和问题果断地做出正确的决策。概念技能包括：对复杂环境和管理问题的观察、分析能力；对全局性的、战略性的、长远性的重大问题处理与决断的能力；对突发性紧急事件的应变能力等。其核心是一种观察力和思维力。这种能力对于组织的战略决策和发展具有极为重要的意义，是组织高层管理者所必须具备的，也是最为重要的一种技能。

上述 3 种技能，对任何管理者来说，都是应当具备的。但不同层次的管理者，由于所处位置、作用和职能不同，对 3 种技能的需要程度则明显不同。高层管理者尤其需要概念技能，而且，所处层次越高，对这种概念技能要求越高。这种概念技能的高低，成为衡量一个高层管理者素质高低的最重要的尺度。而高层管理者对技术技能的要求就相对低一些。与之相反，基层管理者更重视的却是技术技能。由于他们的主要职能是现场指挥与监督，所以若不掌握技术技能，就难以胜任管理工作。当然，相比之下，基层管理者对概念技能的要求就不是太高。

四、怎样才能成为一名成功的管理者

要做好自己所承担的管理工作，并获得成功，当然要学好管理学和管理学科中其他相关课程的基本思想、理论和方法，指导自己的管理工作实践，在实践中加以创造性的运用，不断总结，不断提高。做到这一点是完全必要的，但是还不够。

(一) 要具有优秀的品德

自党的十一届三中全会以来，中国的经济建设快速发展。目前又面临着两个根本性转变的重大时刻，往往在变革、社会向前发展的时候，总会涌现出一大批杰出的英雄人物，其中就包括优秀的企业家，同时也总会有昙花一现的人物。这些人物风光一时，最终还是被历史无情淘汰，究其原因，挡不住金钱的诱惑而贪婪成性、追求享乐而无穷尽地挥霍国家或集体的财富、权钱交易、自我恶性膨胀……，根源还是人生观的问题——为什么活在世界上。正确树立人生观是具备优秀品德的首要之点。

一个人具有什么样的品德，核心是他有什么样的价值观。价值观是抽象的，它体现了每个人对周围客观存在的、影响自身发展的各种事物的重要性的看法和评价，从他的思想观念和行为准则上表现出来。中华民族的腾飞将是一个较长时间的过程，振兴中华，匹夫有责，作为管理者更要有强烈的使命感和紧迫的责任感，把小我融合到振兴中华的伟业中去，把远大的理想落实到本职工作中，怀着强烈的进取心，渴望在管理工作的岗位上有所作为，踏踏实实，勇挑重担，克服种种困难，在工作中做出贡献。

(二) 要有丰富的知识

我们已经论述过管理学是一门综合性强的学科，在学习管理学时要涉及许多学科。在管理工作的实践中，也要接触到管理学科和其他学科的知识。

以企业为例，要做好管理工作就要熟悉与本企业相关的许多工程技术方面的知识。计算机在企业中的应用越来越广泛，办公自动化(Office Automation，OA)、管理信息系统(Management Information System，MIS)、决策支持系统(Decision Support System，DSS)等，已经成为管理工作中不可缺少的组成部分，这就需要管理者熟练掌握使用计算机的方法以及管理工作中的业务知识。管理者要有心理学方面的知识，用于协调上下、左右的关系，做好人的工作；要掌握政治、经济方面的知识，以学好和掌握好党的方针、政策和国家的有关法规，把握经济发展的规律。

特别要强调的是管理者需要掌握法律知识。市场经济在某种意义上可以说是法制经济，在市场经济体制中，企业与企业间、企业与消费者间的关系和行为要靠法律来规范。近年来，全国人大加紧制定各项法律，各省市人大也纷纷出台了许多地方性的条例，在全国持续展开了法制教育，这都是为了使国家和经济能在一个健全的法律体系中正常运行。与企业有关的法律，如“公司法”、“合同法”、“反不正当竞争法”、“专利法”等越来越健全。企业要在法律允许的范围内运行，需要管理者自觉学习法律方面的知识，同时也要会运用法律武器来维护企业的正当权益，在市场经济错综复杂的情况下，企业被人钻了法律的空子而上当受骗的案例不在少数，这也迫使管理者非要认真学习法律知识不可。

也许你会说，我的本职工作是管理而不是去当一个专业的律师，不可能熟知各种法律的条文。但是管理工作需要管理者学习法律方面的知识，建立法制观念，这样一旦有了问题你就可以去找企业聘请的法律顾问或律师事务所的律师征求意见和寻求法律上的帮助。特别是企业在采取重大行动时，在签订重大合同时，事先都要详细征求律师的意见，避免因可能会出现的漏洞而造成损失和遗憾。

(三) 要有良好的心理素质

一个人具有很高的智商和很强的能力，未必能在他的事业中获得成功，这说明还有一个因素——心理素质在起着很重要的作用。而这一点往往容易被人所忽略。

一个管理者在日常工作中可能由于疏忽而造成了失误；也可能在与同事的交往中，一片好意被人误解；也可能遇到了新问题，在新产品开发中、在开拓新市场中、在工作中采用新方法时大胆创新，但未获成功；也可能在解决困难的过程中，遇到了挫折；还可能在与对手的竞争中，遇到了失败。诸如此类，举不胜举。此时，首先遇到的问题是：在困难、误解、风险、失败、挫折面前你能否承受住巨大的压力。能，则还有前进和成功的可能。否，为压力所压垮，什么也谈不上。在人的一生中，遭受挫折和失败是常事，而以良好的心理素质来承受各种压力就不是人人都能做到的，再加上一些客观原因，事业上的成功者只是少数。

要有很强的自我控制能力，一个人会有顺利的时候、成功的时候，也会有遇到困难的时候。自己的好主意、好办法，不能被别人接受，甚至遭到拒绝；下级未能按指示办，把事情办砸了；在工作中、生活中，遇到了不顺心的事；到了一个新环境，人生地不熟，焦虑不安。这时人的情绪往往波动大，这就需要有很强的自我控制能力才行，控制情绪、控制言行。在承受压力的同时，也需要有自我控制能力。

在工作中要能承受压力，要能自我控制；在生活中也是如此。但是一个人不可能永远在压力下生活，这就需要自我调节，有张有弛。以乐观的态度看待人生，看待竞争和压力，适时调节一下自己的生活，参加一些娱乐活动，休几天假养精蓄锐，适当地转移一下自己的兴奋点，阅读几本书，做些手工。

除了要具有优秀的品质、丰富的知识和良好的心理素质外，注意自己的穿着、仪表、举止和谈吐也都是必要的。

(四) 重视实践

成功的管理者不可能是天生的。要承认一个人的天赋在成长过程中的作用，但是更要强调教育和实践的作用。在学校里接受教育，学习各种知识，打好基础。走上工作岗位后，根据需要可以再回校深造。接受教育是成长过程中不可缺少的，但又不是为了学习而学习，学是为了用，从这一点上说，实践是成长的关键。

管理者要在事业中获得成功，必须要在管理工作的实践中经受磨炼，积累经验，增长才干，不断学习，不断提高素质，舍此别无他法。

第三节　管理环境与管理方法

一、管理的对象

管理的对象包括：人、财、物、时间、信息五要素。

人指被管理的生产人员、技术人员，以及下属管理人员。对人的管理，从长远的发展来看，还应包括对预备劳动力的培养教育，以及对整个人力资源的开发利用。人是社会系统中最基层的子系统，是社会的细胞，高效能的管理应该使人尽其才，才尽其用。

财包括经济和财务，是一个组织在一定时期内所掌握和支配的物质资料的价值表现。对财力的管理就应该按经济规律进行有效管理，使资金的使用保证管理计划的完成。

物是指设备、材料、仪器、能源，以及物资。要做到物尽其用，提高其利用率。

时间是物质存在的一种客观形式，表现为速度、效率，是由过去、现在、将来构成的连绵不断的系统。高效能的管理应该考虑如何在尽可能短的时间内，做更多的事情，充分利用时间。

信息是具有新内容、新知识的消息。在整个管理过程中，信息是不可缺少的要素，信息的管理是提高管理效能的重要部分。

二、管理环境

斯蒂芬·P. 罗宾斯将管理环境定义为对组织绩效起着潜在影响的外部机构或力量。管理的环境是组织生存发展的物质条件的综合体，它存在于组织界限之外，并可能对管理当局的行为产生直接或间接影响。

(一) 管理环境的基本概念

任何组织都是在一定环境中从事活动的；任何管理也都要在一定的环境中进行，这个环境就是管理环境。管理环境是指存在于一个组织内外部的影响组织业绩的各种力量和条件因素的总和，包括组织外部环境和内部环境。

管理环境的特点制约和影响管理活动的内容和进行。管理环境的变化要求管理的内容、手段、方式、方法等随之调整，以利用机会，趋利避害，更好地实施管理。

(二) 外部环境和内部环境

管理环境分为外部环境和内部环境，外部环境一般包括政治环境、社会文化环境、经济环境、技术环境和自然环境。内部环境包括人力资源环境、物力资源环境、财力资源环境以及内部文化环境。

外部环境是组织之外的客观存在的各种影响因素的总和。它是不以组织的意志为转移的，是组织的管理必须面对的重要影响因素。

对非政府组织来说，政治环境包括一个国家的政治制度，社会制度，执政党的性质，政府的方针、政策、法规法令等。文化环境包括一个国家或地区的居民文化水平、宗教信仰、风俗习惯、道德观念、价值观念等。

经济环境是影响组织，特别是企业的重要环境因素，它包括宏观和微观两个方面。宏观经济环境主要指一个国家的人口数量及其增长趋势、国民收入、国民生产总值等。通过这些指标能够反映国民经济发展水平和发展速度。微观经济环境主要指消费者的收入水平、消费偏好、储蓄情况、就业程度等因素。

科技环境反映了组织物质条件的科技水平。科技环境除了直接相关的技术手段外，还包括国家对科技开发的投资和支持重点；技术发展动态和研究开发费用；技术转移和技术商品化速度；专利及其保护情况等。

自然环境，包括地理位置、气候条件及资源状况。地理位置是制约组织活动的一个重要因素。

不同的组织有一般的共同环境，同时其也要在一定的特殊领域内活动。一般环境对不同类型的组织均产生某种程度的影响，而与具体领域有关的特殊环境则直接、具体地影响着组织的活动。如企业需要面对的特殊环境包括现有竞争对手、潜在竞争对手、替代品生产情况及用户和供应商的情况。

外部环境与管理相互作用，一定条件下甚至对管理有决定作用。外部环境制约管理活动的方向和内容。无论有什么样的管理目的，管理活动都必须从客观实际出发。脱离现实环境的管理是不可能成功的。“靠山吃山，靠水吃水”一定程度上反映了外部环境对管理活动的决定作用。同时外部环境影响管理的决策和方法。当然，管理对外部环境具有能动的反作用。

内部环境是指组织内部的各种影响因素的总和。它是随组织产生而产生的，在一定条件下内部环境是可以控制和调节的。人力资源对于任何组织都始终是最关键和最重要的因素。人力资源的划分根据不同组织、不同标准有不同的类型。比如企业人力资源根据他们所从事的工作性质的不同，可分为生产工人、技术工人和管理人员 3 类。物力资源是指内部物质环境的构成内容。财力资源是一种能够获取和改善组织其他资源的资源，是反映组织活动条件的一项综合因素。财力资源指的是组织的资金拥有情况、构成情况、筹措渠道和利用情况。财力资源的状况决定组织业务的拓展和组织活动的进行等。文化环境是指组织的文化体系，包括组织的精神信仰、生存理念、规章制度、道德要求和行为规范等。

内部环境随着组织的诞生而产生，对组织的管理活动产生影响。内部环境决定了管理活动的可选择的方式方法，而且在很大程度上影响到组织管理的成功与失败。

三、管理方法

管理方法是在管理活动中为实现管理目标、保证管理活动顺利进行所采取的工作方式。管理方法一般分为：管理的法律方法、行政方法、经济方法和教育方法。

(一) 管理的法律方法

法律方法是指通过各种法律、法令、条例和司法仲裁工作，调整社会经济的总体活动和各企业单位在微观活动中所发生的各种关系，以保证和促进社会经济发展的管理方法。要体现全体人民的意志，并维护他们的根本利益，代表他们对社会经济、政治、文化活动实行强制性的统一的管理。

(二) 管理的行政方法

行政方法是依靠行政组织的权威，运用命令、规定、指示、条例等行政手段按照行政系统和层次，以权威和服从为前提，直接指挥下属工作的管理方法。通过行政组织的职务和职位来进行管理，特别强调职责、职权、职位而并非个人的能力或特权。

行政方法的特点是：①权威性——行政方法所依托的基础是管理机关和管理者的权威；②强制性——行政权力机构和管理者所发出的命令、指示等对管理对象具有程度不同的强制性，行政方法就是通过这种强制性来达到指挥与控制的目的；③垂直性——行政方法是通过行政层次来实施的，基本上属于“条条”的纵向垂直管理。

(三) 管理的经济方法

经济方法是根据客观经济规律，运用各种经济手段，调节不同主体之间的关系，以获得较高的经济效益和社会效益的管理方法。不同的经济手段在不同的领域中发挥的作用不同。

管理的经济方法的实质是围绕物质利益，运用各种经济手段正确处理好国家、集体与劳动者个人三者之间的经济关系，最大限度地调动各方面的积极性、主动性、创造性和责任感。

(四) 管理的教育方法

教育方法是按照一定的目的、要求对受教育者从多方面施加影响的一种有计划的活动。管理工作的任务是不断地提高人的政治思想素质、文化知识素质和专业水平素质。

教育的主要内容：人生观及道德教育；爱国主义和集体主义教育；民主、法治、纪律教育；科学文化教育；组织文化建设。组织文化：组织员工在较长时期的生产经营实践中逐步形成的共有的价值观、信念、行为准则及具有相应特色的行为方式、物质表现的总称。在组织文化建设的指导思想中，必须突出管理的人本原理，坚持“以人为本”的原则。

【趣味阅读】

管理者角色

明茨伯格在《管理工作的本质》中，这样解释说：“角色这一概念是行为科学从舞台术语中借用过来的。角色就是属于一定职责或者地位的一套有条理的行为。”根据他自己和别人的研究成果，得出结论说，经理们并没有按照人们通常认为的那样按照职能来工作，而是进行别的很多的工作。明茨伯格将经理们的工作分为10种角色。这10种角色分为3类，即人际关系方面的角色、信息传递方面的角色和决策方面的角色。

一、人际角色

人际角色直接产生自管理者的正式权力的基础。管理者所扮演的3种人际角色是：代表人角色(作为管理者必须扮演一些具有礼仪性质的角色)、领导者角色(管理者和员工一起工作并通过员工的努力来确保组织目标的实现)、联络者角色(与组织内个人及小组一起工作、与外部利益相关者建立良好的关系所扮演的角色)。

二、信息角色

管理者负责确保和其一起工作的人具有足够的信息，从而能够顺利完成工作。整个组织的人依赖于管理结构和管理者以获取或传递必要的信息，以完成工作。管理者所扮演的信息角色是：监督者角色(持续关注内外环境的变化以获取对组织有用的信息，接触下属或从个人关系网获取信息，依据信息识别工作小组和组织潜在的机会和威胁)、传播者角色(分配作为监督者获取的信息，保证员工具有必要的信息，以便切实有效完成工作)、发言人角色(把信息传递给单位或组织以外的个人，让股东、消费者、政府等相关者了解，感到满意)。

三、决策角色

管理者负责处理信息并得出结论。管理者以决策让工作小组按照既定的路线行事，并分配资源以保证计划的实施。管理者所扮演的决策角色是：企业家角色(对作为监督者发现的机会进行投资，以利用这种机会)、干扰对付者角色(处理组织运行过程中遇到的冲突或问题)、资源分配者角色(决定组织资源如财力、设备、时间、信息等用于哪些项目)、谈判者角色(花费大量时间与员工、供应商、客户和其他工作小组等进行必要的谈判，以确保小组朝着组织目标迈进)。

(资料来源：http：//baike.baidu.com/view/1351122.htm)

留个缺口给别人

一位著名企业家在做报告，一位听众问：“你在事业上取得了巨大的成功，请问，对你来说，最重要的是什么？”

企业家没有直接回答，他拿起粉笔在黑板上画了一个圈，只是并没有画圆满，留下一个缺口。他反问道：“这是什么？”“零”、“圈”、“未完成的事业”、“成功”，台下的听众七嘴八舌地答道。

他对这些回答未置可否：“其实，这只是一个未画完整的句号。你们问我为什么会取得辉煌的业绩，道理很简单：我不会把事情做得很圆满，就像画一个句号，一定要留个缺口，让我的下属去填满它。”

管理启示：留个缺口给他人，并不说明自己的能力不强。实际上，这是一种管理的智慧，是一种更高层次上带有全局性的圆满。给猴子一棵树，让它不停地攀登；给老虎一座山，让它自由纵横。也许，这就是企业管理用人的最高境界。

(资料来源：www.shangxueba.com/ask/7161544.html)

【思考题】

1. 怎样理解管理的概念？
2. 论述管理者应具备的技能。
3. 如何理解管理的二重性？
4. 怎样理解管理的科学性与艺术性？
5. 管理学的特点是什么？
6. 管理者的类型有哪些？

7. 如何当一个成功的管理者？

【技能训练】

案例：升任公司总裁后的思考

郭宁最近被一家生产机电产品的公司聘为总裁。在他准备去接任此职位的前一天晚上，他浮想联翩，回忆起他在该公司工作 20 多年的情况。

他在大学时学的是工业管理，大学毕业获得学位后就到该公司工作，最初担任液压装配单位的助理监督。他当时感到真不知道如何工作，因为他对液压装配所知甚少，在管理工作上也没有实际经验，他感到几乎每天都手忙脚乱。可是他非常认真好学，他一方面仔细查阅该单位的工作手册，努力学习有关的技术知识；另一方面监督长也对他主动指点，使他渐渐摆脱了困境，胜任了工作。经过半年多时间的努力，他已有能力独自承担液压装配的监督长工作。可是，当时公司没有提升他为监督长，而是直接提升他为装配部经理，负责包括液压装配在内的 4 个装配单位的领导工作。

在他当助理监督时，他主要关心的是每日的作业管理，技术性很强。而当他担任装配部经理时，他发现自己不能只关心当天的装配工作状况，还得做出此后数周乃至数月的规划，还要完成许多报告和参加许多会议，而没有多少时间去从事自己过去喜欢的技术工作。在当上装配部经理后不久，他就发现原有的装配工作手册已基本过时。因为公司已安装了许多新的设备，吸收了一些新的技术，这令他花了整整一年时间去修订工作手册，使之切合实际。在修订手册过程中，他发现要让装配工作与整个公司的生产作业协调起来是很有讲究的。

他还主动到几个工厂去访问，学到了许多新的工作方法，他也把这些吸收到修订的工作手册中去。由于该公司的生产工艺频繁发生变化，工作手册也不得不经常修订，郭宁对此却完成得很出色。他工作了几年后，不但自己学会了这些工作，而且还学会如何把这些工作交给助手去做，教他们如何做好，这样，他可以腾出更多时间用于规划工作和帮助他的下属，以及花更多的时间去参加会议、批阅报告和完成给上级的工作汇报。

在他担任装配部经理 6 年之后，正好该公司负责规划工作的副总裁辞职应聘于其他公司，郭宁便主动申请担任此职务。在同另外 5 名竞争者较量之后，郭宁被正式提升为负责规划工作的副总裁。

他自信拥有担任此一新职务的能力，但由于此高级职务工作的复杂性，他在刚接任时仍碰到了不少麻烦。例如，他感到很难预测一年之后的产品需求情况。可是一个新工厂的开工，乃至一个新产品的投入生产，一般都需要在开工前做准备。在新的岗位上他还要不断处理市场营销、财务、人事、生产等部门之间的协调，这些他过去都不熟悉。他在新岗位上越来越感到：越是职位上升，越难于仅仅按标准的工作程序去进行工作。但是，他还是渐渐适应了，做出了成绩，之后又被提升为负责生产工作的副总裁，而这一职位通常是由该公司资历最深、辈分最高的副总裁担任的。

到了现在，郭宁又被提升为总裁。他知道一个人当上公司最高主管之时，应该自信自己有处理可能出现的任何情况的才能，但他也明白自己尚未达到这样的水平。因此，他不禁想到自己明天就要上任了，今后数月的情况会是怎样的？他不免为此而担忧。

分析的问题：

1. 郭宁担任助理监督、装配部经理、规划工作副总裁和总裁这4个职务，其管理职责有何不同？能概括其变化的趋势吗？请结合基层、中层、高层管理者的职能进行分析。

2. 你认为郭宁要成功地胜任公司总裁的工作，哪些管理技能是最重要的？你觉得他具有这些技能吗？试加以分析。

3. 如果你是郭宁，你认为当上公司总裁后自己应该补上哪些欠缺才能使公司取得更好的绩效？

(资料来源：单凤儒. 管理学基础. 第3版. 北京：高等教育出版社，2008)

【训练目标】

1. 增强对不同管理层素质与技能要求的感性认识；
2. 加强自身素质与技能的训练与培养。

【组织实施建议】

1. 建议在组织关于管理主体教学时安排此案例分析；
2. 在课下准备，可安排1至2个课时集中讨论；
3. 每个人认真阅读分析案例，并查抄有关资料；
4. 每人写出发言提纲；
5. 以班级为单位组织讨论。

第二章

管理理论的形成与发展

【本章学习目标】

通过本章学习，读者应了解管理理论发展的基本过程；理解韦伯的行政组织理论、管理丛林时期的各个代表理论和管理的基本原理；掌握泰罗的科学管理理论、法约尔的一般管理理论及当代具有代表性的管理理论。

【导入案例】

鼎立建筑公司

鼎立建筑公司原本是一家小企业，仅有 10 多名员工，主要承揽一些小型建筑项目和室内装修工程。创业之初，大家齐心协力，干劲十足，经过多年的艰苦创业和努力经营，目前其已经发展成为员工过百的中型建筑公司，有了比较稳定的顾客群，生存已不存在问题，公司走上了比较稳定的发展道路。但仍有许多问题让公司经理胡先生感到头疼。

创业初期，人手少，胡经理和员工不分彼此，大家也没有分工，一个人顶几个人用，拉项目，与工程队谈判，监督工程进展，谁在谁干，大家不分昼夜，不计较报酬，有什么事情饭桌上就可以讨论解决。胡经理为人随和，十分关心和体贴员工。由于胡经理的工作作风以及员工工作具有很大的自由度，大家工作热情高涨，公司因此得到快速发展。然而，随着公司业务的发展，特别是经营规模不断扩大之后，胡经理在管理工作中不时感觉到不如以前得心应手了。

首先，让胡经理感到头痛的是那几位与自己一起创业的“元老”，他们自恃劳苦功高，对后来加入公司的员工，不管其现在在公司职位的高低，一律不看在眼里。这些“元老”们工作散漫，不听从主管人员的安排。这种散漫的作风很快在公司内部蔓延开来，对新来者产生了不良的影响。鼎立建筑公司再也看不到创业初期的那种工作激情了。

其次，胡经理感觉到公司内部的沟通经常不顺畅，大家谁也不愿意承担责任，一遇到事情就来向他汇报，但也仅仅是遇事汇报，很少有解决问题的建议，结果导致许多环节只要胡经理不亲自去推动，似乎就要“停摆”。

另外，胡经理还感到，公司内部质量意识开始淡化，对工程项目的管理大不如从前，客户的抱怨也正逐渐增多。上述感觉令胡经理焦急万分，他认识到必须进行管理整顿。但如何整顿呢？胡经理想抓纪律，想把“元老”们请出公司，想改变公司激励系统……。

他想到了许多，觉得有许多事情要做，但一时又不知道从何处入手，因为胡经理本人和其他“元老”们一样，自公司创建以来一直一门心思埋头苦干，并没有太多琢磨如何让别人更好地去做事，加上他自己也没有系统学习过管理知识，实际管理经验也欠丰富。出于无奈，他请来了管理顾问，并坦诚地向顾问说明了自己遇到的难题。顾问在做了多方面调研之后，首先与胡经理一道分析了公司这些年取得成功和现在遇到困难的原因。

归纳起来，促使鼎立建筑公司取得成功的因素主要有：

(1) 人数少，组织结构简单，行政效率高；

(2) 公司经营管理工作富有弹性，能适应市场的快速变化；

(3) 胡经理熟悉每个员工的特点，容易做到知人善任，人尽其才；

(4) 胡经理对公司的经营活动能够及时了解，并快速做出决策。

对于鼎立建筑公司目前出现问题的原因，管理顾问归纳为：

(1) 公司规模扩大，但管理工作没有及时跟进；

(2) 胡经理需要处理的事务增多，对“元老”们疏于管理；

(3) 公司的开销增大，资源运用效率下降。

对管理顾问的以上分析和判断，胡经理表示赞同，并急不可耐地询问解决问题的“药方”。这里就请你代替这位管理顾问向胡经理提出具体可行的改进建议。

(资料来源：blog.sina.com.cn)

第一节　中外早期管理思想

管理活动是人类活动的内容之一，特别是人类组成集体以实现凭借个人力量无法实现的目标以后，管理就成了不可或缺的重要活动。随着管理实践的日益丰富，人类的管理思想也逐渐形成，而随着管理思想的系统化的归纳、总结，也就形成了管理理论，管理理论又在指导实践中得到不断验证、完善。也就是说，在早期历史上，很长一段时间，人们在从事管理活动时，并没有科学的管理理论的指导。只有当人们开始去探讨他们在干些什么，思考如何干好的时候，管理思想才出现，而当人们把对管理活动规律性的认识上升为系统化、条理化的知识体系时，管理作为一门科学才诞生。了解早期的管理实践和管理思想，是为了追溯现代管理思想的起源，更好地掌握现在的管理理论。从古埃及建造的金字塔、中国修建的长城，到威尼斯的兵工厂管理，可以看出管理思想的发展轨迹；从古巴比伦的《汉谟拉比法典》到18、19世纪的经济学家的专著，都可以发现管理思想不断深化的过程。

早期的组织主要是家庭、部落、教会、军队和国家。占统治地位的价值观，流行的文化、信仰是反对商业，反对获取成就，厌恶追求利润，人们注重的不是改善现世的命运，而是等待来世的幸福。因而管理在那时并不能发展成为一个自成一体的独立研究领域，管理思想也是零散的、不系统的，主要是从治国角度出发的，专门集中于商业的思想是微乎其微的。而且，管理思想主要集中于如何保持安定、维持现状方面，与现代管理理论追求组织成长和繁荣是有所区别的。这种现象在我国历史上尤其突出。总之，正如丹尼尔•雷恩所说的：“在这种尚未工业化的环境下，很少或者完全没有创立正式的管理思想体系的需要。”

一、中国早期管理思想

中国是一个具有几千年文明史的国家，我国古代各族人民以自己的智慧和辛勤劳动创造了许多举世闻名的劳动成果。这些成果的取得正是我国古代各族人民管理思想应用和管理实践的结果。下面所列举的是我国早期的管理思想的一部分。

(一) 古代的经营思想

在古代，人们就认识到要以利息和利润作为经营管理的两大法则；要开展竞争，反对国家垄断；要掌握经营的有利时机，善于预测未来的变化；要注意经营短线产品而避开长线产品。西汉时期司马迁在《史记》中透过官吏军士、赌徒歌女、猎人渔夫、医生工匠等从事各种活动的复杂社会现象，得出“天下熙熙，皆为利来；天下攘攘，皆为利往”。《史记》载：“《周书》曰‘农不出则乏其食，工不出则乏其事，商不出则三宝绝，虞不出则财匮少。’财匮少而山泽不辟矣。此四者，民所衣食之原也。”也就是说，农、工、商要顺利发展，就必须获得足够的利润。

明朝年间的丘浚对宋人真德秀的《大学衍义》进行修补，编成《大学衍义补》一书。在此书的开篇《总论朝廷之政》中，丘浚主张商业应当完全由民间去经营。他说：“大抵民自为市，则物之良恶，钱之多少，易于通融准折取舍；官与民为市，物必以其良，价必有定数，又有私心诡计百出其间，而欲行之有利而无弊，难矣。”

(二) 古代的用人思想

中国古代很早就提出了选才用人的管理思想，认识到“知人善任，礼贤下士”的重要性。墨子提出要“察其所能而慎予官”。荀子告诫执政者“无私人以官职事业”，切不可任人唯亲，而主张任人唯贤，唯才是举。晏子则进一步指出：人的才能也是不同的，应当让人专司一事，不能要求他无所不能。用人的优点，不用他的短处；用人所擅长的，不用他所不擅长的。这就是任用人才的策略。

秦始皇能完成统一大业，是因为重用了蹇叔、商鞅、张仪和范睢等人。楚汉之争，项羽因“嫉贤忌能，有功者害之，贤者疑之”，以致败退垓下，陷入“四面楚歌”的绝境。而刘邦则重用在某些方面比自己高明的张良、萧何和韩信，从而大获全胜，建立了汉王朝。他的用人思想在于量能授贤，不拘一格。关于择人的原则，《六韬》中有六字标准：一曰仁，二曰义，三曰恕，四曰信，五曰勇，六曰谋。此外，“为官择人”、“任人唯贤”、“外举不避仇，内举不避亲”、“君子用人如器，各取所长”等论述，均反映了古人的用人思想。

北宋王安石的人才管理思想更加系统化、理论化。他的用人思想可概括为“教之、养之、取之、任之”。其中，教之之道，即坚持学用一致，造就人才；养之之道，即维持政府官员生活的俸禄报酬应采取的方针——“饶之以财”、“约之以礼”、“裁之以法”；取之之道，即选拔官吏的途径；任之之道，即任用人才首先要根据其专长，知农的为农官，知工的为工官。王安石把通过教育培养人才作为人才管理的起点，从根本上入手，这比他的前人进了一大步。

(三) 中国古代军事思想

1. 以仁为本的战争观

这一思想大约形成在奴隶社会的初期，到奴隶社会的末期基本成熟。以仁为本的战争观，主要包括两层含义。①战争支柱——以仁为本。《司马法·仁本第一》开宗明义："古者，以仁为本，以义治之之谓正。正不获意则权。"仁者使人亲，义者使人悦。此二者，才是战斗力的核心，才是赢得战争胜利的基础。②战争准则——师出有名。《礼记·檀弓下》主张"师必有名"，认为师出无名，必将遭到众人的反对，定成败局。

2."不战则已，战则必胜"的指导原则

(1) 重战思想。《孙子兵法》开宗明义："兵者，国之大事，生死之地，存亡之道，不可不察也"。认为战争是关系到国家民众生死存亡的头等大事，不能不认真研究和对待。

(2) 慎战思想。即慎重对待战争，不轻易言战。《孙子兵法》中这样写道："亡国不可以复存，死者不可以复生，故明君慎之，良将警之"。

(3) 备战思想。其意就是未雨绸缪。孙子受当时形势的影响和思想的熏陶，提出了必须重视备战的思想，并告诫人们思想上时刻不要忘记战备，做到"用兵之法，无恃其不来，恃吾有以待也；无恃其不攻，恃吾有所不可攻也"。

(4) 善战思想。就是要会用兵打仗。一是注重以"道"为首要因素的多因素制胜论。"道"就是政治，是"令民与上同意也。故可以与之死，可以与之生，而不畏危也。"当然，在注重"道"的同时，其他 4 个"天、地、将、法"因素也不可忽视。二是庙算制胜论。庙算，是古代开战前在庙堂举行军事会议，商讨与谋划战争的一种方式。《孙子兵法》主张战前要算，要对战争全局进行计划和筹划，制定出可行的战略方针。 三是"诡道"制胜论。《孙子兵法》里讲道："兵者，诡道也"。因此，他提出了"能而示之不能；用而示之不用；近而示之远；远而示之近。利而诱之；乱而取之；实而备之；强而避之；怒而挠之；卑而骄之；佚而劳之；亲而离之"的诡道之法，进而达到"攻其不备，出其不意"的目的。

3."知彼知己，百战不殆"的战争指导思想

《孙子兵法·谋攻篇》中写道："知彼知己，百战不殆；不知彼而知己，一胜一负；不知彼不知己，每战必殆"，这不仅仅对战争有指导意义，而且对政治、外交、经济乃至工作生活都有一定帮助。

4."不战而屈人之兵"的"全胜"战略

自古以来，战争的直接目的就在于保存自己、消灭敌人。最高和最理想的目标就是以"全"争胜——"不战而屈人之兵"。《谋攻篇》中指出："故百战百胜，非善之善者；不战而屈人之兵，善之善者也"。因此，"善用兵者，屈人之兵而非战也，拔人之城而非攻也，毁人之国而非久也，必以全争于天下。故兵不顿而利可全，此谋攻之法也。"

5. 因情用兵的作战思想

其主要表现在："致人而不致于人"，夺取主动权。强调的就是要根据战场的具体情况，灵活且有针对性地采取制胜方法。

6. 孙子在用兵上强调奇正

他说："凡战者，以正合(合力攻击)，以奇胜(奇兵制胜)"。奇正是我国古代一对重要的军事矛盾，历代兵家多有阐述和运用。奇正的含义广泛，一般说来，常法为正，变法为奇。分而言之：在兵力使用上，守备、钳制的为正兵，机动突击的为奇兵；在作战方式上，正面进攻、明攻的为正兵，迂回、侧击、偷袭的为奇兵；在作战方法上，按一般原则作战的为正兵，采取特殊战法的为奇兵。奇正充分体现了用兵的机动灵活性，出奇制胜的高妙之处，在于攻击敌人无备与虚弱之处。

7. 选贤任能的用将之道

选贤任能，不仅是古人的用人之方，也是用将之道。

(1) 重将思想。《投笔肤谈•军势第七》指出："三军之势，莫重于将"。并且认为，"大将，心也。士卒，四肢百骸也"。这也就是我们现代所说的"千军易得，一将难求"。

(2) 选将思想。在古代，选将标准有 5 个。《孙子兵法•计篇》中明确提出"将者，智、信、仁、勇、严也"。

(3) 用将思想。古人认为，将帅使用的原则，就是信任和放手。做到"用人不疑，疑人不用"。

(四) 中国长城的修建

长城始建于公元前 5 世纪春秋战国时代，公元前 3 世纪秦始皇统一中国，派遣蒙恬率领 30 万大军北逐匈奴后，把原来分段修筑的长城连接起来，并且继续修建。其后历代不断维修扩建，到公元 17 世纪中叶明代末年，前后修筑了 2000 多年。万里长城是中国古代的伟大建筑，是中华民族的象征。

现存的长城，修建于明代，东起鸭绿江，西止嘉峪关，穿越河北、天津、北京、内蒙古、山西、陕西、宁夏、甘肃 8 个省、市、自治区。修筑长城的历史可以追溯到公元前 9 世纪，其主要目的在于防御北方民族的侵袭。公元前 221 年，秦始皇统一中国后，将统一前北方互相争斗的诸侯小国各自建造的长城衔接起来，形成穿山越岭的北方边界的屏障，长达 5000 多公里，是抵御来自北方蒙古大草原上游牧民族骑兵袭击的壁垒，也是秦始皇自身权力和荣耀的一个证明。汉武帝也曾多次修筑长城，用以保护河套、陇西等地，加强东西方交流，其长度达到了 10000 余公里。到明代，为防止前朝(元)残留势力南下，也不断修筑北方长城，全长达 7300 多公里，整个工程延续了 200 多年。在中国历史的其他时期，统治者也不同程度地修筑长城，长度相加超过 50000 公里。因此，长城是"上下两千年，纵横十万里"的伟大工程奇迹。

长城作为防御工程，所经地形极为复杂，根据地形其又采用了不同的奇特结构，充分显示了华夏祖先的聪明才智，在世界古代工程史上可谓罕见。长城在重要道口、山口、山海交接处设立关城，既便于交通，又有利于防守。在墙身上每隔不远处建有突出的强台，用于左右射击。长城每隔一段距离，设有敌楼，用于存放武器、粮食和士兵居住，战时用作掩体。长城沿线还建有独立的烽燧、烽火台，用于在敌人入侵时，举火燃烟，迅速传递信息。城墙沿着山坡起伏延伸，穿过沙漠和沼泽。土制的墙以石头为地基，表面用砖块贴饰。从瞭望台上能看到烟雾信号，而在晚上利用篝火，这样消息能以罕见的速度传遍全国。

自修建以来，长城就在中国历史上扮演着举足轻重的角色。长城的守失关系着许多朝代的更替，关系着中华民族的兴衰。伴随着长城内外著名战役的发生，英雄人物云涌而出，大大丰富了这座亘古建筑的文化内涵。在当时的建筑条件下，如此浩大的工程，体现了当时的管理组织工作水平和能力。

二、外国早期管理思想

(一) 古埃及的管理思想

古埃及人建造的金字塔，其宏伟的建筑规模足以证明早期人类的管理能力和组织能力。像齐阿普斯金字塔，建于公元前2800年，用230万块巨石砌成，平均每块石头约重两吨半。现代著名管理学家P. 德鲁克认为那些负责修建埃及金字塔的人是历史上最优秀的管理者，因为他们当时在时间短、交通工具落后及科学手段缺乏的情况下创造了世界上最伟大的奇迹之一。

首先，埃及人已经有了计划观念和组织观念。据记载，金字塔的建造历时 20 年之久，有 10 多万人参加劳动。如此规模宏大、旷日持久的建筑活动，如果没有严密的组织和精细的计划是不可能完成的。据猜想，在工程兴建之前，埃及人已经绘制出这项工程的蓝图，并对建筑的方式，所需的人力、时间、材料来源以及工程进度等，进行了规划和设想。

其次，埃及人已经具有分工与协作的思想。建筑金字塔需要进行各种不同性质的工作，要完成这些工作就必然要进行劳动分工。因为要把平均重约两吨半的石块一层层砌在高达146米的金字塔上，只有集体的协作劳动才能完成。

(二) 古罗马帝国的管理

古罗马帝国的兴盛，在很大程度上归功于其有效的组织。古罗马帝国强盛时期的疆域，西起英国，东至叙利亚，包括整个欧洲和北非，人口约5000万。公元284年，戴克里先即位后，实行了一种把集权与分权很好地结合起来的连续授权制度。他把整个罗马划分为4个大区，4个大区又划分为13个省，13个省又划分为100个郡。他自己兼任一个大区的领导，其他3个大区分别授权他人管辖。大区的首脑再授权给“总督”管辖各个省，总督授权给“郡长”管辖各郡。但对所属郡长的授权，只以内政方面的权物为限，而驻在各省的兵力由中央统治。这样，戴克利先在原有组织结构即大帝和郡长之间，增设了两个层次，其原有的郡长的重要性相对降低，没有足够的力量来反抗中央政权；同时，分布全国的100个郡长通过授权来管辖本郡的民政事务，能够较好地适应地方特点，从而使得中央的集权控制和地方的分权管理得以很好结合。这种基本观念，在现在的中央集权的组织中仍旧存在。

(三) 古希腊和古罗马的管理思想

古希腊和古罗马是两个文明的发源地。古希腊哲人苏格拉底认为，管理主要是对人的管理，只有那些知道如何雇佣人的人才能在管理上取得成功。而管理就像合唱队的指挥或军队的首领一样，他不必精通各种乐器，只要能找到最精通这行的人，并把他们组织起来，协调起来，就能从事有效的管理。管理者只要知道他应该做什么事，并能够做到，这样，就能把他主持的事情做好。

(四) 尼可罗·马基雅维利的管理四原则

尼可罗·马基雅维利是意大利早期的政治思想家和历史学家，堪称早期管理思想的最大贡献者之一。他写作的范围很广，包括政论、历史、剧本和诗等，其中最著名的是《君主论》(又译《霸术》、《罗马史论》、《佛罗伦萨史》)。

在这些著作中，他论述了与管理有关的原则，即管理四原则。

第一，群众认可。所有的政府，不论是君主制、贵族制或民主制，持续存在必须依赖于群众的支持。这事实上就是后来巴纳德所提出的权力接受理论。

第二，凝聚力。领导人必须致力于一个组织内部的凝聚力，同时，领导还必须对他周围的朋友及随从给予奖酬，以维系他们的忠诚。

第三，讲究领导方法。凡是领导，必须能以身作则，培养博爱、仁慈、正义等品德，成为他人的表率。

第四，生存意志。只有具备生存的意志，一个君主才能经常保持警觉，对敢于推翻他的权力，采取迅速而有力的反击。当处于存亡关头时，有权采取严酷的措施，在必要时，可以抛开所有的道德借口，背弃任何已不再有用的誓言。

马基雅维利所提出的管理原则是围绕“治国”而提出的，但同样也适用于管理其他组织，所以对管理思想的发展有相当大的影响。

(五) 早期经济学家对管理思想的贡献

(1) 詹姆斯·斯图亚特。詹姆斯·斯图亚特是英国重商主义的代表之一，他提出了劳动分工的概念，指出了工作方法研究和刺激工资的作用：“如果给一个人每天的劳动规定一定的量，他就会以一种固定的速度工作，永远不想改进他的方法；如果他是计件付酬的，他就会想出一千种办法来增加其产量……我就用这点来解释古代和现代工业之间的差异。”

(2) 亚当·斯密。亚当·斯密是英国工场手工业开始向机器大工业过渡时期的经济学家，古典政治经济学的杰出代表和理论体系的建立者。他在代表作《国富论》中以工人制造大头针为例详细阐述了劳动分工的作用：“一个劳动者，如果对这种职业(针的制造由于分工而成为一种专门职业)没有受过相当训练，又不知怎样使用这种职业上的机械(使这种机械有发明的可能的，恐怕也是分工的结果)，那么纵使竭力工作，也许一天也制造不出一枚针，要做出20枚，当然是绝对不可能的，但按照现在经营的方法，不但这种作业全部已经成为专门职业，而且这种职业分成若干部门，其中有大多数也同样成为专门职业。

一个人抽铁丝，一个人拉直，一个人切截，一个人削尖铁丝的一端，一个人磨另一端，以便装上回头。做回头需要有两三种不同的操作。装回头，涂白色，乃至包装，都是专门的职业。这样，针的制造分18种操作。有些工厂，这18种操作分别由18个专门的工人担任。固然，有时一人也兼任两三种。我见过一个小工厂，只雇佣10个工人，因此在这一工厂中有几个工人担任两三种操作。像这样一个小工厂的工人，虽很穷困，必需的机械设备虽很简陋，但他们如果勤勉努力，一日也能成针12磅。“有了分工，同数劳动者就能完成比过去多得多的工作量。其原因有三：第一，劳动者的技巧因业专而日进；第二，由一种工作转到另一种工作，通常须损失不少时间，有了分工，就可以免除这种损失；第三，许多简化劳动和缩减劳动的机械的发明，使一个人能够做许多人的工作。”

(3) 让•巴蒂斯特•萨伊。萨伊是法国庸俗经济学的创始人，他的代表作有《政治经济学概论》、《政治经济学问答》和《政治经济学教程》等。他提出了“供给自行创造需求”学说(即所谓的萨伊定律)，第一个明确地把管理作为生产的第 4 个要素而同土地、劳动力、资本相提并论。

三、早期管理的特点

20 世纪以前的管理的历史发展过程，从认识的角度来说，这整个过程我们都可以将其称为经验管理。经验管理虽然属于前科学管理阶段，但并不是说管理科学产生之后经验管理的情形就不存在了。实际上，这种管理一直到现在仍然存在。现实中，凡对管理没做专门的研究，在管理中没采用科学的方法，仅凭管理者的经验或传统习惯进行的管理，都属于经验管理。经验管理是管理发展过程中的一个历史阶段，同时也是现实管理中仍然存在的一种现象。分析一下经验管理的特点，对说明管理的历史和现状都是有必要的。

经验管理主要有以下特点。

(1) 管理关系简单。表现在两方面：即一方是管理者，另一方是被管理者。管理者从事管理，被管理者从事操作。尽管在某些阶段管理者也参与操作，但被管理者却不能参与管理工作。管理关系简单的另一种表现形式是管理的层次简单，一般只存在从上到下的直线层次，没有形成纵横交错的复杂的管理结构。

(2) 管理方式单一。管理者只是单方面向被管理的作业人员发出命令，被管理的作业人员只能机械地服从命令。管理方式就是命令与服从。它的缺陷是反馈机制极不健全，由此造成不能及时有效地实施管理中的调节和控制。

(3) 管理手段落后。管理无周密的计划，程序混乱，法规不完备，没有切实起作用的监督检查制度，管理手段主要是运用单纯的奖惩，管理者不能有效地控制事态的发展，形成放任自流的管理。

(4) 对管理的认识肤浅。管理者只凭经验或陈规进行管理，未能自觉地对管理工作进行科学的分析研究。即使出现了由于管理失误而造成损失的事件，也不会通过总结教训来进行管理改革，而仍是墨守成规，周而复始，有时有所变化也只是微小的改良，不能从根本上实现管理方式的变革。

在经验管理的漫长历史中，人们对管理的认识也是逐步提高的，在军事、行政、经济等某些领域或某些环节，也曾对局部的管理问题做过一些研究，提出过某些有价值的见解。这些研究和见解是现代管理学的重要参考资料，在现代管理中仍有借鉴作用。但是，由于对管理的研究是零碎的，没能形成系统的科学知识。在现代条件下，经验管理作为一种历史的传统仍在起作用，在这种传统的束缚下，人们往往忽视对管理科学的研究，致使管理的改革受到重重阻挠，新的管理理论和方法遭到非议。从经验管理到科学管理，也就是将管理经验上升到理论，在管理理论的指导下进行科学的管理。

第二节 古典管理理论

古典管理理论主要包括3个方面：泰罗的科学管理理论、法约尔的管理过程理论和韦伯的官僚组织体系理论。

一、泰罗与“科学管理”理论

(一) 科学管理之父——泰罗

弗雷德里克•温斯洛•泰罗(Frederick Winslow Taylor)，出生于美国费城一个富有的律师家庭，中学毕业后考上大学法律系，但不幸因眼疾而被迫辍学。1875年，他进入一家小机械厂当徒工，1878年转入费城米德瓦尔钢铁厂当机械工人，他在该厂一直干到1897年。在此期间，由于工作努力，表现突出，很快先后被提升为车间管理员、小组长、工长、技师、制图主任和总工程师，并在业余学习的基础上获得了机械工程学士学位。在米德瓦尔钢铁厂的实践中，他感到当时的企业管理当局不懂得用科学方法来进行管理，不懂得工作程序、劳动节奏和疲劳因素对劳动生产率的影响。而工人则缺少训练，没有正确的操作方法和适用的工具。这些都大大影响了劳动生产率的提高。为了改进管理，他在米德瓦尔钢铁厂进行各种试验。1898—1901年，他又受雇于伯利恒钢铁公司继续从事管理方面的研究。后来，他取得了一种高速工具钢的专利。1901年后，他更以大部分时间从事咨询、写作和演讲等工作，来宣传他的一套管理理论：“科学管理”，即通常所称的“泰罗制”，为科学管理理论在美国和国外的传播做出了贡献。

泰罗的研究工作，是在他担任米德瓦尔钢铁厂的工长时开始的。他从1881年开始进行一项“金属切削试验”，由此研究出每个金属切削工人工作日的合适工作量。经过两年的初步试验之后，给工人制定了一套工作量标准。他自己认为，米德瓦尔的试验是工时研究的开端。

1898年，泰罗受雇于伯利恒钢铁公司期间，进行了著名的“搬运生铁块试验”和“铁锹试验”。搬运生铁块试验，是在这家公司的5座高炉的产品搬运班组大约75名工人中进行的。由于这一研究，改进了操作方法，训练了工人，其结果是使生铁块的搬运量提高了3倍。铁锹试验首先是系统地研究铁锹上的负载应为多大的问题，其次研究各种材料能够达到标准负载铁锹的形状、规格问题，与此同时还研究了各种原料装锹的最好方法的问题。此外还对每一套动作的精确时间做了研究，从而得出了一个“一流工人”每天应该完成的工作量。这一研究的结果是非常出色的，堆料场的劳动力从400～600人减少为140人，平均每人每天的操作量从16吨提高到59吨，每个工人的日工资从1.15美元提高到1.88美元。泰罗在米德瓦尔开始进行的金属切削试验延续了26年之久，进行的各项试验达3万次以上，80万磅的钢铁被试验用的工具削成切屑，总共耗费约15万美元。试验结果发现了能大大提高金属切削机产量的高速工具钢，并取得了各种机床适当的转速和进刀量以及切削用量标准等资料。

综上所述，这些试验集中于“动作”、“工时”的研究，工具、机器、材料和工作环境等标准化的研究，并根据这些成果制定了每日比较科学的工作定额和为完成这些定额的标准化工具。泰罗一生致力于“科学管理”，但他的做法和主张并非一开始就被人们所接受，而是日益引起社会各界的种种议论。于是，美国国会于1912年举行对泰罗制和其他工场管理制的听证会，泰罗在听证会上发表了精彩的证词，向公众宣传科学管理的原理及其具体的方法、技术，引起了极大的反响。

（二）“科学管理”理论的主要内容

(1) 制定工作定额。科学管理的中心问题是提高效率。泰罗认为，要制定出有科学依据的工人的“合理的日工作量”，就必须进行工时和动作研究。方法是选择合适且技术熟练的工人，把他们的每一项动作、每一道工序所使用的时间记录下来，加上必要的休息时间和其他延误时间，就得出完成该项工作所需要的总时间，据此定出一个工人“合理的日工作量”，这就是所谓工作定额原理。

(2) 挑选“第一流的工人”。所谓第一流的工人，泰罗认为：“每工种类型的工人都能找到某些工作使他成为第一流的，除了那些完全能做好这些工作而不愿做的人”。在制定工作定额时，泰罗是以“第一流的工人在不损害其健康的情况下维持较长年限的速度”为标准的。这种速度不是以突击活动或持续紧张为基础，而是以工人能长期维持正常速度为基础。泰罗认为，健全的人事管理的基本原则是：使工人的能力同工作相匹配，管理当局的责任在于为雇员找到最合适的工作，培训他成为第一流的工人，激励他尽最大的努力来工作。

(3) 实施标准化管理。要使工人掌握标准化的操作方法，使用标准化的工具、机器和材料，并使作业环境标准化，这就是所谓标准化原理。泰罗认为，必须用科学的方法对工人的操作方法、工具、劳动和休息时间的搭配、机器的安排和作业环境的布置等进行分析，消除各种不合理的因素，把各种最好的因素结合起来，形成一种最好的方法。他把这叫作管理当局的首要职责。

(4) 实行差别化的计件工资制度。为了鼓励工人努力工作、完成定额，泰罗提出了这一原则。这种计件工资制度包含3点内容：一是通过工时研究和分析，制定出一个有科学依据的定额或标准；二是采用一种叫作“差别计件制”的刺激性付酬制度，即计件工资率按完成定额的程度而浮动，例如，如果工人只完成定额的80%，就按80%的工资率付酬；如果超过了定额的120%，则按120%的工资率付酬；三是工资支付的对象是工人而不是职位，即根据工人的实际工作表现而不是根据工作类别来支付工资。泰罗认为这样做，不但能克服消极怠工的现象，更重要的是能调动工人的积极性，从而促使工人大大提高劳动生产率。

(5) 强调工人和雇主之间的“精神革命”。工人和雇主两方面都必须认识到提高效率对双方都有利，都要来一次“精神革命”，相互协作，共同为提高劳动生产率而努力。在前面介绍的铁锹试验中，每个工人每天的平均搬运量从16吨提高到59吨，工人每日的工资从1.15美元提高到1.88美元，而每吨的搬运费从7.5美分降到3.3美分。对雇主来说，关心的是成本的降低；而对工人来说，关心的则是工资的提高，所以泰罗认为这就是劳资双方进行“精神革命”，从事协调与合作的基础。

(6) 计划职能同执行职能分开，变传统的经验工作法为科学工作法。所谓经验工作法是指每个工人用什么方法操作，使用什么工具等，都由他根据自己的或别人的经验来决定。泰罗主张明确划分计划职能与执行职能，由专门的计划部门来从事调查研究，为确定定额和操作方法提供科学依据；制定科学的定额和标准化的操作方法及工具；拟定计划并发布指示和命令；比较“标准”和“实际情况”；进行有效的控制等工作。至于现场的工人，则从事执行的职能，即按照计划部门制定的操作方法和指示，使用规定的标准工具，从事实际的操作，不得自行改变。

(7) 实行“职能工长制”。泰罗主张实行“职能管理”，即将管理的工作予以细分，使所有的管理者只承担一种管理职能。他设计出8个职能工长，代替原来的一个工长，其中4个在计划部门，4个在车间。每个职能工长负责某一方面的工作，在其职能范围内，可以直接向工人发出命令。泰罗认为这种“职能工长制”有3个优点：①对管理者的培训所花费的时间较少；②管理者的职责明确，因而可以提高效率；③由于作业计划已由计划部门拟定，工具与操作方法也已标准化，车间现场的职能工长只需进行指挥监督，因此没有熟练技术的工人也可以从事较复杂的工作，从而降低整个企业的生产费用。后来的事实表明，一个工人同时接受几个职能工长的多头领导，容易引起混乱。所以，“职能工长制”没有得到推广。但泰罗的这种职能管理思想为以后职能部门的建立和管理的专业化提供了参考。

(8) 在组织机构的管理控制上实行例外原理。泰罗等人认为，规模较大的企业的组织和管理，必须应用例外原理，即企业的高级管理人员为了减轻处理纷乱烦琐的日常事务的负担把例行的一般日常事务授权给下级管理人员去处理，自己只保留对例外事项(重要事项)的决定和监督权。这种以例外原理为依据的管理控制原理，之后发展成为管理上的分权化原则等。

泰罗在管理方面的主要著作有：《计件工资制》(1895 年)、《车间管理》(1903 年)、《科学管理原理》(其中包括在国会上的证词，1912 年)。泰罗通过这一系列的著作，总结了几十年试验研究的成果，归纳了自己长期管理实践的经验，概括出一些管理原理和方法，经过系统化整理，形成了“科学管理”的理论。泰罗在管理理论方面做了许多重要的开拓性工作，为现代管理理论奠定了基础。由于他的杰出贡献，他被后人尊为“科学管理之父”，这个称号被铭刻在他的墓碑上。

(三) “科学管理”理论的其他代表人物

泰罗的科学管理理论在 20 世纪初得到了广泛的传播和应用，影响很大。因此，在他同时代和他以后的年代中，有许多人也积极从事于管理实践与理论的研究，丰富和发展了“科学管理理论”。其中比较著名的有以下几位。

(1) 卡尔•乔治•巴思(Carl George Barth)。美籍数学家。他是泰罗最早、最亲密的合作者，为科学管理工作做出了很大贡献。他是个很有造诣的数学家，其研究的许多数学方法和公式，为泰罗的工时研究、动作研究、金属切削试验等研究工作提供了理论依据。

(2) 亨利•甘特(Henry L. Gantt)。美国管理学家、机械工程师。甘特是泰罗在创建和推广科学管理时的亲密合作者，他与泰罗密切配合，使“科学管理”理论得到了进一步的发展。特别是他的“甘特图”(Gantt Chart)，是当时计划和控制生产的有效工具，并为当今现代化方法 PERT(计划评审技术)奠定了基石。他还提出了“计件奖励工资制”，即除了按日支付有保证的工资外，超额部分给予奖励，完不成定额的，可以得到原定日工资，这种制度补充了泰罗的差别计件工资制的不足。此外，甘特还很重视管理中人的因素，强调“工业民主”和更重视人的领导方式，这对后来的人际关系理论有很大的影响。

(3) 吉尔布雷斯夫妇(Frank B. Gilbreth and Lillian M. Gilbreth)。美国工程师弗兰克•吉尔布雷斯与夫人(心理学博士莉莲•吉尔布雷斯)在动作研究和工作简化方面做出了特殊贡献。他们采用两种手段进行时间与动作研究：①将工人的操作动作分解为 17 种基本动作，吉尔布雷斯称之为 therbligs(这个字即为吉尔布雷斯英文名字母的倒写)；②用拍影片的方法，记录和分析工人的操作动作，寻找合理的最佳动作，以提高工作效率。通过这些手段，他们纠正了工人操作时某些不必要的多余动作，形成了快速准确的工作方法。与泰罗不同的是，吉尔布雷斯夫妇在工作中开始注意到人的因素，在一定程度上试图把效率和人的关系结合起来。吉尔布雷斯毕生致力于研究提高效率，即通过减少劳动中的动作浪费来提高效率，被人们称之为“动作研究之父”。

(4) 哈林顿•埃默森(Harrington Emerson)。美国早期的科学管理研究工作者。从 1903 年起就同泰罗有紧密联系，并独立地发现了科学管理的许多原理。如他对效率问题做了较多的研究和实践，提出了提高效率的 12 条原则，即：①明确的目的；②注意局部和整体的关系；③虚心请教；④严守规章；⑤公平；⑥准确、及时、永久性的记录；⑦合理调配人、财、物；⑧定额和工作进度；⑨条件标准化；⑩工作方法标准化；⑪手续标准化；⑫奖励效率。在组织机构方面，提出了直线和参谋制组织形式等。另外，他还在职工的选择和培训、心理因素对生产的影响、工时测定等方面做出了贡献。

二、法约尔及其管理过程理论

亨利•法约尔(Henry Fayol)，法国人，1860 年从圣艾蒂安国立矿业学院毕业后进入康门塔里-福尔香堡(Comentry-Fourchambault)采矿冶金公司，成为一名采矿工程师，并在此度过了整个职业生涯。从采矿工程师到矿井经理直至公司总经理，由一名工程技术人员逐渐成为专业管理者，他在实践中逐渐形成了自己的管理思想和管理理论，对管理学的形成和发展做出了巨大的贡献。

法约尔 1916 年问世的名著《工业管理与一般管理》，是他一生管理经验和管理思想的总结。他认为他的管理理论虽然是以大企业为研究对象，但除了可应用于工商企业之外，还适用于政府、教会、慈善团体、军事组织以及其他各个行业。所以，人们一般认为法约尔是第一个概括和阐述一般管理理论的管理学家。他的理论概括起来大致包括以下内容。

(一) 企业的基本活动

法约尔指出，任何企业都存在着 6 种基本的活动，而管理只是其中之一。这 6 种基本活动是：①技术活动(指生产、制造、加工等活动)；②商业活动(指购买、销售、交换等活动)；③财务活动(指资金的筹措和运用)；④安全活动(指设备维护等活动)；⑤会计活动(指货物盘存、成本统计、核算等)；⑥管理活动(其中又包括计划、组织、指挥、协调和控制 5 项职能活动)。

(二) 管理的 5 项职能

在企业的 6 种基本活动中，管理活动处于核心地位，即企业本身需要管理，同样的，其他 5 项属于企业的活动也需要管理，如图 2-1 所示。

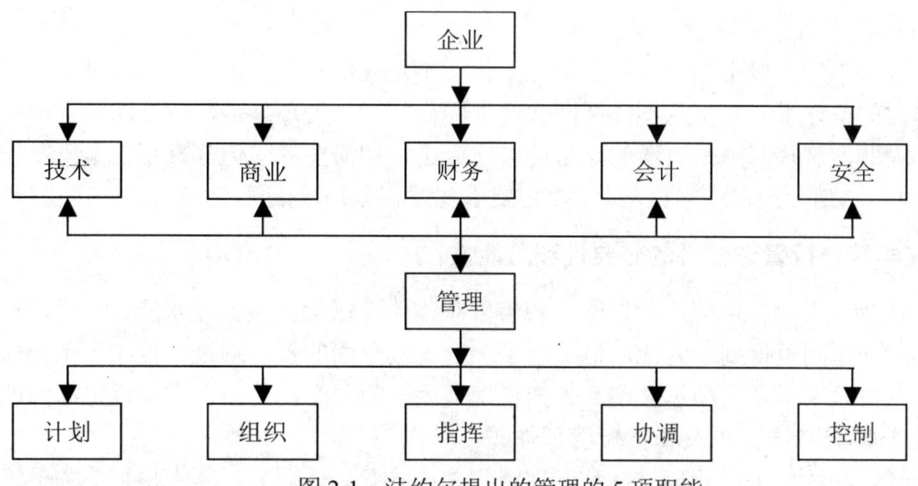

图 2-1　法约尔提出的管理的 5 项职能

(三) 法约尔的 14 条管理原则

法约尔根据自己的工作经验，归纳出简明的 14 条管理原则。

(1) 分工。他认为这不仅是经济学家研究有效地使用劳动力的问题，而且也是在各种机构、团体、组织中进行管理活动所必不可少的工作。

(2) 职权与职责。他认为职权是发号施令的权力和要求服从的威望。职权与职责是相互联系的，在行使职权的同时，必须承担相应的责任，有权无责或有责无权都是组织上的缺陷。

(3) 纪律。纪律是管理所必需的，是对协定的尊重。这些协定以达到服从、专心，以及尊重人的仪表为目的。就是说组织内所有成员通过各方所达成的协议对自己在组织内的行为进行控制，它对企业的成功与否极为重要，要尽可能做到严明、公正。

(4) 统一指挥。指组织内每一个人只能服从一个上级并接受他的命令。

(5) 统一领导。指一个组织，对于目标相同的活动，只能有一个领导，一个计划。

(6) 个人利益服从整体利益。即个人和小集体的利益不能超越组织的利益。当二者不一致时，主管人员必须想办法使它们一致起来。

(7) 个人报酬。报酬与支付的方式要公平，给雇员和雇主以最大可能的满足。

(8) 集中化。这主要指权力集中或分散的程度问题。要根据各种情况，包括组织的性质、人员的能力等，来决定“产生全面的最大收益”的那种集中程度。

(9) 等级链。指管理机构中，最高一级到最低一级应该建立关系明确的职权等级系列，这既是执行权力的线路，也是信息传递的渠道。一般情况下不要轻易违反它。但在特殊情况下，为了克服由于统一指挥而产生的信息传递延误，法约尔设计出一种“跳板原则”，也叫“法约尔天桥”。

(10) 秩序。指组织中的每个成员应该规定其各自的岗位，“人皆有位，人称其职”。

(11) 公正。主管人员对其下属仁慈、公平，就可能使其下属对上级表现出热心和忠诚。

(12) 保持人员的稳定。如果人员不断变动，工作将得不到良好的效果。

(13) 首创精神。这是提高组织内各级人员工作热情的主要源泉。

(14) 团结精神。指必须注意保持和维护每一集体中团结、协作、融洽的关系，特别是人与人之间的相互关系。

法约尔强调指出，以上14条原则在管理工作中不是死板和绝对的东西，这里全部是尺度问题。在同样的条件下，几乎从不连续两次使用同一原则来处理事情，应当注意各种可变因素的影响。因此，这些原则是灵活的，是可以适应于一切需要的，但其真正的本质在于懂得如何运用它们。这是一门很难掌握的艺术，它要求智慧、经验、判断和注意尺度(也即“分寸”)。

(四) 在学校进行管理教育的必要性和可能性

法约尔认为，人的管理能力可以通过教育来获得，可以也应该像技术能力一样，首先在学校里，然后在车间里得到。为此，他提出了一套比较全面的管理理论，首次指出管理理论具有普遍性，可以用于各个组织之中。他把管理视为一门科学，提出在学校设置这门课程，并在社会各个领域宣传、普及和传授管理知识。

综上所述，法约尔关于管理过程和管理组织理论的开创性研究，其中特别是关于管理职能的划分以及管理原则的描述，对后来的管理理论研究具有非常深远的影响。此外，他还是一位概括和阐述一般管理理论的先驱者，是伟大的管理教育家，后人称他为“经营管理之父”。

三、韦伯理想的行政组织体系理论

马克斯•韦伯(Max Weber)是德国著名的社会学家，他对法学、经济学、政治学、历史学和宗教学都有浓厚的兴趣。他在管理理论上的研究主要集中在组织理论方面，主要贡献是提出了理想的行政组织体系理论。这集中反映在他的代表作《社会组织与经济组织》一书中。这一理论的核心是组织活动要通过职务或职位而不是通过个人或世袭地位来管理。他也认识到个人魅力对领导作用的重要性。他所讲的“理想的”，不是指最合乎需要的，而是指现代社会最有效和最合理的。之所以是“理想的”，因为它具有如下一些特点。

(1) 明确的分工。即每个职位的权利和义务都应有明确的规定，人员按职业专业化进行分工。

(2) 自上而下的等级系统。组织内的各个职位，按照等级原则进行法定安排，形成自上而下的等级系统。

(3) 人员的任用。人员的任用要完全根据职务的要求，通过正式考试和教育训练来实行。

(4) 职业管理人员。管理人员有固定的薪金和明文规定的升迁制度，是一种职业管理人员。

(5) 遵守规则和纪律。管理人员必须严格遵守组织中规定的规则和纪律以及办事程序。

(6) 组织中人员之间的关系。组织中人员之间的关系完全以理性准则为指导，只是职位关系而不受个人情感的影响。这种公正的态度，不仅适用于组织内部，而且适用于组织与外界的关系。

韦伯认为，这种正式的、非人格化的理想行政组织体系是人们进行强制控制的合理手段，是达到目标、提高效率的最有效形式。这种组织形式在精确性、稳定性、纪律性和可靠性方面都优于其他组织形式，能适用于所有的管理工作及当时日益增多的各种大型组织，如教会、国家机构、军队、政党、经济企业和各种团体。韦伯的这一理论，对泰罗、法约尔的理论是一种补充，对后来的管理学家们，尤其是组织理论学家有很大的影响，他被称为“组织理论之父”。

四、行为科学理论

行为科学理论应用于管理学，主要是对工人在生产中的行为以及这些行为产生的原因进行分析研究。

(一)　梅约及其霍桑试验

乔治•埃尔顿•梅约(George Elton Mayo)，是原籍澳大利亚的美国行为科学家。1924—1932年间，美国国家研究委员会和西方电气公司合作，由梅约负责进行了著名的霍桑试验(Hawthorne Experiment)，即在西方电气公司所属的霍桑工厂，为测定各种有关因素对生产效率的影响程度而进行的一系列试验，由此产生了人际关系学说。试验分4个阶段。

第一阶段：工场照明试验(1924—1927 年)。该试验是选择一批工人分为两组：一组为“试验组”，先后改变工场照明强度，让工人在不同照明强度下工作；另一组为“控制组”，工人在照明度始终维持不变的条件下工作。试验者希望通过试验得出照明度对生产率的影响。但试验结果发现，照明度的变化对生产率几乎没有什么影响。这个试验似乎以失败告终。但这个试验得出了两条结论：①工场的照明只是影响工人生产效率的一项微不足道的因素；②由于牵涉因素太多，难以控制，且其中的任何一个因素都足以影响试验结果，故照明对产量的影响无法准确测量。

第二阶段：继电器装配室试验(1927 年 8 月—1928 年 4 月)。旨在试验各种工作条件的变动对小组生产率的影响，以便能够更有效地控制影响工作效率的因素。研究小组做了材料供应、工作方法、工作时间、劳动条件、工资、管理作风与方式等各个因素对工作效率影响的实验，比如增加工间休息，公司负责供应午餐和茶点，缩短工作时间，实施每周 5 天工作制，实行团体计件工资制，并允许女工在工作时间自由交谈。结果发现无论各个因素如何变化，产量都是增加的。由于督导方法的改变，使工人工作态度也有所变化，因而产量增加。

第三阶段：大规模的访问与调查(1928—1931 年)。两年内他们在上述试验的基础上进一步开展了全公司范围的普查与访问，调查了 2 万多人次，发现所得结论与上述试验所得相同，即“任何一位员工的工作绩效，都受到其他人的影响”。于是研究进入第四阶段。

第四阶段：接线板接线工作室试验(1931—1932 年)。以集体计件工资制刺激，企图形成“快手”对“慢手”的压力以提高效率，历时 6 个月。公司当局给他们规定的产量标准是焊合 7312 个接点，但他们完成的只有 6000～6600 个接点。试验发现，工人既不会为超定额而充当“快手”，也不会因完不成定额而成“慢手”，当他们达到他们自认为是“过得去”的产量时就会自动松懈下来。其原因是，生产小组无形中形成默契的行为规范，即工作不要做得太多，否则就是“害人精”；工作不要做得太少，否则就是“懒惰鬼”；不应当告诉监工任何会损害同伴的事，否则就是“告密者”；不应当企图对别人保持距离或多管闲事；不应当过分喧嚷、自以为是和热心领导等。根本原因则有三：一是怕标准再度提高；二是怕失业；三是为保护速度慢的同伴。这一阶段的试验，还发现了“霍桑效应”，即对于新环境的好奇和兴趣，足以导致较佳的成绩，至少在初始阶段是如此。

通过 4 个阶段历时近 8 年的霍桑试验，梅约等人认识到，人们的生产效率不仅要受到生理方面、物理方面等因素的影响，更重要的是受到社会环境、社会心理等方面的影响，这个结论的获得是相当有意义的，这对“科学管理”只重视物质条件，忽视社会环境、社会心理对工人的影响来说，是一个重大的修正。

(二) 人际关系学说

根据霍桑试验的结果，梅奥于 1933 年出版了《工业文明中的人类问题》一书，提出了与古典管理理论不同的观点，形成了人际关系学说，其主要观点如下。

(1) 工人是“社会人”，而不是单纯追求金钱收入的“经济人”。作为复杂的社会系统的成员，金钱并非刺激积极性的推动力，他们还有社会、心理方面的需求，比如安全感、归属感等方面的需要，而后一方面所形成的动力随着生产力的进步，对效率更有影响。

(2) 企业中除了正式组织外，还存在非正式组织。正式组织为非正式组织的形成创造了条件。这是因为正式组织为人们聚集在一起发生关系创造了条件。比如相同的工作场所、共同的生产经营活动、一定的组织层次和结构既为相互接触创造了条件，也提供了接触和交往的限度。有了正式组织，人与人之间的接触才具有持续、反复的特征，非正式组织的生存和发展才有条件。这种非正式组织是企业成员在其共同的工作过程中，由于具有相同的社会感情而形成的非正式团体。这种无形组织有它特殊的感情、规范和倾向，左右着成员的行为。古典管理理论仅注重正式组织的作用，这很不够。非正式组织不仅存在而且同正式组织相互依存，对生产率的提高有很大影响。非正式组织的特征如下。①自然性。②功利性。组织最重要的作用是满足个人的不同需要。③软约束。有全体成员都应该遵守的行为规范，但这种行为规范一般是不成文的、约定俗成的和非强制性的。④内聚性。因为非正式组织是自发形成的，感情相容、相互认同是将组织联系在一起的纽带，所以非正式组织一般具有较强的内聚性。⑤自然领袖。非正式组织的领袖大都是自然形成的。他在组织中具有举足轻重的地位，其影响力和号召力甚至比正式组织中主要领导人物的影响力、号召力还要强。

(3) 要提高职工的“满意度”。新型的领导在于通过增加职工的“满意度”来提高其士气，生产率的升降主要取决于工人的士气，即工作的积极性、主动性与协作精神，而士气的高低则取决于人群关系对工人的满足程度，即他的工作是否被上级、同伴和社会承认，满足程度越高，士气也越高，生产效率也就越高。

(三) 行为科学理论

行为科学应用在管理学上，主要是对工人在生产中的行为及这些行为产生的原因进行分析研究。包括人的本性和需要、行为的动机、人际关系等。有关理论将在本书的其他章节陆续得到介绍，在此只简单提及。

第三节 现代管理理论

第二次世界大战以后，管理理论的发展进入了一个新的阶段。与前面几个历史阶段不同的是，这个阶段没有哪一种理论能在这个时期的理论发展过程中起主导的作用。在现代管理理论阶段，出现了一种被称为“管理理论丛林”的现象，即出现了各种管理理论学派同时并存的现象。

一、现代管理理论产生的根本原因

(一) 战后资源积累的完成又提出了提高效率的要求

在20世纪初，资本主义的发展和资源积累的完成提出了提高企业生产效率的要求，从而促进了科学管理理论的产生。20世纪30年代经济危机的发生，使得管理研究的重点转向如何满足人在社会和心理方面的需求以调动人的工作积极性上来。第二次世界大战结束后，资本主义世界的经济得到了迅速的发展，资本主义世界的资源又以前所未有的速度堆积起来。这种资源积累的完成同样向管理提出了如何对这些资源进行有效利用的问题。

企业数量和企业规模的发展要求能形成新的管理理论来解决这种发展带来的新的管理问题。特别是进入20世纪50年代后，资本主义市场的性质由卖方市场变成了买方市场，这使得资本主义市场的竞争十分激烈，要求企业根据消费者的需求来生产产品，要求企业不能只单纯考虑企业内部的管理问题，更重要的是要考虑企业与外部市场的关系。资本主义世界经济的这种发展变化要求管理理论必须把企业看成是一个属于环境超系统的子系统。为了满足这种经济发展的要求，现代管理理论侧重于从系统的观点出发研究企业与外部环境之间的关系，探讨企业在与外部环境的相互关系中如何才能提高生产效率，促进企业的生存和发展。

(二) 科学技术的发展对管理提出了新的问题，同时也为管理理论的发展提供了新的思想、方法和手段

第二次世界大战结束以后，世界科学技术得到了迅速的发展，如电子技术、通信技术和计算机技术得到了迅速的发展。同时还产生和发展了许多新的学科，如控制论、信息论和系统论即三论的形成，数学与运筹学的发展。现代社会科学技术的发展极大地促进了社会的发展和进步，也对管理提出了许多新的问题。

这是因为现代科学技术的发展，极大地扩展了社会生产的空间范围和社会生产的规模，人们如果再采用传统的管理思想、管理方法、管理工具和管理手段，就不能有效地进行现代化大生产。如生产空间范围的扩大，要求管理能解决生产过程中的信息联系和信息沟通的问题；生产规模的扩大和生产联系的复杂与紧密，要求管理能有效地处理生产过程中的大量数据资料，使生产过程能顺利有效地进行。现代科学技术的发展在对管理提出新的要求的同时，也为管理理论的发展提供了新的思想、方法、工具和手段。如系统理论的发展为管理理论的发展提供了系统分析的思想；电子计算机技术的发展为管理处理大量的数据资料提供了可能性。

实际上，正是由于现代科学技术的发展，原来从事各个学科研究的许多学者把自己学科的理论和方法应用于管理理论的研究，才形成了现代管理理论的各个理论学派同时并存的管理理论丛林的现象。

(三) 人们对“人”的本性认识的不断深化促进了管理理论的发展

任何一种管理理论，都是基于对人的本性的某种认识而提出的。科学管理理论是基于对人的“经济人”的认识而提出的，而对人的“社会人”的认识促使了人际关系学说的产生。第二次世界大战以后，随着社会的进步和人们生活水平的提高，人类本身的需求结构也在发

生变化，人类在从事社会活动的过程中也在不断地完善自己。因此人类在从事社会活动的过程中会不断地产生新的需求，在完善自身的过程中也要求不断地认识自己。

正是人类对自身认识的不断深化，促进了人们对管理活动规律性认识的深化，促进了管理理论的发展。如巴纳德认为人是有自由意志、有个人人格、有决策能力的“决策人”，因此，他认为管理者在管理过程中应该既考虑到组织目标的实现，又考虑到组织成员个人目标的实现。这种把组织目标与个人目标结合起来的思想在管理思想发展史上具有里程碑的意义。决策学派的主要代表人物西蒙却认为人是“管理人”。这种“管理人”的认识认为，人不是一种只会完成分配给他的工作的无生机的工具，也不是只会进行理性分析的机械人，人的学习、记忆、习惯等心理因素对人的行为决策起着重要的影响作用。从这一观点出发，西蒙认为，人们不是单纯地从事有逻辑有意识的决策行为，还包括无意识的习惯行为。所以，西蒙特别重视人的“刺激—反应”的行动方式。他认为人的反应性的、习惯性的行动不是不合理的，而是有其合理性的。正是基于这种认识，西蒙把管理决策分成程序化决策与非程序化决策。对于那些经常出现和大量出现的管理问题，把处理和解决这种问题的方法制度化、标准化和程序化，然后交给下级人员去处理，即采取程序化决策。而对于那些不经常出现的重大经营决策问题，则采取量体裁衣的解决方式，即采取非程序化的决策方式，由组织中的高层管理者集中精力处理。

二、孔茨划分的各学派主要观点

第二次世界大战后，与行为科学并行发展的还有一种理论，其主要是把数学方法、电子计算机技术、系统论、控制论等广泛地运用到管理上来，形成一系列新的组织管理理论、方法和技术。有人把这种理论称之为“管理科学”。管理科学实际上是泰罗科学管理理论的延续与发展。它们都是采用科学的方法探求有效的工作方法和方案，以达到最高的工作效率。所不同的是，管理科学的研究突破了操作方法、作业水平的范围，而向整个组织的所有活动方面扩展，对管理进行整体性、系统性、全面性的研究。其基本特征是：以系统的观点，运用数学、统计学的方法和计算机技术，为现代管理的决策提供科学的依据，通过计划与控制，以解决各项生产、经营问题。

管理理论在经历了古典理论、行为科学理论和管理科学理论的发展后，20 世纪 50 年代又出现了两种趋向，即分散的趋向与统一的趋向。分散的趋向，表现为出现各种各样的管理学说。他们从不同的方向、不同的角度，采用不同的方法论进行研究。统一的趋向表现为有的管理学家企图把各种不同的学说兼容并蓄，融为一体，创立新的统一的理论。美国管理学家孔茨将管理理论的各个流派称之为“管理理论丛林”。1961 年，他提出了 6 个学派，到 1980 年，孔茨又认为，这一“丛林”又枝繁叶茂，至少可划分为 10 个学派。尽管各学派彼此相互独立，但他们的基本目的是相同的。

（一）经验学派

经验学派又称案例学派，其代表人物是美国管理学家彼德·德鲁克和欧内斯特·戴尔。这一学派的中心是强调管理的艺术性。他们认为，古典管理理论和行为科学都不能完全适应企业发展的实际需要，有关企业管理的科学应该从企业管理的实际出发，以大企业的管理经验为主要研究对象，加以概括和理论化，不必企图去确定一些原则，只要通过案例研究分析一些成功经理人员的成功经验和他们解决特殊问题的方法，便可以在相仿的情况下进行有效的管理。

经验学派的主要观点如下。

(1) 关于管理的性质，他们认为管理是管理人员的技巧，是一个特殊的、独立的活动和知识领域。

(2) 关于管理的任务，他们认为作为管理人员的经理，有两项别人无法替代的特殊任务：一是必须制造一个“生产的统一体”，二是在做出每一个决策和采取每一项行动时，要把当前利益和长远利益协调起来。

(3) 提倡实行目标管理。

(二) 群体行为学派

群体行为学派同人际关系行为学派密切相关，以致常常被混同。但它关心的主要是一定群体中的人的行为，而不是一般的人际关系和个人行为；它以社会学、人类文化学、社会心理学为基础而不是以个人心理学为基础。这个学派着重研究各种群体的行为方式。从小群体的文化和行为方式到大群体的行为特点，均在其研究之列。有人把这个学派的研究内容称为“组织行为”研究，其中“组织”一词被用来表示公司、企业、政府机关、医院以及任何一种事业中一组群体关系的体系和类型。

这个学派最早的代表人物和研究活动就是梅奥和霍桑试验。德国学者卡特•卢因(1890—1947 年)于 1944 年首先提出“团体动力学”的概念来描述团体中人与人相互接触、影响所形成的社会关系，对以后的团体行为的研究产生了较大影响。后来美国管理学家克里斯•阿吉里斯(1923—)在 1957 年发表的《个性与组织：互相协调的几个问题》一文中提出所谓“不成熟—成熟交替循环的模式”，指出“如果一个组织不为人们提供使他们成熟起来的机会，或不提供把他们作为已经成熟的个人来对待的机会，那么人们就会变得忧虑、沮丧，甚至还会按违背组织目标的方式行事”。他认为，如何解决个体成长和组织原则之间的矛盾是管理者长期面对的挑战，领导者的任务之一就是努力减少这种不协调，从而提高组织运行的效率。

(三) 管理科学学派

管理科学学派又称为数量学派，是泰罗的“科学管理”理论的继承和发展。管理科学学派正式作为一个管理学派，是在“二战”以后。这一学派的特点是利用有关的数学工具，为企业寻找一个有效的数量解，着重于定量研究。

管理科学学派认为，管理就是制定和运用数学模型与程序的系统，用数学符号和公式来表示计划、组织、控制、决策等合乎逻辑的程序，求出最优的解答，以达到企业的目的。该学派还主张依靠计算机管理，提高管理的经济效益。

(四) 社会系统学派

社会系统学派是以组织理论为研究重点，从社会学的角度来研究组织。这一学派的创始人是美国的管理学家切斯特•巴纳德，他的代表作是 1937 年出版的《经理的职能》一书。巴纳德把组织看作一个社会协作系统，即一种人的相互关系系统。这个系统的存在取决于 3 个条件：①协作效果，即组织的目标是否顺利达成；②协作效率，即在实现目标的过程中，协作成员损失最小而心理满足程度最高；③组织目标和环境相适应。

巴纳德还指出，在一个正式组织中要建立这种协作关系，必须满足以下 3 个条件：①有共同的目标；②组织中每一成员都有协作的意愿；③组织内部有一个能够彼此沟通的信息系统。此外，巴纳德对管理者提出了如下责任要求：①规定目标；②善于使组织成员为实现组织目标做出贡献；③建立和维持一个信息联系系统。

(五) 决策理论学派

决策理论学派是在社会系统学派的基础上，吸收行为科学管理学派的观点，运用计算机技术和运筹学的方法发展起来的。决策理论学派的代表人物是美国管理学家、诺贝尔经济学奖获得者赫伯特•西蒙，他于 1960 年发表的《管理决策的新科学》是决策理论学派的“圣经”。

在《管理决策的新科学》一书中，西蒙从逻辑实证主义出发，对传统的管理理论中的命令统一原则、特殊化原则、管理幅度原则和集团化原则等展开了严厉的批判，提出了一系列新的、与众不同的观点。

(1) 管理就是决策。西蒙认为：管理就是决策，决策贯穿整个管理过程。组织是作为决策者的个人所构成的系统，组织活动的本质是决策，对组织活动的管理包含着各种类型的决策。

(2) 决策的过程。管理的实质是决策，它是由一系列相互联系的工作构成的一个过程。这个过程包括 4 个阶段：情报活动、设计活动、抉择活动、审查活动。

(3) 决策的准则。用“令人满意的原则”代替了传统决策的“最优化原则”。他认为，不论是个人还是组织的决策实践，寻找可供选择的方案都是有条件的，不是毫无限制的，所以“最优化”的实现在很多情况下是不现实、不经济的，而“满意原则”则显得更为合理、现实。

(六) 社会—技术系统学派

社会—技术系统学派是在“二战”后兴起的一个较新的管理学派，是社会系统学派的进一步发展。这一学派是由英国的特里斯特等人通过对英国的达勃姆煤矿现场作业组织进行研究的基础上形成的。他们经过研究认为，许多矛盾的产生是由于只把组织看成一个社会系统，而没有看到它同时又是一个技术系统，而技术系统对社会系统有很大的影响；只有使社会系统和技术系统两者协调起来，才能解决这些矛盾，从而提高劳动生产率，而管理者的一项重要任务就是确保这两个系统相互协调。

(七) 系统学派

系统学派是运用系统科学的理论、范畴及一般原理来分析组织管理活动的。其代表人物有美国的卡特斯、罗森茨韦克等。

系统学派的主要理论观点是：组织是一个由相互联系的若干要素所组成的人造系统；组织是一个为环境所影响，并反过来影响环境的开放系统。组织不仅本身是一个系统，同时又是社会系统的分系统，它在与环境的相互影响中取得动态平衡。

系统管理和系统分析在管理中被应用，提高了管理人员对影响管理理论和实践的各种相

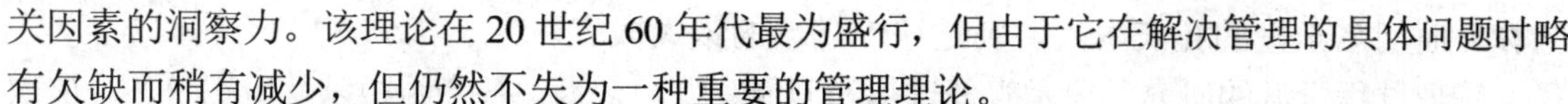

关因素的洞察力。该理论在20世纪60年代最为盛行，但由于它在解决管理的具体问题时略有欠缺而稍有减少，但仍然不失为一种重要的管理理论。

(八) 权变理论管理学派

权变理论是20世纪70年代在经验主义学说的基础上进一步发展起来的管理理论。权变理论认为管理中不存在普遍适用的“最佳管理理论”，有效的管理是根据组织的内外因素灵活地应用各种管理方法解决管理问题的过程。

权变理论的基本观点主要包括以下几方面。

(1) 权变理论的管理思想结构观点。管理同环境之间存在着一定的函数关系，但不一定是因果关系。这种函数关系可以解释为“如果—就要”的关系，即“如果”某种环境或情况存在或发生，“就要”采用某种管理思想。

(2) 权变理论的组织结构观点。把组织看成一个既受外界环境影响，又对外界环境施加影响的“开放系统”。组织内部结构的设计，必须与组织任务的要求、外在环境要求以及组织成员的需要等相一致，组织才能有效。

(3) 权变理论的人事观点。在人事方面的权变观点也以权变管理思想为基础，认为在不同的情况下要采取不同的管理方法，不能千篇一律。

(4) 权变理论的领导方式观点。权变理论学派认为不存在一种普遍适用的“最好的”或“不好的”领导方式，一切以组织的任务、个人或小组的行为特点以及领导者和职工的关系而定。

权变理论的出现，对于管理理论有着新的发展和补充，主要表现在它比其他一些管理学派与管理实践的联系更具体，与客观实际更接近一些。但是，权变理论仅仅限于考察各种具体的条件和情况，而没有用科学研究的一般方法来进行概括，只强调特殊性，否认普遍性，只强调个性，否认共性。

(九) 经理角色学派

经理角色学派是20世纪70年代在西方出现的一个管理学派。它以对经理所担任角色的分析为中心，来考虑经理的职务和工作，以求提高管理效率。该学派的主要代表人物是加拿大麦克吉尔大学管理学院的教授明茨伯格。

这一学派认为经理一般都担任10种角色，源于经理的权力和地位。10种角色可以归为3类：

(1) 人际关系方面的角色，包括挂名首脑的角色、领导的角色、联络者的角色；

(2) 组织信息中枢的角色，包括信息接受者的角色、信息传播者的角色、发言者的角色；

(3) 决策方面的角色，包括企业家角色、故障排除者角色、资源分配者角色、谈判者角色。

经理角色理论受到了管理学派和经理们的重视，但是经理的工作并不等于全部管理工作，管理中的某些重要问题，经理角色理论也没有详细论述。

(十) 管理过程学派

管理过程学派又叫管理职能学派、经营管理学派。这一学派是继古典管理学派和行为科学学派之后最有影响力的一个学派，创始人是古典管理学家法约尔，而以提出“管理理论的从林”而闻名于世的孔茨本人，则是这一学派的集大成者。

管理过程学派的研究对象是管理过程和职能。他们认为，各个组织以及组织中各个层次的管理环境都是不同的，但是管理却是一种普遍而实际的过程，同组织的类型或层次无关。

该学派的理论依据如下。

(1) 管理是一个过程。可以通过分析管理人员的职能，从理论上很好地进行分析。

(2) 根据在企业中长期从事管理的经验，可以总结出一些管理基本原理，这些基本原理对认识和改进管理工作都能起到一定的说明和启示作用。

(3) 可以围绕这些基本原理展开有益的研究，以确定其实际效用，增加在实践中的作用和适用范围。

(4) 这些基本管理只要还没有被实践证明不正确或被修正，就可以为形成一种有用的管理理论提供若干要素。

(5) 管理是一种可以依靠原理的启发而加以改进的技能，就像生物学和物理学中的原理一样。

(6) 管理人员的环境和任务受到文化、物理、生理等方面的影响，但其也吸收同管理有关的其他学科的知识。

管理理论发展到现在，虽然经历了许多阶段，分出许多的学派，但基本上可归为两大类。一类是强调组织的作用和技术作用，把人看成“经济人”和“机械人”，因而在管理思想上是以生产为中心，采用等级制的专制式的管理方式，强调正式组织的作用，强调专业化，要求有明确的分工、明确的权力路线和职责范围，主张严格的纪律和服从。它利用组织、技术等手段，计划和控制人们的活动，以达到组织的目标。另一类是强调人的行为，强调人群关系，强调工作集体的影响，基本上把人看成是“社会人”。因而，在管理思想上是以人为中心，侧重于采用民主管理方式，重视非正式组织的作用，强调自主，强调满足被管理者个人的需求与欲望，以激励、启发、调动职工的创造性和积极性，从而达到组织的目标。

三、20 世纪 90 年代以后的管理理论

(一) 资源学派

进入 20 世纪 90 年代以后，企业环境变化的频繁性和程度增加，行业的利润高低不再成为决定企业竞争优势的决定因素。学者们发现，即便是处于利润水平低的行业，也可以获得竞争优势，而且同一行业中的企业在经营绩效上也会存在很大差别。因此，主张以企业所拥有的资源和能力为战略制定基础的理论迅速兴起。密歇根大学的普莱哈莱德(C. K. Prahald)和伦敦商学院的哈默(Gary Hamel)是这一学派的代表人物。

1990 年，他们在分析了一些世界上的知名公司后提出，一个企业竞争优势的根源在于各种核心能力的集合。从长期来看，企业的竞争力来自比对手以更快的速度和更低的成本建设核心能力的能力。他们还指出核心能力具有延展性，对于顾客有潜在的巨大价值。

资源学派认为，每个组织都是独特的资源和能力的结合体，这一结合体形成了战略的基础。另外，该学派假定各个公司的资源和能力是各不相同的，同一行业中的公司不一定拥有相同的战略资源和能力。这样，资源的差异性和公司利用这些资源的独特方式就成为公司竞

争优势的来源。因此，战略管理的要素是培植独特的战略资源和对资源的独特的运用能力，即核心能力。

核心竞争力是“组织中的积累性学识，特别是关于如何协调不同的生产技能和有机结合多种技术流的学识”。

(1) 企业经营战略的关键在于培养和发展企业的核心竞争力。核心竞争力的形成要经历企业内部资源、知识、技术等的积累、整合过程。

(2) 并不是企业所有的资源、知识和能力都能形成持续的竞争优势，而只有当资源、知识和能力同时符合珍贵、异质、不可模仿、难以替代的标准之时，它们才成为核心竞争力，并形成企业持续的竞争优势。

(二) 学习型组织理论

外部环境的动态性，使企业生存的风险大为增加，因此，提高企业适应外部环境的能力是管理理论的又一重点。1990 年，美国麻省理工学院斯隆管理学院的彼得·圣吉教授撰写的《第五项修炼——学习型组织的艺术和实务》，引起了管理理论界的瞩目。从此，建立学习型组织成为管理理论和实践的热点。

建立学习型组织首先要根除原组织机构中的一些陋习和不良作风。彼得·圣吉提出了学习型组织的 5 项修炼技能。

(1) 系统思考。系统思考是为了看见事物的整体。进行系统思考，一是要有系统的观点，二是要有动态的观点。系统思考不仅是要学习一种思考方法，更重要的是在实践中反复运用，从而可以从任何局部的蛛丝马迹中看到整体的变动。

(2) 超越自我。超越自我既是指组织要超越自我，也是指组织中的个人要超越自我。超越自我不是不要个人利益，而是要有更远大的目标，要从长期利益出发，从全局的整体利益出发。

(3) 改善心智模式。不同的人，对同一事物的看法不同，是因为他们的心智模式不同。人们在分析事物时，需要运用已有的心智模式作为基础。但是，如果已有的心智模式不能反映客观事物，就会做出错误的判断。特别是企业的领导层出现这种情况时，小则使企业经营出现困难，大则给企业带来灾难性影响。改善心智模式的方法，一是反思自己的心智模式，二是探询他人的心智模式，从自己与别人的心智模式的差别中完善自己的心智模式。

(4) 建立共同愿景。愿景是指对未来的愿望，希望看到的景象。企业作为一个组织，是以个人为单元的。如果企业建立了全体员工共同认同的目标，就能发挥每个人的力量。共同愿景的建立不是企业领导单方面的设计，而是对每一个人的利益的融合。愿景的建立不仅不要求牺牲个人利益，而且要为个人留下选择空间，这样员工才能为自己的选择而努力。

(5) 团队学习。团队学习是发展员工与团体的合作关系，使个人的力量能通过集体发挥作用，避免无效的矛盾和冲突，让个人的智慧成为集体的智慧。深度会谈是团队学习的一种形式。深度会谈是对企业的重大而又复杂的议题，进行开放性的交流，使每一个人不仅表达自己的看法，也了解别人的观点，通过交流，减少差异，从而能够相互配合。

(三) 企业再造

学习型组织是企业自我变革的渐变，而企业再造则是企业自我变革的剧变。企业再造的目的在于提高企业竞争力，从业务流程上保证企业能以最低的成本将高质量的产品和优质的服务提供给企业的客户。企业再造的实施方法是，以先进的信息系统和信息技术为手段，以顾客中长期需要为目标，通过最大程度地减少对产品增值无实质作用的环节和过程，建立起科学的组织结构和业务流程，使产品的质量和规模发生质的变化。

企业再造的基本内容是以企业的生产作业或服务作业的流程为审视对象，从多个角度，重新审视其功能、作用、效率、成本、速度、可靠性、准确性，找出其不合理的因素。它不是对现有流程进行改进或改造，而是实行变革性、革命性的创造，通过重新设计，以效率和效益为中心重新构造企业的生产流程或服务流程，以达到业绩上的质的飞跃和突破。

企业再造强调在以顾客为导向和服务至上的信念下，对企业的整个运作流程进行根本性的重新思考，并加以彻底改革。企业再造的推动力和目的可以用 3 个 C 表示：顾客(customer)、竞争(competition)和变化(change)。现在的顾客有更多的选择，更精明、老练和挑剔，而企业间的竞争已经是生死攸关，无论是生产技术还是顾客偏好，变化速度都大大加快。因此，企业必须把重点从过去的计划、控制和增长，转到速度、创新、灵活、质量、服务和成本上来。目的是留住顾客、赢得竞争和适应变化。

(四) 有关超越竞争的战略管理理论

有关超越竞争的战略管理理论较多，以莫尔 1996 年提出的企业生态系统合作演化理论为例。该理论认为，在当今产业界限日益融合的情况下，企业不应把自己看成是单个的企业，而应把自己当作一个企业生态系统的成员，这个系统的成员包括供应商、生产者、竞争者和其他利益相关者。在企业生态系统中，企业战略的制定与传统战略有很大不同：战略制定的基本单位不再是企业或产业，而是合作演化的生态系统；企业业绩不仅是企业内部管理好坏和行业平均利润的函数，而且还是企业在生态系统中联盟和网络关系管理好坏的函数；个别企业的成长不再是考虑的重点，整个经济网络的发展和公司在其中的地位成为考虑的重点；合作不再局限于直接的供应商和顾客，而是扩展到所有可以被纳入整个生态系统范围内的企业；竞争不再被看作主要在公司与公司之间进行，而是主要在企业生态系统之间以及在系统内取得领导和中心地位上进行。

该理论的一个贡献是超越了 20 世纪 90 年代以前的战略管理理论偏重竞争而忽视合作的缺陷，给出了在产业融合环境下理解企业经营的整体生态系统的基本框架以及企业如何在其中发展并取得领导地位的战略管理方法。

(五) 最新趋势

在学术研究领域内有一种新的趋势，这就是把传统的各家学派观点进行交叉，混合分析，得出新的更有趣的结论，从而出现许多新的研究文献和成果。例如利益相关者分析把计划学派和定位学派的观点综合到一起，而波特等人又把定位学派和权力学派的方法结合起来，提出了“战略操纵”(strategic maneuvering)理论(包括先动优势，声东击西等)。最为流行的是把学习学派的观点和其他学派的观点结合起来。混沌理论(chaos theory)用在战略管理中可以看作是学习学派和环境学派的结合。而最有名的“动态能力”(dynamic capabilities)理论，是由核心能力(core competence)的创始人帕拉哈拉德与哈默提出的。该理论可以看作是学习学派和设计学派的结合，以强有力的领导鼓励战略学习。“以资源为基础的理论”(resource-based theory)与此类似，是由学习学派和文化学派结合而成的。进入 20 世纪 90 年代后，市场经济达到了高度发达的时期，企业间的竞争日趋白热化，传统的管理观念已经不能适应新环境的变化，因此西方的管理大师又进行了总结和升华，对企业管理和环境变化趋势做出了前瞻性研究。

【趣味阅读】

法约尔桥

管理机构中，最高一级到最低一级应该建立关系明确的职权等级系列，这既是执行权力的线路，也是信息传递的渠道。一般情况下不要轻易违反它。但在特殊情况下，为了克服由于统一指挥而产生的信息传递延误，由法国企业家法约尔设计出一种“跳板”，也叫“法约尔桥”(Fayol bridge)。

1916 年，法约尔在《工业管理和一般管理》一书中综合运用哲学、经济学、社会学和管理学的理论、方法，首次提出了现代工业经营中包含技术、商业、财务、安全、会计、管理 6 项职能和 14 项管理原则。

与泰罗侧重某一车间、工场的微观分析不同，法约尔桥着重企业全面经营管理研究，强调企业经营的统一计划、指挥、协调，主张避免传统组织结构多层次弊病，及时处理生产矛盾，提高经营管理效益。这一方法将企业组织结构作为梯形指挥系统分析，视最高管理层到最低管理层为一梯形结构系统。但因梯形系统层层上报下达，效率低，从而主张改革管理体制，允许生产过程中越级(“跳板”原则)上报，跳过传统的组织程序直接联系处理，并将各自行为报告上级。

法约尔桥的具体内容分析如下(见图 2-1)。

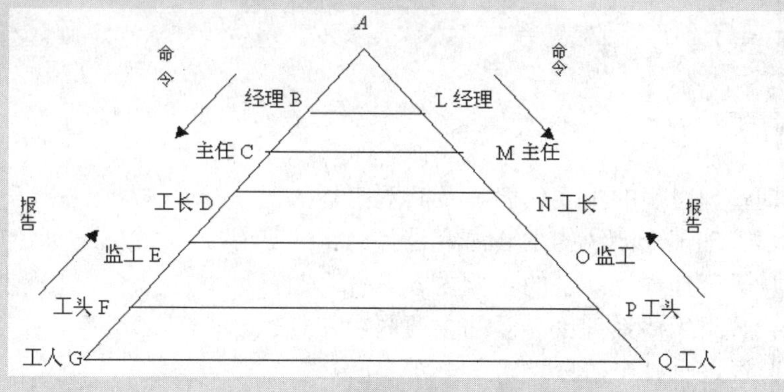

图 2-1　法约尔桥示例

A 代表这个组织的最高领导，F 与 P 之间发生了必须两者协议才能解决的问题，F 必须将问题向 E 报告，E 再报告 D，如此层层由下而上，由上而下到达 P，然后 P 将研讨意见向 O 报告，层层上报到 A，再经过 B、C……最后回到 F。这样往返一趟，既费时又误事，所以法约尔提出做一“跳板”，使 F 与 P 之间可以直接商议解决问题，再分头上报。

如果工头 F 想同工头 P 联系，他可以直接进行联系，而不用向上级报告(F 通过 E 到 A 以及按顺序 A 向下传递给 P)。但是这种联系只有在等级中所有各方都同意而且上级人员随时都了解情况的时候才能进行，E与O同意各自的下属F和P直接联系，就"捍卫了等级原则"；F与P分别向各自的上级汇报了情况，"整个情况就完全合乎规则"。因此，"跳板"原则使得侧向联系可以迅速有效进行，而且既不使路线负担过重，又维护了统一指挥原则、捍卫了等级原则。法约尔的等级制度倾向于所有的员工安排均有明确的等级机构，但他也意识到上下级之间存在沟通问题，因此，他也提倡适当的横向联系。

法约尔跳板的提出，为组织的跨部门沟通提供了一条捷径。但是，这条捷径不是什么时候都行得通，正如法约尔所说，阶梯各级的某种主观能动性存在，使得跳板会消失，即F与P之间的直接联系会中断，此时，等级线路就恢复原样，整个效率会降低。法约尔认为主要有两个原因使得跳板消失，即：总体利益和部门利益的冲突使得人们只关注后者，从而孤立自己的部门，除了等级路线外，其他什么也不知道；怕负责任和领导能力的不足。其实，法约尔跳板说明了管理效率和等级制度(秩序)之间存在相关性。很多时候都表现为两者的冲突，只有少数情况下能做到两者的协调，即在保证效率的同时又维护了秩序。

(资料来源：wiki.mbalib.com)

求道

有一个年轻人经过长途跋涉来到森林中的寺院，请求寺院里德高望重的住持收他为徒。住持郑重地告诉他："如果你真要拜我为师追求真道，你必须履行一些义务和责任。""我必须履行哪些义务和责任呢？"年轻人急切地问。"你必须每天从事扫地、煮饭、劈柴、打水、扛东西、洗菜……的工作。""我拜你为师是为了习艺正道，而不是来做琐碎的杂工、无聊的粗活的。"年轻人一脸不悦地丢下这句话，就悻悻然离开了寺院。

管理启示：正道不是高不可攀或高深莫测的理论，它隐藏在日常的工作琐事及生活细节中；同样的，管理的道理，随处可得，只要认真去做，用心去体验，工作过程中自可深刻领悟到管理的奥妙及意义。

【思考题】

1. 阐述早期管理思想的主要代表者及其观点。
2. 泰罗科学管理理论涉及的主要内容是什么？
3. 法约尔一般管理理论涉及的主要内容是什么？
4. 韦伯的行政组织体系理论涉及的主要内容是什么？
5. 霍桑实验经过哪几个阶段？
6. 阐述现代管理理论的主要学派和各学派理论的主要内容。

【技能训练】

案例：赵助理的难题

利达公司是一家经营绩效良好的企业，前些年有过骄人的业绩，但近几年来，公司盈利水平不断下降。公司上下，人心浮动，企业面临严峻考验。

一天，公司总经理把总经理助理赵立实叫到办公室。总经理交给小赵一个特殊任务：花一段时间，深入调查一下本企业利润下滑的主要原因，并提出对策与建议。

小赵来这个企业的时间并不长。但他曾系统学习过管理理论，他决心运用管理理论分析与解决本企业所面临的问题。小赵首先将目光投向市场，因为市场是决定企业盈利水平的最重要因素。在调查过程中，小赵了解到，本公司为开拓市场，建立了本地同行业最大的营销队伍，每年的营销预算也高于同行其他企业，获得了与本地其他几家大型企业旗鼓相当的市场份额。他觉得营销环节的问题不大。

接着他调查了本企业的产品开发情况与价格情况。他了解到，本企业有很强的技术力量，有一支高水平的研发队伍。本企业的产品不比同行的产品差，而且价格合理，不高不低。他也觉得这一环节应该是没什么问题的。他又深入车间了解一线生产情况。生产线运行正常，员工们工作也较认真。当然，也发现有些员工积极性不是很高，工作节奏较慢。车间主任抱怨说："去年每个人都涨了一级工资。咱厂在本地工厂中是工资最高的。可是这些人的积极性一点也没有提高。"关于严格管理，车间主任说道："其实咱厂管理是很严格的，有那么多的规章制度。我本人也非常严格，对于那些迟到早退、生产不合格产品、材料损失浪费的工人从不客气，都会狠狠批评。可是，这些现象就是屡禁不止，生产率就是上不去。有的工人好像是在同厂里作对。其实，厂子黄了你的饭碗也打了，这不是明摆的道理吗？我是没办法了。"

小赵还了解到公司的管理机构庞大，管理费用高，产品生产成本也普遍高于同行，据说原材料进价也偏高……调查情况千头万绪，一下子把小赵给难住了。

分析的问题：

1. 造成该公司盈利水平下降的原因有哪些？最主要的原因是什么？

2. 你认为解决该公司的问题，应用泰罗的科学管理原理和应用行为科学原理哪个更为重要？

3. 请你为赵助理制定解决该公司问题对策方案提出建议。

（资料来源：shequ.docin.com/app/teamMes...mId=1979）

【训练目标】

1. 增强对管理理论的感性认识；
2. 提高运用管理理论分析实际管理问题的能力；
3. 培养运用管理理论解决实际问题，提高企业绩效的能力。

【组织实施建议】

1. 建议在讲完管理理论演进之后安排此案例分析；
2. 在课下准备，可安排 1 至 2 个课时集中讨论；
3. 每个人认真阅读分析案例，并搜集有关资料；
4. 由模拟公司组织小组讨论；
5. 每人写出发言提纲；
6. 可以班级为单位组织讨论。

第三章

计划与决策

【本章学习目标】

通过本章学习，读者应了解计划的含义、计划工作的特征和作用；理解决策的含义、分类和方法；掌握计划、决策的程序；掌握决策树法的计算。

【导入案例】

耐克公司的决策

如果你是一名认真的长跑者，那么在20世纪60年代或70年代初，你只有一种合适的鞋可供选择：阿迪达斯（Adidas）。阿迪达斯是德国的一家公司，是为竞技运动员生产轻型跑鞋的先驱。在1976年的蒙特利尔奥运会上，田径赛中有82%的获奖者穿的是阿迪达斯牌运动鞋。

阿迪达斯的优势在于试验。它使用新的材料和技术来生产更结实和更轻便的鞋。它采用袋鼠皮绷紧鞋边。四钉跑鞋和径赛鞋采用的是尼龙鞋底和可更换鞋钉。高质量、创新性和产品多样化，使阿迪达斯在20世纪70年代中支配了这一领域的国际竞争。

20世纪70年代，蓬勃兴起的健康运动使阿迪达斯公司感到吃惊。一瞬间成百万以前不好运动的人对体育锻炼产生了兴趣。成长最快的健康运动细分市场是慢跑。据估计，到1980年有2500万～3000万美国人加入了慢跑运动，还有1000万人是为了休闲而穿跑鞋。尽管如此，为了保护其在竞技市场中的统治地位，阿迪达斯并没有大规模地进入慢跑市场。

20世纪70年代出现了一大批竞争者，如美洲狮 、布鲁克斯、新布兰斯和虎牌。但有一家公司比其他公司更富有进取性和创新性，那就是耐克（Nike）。由前俄勒冈大学的一位长跑运动员创办的耐克公司，在1972年俄勒冈的尤金举行的奥林匹克选拔赛中首次亮相。穿着新耐克鞋的马拉松运动员获得了第四至第七名，而穿阿迪达斯鞋的参赛者在那次比赛中占据了前三名。

耐克的巨大突破出自1975年的“夹心饼干鞋底”方案。夹心饼干鞋底上的橡胶钉使其比市场上出售的其他鞋更富有弹性。夹心饼干鞋底的流行及旅游鞋市场的快速膨胀，使耐克公司1976年的销售额达到1400万美元。而在1972年仅为200万美元。自此耐克公司的销售额飞速上涨。今天，耐克公司的年销售额超过了35亿美元，并成为行业的领导者，占有运动鞋市场26%的份额。

耐克公司的成功源于它强调的两点：①研究和技术改进；②风格式样的多样化。公司有将近100名雇员从事研究和开发工作。它的一些研究和开发活动包括人体运动高速摄影分析，对300个运动员进行的试穿测验，以及对新的和改进的鞋及材料的不断的试验和研究。

在营销中，耐克公司为消费者提供了最大范围的选择。它吸引了各种各样的运动员，并向消费者传递出最完美的旅游鞋制造商形象。到20世纪80年代初，慢跑运动达到高峰时，阿迪达斯已成了市场中的“落伍者”。竞争对手推出了更多的创新产品，更多的品种，并且成功地扩展到了其他运动市场。例如，耐克公司的产品已经统治了篮球和年轻人市场，运动鞋已进入了时装时代。到20世纪90年代初，阿迪达斯的市场份额降到了可怜的4%。

试回答以下问题:

1. 耐克公司的管理当局制定了什么决策使它如此成功?

2. 到20世纪90年代初，阿迪达斯的不良决策如何导致了市场份额的极大减少？这些决策怎么使得阿迪达斯的市场份额在20世纪90年代初降到了可怜的地步?

(资料来源：wenda.so.com/q/1365631875062832)

第一节　计划的基础

一、计划的含义

(一) 计划的含义和内容

计划是管理的基本职能之一。关于计划的含义，不同的管理学家有着不同的认识。例如：计划是事先对未来应采取行动所做的规划和安排；计划是一种结果，是计划工作所包含的一系列活动完成之后产生的，是对未来行动方案的一种说明；计划就是对行动方案的预先设计，是在决策目标的指导下，以预测工作为基础，对实现目标的途径做出具体安排的一项活动，等等。

关于计划的含义，我们认为计划是指将实施决策所需完成的活动任务进行时间和空间上的分解，以便将决策任务具体落实到组织中的不同部门和个人。计划的内容包括以下6个方面。

(1) 明确做什么(What)。

(2) 明确为什么做(Why)。

(3) 明确由谁做(Who)。

(4) 明确在什么地点做(Where)。

(5) 明确在什么时间做(When)。

(6) 明确如何做，即采用什么方法和手段做(How)。

上述内容简称“5W1H”。

(二) 计划与决策的关系

关于计划与决策之间的关系，主要有以下3种认识。

第一种观点认为，计划作为管理的首要职能，是一个广泛的概念。计划包括分析环境、确定目标、评价方案、选定方案等内容，决策只是这一过程中的一个环节。例如，法约尔认为："管理就是实行计划、组织、指挥、协调和控制。计划就是探索未来，制定行动计划。"可见，法约尔认为计划是管理的一个基本部分，包括对未来进行预测，并在预测的基础上制定行动方案。

第二种观点认为，管理就是决策，决策是管理的核心，贯穿于整个管理过程。因此，决策不仅包含了计划，而且包含整个管理。管理中，确定目标、制定计划、选择方案等属于计划决策；机构设置、人员配备等属于组织决策；计划执行的检查、检查手段的选择等属于控制决策。例如，西蒙认为："为了了解决策的含义，就得将决策一词从广义上予以理解，这样，它和管理一词几近同义。""管理就是决策"。可见，西蒙认为的决策不仅包含计划，而且包含管理。

第三种观点认为，计划与决策是两个既相互区别，又相互联系的概念。一方面，两者是相互区别的。决策是关于组织活动方向、活动内容和活动方式的选择或调整。任何一个组织，都因一定的社会需要而存在。因此，在从事这项活动之前，必然要对活动方向、内容和方式进行选择。可见，决策是管理的首要职能。而计划是对组织内部一定时期内不同成员行动任务的具体安排，是在决策的基础上进行的工作。另一方面，计划和决策是相互联系的，这主要体现在两个方面。一是因为决策是计划的前提，计划是决策的延续。决策为计划的任务安排提供了依据，计划为决策目标的实施提供了保证。二是因为计划与决策是相互渗透的。有时甚至是无法分割的。因为在决策的制定过程中，实际上已经孕育着决策的实施计划，而计划的编制过程，实际上是决策的组织落实过程，也是对决策进行更为详细的检查、修订的过程。

本书采纳第三种观点，认为计划与决策是两个既相互区别，又相互联系的概念。

二、计划的作用

计划是管理的一项重要职能，它不仅是管理活动的依据，也是组织合理配置资源的手段，还是组织降低风险、掌握主动以及实施控制的依据。

(一) 计划是管理活动的依据

计划为管理工作提供了基础，是管理活动的依据。管理者要根据计划分派任务，确定下级的权力和责任，使组织中的全体成员的活动方向趋于一致，从而形成一种协调的组织行为，保证实现计划所设定的目标。计划使得管理者的各项管理工作更加有效，使得管理工作的监督、检查和纠正工作有了明确的依据。

(二) 计划是合理配置资源的手段

计划将组织活动在时间、空间上进行分解，通过规定组织中不同部门在不同时间应从事何种活动，明确所需资源的时间、数量和种类等，从而为组织合理配置资源提供依据。组织的任何活动都必须以一定资源为基础，通过计划可以使组织的各项资源合理分配，使组织的各项目标活动顺利完成。

(三) 计划是降低风险、掌握主动的依据

组织面临的未来是不断变化的，比如，未来资源的价格变化、竞争者的变化、国家方针政策的变化等。一个组织如果对未来的变化没有准确的预测，必然会导致组织行动的失败。而计划作为一种未来行动的筹划，必然要对未来的各种情况进行预测，并针对各种变化因素制定应对措施，以最合理的方案安排组织的各项活动，从而降低组织未来活动的风险。

(四) 计划是实施控制的依据

由于各种主客观因素的影响，组织在决策的实施中，可能会产生与目标要求不完全相符的情况，从而出现偏差。这种偏差如不及时找出原因，采取措施，不仅会导致组织活动的失败，而且会危及组织的生存，因此，必须对组织活动进行控制。计划为控制提供了标准，没有计划，控制就成为无本之木。实际上，许多控制方法本身就是计划方法，例如，目标管理、网络计划技术等。

三、计划的种类

根据分类方法的不同，可以对计划进行各种不同的分类。

(一) 长期计划与短期计划

依据计划的时间可以将计划分为长期计划和短期计划。

(1) 长期计划。长期计划描述了组织在较长时期的发展方向和方针，规定了组织各个部门在较长时期内从事某种活动应达到的目标和要求，描绘了组织在较长时期的发展蓝图。通常长期计划为 5 年以上。长期计划的目的是扩大组织的活动能力，其执行结果主要影响组织的发展能力。

(2) 短期计划。短期计划具体规定了组织的各个部门在目前到未来较短时期应从事的活动，以及从事活动应达到的要求等，从而为组织成员在近期的行动提供依据。短期计划的目的是充分利用组织已经形成的活动能力，其执行结果主要影响组织活动的效率以及由此决定的生存能力。

(二) 综合性计划与专业性计划

依据计划的对象可以将计划分为综合性计划和专业性计划。

(1) 综合性计划。综合性计划是指对组织业务经营过程的各个方面所做的全面规划和安排，关系到组织多个目标和多方面内容的计划。在较长时期内执行的战略计划往往是覆盖面较广泛的综合性计划，短期计划也有综合性的，例如，企业的年度综合经营计划。

(2) 专业性计划。专业性计划是指对某一专业领域职能工作所做的计划，通常是对综合性计划的某一方面内容的分解和落实。比如，与企业经营活动相关的生产计划、销售计划等都属于专业性计划。这些计划只涉及企业活动的某一方面，与综合性计划的关系是局部与整体的关系。

(三) 指向性计划与具体性计划

依据计划内容的详尽程度可将计划分为指向性计划和具体性计划。

(1) 指向性计划。指向性计划也称为指导性计划，一般是由高层管理者制定的，只规定一些指导性目标、方向、方针和政策的计划。指向性计划通常适用于战略计划、中长期计划等。

(2) 具体性计划。具体性计划一般是由基层管理者制定的，具有非常明确的目标和措施，具有很强的可操作性的计划。具体性计划通常适用于专业性计划。

(四) 战略计划与作业计划

依据计划的层次可以将计划分为战略计划和作业计划。

(1) 战略计划。战略计划是关于组织未来整体的行动计划，规定了组织未来的总体目标以及组织在所处环境中的地位。战略计划的特点是涉及的时间较长，涉及范围较广，相关因素多而复杂。因此，战略计划要有较大的弹性。同时，战略计划一般只使用一次，具有单值性。

(2) 作业计划。作业计划是规定总体目标如何实现的细节计划，主要研究如何在已知条件下实现组织的总体目标。作业计划的特点是涉及的时间较短。

四、计划工作的原理

编制计划是一项科学性、预见性、系统性、创新性和艺术性很强的管理活动，同时又是一项困难而复杂的任务。为了提高计划编制的水平，在计划的编制过程中，应遵循以下一些基本原理。需要说明的是，这些原理的名称并不太确切，本书在括号中给出一些名称以便于读者理解。

(一) 限制因素原理(木桶原理)

所谓限制因素，是指妨碍决策目标实现的因素。限制因素原理是指在决策实施过程中，只要抓住这些限制因素，解决了这些瓶颈问题，即使其他因素不改善，也可以使决策实施结果得到显著改善。限制因素原理也称为“木桶原理”，即假设木桶直径不变，一个由多块木板构成的木桶所盛的水量，取决于木桶壁上最短的那块木板。这一原理旨在说明，管理者在编制决策实施计划时，应深入了解那些对决策目标实现起主要限制作用的瓶颈因素，并针对这些因素制定工作重点，设置重点任务、重点目标和重点考核指标，配备主力人员来解决这些问题，这样才能为实现整个决策目标扫清障碍。

(二) 许诺原理(短期许诺原理)

许诺原理是指任何一项计划都是对完成某项工作所做出的许诺，许诺越大越多，计划的期限就越长，所涉及的各种不确定性因素就越多，实现许诺的可能性就越小。这一原理涉及计划期限的问题。一般而言，一项详细计划实施的期限不能太长，一方面计划期太长实现所许诺的任务的把握将会降低，另一方面，计划期太长所花费的计划费用将会大幅提高，而效果也未必理想。更明确地说，即使决策是一项长期决策，也不需要一次性编制出该决策的长期的具体实施计划。我们可以在长期决策的指导下，采取分期计划、短期许诺和分步实施的方式，或者通过编制滚动计划(稍后将介绍)来实现长期决策。这样的计划所提出的许诺更加现实，更加稳妥，而且也更有利于实现长期决策的许诺。

(三) 灵活性原理(留有余地原理)

由于计划实施过程中将面临内、外部环境的各种不确定因素的影响，因此在决策实施计划编制时，就应当增加计划的灵活性，不能提出过高的目标或许诺，要留有余地，降低实施难度，提高完成计划的“余量”，从而降低未来意外事件所引起的损失或失败的危险性。这就是计划的灵活性原理。

计划的灵活性原理对于组织的管理决策非常重要，它关系到对决策目标的许诺能否最终实现。如果一个组织的计划总是过于“刚性”，实施难度很大，结果老是完不成，这必将影响员工的士气，降低管理者的威信，并影响以后各项计划的执行，形成恶性循环和不良的组织文化。当然，提高计划灵活性也要把握好“度”。我们不能总是以推迟决策目标的完成时间来确保计划的灵活性，也不能把增加灵活性作为工作松懈的“依据”。否则，即使增加了计划的灵活性，结果还是无法完成任务。因此，在计划的实际编制活动中，管理者必须很好地把握“灵活性”的尺度。“灵活性”太小，则计划实施时适应变化的能力就会太低，当环境发生较大变化时就可能导致计划的失效；而“灵活性”太大，则计划实施过程中将付出低效率的代价，最终将无法实现决策目标。因此，管理者在计划编制活动中，既要留有余地，减少计划实施中的不确定性因素带来的风险，又要对这种余地进行适当的控制，以改善计划实施时的效率和效果。

另外，在执行这种具有一定灵活性的计划时，管理者必须意识到，延迟是一种灵活，提前也是一种灵活，而且是更重要的灵活。也就是说，在工作进展顺利时，管理者和执行者都不能松懈，要尽量提前完成任务，以便把时间留到受到阻力时去“灵活”，或者把前面被“灵活”掉的时间赶回来。这样才能最终按期完成决策的目标。

(四) 改变航道原理(计划修订原理)

改变航道原理也是一种增加灵活性的方法，但它和灵活性原理不同。灵活性原理是指在编制计划时，所提出的目标或许诺(包括任务及完成时间等)不能太高，要留有余地。而改变航道原理是指计划执行过程中要有灵活性，可以修订计划，但不降低原计划的总目标。

由于情况在不断变化，而计划不可能“未卜先知”，因此就需要我们实时检查计划的执行情况，对发生的偏差进行及时纠正，当通过各种纠偏措施还是无法完成计划时，就需要根据现实实际情况对计划进行调整或修订，而不能被计划所束缚住。但是这种修订并不改变计划的总体目标，只是调整实现目标的进程。这就如同舵手在航行时必须经常核对和修正航线，一旦遇到情况就应绕道而行，但最终还得到达预定的目的地。

虽然改变航道原理并不是一种直接针对编制计划的原理，但是这一原理要求管理者在编制计划时要注意计划“进程”或“航道”的可修改性，以便于在实施过程中进行计划的修订。

第二节 计划的制定

一、计划制定的程序

计划编制本身也是一个过程。为了保证编制的计划合理，能实现决策的组织落实，计划编制必须采用科学的方法。

虽然可以用不同标准把计划分成不同类型，计划的形式也多种多样，但管理人员在编制任何完整的计划时，实质上都遵循相同的逻辑和步骤。

(一) 估量机会

对机会的估量，要在实际的计划工作开始之前就着手进行，它虽然不是计划的一个组成部分，但却是计划工作的真正起点。其内容包括：对未来可能出现的变化和预示的机会和威胁进行初步分析；分析自身的长处和短处，了解自身能力所在；列举主要的不肯定因素，分析其发生的可能性和影响程度；在反复斟酌的基础上，下定决心，扬长避短。

(二) 确定目标

确定目标是决策工作的主要任务，是制定计划的第一步。目标是指期望的成果。目标为组织整体、各部门和各成员指明了方向，描绘了组织未来的状况，并且作为标准可用来衡量实际的绩效。计划工作的主要任务是将决策所确立的目标进行分解，以便落实到各个部门、各个活动环节。企业的目标指明主要计划的方向，而主要计划又根据企业目标规定各个主要部门的目标，而主要部门的目标又依次控制下属各部门的目标，如此等。沿着这样的一条线依次类推，从而形成了组织的目标结构，包括目标的时间结构和空间结构。目标结构描述了组织中各层次目标间的协作关系。

(三) 认清现在

计划是连接组织所处的此岸和要去的彼岸的一座桥梁。目标指明了组织要去的彼岸。因此，制定计划的第一步是认清组织所处的此岸，即认清现在。认识现在的目的在于寻求合理有效的通向彼岸的路径，即实现目标的途径。认清现在不仅需要有开放的精神，将组织、部门置于更大的系统中，而且要有动态的观点，考察环境、对手与组织自身的随时间的变化与相互间的动态反应。对外部环境、竞争对手和组织自身的实力进行比较研究，不仅要研究环境给组织带来的机会与威胁，与竞争对手相比的组织自身的实力与不足，还要研究环境、对手及其自身随时间变化的变化。

(四) 研究过去

虽然“现在”不是必然在“过去”的线性延长线上，但“现在”毕竟是从“过去”走来的。研究过去不仅是从过去发生的事件中得到启示和借鉴，更重要的是探讨过去通向现在的一些规律。从过去发生的事件中探求事物发展的一般规律有两种基本方法：一种为演绎法，另一种为归纳法。演绎法是将某一大前提应用到个别情况，并从中引出结论。归纳法是从个别情况发现结论，并推论出具有普遍原则意义的大前提。现代理性主义的思考和分析方式基本上可分为以上两种，即要么从已知的大前提出发加以立论，要么有步骤地把个别情况集中起来，再从中发现规律。根据所掌握的材料情况，研究过去可以采用个案分析、时间序列分析等形式。

(五) 预测并有效地确定计划的重要前提条件

前提条件是关于计划的环境的假设条件，是关于由所处的此岸到达将去的彼岸的过程中所有可能的假设情况。对前提条件认识越清楚、越深刻，计划工作越有效，而且组织成员越彻底地理解和同意使用一致的计划前提条件，企业计划工作就越协调。因此，预测并有效地确定计划前提条件有重要意义。

由于将来是极其复杂的，要把一个计划的将来环境的每个细节都做出假设，不仅不切合实际甚至无利可图，因而是不必要的，因此前提条件限于那些对计划来说是关键性的，或具有重要意义的假设条件，也就是说，限于那些对计划贯彻实施有重要影响的假设条件。预测在确定前提方面很重要，最常见的对重要前提条件预测的方法是德尔菲法。

(六) 拟订和选择可行的行动计划

“条条大路通罗马”，“殊途同归”，都描述了实现某一目标的途径是多条的。制定和选择行动计划包括 3 个方面的内容：拟订可行的行动计划、评估计划和选定计划。

拟订可行的行动计划要求拟订尽可能多的计划。可供选择的行动计划数量越多，对选中的计划的相对满意程度就越高，行动就越有效。因此，在计划拟订阶段，要发扬民主，广泛发动群众，充分利用组织内外的专家，产生尽可能多的行动计划。在该阶段，需要“巧主意”，需要创新性。尽管没有两个人的脑力活动完全一样，但科学研究表明，创新过程一般包括浸润(对问题由表及里地全面了解)、审思(仔细考虑问题)、潜化(放松和停止有意识的研究，让下意识起作用)、突现(突现绝妙的，也许有点古怪的答案)、调节(澄清、组织和再修正答案)。具体的方式有头脑风暴法(Brainstorming)、提喻法。

评价行动计划，要注意考虑以下几点：第一，认真考察每一个计划的制约因素和隐患；第二，要用总体的效益观点来衡量计划；第三，既要考虑到每一计划的有形的可以用数量表示出来的因素，又要考虑到无形的不能用数量表示出来的因素；第四，要动态地考察计划的效果，不仅要考虑计划执行所带来的利益，还要考虑计划执行所带来的损失，特别注意那些潜在的、间接的损失。评价方法分为定性和定量两类。

这一阶段的最后一步是按一定的原则选择出一个或几个较优计划。

(七) 制定主要计划

制定主要计划就是将所选择的计划用文字形式表达出来，作为管理文件。计划要清楚地确定和描述 5W1H 的内容，即 What(做什么)、Why(为什么做)、Who(谁去做)、Where(何地做)、When(何时做)、How(怎样做)。

(八) 制定派生计划

基本计划还需要派生计划的支持。比如，一家公司年初制定了“当年销售额比上年增长

15%”的销售计划，与这一计划相连的有许多计划，如生产计划、促销计划等。再如当一家公司决定开拓一项新的业务时，这个决策是要制定很多派生计划的信号，比如雇佣和培训各种人员的计划、筹集资金计划、广告计划等。

(九) 制定预算，用预算使计划数字化

在做出决策和确定计划后，最后一步就是把计划转变成预算，使计划数字化。编制预算，一方面是为了计划的指标体系更加明确，另一方面是使企业更易于对计划执行进行控制。定性的计划往往在可比性、可控性和进行奖惩方面比较困难，而定量的计划则具有较强的约束。

二、战略性计划

战略性计划是指应用于整体组织的，为组织未来较长时期(通常为 5 年以上)设立总体目标和寻求组织在环境中的地位的计划。战略性计划的任务不在于看清企业目前是什么样子，而在于看清企业将来会成为什么样子。战略性计划的首要内容是愿景和使命陈述。战略性计划的第二项内容是战略环境分析，即分析外部环境和内部条件。战略性计划的第三项内容是战略选择，选择企业合适的发展途径。最后，通过制定一系列战术性计划将战略性计划付诸实施。

把战略性计划转化为战术性计划的过程，既是中期与短期计划的制定过程，又是长期、中期与短期计划组织实施的过程。战术性计划是指规定如何实现总体目标的细化的计划，其需要解决的是组织具体部门或职能在未来各个较短时期内的行动方案。把战略性计划转化为战术性计划，要求战术性计划在不同期间内和不同职能空间上协调一致，保证战略性计划全面且均衡地得以实施和完成。所谓全面地完成计划，是指组织整体、组织内的各个部门要按一切主要指标完成计划，而不能有所偏废。所谓均衡地完成计划，则是指要根据不同时段的具体要求，做好各项工作，按年、季、月，甚至旬、周、日完成计划，以建立正常的活动秩序，保证组织稳步发展。

(一) 愿景和使命陈述

愿景和使命陈述回答的是“我们想成为什么和我们的使命是什么？”愿景和使命陈述应该生动活泼、言简意赅、易于记诵且富有意义和鼓舞性。

愿景和使命陈述包括两个主要部分：①核心意识形态(Core Ideology)；②远大的愿景(Envisioned Future)。核心意识形态由核心价值观(Core Values)和核心目标(Core Purpose)两部分构成，它给组织提供了长久存在的基础，是组织的精神。远大的愿景由 10～30 年的宏伟的、大胆的、冒险的目标(Big，Hairy，Audacious Goal，BHAG)和生动逼真的描述(Vivid Description)两部分构成。

1. 核心价值观

核心价值观是组织持久的和本质的原则。它是一般性的指导原则，不能把它与具体的生产或经营做法混为一谈，不能为了经济利益或短期的好处而放弃它。目光远大的公司(Visionary Company)的核心价值观不需要理性的或外在的理由，它们不随趋势和时尚的变化而变化，甚至也不随市场状况的变化而变化。

2. 核心目标

核心目标是企业存在的理由和目的，不是具体的目标或公司战略。有效的核心目标反映为为公司工作的内在动力，它不仅描述公司的产出或目标顾客，而且表达了公司的灵魂。前Merck公司总裁罗伊•瓦格洛斯这样描述Merck公司核心目标的持久作用：“想象一下，如果时光突然把我们带到2091年，那该是什么样子。到那时，由于预想不到的新情况的发生，我们的许多战略和方法已经发生了变化，但无论我们的公司有多大的变化，我敢说有一样最重要的东西不会变，那就是Merck的精神。最重要的是，我相信这一点，因为Merck公司所专心从事的治病救人的工作是一项正当的事业，是一项激励人们为梦想做出伟大创举的事业。这项事业是没有时间性的。”

3. 10～30年的宏伟的、大胆的、冒险的目标

目光远大的公司(Visionary Company)经常利用大胆的目标作为促进进步的一种特别有效的手段。一个有效的BHAG具有强大的吸引力，人们会不由自主地被它吸引，并全力以赴地为之奋斗；它非常明确，能够使人受到鼓舞；它一目了然，几乎无须任何解释。

前通用电气公司总裁杰克•韦尔奇说，公司的第一步，也是最重要的一步，是用概括性的、明确的语言确定公司的目标。通用电气公司的目标是：“不断提高竞争力，争取在所有我们参加的市场中名列前茅；彻底改革我们的公司，使公司像小公司一样行动快捷、灵敏。”

4. 生动逼真的描述

当我们确立了核心价值观、核心目标以及宏伟的、大胆的、冒险的远大目标后，想使它们发挥激励、鼓舞作用，必须要用生动逼真的语言将它们表达出来。

愿景和使命描述了组织未来期望达到的图景和组织为之奋斗的任务。愿景和使命陈述与企业战略是不同的。战略是为了达到组织总目标而采取的行动和利用资源的总计划。如果把战略比作硬件，那么愿景描述则是软件。它是组织的梦，如同个体人一样对未来的梦。

(二) 战略环境分析

战略环境分析是为完成企业使命服务，也为战略选择服务。用《孙子兵法》的语言，环境分析的内容是“天、地、彼、己”和“顾客(目标市场)”，其目的是“知天知地，知彼知己”和“知顾客”。就企业环境分析而言，“天”指外部一般环境，主要包括政治环境、社会文化环境、经济环境、技术环境和自然环境；“地”指企业所处的行业环境，主要分析行业竞争结构；“彼”指企业竞争对手；“己”指企业自身条件；“顾客”指企业为之提供产品或服务的消费者。“知天知地”就是认识企业所面临的利益与危机、机遇与威胁，“知彼知己”就是了解企业的长与短、实力与不足。企业的产品或服务必须能为顾客创造价值，与顾客的需求相配。企业要做到扬长避短，趋利避害，必须能创造和获取顾客。

1. 外部一般环境

外部一般环境，或称总体环境，是在一定时空内存在于社会中的各类组织均面对的环境，所以又称之为“天”。其大致可归纳为政治、社会、经济、技术、自然5个方面。

政治环境包括一个国家的社会制度，执政党的性质，政府的方针、政策、法令等。不同的国家有着不同的社会性质，不同的社会制度对组织活动有着不同限制和要求。

社会文化环境包括一个国家或地区居民的教育程度和文化水平、宗教信仰、风俗习惯、审美观点、价值观念等。文化水平会影响居民的需求层次；宗教信仰和风俗习惯会禁止或抵制某些活动的进行；价值观念会影响居民对组织目标、组织活动以及组织存在本身的认可；审美观点则会影响人们对组织活动内容、活动方式以及活动成果的态度。

经济环境主要包括宏观和微观两个方面的内容。宏观经济环境主要指一个国家的人口数量及其增长趋势，国民收入、国民生产总值及其变化情况以及通过这些指标能够反映的国民经济发展水平和发展速度。微观经济环境主要指企业所在地区或所服务地区的消费者的收入水平、消费偏好、储蓄情况、就业程度等因素。

技术环境除了要考察与企业所处领域的活动直接相关的技术手段的发展变化外，还应及时了解：①国家对科技开发投资和支持的重点；②该领域的技术发展动态和研究开发费用总额；③技术转移和技术商品化的速度；④专利及其保护情况等。

自然环境主要指企业经营所处的地理位置、气候条件和资源禀赋状况等自然因素。

2. 行业环境

公司环境最关键的部分是公司投入竞争的一个或几个行业的环境。我们称行业环境为“地”。

根据美国学者波特(Michael E. Porter)的研究，一个行业内部的竞争状态取决于5种基本竞争作用力，如图3-1所示。这些作用力汇集起来决定着该行业的最终利润潜力，并且最终利润潜力也会随着这种合力的变化而发生根本性的变化。一个公司的竞争战略的目标在于使公司在行业内进行恰当定位，从而最有效地抗击5种竞争作用力并影响它们朝向自己有利的方向变化。

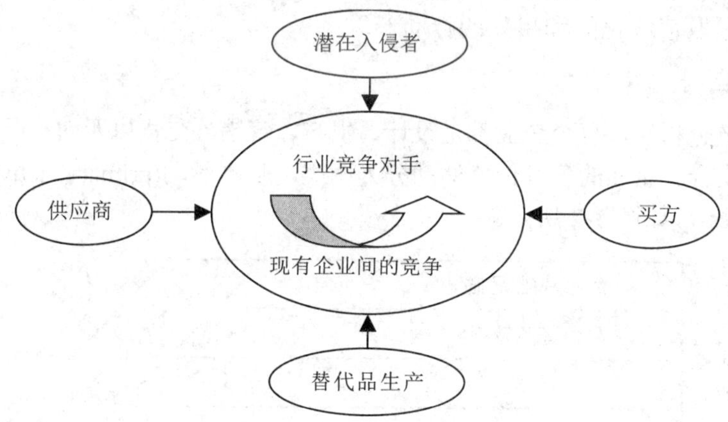

图3-1 5种基本竞争作用力

(1) 现有企业间的竞争研究。现有企业间的竞争状态取决于如下因素：①现有竞争者的力量和数量；②产业增长速度；③固定或库存成本；④产品特色转移购买成本；⑤生产能力增加状况；⑥竞争对手类型；⑦战略利益相关性；⑧退出成本。

(2) 入侵者研究。某一行业被入侵的威胁的大小主要取决于行业的进入障碍。影响行业进入障碍的因素主要有：①规模经济；②产品差别化；③转移购买成本；④资本需求；⑤在位优势；⑥政府政策。

(3) 替代品生产商研究。主要包括两个内容：第一，判断哪些产品是替代品；第二，判断哪些替代品可能对本企业经营构成威胁。

(4) 买方的讨价还价能力研究。其影响因素主要有：①买方是否大批量或集中购买；②买方这一业务在其购买额中的份额大小；③产品或服务是否具有价格合理的替代品；④买方面临的购买转移成本的大小；⑤本企业的产品、服务是否是买方在生产经营过程中的一项重要投入；⑥买方是否有“后向一体化”的策略；⑦买方行业获利状况；⑧买方对产品是否具有充分信息。

(5) 供应商的讨价还价能力研究。其影响因素主要有：①要素供应方行业的集中化程度；②要素替代品行业的发展状况；③本行业是否是供方集团的主要客户；④要素是否为该企业的主要投入资源；⑤要素是否存在差别化或其转移成本是否低；⑥要素供应者是否采取“前向一体化”的威胁。

(三) 竞争对手

一般来说，竞争对手可以从以下的群体中辨识出来：①不在本行业但可以克服进入壁垒(尤其是那些不费力气者)进入本行业的企业；②进入本行业可以产生明显的协同效应(synergy)的企业；③由其战略实施而自然进入本行业的企业；④那些通过后向或前向一体化进入本行业的买方或供方。

竞争对手分析的目的是认识在行业竞争中可能成功的战略的性质、竞争对手对各种不同战略可能做出的反应，以及竞争对手对行业变迁及其更广泛的环境变化可能做出的反应。竞争对手分析必须回答：“在行业中，我们与谁展开竞争以及我们应采取何种行动？”“竞争对手的战略行动意味着什么及我们如何对付？”“我们应该规避哪些领域，因为这些领域中的竞争对手将采取情绪化的和拼死的行动？”

(四) 企业自身

根据价值链分析法，每个企业都是设计、生产、营销、交货以及对产品起辅助作用的各种价值活动的集合。企业的各种价值活动分为两类，基本活动(primary activities)和辅助活动(support activities)，如图 3-2 所示。

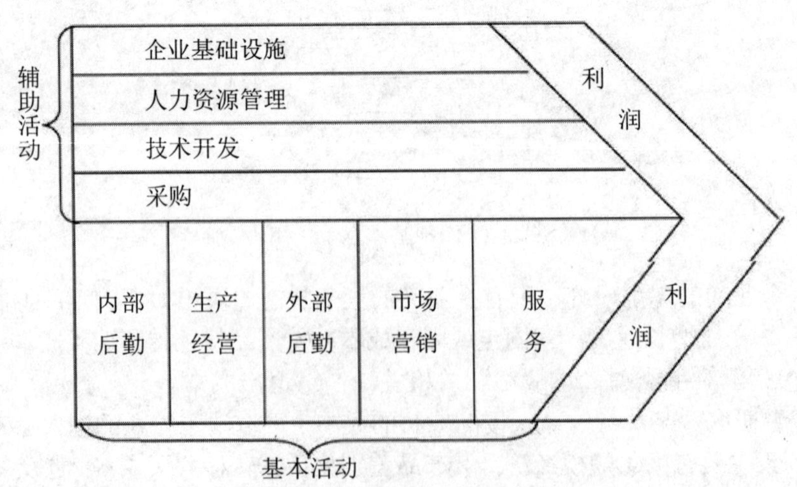

图 3-2　基本活动和辅助活动

按价值活动的工艺顺序，基本活动由 5 个部分构成：①内部后勤(inbound logistics)，包括与接收、存储和分配相关的各种活动；②生产作业(operations)，包括与将投入转化为最终产品形式相关的各种活动；③外部后勤(outbound logistics)，包括与集中、存储和将产品发送给买方有关的各种活动；④市场营销和销售(marketing and sales)，包括与传递信息、引导和巩固购买有关的各种活动；⑤服务(service)，包括与提供服务以增加或保持产品价值有关的各种活动。每种基本活动可以进一步细分或组合，有助于企业内部分析。

辅助活动主要包括：①企业基础设施(firm infrastructure)，包括总体管理、财务、会计、法律、信息系统等价值活动。②人力资源管理(human resource management)，包括组织各级员工的招聘、培训、开发和激励等价值活动；③技术开发(technology development)，包括基础研究、产品设计、媒介研究、工艺与装备设计等价值活动；④采购(procurement)，指购买用于企业价值链的各种投入的活动，包括原材料采购，以及诸如机器、设备、建筑设施等直接用于生产过程的投入品采购等价值活动。

(五) 顾客(目标市场)

企业顾客研究的主要内容是：总体市场分析、市场细分、目标市场确定和产品定位，见图 3-3。

1. 总体市场分析

要分析市场容量首先必须要界定地域和需求性质。根据所界定的地域和需求性质，再分析市场总需求，以及总需求中有支付能力的需求和暂时没有支付能力的潜在需求。市场交易的便利程度主要取决于市场基础建设、法规建设、产权制度和市场制度建设状况。

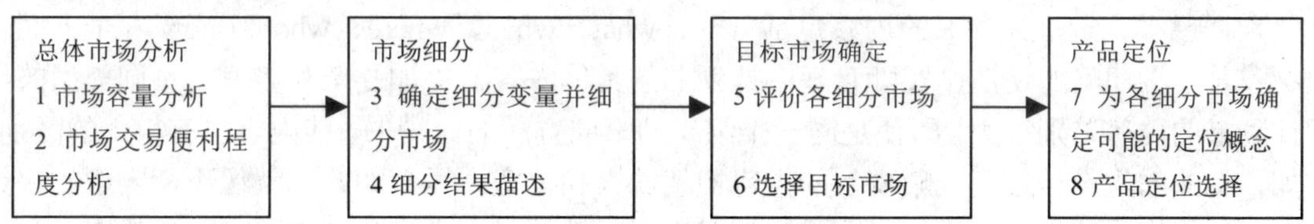

图 3-3 企业顾客研究的主要内容

2. 市场细分

市场细分就是将一个总体市场划分为若干个具有不同特点的顾客群，每个顾客群需要相应的产品或市场组合。市场细分一般包括调查、分析、聚类并描述 3 个阶段。典型的消费品市场细分变量有 4 类：第一，地理因素，主要包括地区、区域大小、城市规模、人口密度、气候等；第二，人口统计因素，主要包括年龄、性别、家庭规模、家庭生命周期、收入、职业、教育水平、宗教信仰、种族、国籍等；第三，心理特征因素，主要包括社会分层、生活方式、个性特征等；第四，行为因素，如使用率(经常还是偶尔使用)、忠诚度(不忠诚、中等忠诚、忠诚、专一)等。典型的工业品市场细分变量有 5 类：第一，地理因素，主要包括产业、企业规模、地理位置等；第二，生产运作变量，如顾客的能力、技术水平等；第三，采购方式因素，如买方企业集权程度、内部权力结构、采购政策、公共形象与公共关系、采购标准等；第四，状态因素，如交货和服务(厌恶、可使用、喜欢、热爱)。

3. 目标市场确定

企业用以下 3 个主要指标来评价细分市场：①细分市场规模及其成长状况；②细分市场结构的吸引力；③企业的目标和资源状况，即使细分市场在规模、增长及其结构吸引力方面都较好，但如果该细分市场不符合企业的目标，则也不宜选择该细分市场为目标市场。

良好的细分市场应具有如下特征：①可测量性，即市场规模、容量和购买力可以测量；②丰富性，即市场规模足够大，且有利可图；③可接近性，即市场可以有效地接近且能为顾客服务；④可实现性，即企业有能力满足该市场的需求。如果细分市场对企业具有吸引力，但市场容量过大，企业过小，从而无法满足该市场需求，则应该对该市场再进一步细分。

4. 产品定位

产品定位是企业为了满足目标市场，确定产品(或服务)的功能、质量、价格、包装、销售渠道、服务方式等。与产品定位相联系的是广告(促销)定位。广告定位是使企业的产品在顾客心里占有位子，以及占什么位子。

三、计划实施的方法

对于不同组织和不同决策问题的实施计划的内容和形式是各不相同的。有以文字表述为主的计划，也有以表格、图示或图表合一为主要表现形式的计划，而每一种计划形式的编制方法也各不相同。

(一) 计划书法

前面已经说过，计划书的内容包括 why、what、when、where、who 和 how 6 个方面。但这只是一种粗略的说法，实际管理中计划书的具体内容要更加复杂和多变。不同类型的组织计划书的内容差别很大，即使是同一个组织的不同方面的计划书，其内容也有很大的区别，例如，企业的生产计划和战略规划的内容构架就大相径庭。尽管如此，就像不同类型的决策具有类似的步骤和方法一样，不同的计划书也有共性的基本内容和基本要求。一般来说，决策实施计划应当包含以下 8 项基本内容，只是不同的计划有不同的侧重点和不同的表述方式。

1. 上一期计划执行情况的总结与问题分析

为便于计划的编制和执行，首先要总结一下上一期计划执行的情况，总结其成功的经验和失误的教训，分析目前的问题和今后可能出现的困难。通过分析，理清问题的性质、严重性、影响面，以及历史、现状和发展的趋势等，分析产生问题的原因等。例如，企业要编制明年的生产计划，需要先分析今年生产计划的执行情况。如果今年难以按期完成生产任务，要分析哪些产品的生产进度滞后了，偏差有多大，原因是什么，是设备问题还是原材料供应问题。如果今年有望顺利或提前完成预定任务，需要总结一下经验，以便指导下一期计划的编制和执行。

2. 内部系统与外部环境分析

组织的内部系统与外部环境总是处于不断变化之中，在进行新一期计划的编制时，需要对这些新变化进行分析和预测。对于战略决策还需要在此基础上分析组织的优势、劣势、机会和威胁，并针对上面所分析的问题和原因进一步找出更深层次的根本原因。例如，企业在编制营销计划时，需要对企业内部生产和销售系统的发展情况，以及企业外部的市场需求、消费者的意见、消费倾向的变化、竞争对手的动态等进行分析和预测。

3. 决策与计划的目标

用比较准确的语言和具体数据阐述决策目标的要求，这是编制计划书的依据，既是决策的目标也是计划的目标，是决策及其计划实施的出发点和归宿点。目标要尽可能具体和准确，最好要能够定量考核。尤其要避免提出空洞、抽象和含糊不清的目标。对于多目标决策问题，需要分析各目标之间的关系，给出目标重要性的排序和说明，以及在目标发生冲突时的处理方法等。对于一些比较重要的决策问题(如战略决策)，通常还需要提出制定和实施该决策方案及其计划的意义和作用、指导思想和理论依据、基本原则和战略定位等内容，作为决策目标的支撑内容。

以上 3 项内容解决了计划书中“Why(为什么做)”的问题。

4. 总体方案

对实现决策目标的总体决策方案进行阐述，包括总体方案的内容、要求和总体时间安排。以战略规划为例，要说明组织将采取成本领先战略还是差异化战略，是进攻型战略还是防御型战略，或其他战略类型。如果采用成本领先战略，还要进一步说明是选择哪一类成本领先战略，如简化产品型战略、改进设计型战略、材料节约型战略、人工费用降低型战略、生产创新及自动化型战略等，或者将几种成本领先战略综合使用。此外，还要阐述与成本领先战略相配套的其他职能战略，如生产战略、财务战略、研发战略等方面的相应措施。

前面 4 项内容通常在决策制定时，就已经分析过了。这里所做的工作就是将这些内容进一步补充、完善和整理后写入计划书，为执行者提供指导信息。

5. 任务分解

对于较大的决策问题，仅仅提供总体方案是难以实施的。为增强方案的可操作性和实施的有效性，需要将比较复杂的方案进行分解，分解成一些便于操作和相对独立的具体任务或工序。然后还要指出各项任务的目标和考核指标等要求，以及哪些任务是重点任务或重点工序。

以上 4 和 5 两部分阐述的是“What(做什么)”的问题。

6. 进度与地点安排

根据总体方案的时间要求，对于分解后的各项任务进行进度和地点的安排，指出各项任务实施的时间和地点要求，以及相互关联的任务之间的时间和地点的衔接。如果这些任务之间的相互衔接关系比较复杂，难以用文字的方式表达清楚，则可以借助计划表或网络图等形式或工具，用更加科学化和工程化的方式进行明确表达。后面我们将要介绍这些计划工具。这部分计划内容说明了“When(何时做)”和“Where(何地做)”的问题。

7. 工作分工

这里需要对总体方案和各项任务进行分工，包括整体计划的执行部门和负责人，以及各项任务的执行部门或执行者及其责任人。这种分工是十分重要的，只有将工作任务明确到部门和人员，才能做到职责分明，才能激励组织的相关员工和管理者为实现该计划而各司其职、努力完成任务，同时也便于对计划实施情况进行检查、督促和考核。这部分内容说明了“Who(谁去做)”的问题。

8. 实施方法与保障措施

对于执行难度比较大的任务，还需要说明实施的方法，例如，执行任务的技术路线、需要使用的仪器设备、市场调研或收集数据的方法、产品试验的程序、信息处理的方式等。此外，对于比较重大的决策问题，还需要提出完成计划的保障措施和经费预算等。这些保障措施包括人力资源保障、资金保障、物资保障、组织保障、制度保障、管理保障和科技保障等。这部分内容说明的是“How(怎么做)”的问题。

(二) 滚动计划法

计划，尤其是长期计划，在实施过程中，常常由于一些主观和客观的原因，如市场商品供求情况发生了新的变化，计划本身存在缺陷，或者计划实施不当等，使得计划不合时宜。这时，需要对原计划进行调整，从而使得组织活动更加符合环境的要求。因此，对于长期计划，一次性编制得过于详细是没有意义的，而滚动计划可以很好地解决这一难题。滚动计划法是按照“近细远粗”原则编制一定时期内的计划，然后定期按照计划的执行情况和环境变化，调整和修订未来的计划，并逐期向后移动，把短期计划、中期计划和长期计划结合起来的一种计划方法。

图 3-4 给出了滚动计划的示例。由图 3-4 可以看出，近期的详细计划实施完毕后，根据执行情况和内外部因素的变动情况对原计划进行修正和细化，此后根据同样的原则逐期滚动，每次修正都向前滚动一个年份。

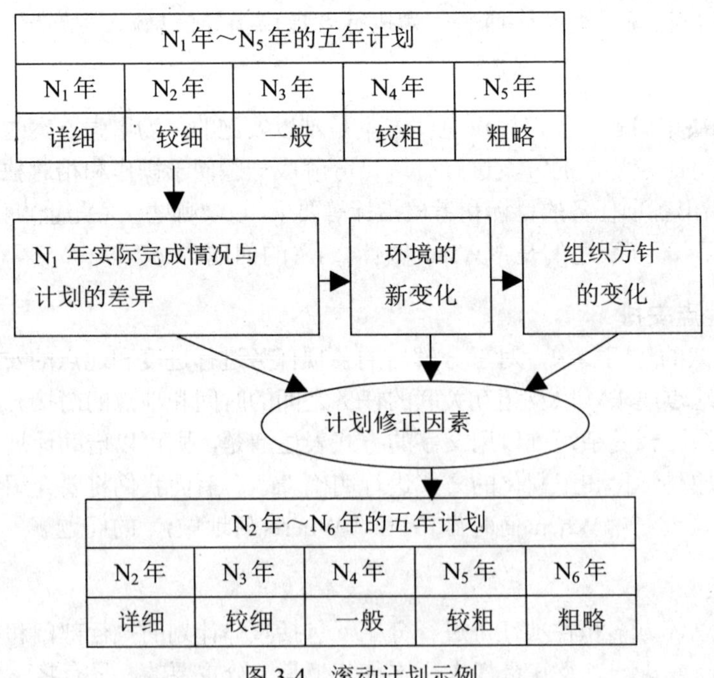

图 3-4 滚动计划示例

这种方法的优点在于：①相对缩短了计划期限，增加了计划的准确性，提高了计划工作的质量，使计划更加切合实际；②长期、中期和短期计划能够相互衔接，既保证了长期计划的指导作用，使得各期计划能够基本保持一致，又保证了计划的灵活性，特别是在环境迅速变化的情况下，有助于提高组织的应变能力。

第三节　决策的基本问题

决策是管理工作的基本要素之一。有人曾对高层管理者做过一项调查，要他们回答 3 个问题："你每天花时间最多的是哪些方面？""你认为你每天最重要的事情是什么？""你在履行你的职责时感到最困难的工作是什么？"结果，绝大多数人的答案只有两个字："决策"。决策是管理的核心。可以认为整个管理过程都是围绕着决策的制定和实施而展开的。诺贝尔经济学奖获得者西蒙甚至强调性地指出，"管理就是决策"，决策贯穿于管理过程的始终。

一、决策的基本概念

"决策"一词通常有名词和动词两种含义。从名词角度来理解，所谓决策就是指人们做出的决定、选择或抉择。从这个概念推演开来，动词意义上的决策很容易被理解为人们在不同方案中所进行的抉择。但这样理解决策概念未免有些简单，也无益于切实提高人们的决策水平。因此，在管理学研究中，决策是作为"决策制定过程"来理解的，而不仅仅指选择方案，即做出决定、抉择的那一时刻的行为。科学决策，是指为实现某一目标，从若干个准备行动的方案中，选择一个满意的、合理的方案而进行分析判断的活动过程。简单来说，决策就是选择决定行动目标和行动方案的活动。决策的概念包括两层含义。第一，决策是一种自觉的有目标的活动。决策是为了解决某个问题，为达到一定目标而采取的决断行为。第二，决策是一个过程。不能把决策仅仅理解为"瞬间"做出的决定，而应把它理解成一个过程。决策总是决策者先经过调查预测确定行动目标，然后围绕目标制定若干方案，再经过比较分析，最后做出最优的方案的抉择。所以决策是由决策者一系列相互关联的行为所构成的过程。

二、决策的类型

决策的种类很多，并且有许多的划分方法。

(一) 战略性决策、管理性决策和业务性决策

按照决策问题的重要程度，决策可划分为战略性决策、管理性决策和业务性决策。

(1) 战略性决策。战略性决策是指影响管理全局，对营销活动整个系统在较长时期内起实质性作用的一些有关企业全局性、长期性的管理方向和方针等方面的重大问题的决策，例如，管理目标，产品开发，技术更新改造等。

(2) 管理性决策。管理性决策是指实现战略性决策过程中的具体战术性决策，即实现战略性决策的比较短期的具体的决策。其重点解决如何组织企业内部力量提高管理效能的问题，如设备更新的选择、新产品定价等。

(3) 业务性决策。业务性决策是指日常管理业务中，为实现某一局部目标而做出的决策，又称作业决策，是企业为了提高管理效率和生产效率，更好地执行管理性决策，在日常活动中对日常业务活动进行的安排，如作业计划的制定、库存控制定额的制定等。

(二) 高层决策、中层决策和基层决策

按决策者在企业中的地位划分，决策可以分为高层决策、中层决策和基层决策。

(1) 高层决策。高层决策是指企业最高领导人所做的决策。它所解决的问题通常是全局性的以及与外界环境有密切联系的重大问题。

(2) 中层决策。中层决策是指企业中层管理人员所做出的决策。一般来说，中层决策大多是管理性决策。

(3) 基层决策。基层决策是指企业基层管理人员所做的决策，这类决策大多是指业务性决策，主要是解决作业中的问题。

(三) 程序化决策和非程序化决策

按决策问题是否重复出现划分，决策可分为程序化决策和非程序化决策。

(1) 程序化决策。程序化决策是指对生产经营活动中经常重复出现的问题所做的决策，如订货、制定生产作业计划等。这类把决策过程标准化的决策，又称为程序化决策。

(2) 非程序化决策。非程序化决策是指对生产经营管理中不经常发生的问题所做的决策，如新产品开发、企业转产、多种经营等。这类决策一般都非常重要，但又没有一套常规化的办法和程序，又称为非常规决策。

(四) 确定型决策、风险型决策和不确定型决策

按决策问题所处的条件不同划分，决策可以分为确定型决策、风险型决策和不确定型决策。

(1) 确定型决策。确定型决策是指各种可行方案所需要的条件已经完全确定情况下的决策。这种决策比较容易做，只要比较各个方案的结果，从中择优选取就可以做出决策。

(2) 风险型决策。风险型决策是指各种可行方案所需要的条件大部分是已知的，但每一方案的执行都会面临几种不同的状态，各种状态的出现都有一定的概率是可以预测到的。决策时存在着风险，因而称为风险型决策。

(3) 不确定型决策。不确定型决策是指各种可行方案的几种环境状态出现是未知的，并且其出现概率也是不可预测的或只能靠主观判断。

(五) 个体决策与群体决策

按决策主体不同，决策可以分为个体决策与群体决策。

(1) 个体决策。个体决策的决策者是单个人，所以也称为个人决策。

(2) 群体决策。群体决策的决策者可以是几个人、一群人，甚至是整个组织的所有成员。从广义上说，当决策全过程的活动涉及两个或两个以上的人时，不论这人是一般性地参与决

策，还是真正在做出决策，这时的决策就是一种群体决策。但狭义上的群体决策，仅局限于若干人参加“抉择”活动的情形。比如某项决策可能由一人负责收集信息并进行初步的加工整理，另一些人负责拟订备选方案，而最后由某一个主管人员选定一个方案，这时的决策过程尽管也需要多人参与工作，但主要活动(即抉择或决定)仍由单个人来完成，所以在严格意义上仍是一种个体决策。“厂长负责制”企业中的决策就主要是由厂长个人做出方案抉择的，尽管其决策过程中可能接受“工厂管理委员会”这类智囊机构的咨询意见。相比之下，“董事会制”下的决策则是一种群体决策，由集体做出决策方案的选择。

在现代组织中，由于经营环境的日益复杂多变和组织成员素质的普遍提高，群体决策方式较之个体决策方式已越来越受到重视，但群体决策方式是否能广泛推广和应用并取得预期的效果，实际上与组织文化特征有密切的关系。在东方文化中，组织生活被看作个人生活中不可缺少的部分，个人与同事、与上级的关系不仅是单纯的工作和服从，而且还带有很深的情感联系。他们倾向于以集体方式开展活动，并崇尚个人对组织目标的认同。日本企业大多数的决策是以自上而下和自下而上相结合的方式，依靠集体力量做出的。相对而言，西方文化崇尚自我独立意识和个人能力至上观念。这些根深蒂固的价值观导致在日本等国家中较自然实现的民主管理和集体决策方式，在美国等西方国家的实际推行中却遇到了传统文化的阻碍。由于这个原因，美国等国家的企业中许多重大经营问题的决策通常都在高层管理人员中间做出，决策时即便采取群体择案的方式，参加者也往往并没有低层次的管理人员和一般员工。

(六) 经验决策和科学决策

根据决策者是基于经验还是基于科学分析做出决策，决策可分为经验决策和科学决策。

(1) 经验决策。所谓经验决策，是指决策者主要根据其个人或群体的阅历、知识、智慧、洞察力和直觉判断等人的素质因素而做出决策。古往今来，纵然有许多的成功事例是借助于一般经验决策取得的，但这种决策方法的主要缺陷表现为：决策优劣过于依赖决策者的个人因素，组织兴衰成败都与少数决策者紧密相连，“其人存，则其政举，其人亡，则其政息”。在决策问题越来越复杂、越来越不确定，决策影响越来越深远和广大的今天，单纯凭个人经验办事已经很不适用，于是科学决策法便应运而生。

(2) 科学决策。所谓科学决策是指以科学预测、科学思考和科学计算为根据来做出决策。美国耗资300多亿美元的“阿波罗”登月计划的成功，就是运用科学决策的范例。科学决策离不开定量分析方法的开发和应用，但过分地追求决策问题的数学化、模型化、计算机化这些“硬”的决策技术，将使科学决策走向“死胡同”。在决策问题存在不确定性的条件下，依靠“软”专家的直觉判断和定性分析，可能比定量方法更有助于形成正确的决策。美国著名的兰德咨询公司在20世纪50年代接受美国空军委托的“苏联对美国发动核袭击，其袭击目标会在什么地点及后果如何”课题时，发现使用数学模型很难准确计算出结果，遂改用专家估计的办法，依靠其独创的行为集合法成功地综合了众多专家的智慧和直觉判断。从此以后，这种定性决策技术就被冠以“德尔菲法”而广泛地应用于复杂问题的决策过程中。

三、决策的原则

企业要想合理地进行决策，必须遵循一定的原则。企业在进行决策时，应以企业利益最大化为基本原则，除此之外，还应遵循下列原则。

（一）系统性原则

企业是一个系统，其中各个环节紧密相连。因此，决策必须通过系统调查、科学预测，从整个企业管理活动的整体出发，不断谋求企业内外部环境和企业管理目标的动态平衡。

（二）科学性原则

企业的决策必须建立在科学的基础上，必须有科学的依据，要遵循科学的决策程序，确定科学有效的决策标准，采用科学的决策方法，建立科学的决策控制系统，做好决策工作。

（三）可行性原则

企业决策应从实际出发，认真研究方案的可行性，采用定性和定量相结合的方法，对每个方案进行可行性分析，以保证决策方案行之有效。

（四）对比优化原则

对比优化原则是科学决策必须遵循的原则。决策总是在若干有价值的方案中选择一个，选择的最优方案应力求以尽可能少的投入，取得尽可能多的收益。

（五）民主性原则

决策方案要在民主的基础上制定，要充分发挥职工和“智囊”在决策过程中的作用，集中他们的智慧，做好决策。

（六）创新性原则

决策与企业的生存与发展关系密切，涉及诸多情况和问题，进行决策时，既要有技术、经济分析能力，又要有创新观念，敢于不断探索，勇于开拓和创新。这样，才能制定和选出合理方案。

四、决策的过程

决策是个“全过程”的概念。决策过程包括了如下阶段的工作。

（一）研究环境，发现问题

决策是为了解决一定的问题而制定的，没有发现组织运行中存在的问题，就没有必要制定新的决策来使组织活动做出调整和改变。因此，决策者首先要研究组织的现状，发现存在的问题。

所谓问题，是应有状况与实际状况之间的差距。有差距，就表明组织存在某种问题，需要做出决策来予以解决。这里，差距或问题，可以是消极的，即组织被迫要去应对的，如来自外界不可预料事件的一次威胁，或者组织内部出现的一个故障或麻烦。但更重要的、需要组织通过新的决策去处理的“问题”还常常应该从积极的意义上去理解，如组织内部条件改善后要力求把握的发展机会，或者外部环境中出现的有利于组织的变化。面对这些积极的或消极的问题，决策者不能等闲视之，不闻不问，而应该能够及时地发现问题，采取对策。研究组织活动中存在的不平衡，要着重思考以下方面的问题。

(1) 组织在何时何地已经或将要发生何种不平衡？这种不平衡会对组织产生何种影响？

(2) 不平衡的原因是什么？其主要根源是什么？

(3) 针对不平衡的性质，组织是否有必要改变或调整其活动的方向与内容？

分析组织活动中的问题，确定不平衡的性质，把不平衡作为决策的起点，是组织各层次管理者的共同职责。这不仅由于管理者要对其所管理的组织或单位的活动效果负责，而且由于他们的素质训练和概念技能促使他们能比较敏感地发现组织中的问题或不平衡的关键所在。

(二) 确定决策目标

分析了改变组织活动的必要性以后，还要研究针对所存在的问题而将要采取的措施需要符合哪些要求，必须达到何种的效果。这也就是说，决策者要明确决策的目标。

明确决策目标，不仅为方案的制定和选择提供了依据，而且为决策的实施和控制、为组织资源的分配和各种力量的协调提供了标准。

明确决策目标，要注意以下几方面要求。

(1) 提出目标的最低和理想水平。也即明确组织改变活动方向和内容至少应该达到的状况和水平，以及希望实现的理想目标水平。决策不仅要保证实现最低限度的要求，还要力争达到既定约束条件下所能达到的最好状态。

(2) 明确多元目标间的关系。任何组织在任何时候都不可能只有一种目标，而更多地具有多元或多重目标。多元目标之间本身就存在既相互关联又相互排斥的关系，而且在不同时期，随着组织活动重点的转移，这些目标的相对重要性也不一样。诚然，在特定时期，决策只能选择其中一项为主要目标。可是，考虑到多元目标之间的关系，决策者在选择了主要目标后还必须在决策中尽可能地兼顾其他的目标，并明确主要目标与非主要目标的关系，以避免在决策实施中将组织的主要资源和精力投放到非主要目标的活动上。

(3) 限定目标的正负面效果。既定目标的执行既可能给组织带来有利的贡献，也可能产生不利的影响。限定目标的正负面效果，就是要把目标执行的有利结果和不利结果加以界定和权衡，规定不利结果在何种水平范围内是允许的，一旦超过这个水平组织就应当停止原目标活动的执行，以控制决策的不利影响。

(4) 保持目标的可操作性。不论是明确的组织必须达到的最低目标还是希望实现的理想目标，也不论是确定的组织的总体目标还是各职能部门的分目标，都必须符合3个特征：①可以计量或衡量；②规定有时间期限；③可确定责任者。只有符合这些基本特征，所制定的目标才可以作为决策和行动的依据。

(三) 拟订各种行动方案

决策需要进行正确的选择，这就必须提供多种备选方案。可以认为，在决策过程中，拟订可替代的方案要比从既定方案中进行选择更为重要。如果备选方案的制定存有缺陷，那么，决策就很难达到优化或者满意化。数量不止一个的可行方案的拟订，奠定了选择或抉择的基础，所以，它们常被称为是“备选”方案。为了使在所拟订方案基础上进行的选择具有实质意义，这些备选的不同方案必须是能够相互替代、相互排斥的，而不能是相互包容的。因为，如果某个方案需要采取的行动包容在另一个方案中，那么这种交叉就导致方案之间的比较和选择难以公正地进行。

备选或替代方案产生的过程，可大致分为以下步骤。首先，在研究环境和发现不平衡的基础上，根据组织的宗旨、使命、任务和消除不平衡的目标，提出改变的初步设想。其次，对提出的各种改进设想加以集中、整理和归类，形成内容比较具体的若干个可以考虑的初步方案。再次，对这些初步方案进行筛选。修改和补充以后，对留下的可行方案做进一步完善处理，并预计其执行的各种结果，如此便形成了有一定数量的可替代的决策方案。可供选择的替代方案数量越多，被选方案的相对满意程度就越高，决策质量就越有保障。最后，在拟订备选方案阶段，组织要广泛发动群众，充分利用组织内外的专家，发动他们献计献策，以产生尽可能多的改变设想和形成尽可能多的备选方案。

(四) 比较和选择方案

在实际决策工作中，方案的拟订、比较和选择往往交织在一起，因为方案的拟订不是一次性完成，而是需要渐进地、不断地加以补充和完善。某一个较好的方案通常都是在与其他方案的比较中，在受到其他方案的启发下形成的。这个过程说明了决策步骤的不可分割性。决策者要进行选择，先要了解各种方案的优点和缺点。为此，需要对不同方案进行评价和比较评价。

1. 比较的主要内容

(1) 方案实施所需的条件是否已经具备，建立和利用这些条件需要组织付出何种成本。

(2) 方案实施能给组织带来何种长期和短期的利益。

(3) 方案实施中可能遇到的风险及活动失败的可能性。

根据上述方面的比较，就可辨别出各方案的差异和相对优劣。在此基础上进行决策时，要从能产生综合优势的角度来选择方案，并且要准备好环境发生预料中的变化时可以启用的备用方案。制定备用方案的目的，是对可预测到的未来变化做好充分准备，以避免临时仓促应变可能造成的混乱。

2. 在方案比较和选择过程中应注意的问题

在方案比较和选择过程中，决策者以及决策的组织者要注意处理好下述几个方面的问题。

(1) 要统筹兼顾。不仅要注意决策方案中各项活动之间的协调，而且要尽可能保持组织与外部结合方式的连续性，要充分利用组织现有的结构和人员条件，为实现新的目标服务。

(2) 要注意反对意见。一种观点、一种方案，要想取得完全一致的意见几乎是不可能的。再好的方案也可能有反对者。决策过程中只有一种声音往往是非常可怕的。决策的组织者要充分注意方案评价和选择过程中的反对意见，因为反对意见不仅可以帮助人们从更广泛的角度去考虑问题，使所制定的方案更加完善，而且可以提醒大家去防范一些可能会出现的弊病。国外有些企业在制定重大决策时甚至成立专门的唱对台戏的反对班子，在两方面意见的针锋相对、相互交流中产生更好的决策。

(3) 要有决断的魄力。任何方案都有其支持者和反对者。赞同方案的人都可以列出一大堆的理由来说明该方案的优势。在众说纷纭的情况下，决策者要在充分听取各种意见的基础上，根据自己对组织任务的理解和对形势的判断来做出果敢的决断。议而不决，拖延时间，常会使组织失去采取行动的最好时机。而且，现实地说，任何决策要想取得完完全全的思想统一也是不太可能的，听任无休止的争论持续下去，最后也不太可能形成没有任何反对意见的决策。所以，决策者要能妥善地掌握“议”与“断”的度，该“议”时不要独裁专断，该“断”时切忌迟疑不决，优柔寡断。

(五) 执行方案

将所选择的方案付诸实施是决策过程中至关重要的一步。方案一旦选定以后，组织应该着手制定实施方案的具体措施和步骤。通常而言，决策方案执行过程应做好以下工作：

(1) 制定相应的具体措施，保证方案的正确执行；

(2) 确保有关决策方案的各项内容被参与实施的人充分接受和彻底理解；

(3) 运用目标管理方法，把决策目标层层分解，落实到每一个执行单位和个人；

(4) 建立重要工作的报告制度，以便随时了解方案进展情况，及时调整行动。

(六) 检查处理

一项复杂的决策方案的执行通常需要较长的时间，在这段时间中情况可能会发生变化，所以，必须通过定期的检查评价，及时掌握决策执行的情况，将有关信息反馈到决策机构，以便采取措施进行处理。决策者跟踪决策实施情况，取得各种反馈信息，一方面是为了及时地采取措施，纠正行动与既定目标的偏离，以保证既定目标的实现；另一方面，对客观条件发生重大变化而导致原决策目标确实难以实现的，则要进一步寻找问题，确定新的决策目标，重新制定可行的决策方案并进行评估和选择。

以上步骤表明，决策是一个有一定顺序的、条理化的过程，而不是在瞬间选定某一方案的单纯的决断。确实，如果所有可能的方案都已被设计好，决策者的工作便是从这些备选方案中挑选方案。但事实上，决策者首先需要做大量的调查、研究和分析预测工作，然后确定目标，找出各种可行的方案，并进行方案的评价、权衡和选择，最后将选定的方案付诸执行。这些步骤结合起来便组成了一个完整的决策过程。在这个过程中，每一阶段都相互影响着，并时常产生一些大大小小的反馈。虽然为了研究和介绍的方便，我们在理论上常把决策过程划分成不同的阶段，但实际工作中应该注意，决策过程的各步骤往往是相互联系、交错重叠的，不能将决策的各个步骤截然分割。

第四节　决策方法

随着决策理论和实践的不断发展，人们在决策中所采用的方法也不断地得到充实和完善。当前，经常使用的企业经营决策方法一般可分为两大类：一类是定性决策方法，另一类是定量决策方法。前者注重于决策者本人的直觉，后者则注重于决策问题各因素之间客观的数量关系。把决策方法分为两大类只是相对而言的。在具体使用中，两者不能截然分开。两者密切配合、相辅相成，已成为现代决策方法的一个发展趋势。

一、定性决策方法

(一) 定性决策方法的一般概念

定性决策方法，又称“软”方法，是一种直接利用决策者本人或有关专家的智慧来进行决策的方法。管理决策者运用社会科学的原理并根据个人的经验和判断能力，充分发挥各自丰富的经验、知识和能力，从对决策对象的本质特征的研究入手，掌握事物的内在联系及其运行规律，对企业的经营管理决策目标、决策方案的拟订以及方案的选择和实施做出决断。这种方法适用于受社会经济因素影响较大的、因素错综复杂的以及涉及社会心理因素较多的综合性的战略问题，是企业界决策采用的主要方法。

在具体的决策实践中，要充分利用专家的智慧和判断力，一般来说，需要解决好以下 3 个方面的问题。

(1) 充分发挥专家的作用。这里所谓的专家，一般是指多个专家或专家集体，即要利用专家的集体智慧。他们既可以是知识渊博的学者或学术上造诣很高的权威，也可以是对某一方面有着丰富实践经验的行家里手。要充分发挥他们的作用，应为他们创造能够畅所欲言的环境。具体要注意如下几个问题：①各专家是否见面，如何见面？②问题的性质是否完全交代清楚，如何交底？③相互之间的意见如何交流？④不同意见是否交锋，如何交锋？等等。这些都应该采用适当的形式，讲究一点艺术。否则，就达不到预期的目的。

(2) 做好专家意见的数字处理。在实际工作中，一般不应把决策内容需要经过复杂计算，数据极其精确，专家难以直接判断的问题交给专家。在处理专家的意见时，可用数学方法归纳，通常是用专家方案中居中的数字代表专家的集体意见。

(3) 做好相关的组织工作。如何选择专家，怎样让专家充分发表意见，是组织工作的关键。主要根据问题的复杂程度、现有情报的数量及专家对企业问题的熟悉程度等来确定专家的数量。专家的数量要适当，同时，在对所选专家了解、动员的基础上，还要给专家准备必要的资料，提出明确的要求，创造良好的工作环境。

(二) 定性决策的方法

1. 专家会议法

专家会议法是根据市场竞争决策的目的和要求，邀请有关方面的专家，通过会议形式，提出有关问题，展开讨论分析，做出判断，最后综合专家们的意见，做出决定。

这种方法的优点是：通过座谈讨论，能互相启发，集思广益，取长补短，能较快全面地集中各方面的意见得出决策结论。但也有缺点。由于参加人数有限，代表往往很不充分，容易受到技术权威或政治权威的影响，与会者不能真正畅所欲言，往往形成“一边倒”，即使权威者的意见不正确，也能左右其他人的意见。由于受到个人自尊心的影响，一部分与会者往往不能及时修正原来的意见。因此，专家会议的方式，有时也会做出错误的市场竞争决策。

因此，采用这种方法时一定要注意：①参加的人数不宜太多；②要召开讨论式的会议，让人家尽抒己见；③决策者要虚心听取专家意见。

2. 德尔菲法

德尔菲法(Delphi technique)是由美国兰德公司于20世纪50年代初发明的，最早用于预测，后来推广应用到决策中来。德尔菲是古希腊传说中的神谕之地，城中有座阿波罗神殿可以预卜未来，因而借用其名。

德尔菲法是专家会议法的一种发展，是一种向专家进行调查研究的专家集体判断。它是以匿名方式通过几轮函询征求专家们的意见，组织决策小组对每一轮的意见都进行汇总整理，并将其作为参考资料再发给每一个专家，供他们分析判断，提出新的意见。如此反复，专家的意见日趋一致，最后做出最终结论。这种决策方法的大体过程如下。

(1) 拟定决策提纲。就是首先确定决策目标，如设计出专家们应回答问题的调查表，对答案的要求是：标明概率大小；对问题做出肯定回答“是”或“不是”；对判断的依据和判断的影响程度做出说明；对决策问题的熟悉程度做出估计。

(2) 专家的选择。这是德尔菲法的关键。所选择的专家一般是指有名望的或从事该工作数十年的有关方面的专家。选择专家的人数，一般以10～50人为宜。但一些重大问题的决策可选择100人以上。

(3) 提出预测和决策。发函或请个别谈，要求每位专家提出自己决策的意见和依据，并说明是否需要补充资料。

(4) 修改决策。决策的组织者将第一次决策的结果及资料进行综合整理、归纳，使其条理化，再反馈交给有关专家，据此提出修改意见和提出新的要求。这一决策的修改，一般可进行三至五轮，一般以三轮为宜。

德尔菲法是个反复的反馈过程，每一轮都把上轮的回答做统计综合整理、计算所有回答的平均数和离差，在下一轮告诉大家，平均数一般为中位数，离差一般用全距或用分位数间距。例如，问题是：某种新技术大约多少年可能出现？10个专家的回答是：7，7，8，9，9，10，11，12，12，13。则中位数是10年，离差为全距13-7=6年。

(5) 确定决策结果。经过专家们几次反复修改的结果，根据全部资料，确定出专家趋于一致的决策意见。

由此可见德尔菲法具备以下3个特点。①匿名性。就是应邀参加决策的专家，彼此不知是谁。这就消除了“权威者”的影响。②有价值性。来自不同领域的专家，各有专长，考虑问题的出发点不同，会提出很多事先没有考虑到的问题和有价值的意见。③决策结果的统计性。为了对决策进行定量估价，采用统计方法对决策结果进行处理，最后得到的是综合的统计评定结果。

但是，德尔菲决策法也存在缺点：①受专家组的主观制约，决策的准确程度取决于专家们的观点、学识和对决策对象感兴趣的程度；②专家们的评价主要依靠直观判断，缺乏严格的论证。

3. 风暴式思考

风暴式思考又称头脑风暴法。风暴式思考(brainstorming)是由被称之为“风暴式思考之父”的 A. F. 奥斯本提出的，是通过专家们的相互交流，在头脑中进行智力碰撞，产生新的智力火花，使专家的讨论不断集中和精化。

风暴式思考主要吸收专家积极的创造思维活动。其原则如下：①严格限制问题范围，明确具体要求以便使注意力集中；②不能对别人的意见提出怀疑和批评，要研究任何一种设想，而不管这种设想是否适当和可行；③发言要精炼，不要详细论述。冗长的发言将有碍产生富有成效的创造性气氛；④不允许参加者用事先准备好的发言稿，提倡即席发言；⑤鼓励参加者对已经提出的设想进行改进和综合，为准备修改自己设想的人提供优先发言的机会；⑥支持和鼓励参加者解除思想顾虑，创造一种自由的气氛，激发参加者的积极性。

风暴式思考强调的是集体思维。研究表明：当信息分散在不同类型的人员当中时，集体决策虽然不好，却更能为人们接受；而个人决策，尽管更好，却可能会遭到那些实施的人的反对。另外，当决策是由负责实施的集体做出时，新思想就更容易为人们所接受。

风暴式思考的目的在于创造一种自由奔放思考的环境，诱发创造性思维的共振和连锁反应，产生更多的创造性思维。一般参与者以10～15人为宜，时间一般为20～60分钟，参加的人员中不宜有领导者，也不一定参加者都与所讨论的问题专业一致，可以包括一些学识渊博，对讨论问题有所了解的其他领域的专家。

4. 电子会议

最新的定性决策方法是将专家会议法与尖端的计算机技术相结合的电子会议(electronic meeting)。多达50人围坐在一张马蹄形的桌子旁。这张桌子上除了一系列的计算机终端外别无他物。将问题显示给决策参与者，他们把自己的回答打在计算机屏幕上。个人评论和票数统计都投影在会议室的屏幕上。

电子会议的主要优点是匿名、诚实和快速。决策参与者能不透露姓名地打出自己所要表达的任何信息，一敲键盘即显示在屏幕上，使所有人都能看到。它使人们充分地表达他们的想法而不会受到惩罚，它消除了闲聊和讨论偏题，且不必担心打断别人的“讲话”。专家们声称电子会议比传统的面对面会议快一半以上。例如，菲尔普斯•道奇矿业公司采用此方法将原来需要几天的年计划会议缩短到12小时。

但是，电子会议也有缺点。那些打字快的人使得那些口才好但打字慢的人相形见绌；再有，这一过程缺乏面对面的口头交流所传递的丰富信息。

二、定量决策方法

现代企业管理理论和实践的一个显著特点，就是广泛运用数学方法。在企业决策中，由于采用了现代的数学方法，使决策更加精确，更加科学化。

定量决策方法，又称“硬”方法，就是运用数学的决策方法。其核心是把同决策有关的变量与变量、变量与目标之间的关系，用数学关系表示，即建立数学模型，然后，通过计算求出答案，供决策参考使用。近年来，计算机的发展为数学模型的运用开辟了更广阔的前景。现代企业决策中越来越重视决策的“硬”方法的运用。因此，学会运用数学方法进行企业决策是非常重要的。

运用定量决策方法，可以把企业管理经常出现的常规问题，编成处理的程序，供下次处理类似的问题时调用。因此，这种方法经常在程序化决策中被广泛应用。同时，它可以把决策者从日常的常规管理事务中解放出来，把主要精力集中在非程序化的战略决策问题上。

(一) 确定型决策

确定型决策所处理的未来事件有一个最显著的特性，就是对未来情况有非常大的把握，即事物各种自然状态是完全稳定而明确的。对此，应采取的方法一般有：价值分析法、线性规划和盈亏平衡法，这里主要介绍盈亏平衡法。

盈亏平衡点又称零利润点、保本点、盈亏临界点。通常是指全部销售收入等于全部成本时(销售收入线与总成本线的交点)的产量。以盈亏平衡点为界限，当销售收入高于盈亏平衡点时企业盈利，反之，企业就亏损。盈亏平衡点可以用销售量来表示，即盈亏平衡点的销售量；也可以用销售额来表示，即盈亏平衡点的销售额。

以盈亏平衡点产量或销量作为依据进行分析的方法，其基本公式为

$$Q = \frac{C}{P - V}$$

式中：Q 为盈亏平衡点产量(销量)；C 为总固定成本；P 为产品价格；V 为单位变动成本。

要获得一定的目标利润 B 时，其公式为

$$Q = \frac{C + B}{P - V}$$

例：某厂生产一种产品。其总固定成本为 200000 元；单位产品变动成本为 10 元；产品销价为 15 元。

求：(1)该厂的盈亏平衡点产量应为多少？ (2)如果要实现利润 20000 元，其产量应为多少？

解：

(1) 该厂的盈亏平衡点产量为$Q = \dfrac{200000}{15-10} = 40000$

(2) 如果要实现利润 20000 元，其产量$Q = \dfrac{200000+20000}{15-10} = 44000$

(二) 不确定型决策方法

不确定型决策就是决策者对未来事件虽有一定程度的了解，知道可能发生的各种自然状态(客观情况)，但又无法确定各种自然状态可能发生的概率。这种决策，由于有些因素难以确定，因此，它主要取决于决策者的经验、智力及承担风险的态度。这时的选择将受决策者心理导向的影响，其决策准则具有很大程度的主观随意性。

某企业拟订 3 种行动方案，以改变技术落后面貌，而产品的市场情况，以及每种情况下各种行动方案的损益值如表 3-1 所示。

表 3-1 行动方案损益　　单位：万元

损益值 / 自然状态 / 行动方案	市场销路		
	较高 N_1	一般 N_2	低 N_3
新建 S_1	100	40	-15
改建 S_2	50	25	0
零部件协作生产 S_3	30	15	10

在本例中，如果决策者是个乐观主义者，他将采用“大中取大法”(也叫乐观决策法)。其步骤如下。

(1) 在各种方案的收益中取最大值。

(2) 在选取最大值方案中，再选择收益最大的方案为决策方案。

依据此法，我们可得表 3-2。

表 3-2 行动方案损益(大中取大法) 单位：万元

损益值 / 自然状态 / 行动方案	市场销路			最大收益值
	较高 N1	一般 N2	低 N3	
新建 S_1	100	40	-15	100 √
改建 S_2	50	25	0	50
零部件协作生产 S_3	30	15	10	30

4 种方案 $S_{1.}S_{2.}S_3$ 的最大收益值分别为 100 万元、50 万元、30 万元。因此，应选择收益值为 100 万元的方案为决策方案。

显然，这种决策方法是建立在最乐观的估计上的，认为未来会出现最好的结果。这一方案是将可能收益最大化。因此，这种方法风险较大，要慎用。

假如决策者是一位悲观主义者，那么他将只想到可能会发生的最坏情况，而采用“小中取大法”(也称作悲观决策法)。其基本方法是在各行动方案的最小收益中取最大者作为决策方案。由此，我们可得表 3-3。

表 3-3 行动方案损益(小中取大法) 单位：万元

损益值 / 自然状态 / 行动方案	市场销路			最大收益值
	较高 N1	一般 N2	低 N3	
新建 S_1	100	40	-15	-15
改建 S_2	50	25	0	0
零部件协作生产 S_3	30	15	10	10 √

显然，这是最坏结果中的最好行动方案。

无论遇到任何情况，还是能获得最大的收益值，这是一种比较稳妥的，不怎么冒险的决策方法。因此，这类决策方法也是保守的决策方法。

而希望最小化其最大“遗憾”的决策者会选择“最小后悔值法”(也称为机会损失最小值法)。这里所指的“遗憾”指的是，如果你选择了其他战略可能增加的收益。换句话说，当某种自然状态出现时，决策者由于采取甲方案而放弃乙方案，受到了损失。这样甲、乙两方案的收益值之间会产生一个差额，这一差额就是甲、乙两个方案的后悔值。运用最小后悔值法，首先找出各种自然状态下的最大收益值，进而计算出各种方案与最大的收益值之间的差额，即最大后悔值，最后选取后悔值最小的方案作为决策方案。

由此，得表 3-4。

表 3-4　行动方案的后悔值损益(最小后悔值法)　　单位：万元

损益值 \ 自然状态 / 行动方案	市场销路			最大收益值
	较高 N1	一般 N2	低 N3	
新建 S_1	100-100＝0	40-40＝0	10-(-15)＝25	25 √
改建 S_2	100-50＝50	40-25＝15	10-0＝10	50
零部件协作生产 S_3	100-30＝70	40-15＝25	10-10＝0	70

(三) 风险型决策

风险型决策解决问题的最大特点是，对问题的未来情况不能事先确定，但对未发生情况的可能性即概率是可以知道的。这样，根据已知的概率就可以计算期望值。但决策者在决策时无论采用哪一个方案，都要承担一定风险。

一般来说，风险型决策应具备这样的条件：

(1) 有明确的目标，如利润最大、成本最小、风险度最小等；

(2) 有两个以上的可选方案；

(3) 自然状态无法控制；

(4) 不同行动方案在不同自然状态下的损益值可以计算出来；

(5) 对自然状态的出现事先不肯定，但概率可以知道。

该类决策问题的处理一般采用以下两种方法。

(1) 期望收益决策法。期望收益决策法，是先计算不同备选方案在不同自然状态下的收益期望值的综合值——期望收益值，然后选择期望收益值最大的方案为最佳决策方案。该方法一般有以下两步。

第一步：先确定概率。即对未来各种自然状态的情况或者说自然状态出现的可能性大小做出估计。这一般是根据以往的历史资料分析、预测而得到的，有时也可根据决策值做经验估计。设概率为 P，$0 \leqslant P \leqslant 1$。

第二步：确定风险函数，求出期望值。

风险函数的一般数学表达式为

$$E(S_i) = \sum_{j=1}^{n} b_{ij} p_j \, (j = 1, 2, \cdots, n)$$

式中：$E(S_i)$——第i个方案的损益期望值；b_{ij}——第i个方案在第j种状态下的损益值；p_j——第j种状态下的概率；n ——状态数。

例：某雪糕厂，天气的好坏对其利润的影响很大。现有两种方案，它们在天气好和天气坏的年利润，以及天气好和天气坏出现的可能性即概率值如表 3-5 所示，试问该厂应做何决策？

表 3-5　雪糕厂的损益值　　单位：万元

损益值(万元) 概率值 自然状态 / 行动方案	天气好	天气坏
	0.8	0.2
S_1	15	-5
S_2	5	2

根据表 3-5 可求出期望值 V_1. V_2 如下。

V_1＝(0.8×15)＋[0.2×(-5)]＝12-1＝11 万元

V_2＝(0.8×5)＋(0.2×2)＝4＋0.4＝4.4 万元

显然，方案 1 的期望值比方案 2 的期望值大，因为这里的决策标准是最大收益值，所以，方案 1 较好。

(2) 树状决策法。树状决策法又称决策树法，它因运用树状图形来分析和选择决策方案而得名。决策树是进行风险型决策的重要工具之一，具有层次清晰、一目了然、计算简便等特点。因而，在决策活动中被广泛运用。

应用此法一般要经过以下 3 个步骤。

第一步：绘制决策树。绘制决策树，实际上是拟订各种抉择方案的过程，也是对未来可能发生的各种状况进行周密思考和预测的过程。

第二步：计算期望损益值。根据图中有关数据，计算不同备选方案在不同自然状态概率值下的损益期望值及其综合值，将综合值(期望损益综合值)填写在相应的方案枝末端的机会点上方，表示该方案的经济效果。

第三步：剪枝决策。比较各方案的期望收益值，从中选择收益值最大的方案作为最佳方案，其余选择的方案枝一律剪掉，最终剩下一条贯穿始终的方案枝，即决策方案。

例：某工程公司要对下月是否开工做出决策。已掌握的资料是：如果开工后天气好，可以按期获利 48 万元，如果开工后天气不好，则造成损失 2 万元；如果不开工，不论天气好坏都要支出费用 0.2 万元。下个月天气好的概率是 0.4，天气不好的概率是 0.6。

(1) 画出决策树图，如图 3-5 所示。

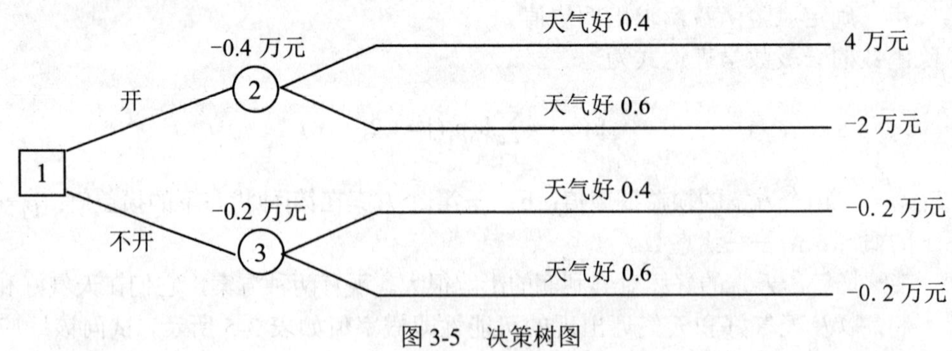

图 3-5　决策树图

(2) 计算期望损益值：

方案 1(开工方案)的期望损益值为 4×0.4＋(-2)×0.6＝0.4 万元。

方案 2(不开工方案)的期望损益值为(-0.2)×0.4＋(-0.2)×0.6＝-0.2 万元。

(3) 剪枝决策。比较两个方案的计算结果，开工方案的期望损益值为 0.4 万元，大于不开工方案，是最佳决策方案。将未被选择的方案枝剪去，这样，决策点只留下一条决策枝，即所选择的最佳方案。

鉴于定性决策和定量决策技术各有长处和不足，在实际应用中，通常将定量决策方法与定性决策方法相结合，这样能取得更为理想的决策结果。

【趣味阅读】

方案选择的方法

(1) 经验判断法。这是一种最古老的传统的方法，20 世纪 40 年代前的管理决策基本上都是依靠经验判断法。今天，虽然数学方法、物理模型、网络模型方法等已经被引入经营决策中，但经验判断的方法仍然是不可缺少和忽视的。尤其是一些涉及社会、心理等复杂和非计量性因素多的决策，需要依赖决策者的经验判断。

(2) 归纳法。归纳法是指在方案众多的情况下，把方案归纳成几大类，先选择最好的一类，再从中选出最好的方案。如选择厂址的决策，往往采取这种方法。这种方法的优点是可以较快地缩小选择范围。缺点是可能漏掉最优方案。因为最优方案也可能处在不是最好的那个类别中。不过在不允许进行全面对比的情况下，这个办法仍然常被采用，因为按此方法选出的方案一般还是比较满意的。

(3) 数学法。数学法是在 20 世纪 50 年代以后发展起来的一种方案选择方法，因为在控制变量属于连续型的情况下，经验判断方法很难直接找到最优方案或满意方案，所以要借助于数学方法。运用数学方法，可以使决策达到精确化。但到目前为止，尚有许多复杂的决策，用数学方法还解决不了，要综合运用多种选择方案的方法加以解决。

(4) 试验法。试验法是指先选择少数几个典型进行试点，然后总结经验作为最后决策的依据。社会问题的决策，虽然不可能创造出像实验室那样人为的典型条件，但对重大问题的决策，尤其是对新情况、新问题及无形因素起重大作用的不便用数学方法分析的决策，试验法也不失为一种有效的方法。

(资料来源：yingyu.100xuexi.com/view/...6AB.html-)

父子打猎

有一位父亲带着 3 个孩子到沙漠去猎杀骆驼。他们到了目的地。父亲问老大：“你看到了什么？”老大回答：“我看到了猎枪，还有骆驼，还有一望无际的沙漠。”父亲摇摇头说：“不对。”父亲以同样的问题问老二。老二回答说：“我看见了爸爸、大哥、弟弟、猎枪，还有沙漠。”父亲又摇摇头说：“不对。”父亲又以同样的问题问老三。老三回答：“我只看到了骆驼。”父亲高兴地说：“你答对了。”

管理启示：一个人若想走上成功之路，首先必须要有明确的目标。目标一经确立，就要心无旁骛，集中全部精力，勇往直前。

【思考题】

1. 什么是计划？
2. 计划类型如何划分？
3. 战略计划与作业计划、长期计划与短期计划的区别是什么？
4. 什么是决策？
5. 在确立决策目标时，要注意哪些要求？
6. 什么是程序化决策和非程序化决策？
7. 什么是确定型决策、风险型决策和非确定型决策？
8. 简述德尔菲法的概念和步骤。
9. 简述头脑风暴法、专家会议法、德尔菲法的含义。
10. 简述决策树法的计算步骤。
11. 运用定性决策方法应注意的主要问题是什么？

【技能训练】

施温自行车公司的计划与决策

伊格纳茨•施温于1895年在芝加哥创办了施温自行车公司，后来其成长为世界上最大的自行车制造商。在20世纪60年代，施温公司占有美国自行车市场25%的份额。不过，过去是过去，现在是现在。

爱德华•施温是创始人伊格纳茨的长孙，1979年他接过公司的控制权，那时，问题已经出现，而糟糕的计划和决策又使已有的问题雪上加霜。

在20世纪70年代，施温公司不断投资于它的强大的零售分销网络和品牌，以便主宰10档变速车市场。但是进入20世纪80年代，市场转移了，山地车取代10档变速车成为销量最大的车型，并且轻型的、高技术的、外国生产的自行车在成年的自行车爱好者中日益普及。施温公司错过了这两次市场转换的机会，它对市场的变化反应太慢，管理当局专注于削减成本而不是创新。结果，施温公司的市场份额开始迅速地被更富于远见的自行车制造商夺走，这些制造商销售的品牌有特莱克、坎农戴尔、巨人和钻石。

或许，施温公司最大的错误是没有把握住自行车是一种全球产品，公司迟迟未能开发海外市场和利用国外的生产条件。一直拖到20世纪70年代末，施温公司才开始加入国外竞争，把大量的自行车转移到日本进行生产。但到那时，不断扩张的台湾地区的自行车工业已经在价格上击败了日本生产厂家。作为对付这种竞争的一种策略，施温公司开始少量进口中国台湾地区制造的巨人牌自行车，然后贴上施温商标在美国市场上出售。

1981年，当施温公司设在芝加哥的主要工厂的工人举行罢工时，公司采取了也许是最愚蠢的行动。管理当局不是与工人谈判解决问题，而是关闭了工厂，将工程师和设备迁往中国台湾地区的巨人公司自行车工厂。作为与巨人公司合伙关系的一部分，施温公司将所有的一切，包括技术、工程、生产能力都交给了巨人公司，这正是巨人公司要成为占领统治地位的自行车制造商所求之不得的。作为交换条件，施温公司进口并且在美国市场上以施温商标经销巨人公司制造的自行车。正如一家美国竞争者所言："施温将特许权盛在银盘上奉送给巨人公司。”

到 1984 年，巨人公司每年交付给施温公司 70 万辆自行车，以施温商标销售，占施温公司年销售额的 70%。几年后，巨人公司利用从施温公司那里获得的知识，在美国市场上建立了他们自己的商标。

到 1992 年，巨人公司和中国大陆的自行车厂商，已经在世界市场上占据了统治地位。巨人公司销售的每 10 辆自行车中，有 7 辆是以自己的商标出售的。而施温公司怎么样了？当它的市场份额在 1992 年 10 月跌落到 5%时，公司开始申请破产。

分析的问题:

1. 更有效的长期计划会怎样挽救施温公司？

2. 解释施温公司的计划在 1965 年、1975 年和 1985 年应当是什么样的？

(资料来源：www.doc88.com/p-591146520137.html)

【训练目标】

1. 训练计划分析的能力；
2. 提高企业分析计划与决策问题的能力；
3. 培养结合实际进行计划工作的能力。

【组织实施建议】

1. 建议在讲完计划与决策之后安排本案例分析；
2. 在课下准备，可安排 1 至 2 个课时集中讨论；
3. 每个人认真阅读分析案例，并搜集有关资料；
4. 每人写出发言提纲；
5. 可以班级为单位组织讨论。

第四章

组　　织

【本章学习目标】

通过本章学习，读者应了解组织与组织工作的含义、特点；理解组织工作的原则；掌握组织结构的类型；正确认识权力和各种职权以及影响集权和分权的因素；正确运用参谋职权和职能职权；了解组织变革的动因及实施过程；把握组织发展的基本趋势。

【导入案例】

动力公司的集权与分权

动力工业公司是一个生产多种产品的汽车替换零件制造商，由于执行积极合并的政策，发展很快。董事长约翰•拉弗蒂认为公司的成长是健康的，公司之所以能以罕见的速度迅速扩大，其主要原因在于：公司的经营是在高度分权的基础上进行的。由于它是一个合并了一些公司的康采恩企业，拉弗蒂鼓励所属公司的经理们要仍像在加入动力工业公司以前那样继续经营。现在，正在谈判同中央电子公司合并的问题。这个公司生产广泛系列的电子元件，其中许多用于国防和宇宙工业。中央电子公司对动力工业公司发生兴趣，是由于动力工业公司能为该公司提供在发展一种高功能变压器的最终阶段和建立生产新产品的工厂方面所急需的资金。可是中央电子公司的创办人和总经理罗莎•瓦斯克丝认识到同另一个公司合并的潜在危险：她将失去对她自己企业的控制，并沦为一个大公司的雇工地位。

但拉弗蒂不断向瓦斯克丝保证，动力工业公司是在高度分权基础上经营管理的，并描述他们的分权概念如下。

“我们希望你，作为一个子公司的总经理，像过去一样照常进行管理。你的企业是成功的，这就没有理由说，作为动力工业公司的一部分，就不能成功地继续经营、销售、生产，以及产品开发等主要职能，只要你认为合适，一切由你经管。总之，我们是按银行家的方式，由我们供给资金，即供给你需要的用于改进和扩充的资本。虽然每个子公司的利润将上交总公司，但仍像你拥有自己的公司一样，因为你每年将得到两种收入：一份有保证的薪金和你公司一定比率的净利。”

在做了这样的保证以后，瓦斯克丝决定同动力工业公司合并。在6个月里，一切都很顺利，瓦斯克丝几乎没看到公司总部有什么人来。到第7个月月初，总公司的会计员来访问瓦斯克丝，详细地向她说明公司需要有利润计划，并要求她编制好中央电子公司的利润计划、下年度详尽的收入和营业费用的预测。虽然会计员很和气，但却讲得十分清楚，如果中央电子公司的活动明显偏离了预测的情况，总公司将派一组成本分析专家和工业工程师来查明偏离的原因并将提出必要的变革提议。

和会计员的这场经历刚过去，动力工业公司的劳资关系副董事长又访问了瓦斯克丝，并通知她，几个总公司的劳资关系参谋成员将参加同代表中央电子公司雇工的工会即将进行的谈判。瓦斯克丝抗议说，她对自己公司的劳资契约已谈判多年了。然而，人们对她解释说，这样做是为了全公司范围雇工的福利计划(如年金和保险)，同时也是为了防止工会在工资领域中利用一个子公司来反对另一个子公司，所以集中控制谈判是非常必要的。在这次访问时，公司的一些劳资关系参谋成员还向瓦斯克丝略述了公司有关工资计划的规定，并做出安排以实施公司职员和主管人员的薪金计划。

下一个月，瓦斯克丝访问了拉弗蒂并询问为了取得建设生产高功能变压器新厂房的资金她应采取什么步骤。

拉弗蒂答复说："我将从总公司财务部门派人访问你，并向你指出如何填写基建资金申请表。这不过是个例行手续，但是请记住，你仅仅是 15 个子公司中的一个，大家都同时需要钱，况且今年能否取得这笔钱，不仅取决于你的需要，还将取决于其他 14 个公司的需要。"

试回答以下问题：

1. 动力工业公司在经营上是否尽可能地实行了分权？

2. 作为瓦斯克丝(中央电子公司的总经理)，你认为母公司的管理政策基本上是集权还是基本上是分权？为什么？

(资料来源：http：//wenku.baidu.com/view/3918052a3169a4517723a34d.html)

第一节　组织的基本问题

一、组织的概念

任何一种管理活动都是由多个部分、多个方面、多种因素在一定条件下相互联系、相互影响、相互作用的一个开放系统。这个系统和其他各种社会活动一样，必须有一个组织形式和一个适应要求的组织结构。如果组织内部机构不合理，指挥失灵，人浮于事，内耗丛生，那么组织就难以高效地完成其使命。因此，组织工作是管理的一项重要职能，任何计划和决策都必须依靠一系列的组织活动来贯彻落实，只有做好组织工作，才能使决策方案得以顺利实施，才能保证计划目标的实现。

(一) 什么是组织

组织是随着人类社会的出现而出现的。人作为社会的人，在与自然界的抗争中，只有依靠集体的力量才能生存和发展，才能实现自己的目标，满足自己的愿望。这样，人们为了生存的目标，建立了各种生产组织。而作为社会的人，人还有自己的社会需要，为了实现各种社会目标，又产生了各种社会组织。正如巴纳德所说，由于生理、物质、社会的限制，人们为了达到个人和共同的目标，就必须合作，于是形成群体，即组织。也就是说，组织是人们为了实现某种目标而形成的群体或集合。

然而，对于组织一词的理解，在不同的国家有不同的含义。在我国古代，组织一词的含义是编织，即将麻织成布帛。唐代著名学者孔颖达首先把组织这个词引申到社会管理中，认为组织就是把事物的构成部分组合为整体。我国《辞海》把组织解释为："按照一定的目的、任务和形式加以编制。"在西方，英文中的组织一词源于医学中的"器官"，因为器官是自成系统的、具有特定功能的细胞结构。牛津大学辞典中的组织一词被定义为："为特定目的所做的、有系统的安排。"现在这个词逐渐演变成专指人群而言。

从管理学的角度出发，西方众多的管理学家、学者都给"组织"一词下过定义。

古典组织理论学家韦伯在其代表作《社会组织与经济组织》一书中提出了层级制组织类型，并对其进行了系统而全面的分析。认为组织是为达成一定目标经由分工与合作，形成不同层次的权力和责任制度，从而构成的人的集合。

美国管理学家路易斯·A. 艾伦将组织定义为：为了使人们能够最有效地工作去实现目标而明确责任、授予权力和建立关系的过程。

社会系统学派的代表人物切斯特·巴纳德将正式的组织定义为：组织是一个有意识地协调两人以上的活动或力量的系统。并认为组织的 3 个基本要素是：共同的目标、协作意愿和信息沟通。

系统管理学派认为：组织是开放的社会系统，具有许多相互影响、共同工作的子系统，当一个子系统发生变化时，必然影响其他子系统和整个系统的工作。这种解释是把组织作为由相互联系、相互作用的子系统构成的有机整体。

当代著名的管理大师哈罗德·孔茨和海因茨·韦里克把组织定义为："组织意味着一个正式的有意形成的职务结构或职位结构。"这里强调的是组织角色的性质、内容及对职务结构的刻意设计。

因此，组织一词有两种含义。一种是名词含义，另一种是动词含义。名词的含义又有两层，一层含义是指组织机构，是指执行特定使命的各种人力资源与物质资源的集合体，这是有形的组织体，具体包括各类营利性组织(如工商企业和银行)和非营利性组织(如学校、科研单位等)。这层含义具有 3 种意思。第一，组织必须具有目标。因为任何组织都是为目标而存在的，不论这种目标是明确的还是隐含的，目标是组织存在的前提，企业中的每一个组织机构的建立、撤销、合并必须服从于企业的目标。第二，没有分工和合作也不能称其为组织。分工和合作关系是由组织目标限定的，组织中的每个部门都专门从事一种特定的工作，各个部门又要相互配合。只有把分工和合作结合起来才能产生较高的集体效率。第三，组织要有不同层次的权力与责任制度。分工之后要赋予每个部门、每个人相应的权力和责任，以便实现组织的目标。要完成一项工作任务，需要具有完成该项工作任务的权力，同时必须让其负有相应的责任。仅有权力而无责任，可能导致滥用权力，而不利于组织目标的实现。权力与责任是实现组织目标的必要保证。另一层名词含义是指组织结构，任何组织机构都应该有它的框架体系安排和内部结构特征，这是一种无形的组织体。正像自然科学领域的石墨和钻石一样，它们都是由碳原子构成的，但二者的力量和价值是完全不同的，原因就在于它们的内部结构不同。石墨是"层状结构"，而钻石的碳原子之间具有独特的"金刚石"结构。组织也一样，其内部结构不同，效能就不同。结构相对来说是稳定的、逐渐变化的。大的变化都发生于剧烈变革的时代，其中包括政治的、经济的、社会的、技术的剧烈变革。经济体制改革和社会体制改革必然要引起有关的组织结构产生较大的变化。决定组织的基本结构是组织中高、中层领导人的责任，但所有管理者在他的职权范围内都会对结构产生不同程度的影响。另外，由于组织结构相对稳定，所以它一经建立就形成一种框架，这种框架或者方便了管理者的工作，或者给管理者的工作带来障碍。因此，要不时地对组织结构进行检查和调整，使之有利于达到组织目标。

组织的动词含义是指组织工作或组织职能，是指为了实现组织的共同目标而确定组织内各要素及其相互关系的活动过程，也就是设计一种组织结构，并使之运转的过程。它包括组织结构的设计、组织所需的管理职务的设计以及各管理职务之间的关系的确定。

因此，可对组织的概念做如下概括：组织就是围绕一项共同目标建立起来的集体机构，它对机构中的全体人员指定职位，明确职责，协调其工作，在实现规定目标过程中获得最高的效率。

可见，组织的职能就是把组织的总任务分解成一个个具体的任务，然后把它们合并给单位或部门，同时把权力分别授予每个单位或部门的管理人员。因此，从本质上说，组织就是研究企业中人与事的合理配合。

(二) 组织的要素

组织的要素主要包括：人员、共同目标、人员职责、协调关系和交流信息。

(1) 人员。人员是组织构成的核心要素，只有人才能使组织运转起来，并充满生机和活力。

(2) 共同目标。共同目标对企业来讲，主要指经营目标，它是组织的基本要素。组织作为一个整体，首先要具有共同的目标才能统一指挥，统一意志，统一行为。这种共同目标应既为客观所需要，又要被各个组织成员所接受。应尽量消除组织中成员个人目标和组织目标之间的背离，同时又必须随环境条件的变化而做适当的变更。

(3) 人员职责。为实现共同目标，就必须建立组织机构，并对机构中的全体人员指定职位，明确职责，使每一个部门都有一个有能力的人来领导，同时，又把每个人都安排在他能够最好地发挥作用的岗位上。

(4) 协调关系。协调关系是把组织成员中愿意相互合作、为共同目标做出贡献的意志进行统一，这种“意志”称为协作意愿。没有协作意愿就无法把各个人的努力统一起来，也无法使每个人的努力持久下去。组织成员之间的关系主要是责任关系、权力关系和利益关系。

(5) 交流信息。交流信息将组织的共同目标和各成员的协作意愿联系起来，是进行协调关系的必要途径，是组织存在和发展的一个重要因素。组织的共同目标和个人的协作意愿只有通过信息沟通将两者联系和统一起来才具有意义和效果。有组织目标而缺少沟通，将无法统一和协调组织成员为实现组织目标所采取的合理行动。因此，信息沟通是组织内一切活动的基础。

(三) 组织的类型

由于人们社会活动的多样性，组织有多种类型，有营利性组织和非营利性组织；正式组织和非正式组织；公共组织和私人组织；生产型组织和服务型组织等。

(1) 营利性组织与非营利性组织。营利性组织主要是指企业组织。企业经营运作的目的就是追求利润。虽然现代企业要承担相应社会责任，但如果没有利润目标，企业也就失去了行动的方向。企业如果不能获利，也就无法照章纳税，更无力去承担相应的社会责任。所以，从某种意义上说，企业追求利润的动机不应单纯视为组织自私的动机。与营利性组织相对应的是非营利性组织。非营利性组织的宗旨主要是向社会提供服务，比如提供教育、医疗服务等。在提供服务的同时，非营利组织常常收取一定的费用，这些费用主要是用于维持组织的生存，不必向政府纳税。有时一些非营利性组织也从事营利活动，这些活动往往迫使政府加强对它们的控制，这可能会降低它们的运营效率。所以，非营利性组织必须遵守国家有关法律法规。生产型组织和服务型组织这两种类型的组织都属于营利性组织。生产型组织通过组织产品的生产销售来获取利润，服务型组织主要是通过提供一些服务来获取利润，如商业企业、修理企业、咨询服务企业、公共事业等。

(2) 公共组织和私人公司或组织。在这里“公共”的含义除了说明公司所有者之外，通常是指“对外部开放”。在我国，公共组织主要是指上市公司，投资者可以通过经纪人、代理机构和证券交易所投资买入股票，成为公司的股东。除此以外，国有独资公司也属于公共组织，因为公司只有一名股东即国家授权的投资机构或部门，因而其必然代表社会公众的利益，如铁路企业、公共事业等都属于公共组织的范畴。

(3) 正式组织与非正式组织。对于正式组织，巴纳德认为，如果有两个或两个以上的人，按照某一既定目标而有意识地协调他们的活动时，就可以看成是正式组织。孔茨认为，正式组织是通过对角色职务结构的刻意设计而产生的，主要表现在指挥链、职权与责任的关系及功能作用上。组织工作就是把管理的职权授予管理者，规定组织结构中的职权关系、责任关系和利益关系，要设计一个良好的结构，从而为组织成员提供一个能有效地为组织目标做出贡献的环境。同时，正式组织还必须具有灵活性，能尊重组织成员的喜好并充分发挥其才能。由此可见，正式组织是经过刻意设计的，为了达成组织共同目标而按一定程序建立的，具有严密的组织结构和明确职责关系和协作关系的群体。对于非正式组织，巴纳德认为，任何没有自觉的共同目的的个人活动，即使是有助于共同的结果，也是非正式组织。非正式组织没有自觉的共同目标，也没有正式的组织结构，它是基于共同感情而建立起来的。正是因为有共同的感情基础，所以具有较强的凝聚力，同时还往往有一套约定俗成的行为规范。在任何一个组织中，都会产生一些非正式组织，这是组织成员在满足特定需要的心理引导下，比较自然地形成的团体，其中蕴藏着浓厚的情感因素。非正式组织的最大特性是感情的联系和快速的信息沟通。因而非正式组织可以表述为：“并不是由正式组织所建立或所需要的，而是由于人们互相联系而自发形成的个人和社会关系的网络。”

二、部门化

(一) 部门的含义

部门指的是组织中主管人员为完成规定的任务有权管辖的一个特殊领域。部门是组织设计的直接结果，是同类职位的集合。不过，在不同的组织中，部门的具体名称通常不同。如在军队中，部门是以班、排、连、营、团等单位形式出现的；而在企业中，则是以子公司、分公司、车间、分厂、各种职能部门等形式出现的；在政府中则有各种委、办、司、局等机关。

部门划分的目的，在于确定组织中各项任务的分配与责任的归属，以求合理的分工，做到职责分明，任务到人。法约尔早就指出，设置部门是“为了用同样多的努力生产出更多更好的产品的一种分工”。

(二) 部门设计的常用方法

(1) 按照人数的多少设计部门。单纯按照人数划分部门是最古老的部门划分方法，曾经是组织种族、部落和军队的重要方法。虽然在当今社会中这种部门划分方法已经不再像从前有那么重要的地位。但是在一些领域仍然在使用。如军队、学校等组织中依然采用的是按照人数划分部门的方法。

按照人数划分部门是将工作职责相同的人员划归一名管理人员领导，以人员数量的多少决定部门的大小。这种划分方法考虑的主要是人力，在今天科学技术已经高度发达的社会，不同的人已经有不同的专业技能，人数的多少已经不能代表组织的生产力的大小。所以，这种划分部门的方法已趋于淘汰。

按照人数来划分部门的优点是简单，所以在组织内较低的层次使用较为普遍。

(2) 按照时间划分部门。按照时间划分部门也是较早的一种部门划分方法。这是在正常的工作日难于满足工作需要时所采用的部门划分方法。如工厂在连续生产技术基础的制约下必须实行多班制，就属于按照时间划分部门的方法。目前，按照时间划分部门的现象比较普遍，如医院、消防等具有连续工作性质的组织都会采用按照时间划分部门的方法。

按照时间划分部门的优点是：第一，工作时间可以超过一天 8 小时的标准工作时间，最多可以达到整个自然时间；第二，使得一些不能中断并且需要往复循环的工作可以进行下去；第三，可以更有效地利用设备，特别是价值昂贵的设备；第四，可以满足部分人的特殊需要。

按照时间划分部门也存在一些缺陷，主要是：第一，夜班可能缺乏监督；第二，夜班人员的劳动效率一般要低于白班；第三，存在较多的协调平衡工作。

(3) 按照职能划分部门。按照职能划分部门是最为常见，应用最为普遍的部门划分方法。这种方法遵循的是专业分工的原理，以工作或任务的性质为基础，按照这些工作或任务在组织中的重要程度，分为各种职能部门。在这些职能部门中，大致可以分为主要职能部门和次要职能部门。主要职能部门处于组织的主导地位，次要职能部门处于辅助地位。在企业这种组织中，主要的职能部门是供应、生产与销售部门，其他的职能部门则是为这些部门服务的部门。要注意的是，主要职能部门与次要职能部门之间不涉及是否重要的问题。在各种职能部门下又可以划分出更深一层次的部门。

按照职能划分部门是当今企业最常见的部门划分方法，几乎所有企业组织在某些层次都要按照一定的职能进行部门划分。

按照职能划分部门，优点是服从分工原理，有利于充分发挥专业职能，提高效率，使主管的注意力集中在专门的业务上，有利于任务的完成和目标的实现，还有利于控制。但是，这样的部门划分容易产生部门观念，形成本位主义，给部门间的协调带来一定的困难。

(4) 按照产品标准划分部门。在生产多种产品和提供多种服务的组织一般还可以按照产品标准划分部门。对企业而言，这种部门划分方法多见于大中型企业。按照产品进行部门划分是在按照职能划分的基础上发展起来的。因为随着公司规模的扩大，各个职能部门的主管都会碰到规模问题。管理工作随着规模的扩大变得日益复杂，而管理范围的规定又限制了职能主管增加下级管理人员的权力和范围。因此，按照产品标准对组织的部门进行改组就自然而然了。

按照产品划分部门，优点是有利于专用设备的利用，有利于以产品来进行生产经营，保证经营效益，还有利于产品的研究开发。但是，按照产品划分部门也存在缺陷，这就是对高层主管的协调能力、控制能力要求更高，要求其在各个产品部门之间产生一定的竞争之后能够合理地进行处理；另外，按照产品划分部门还可能使企业整体研究开发能力削弱。

(5) 按照地区标准划分部门。按照地区标准划分部门一般见于经营区域特别广的大公司，在当今的跨国公司中特别常见。这样的划分是将同一地区(可大可小)的经营活动集中起来，委托给一个主管的部门划分方式。

按照地区划分部门，有利于强化不同地域市场上的经营，根据各个不同市场采取不同的经营方式和经营战略，更好地占领地区市场；以地区为标准的部门一般是全面管理部门，因此有利于培养管理人才；对于生产多种产品的大公司来说，按照地区划分部门还可以消除内部的竞争。但是按照地区划分部门，缺陷是对管理人员的要求较高，对地区控制困难，平衡不同地区的难度较大。

除了上述一些划分部门的方法之外，还有一些划分部门的方法，如按照服务对象划分部门，运输公司划分为货运部门、长途客运部门、出租车部门等就是按照服务对象划分部门的；又如以设备的使用为标准划分部门，在电子计算机产业中一些公司就是按照设备的使用为标准划分部门的。

应当明确的是，在一个规模较大的组织中，常常要将多种标准结合起来。在不同的层次往往使用不同的部门划分标准。如在按照产品或者是地区进行了部门划分之后，在已经划分好的部门通常还需要按照职能标准划分各个部门的内部职能部门，而在更下的层次，还可能要按照人数或者是时间对作业工作的部门进行划分。因此，上述有关部门的划分并非相互排斥，而是相互联系的。

三、管理幅度与管理层次

在任何一个具有一定规模的组织之中，最高行政主管由于受到时间、精力等诸多因素的限制，不可能直接领导整个组织的方方面面的活动。相反，他通常只是直接领导几个有限数量的下属管理人员，委托他们协助完成自己的部分管理责任。这些承担受托责任的下一级管理人员，可能又需要通过若干直接下属来协助完成管理使命，以此类推，直至受托人能直接安排和协调组织成员的具体作业活动。如此就形成了组织中由最高主管到具体工作人员之间的不同层级的管理层次。通常来说，一个组织由最高层到基层作业人员间的管理层次越多，这样的组织就越倾向于高耸型的，而管理层次较少的组织则相对说来是扁平型的。扁平型组织所配备的管理人员要明显少于高耸型组织，但组织层次并不是随意可以减少的。

一个组织究竟设有多少级的管理层次比较合理?这需要考虑组织规模和管理幅度的影响。在管理幅度给定的条件下，管理层次与组织规模大小成正比，组织的规模越大，作业人员数量越多，那么所需要的管理层次就越多。在组织规模给定的条件下，管理层次与管理幅度成反比，每个主管所能直接领导的下属人数越多，所需的管理层次就越少。

任何组织在进行结构设计时都必须考虑这样的问题，即每个主管人员直接指挥与监督的下属人数以多少为宜。一般来说，即使在同样获得成功的组织中，每位主管直接管辖的下属数量也不一定相同。有效管理幅度的大小受到管理者本身的素质及被管理者的工作内容、能力、工作环境与工作条件等诸多因素的影响，每个组织及组织中的每一个管理者都必须根据自身的情况来确定适当的管理幅度，在此基础上再确定组织相应的管理层次数。

有效管理幅度的影响因素主要包括以下几个方面。

(一) 工作能力

主管人员的综合能力、理解能力、表达能力强，则可以迅速地把握问题的关键，对下属的请示提出恰当的指导建议，并使下属明确理解，从而可以缩短与每一位下属接触所占用的时间。同样，如果下属人员具备符合要求的能力，受到良好的系统的培训，则可以在很多问题上根据自己的符合组织要求的主见去解决，从而可以减少向上司请示、占用上司时间的频率。这样，管理的幅度便可适当宽些。

(二) 工作内容和性质

(1) 主管所处的管理层次。主管人员的工作主要在于决策和用人，但处在管理系统中的不同层次，决策与用人的比重各不相同。决策的工作量越大，主管用于指导和协调下属的时间就越少。所以。越是接近组织高层的主管人员，其决策职能越重要，管理幅度较中层和基层管理人员就越小。

(2) 下属工作的相似性。同一主管领导下的下属人员，如果所从事工作的内容和性质相近，则对每人工作的指导和建议也就大体相同。在这种情况下，主管人员就可指挥和监督更多的下属人员。

(3) 计划的完善程度。任何工作都需要在计划的指导下进行。由下属执行的计划如果制定得非常详尽周到，下属对计划的目的和要求有十分清楚的了解，这样，需要主管人员亲自予以指导的情形就减少。反之，如果下属要执行的计划本身制定得并不完善，或者需要下属做进一步的分解，那么，主管对下属指导、解释的工作量就要增加，其有效的管理幅度就势必要缩小。

(4) 非管理性事务的多少。主管人员作为组织不同层次的代表，往往需要花费相当的时间去从事一些非管理性事务。处理这些事务所需的时间越多，则用于指挥和领导下属的时间就相应减少，此时管理幅度就越不可能扩大。

(三) 工作条件

(1) 助手的配备情况。如果有关下属工作中遇到的所有问题，都不分轻重缓急需要主管亲自去处理，那么，主管人员所能直接领导的下属数量就会受到一定限制。如果给主管配备必要的助手，由助手去和下属进行一般的联络，并直接处理一些明显的次要问题，这样就可大大减少主管的工作量，增加其有效的管理幅度。

(2) 信息手段的配备情况。掌握信息是进行管理的前提。利用先进的信息技术去收集、处理和传输信息，一方面可以帮助主管人员更及时、全面地了解下属的工作情况，从而提出有用的忠告和建议，另一方面下属人员也可以更多地了解到与自己工作有关的情况，从而更好地自主处理分内的事务。这显然有利于扩大主管人员的管理幅度。

(3) 工作地点的接近性。同一主管人员领导下的下属，如果工作岗位在地理位置上的分布较为分散，那么，下属与主管以及下属与下属之间的沟通就相对比较困难，从而该主管所能领导的直属部下数量就要减少。

(四) 工作环境

组织面临的环境是否稳定，会在很大程度上影响组织活动内容和政策的调整频率与幅度。环境变化越快，变化程度越大，组织中遇到的新问题就越多，下属向上级的请示就越有必要、越频繁；而此时上级能用于指导下属工作的时间和精力却越少，因为他必须花更多的时间去关注环境的变化，考虑应变的措施。因此，环境越不稳定，各层次主管人员的管理幅度就会越小。

四、集权与分权

(一) 组织中的职权及其分布

分权与集权是用来描述组织中职权分布状况的一对概念。这里所谓的职权，是指组织设计中给某一管理职位所赋予的做出决策、发布命令和希望命令得到执行的权力。职权与组织内的一定职位相关，而与占据这个职位的人无关，所以它通常亦被称作制度权或法定权力。

职权在整个组织中的分布可以是集中化的，也可以是分散化的。职权的分散化，即称为“分权”，是指决策权在很大程度上分散到处于较低管理层次的职位上。与之对应，职权的集中化即“集权”，则是指决策权在很大程度上向处于较高管理层次的职位集中的这样一种组织状态和组织过程。

在现实中，既不存在绝对的分权，也不存在绝对的集权。因为绝对的集权意味着职权全部集中在一个人手中，这样的人不需要配备下级管理者，管理组织设计也就成为多余；而绝对的分权也不可能，因为上层管理者一旦没有了监督和管理的权利与义务，那也就没有必要设置这样的职位。管理组织的存在必然意味着某种程度的分权。集权和分权是两个彼此对立但又互相依存的概念，它们只能存在于一个连续统一体中。

(二) 影响集权和分权的因素

集权或者分权不能简单地用“好”或“坏”来加以判断。在成功的企业中，既有许多被认为是相对分权的企业，也有许多被认为是相对集权的企业。因此，并不存在着一个普遍的标准，可以使管理者依据它来判断应当分权到什么程度，或是应当集权到什么程度。确定一个组织中集权或分权的合理程度，需要考虑如下几方面因素。

(1) 经营环境条件和业务活动性质。如果组织所面临的经营环境具有较高的不确定性，处于经常变动之中，组织在业务活动过程中必须保持较高的灵活性和创新性，这种情况就要求实行较大程度的分权。反之，面临稳定的环境和按常规开展业务活动的组织，则可以实行较大程度的集权。

(2) 组织的规模和空间分布广度。组织规模较小时，实行集权化管理可以使组织的运行取得高效率。但随着组织规模的扩大，其经营领域范围甚至地理区域分布可能相应扩大。这就要求组织向分权化的方向转变。

(3) 决策的重要性和管理者的素质。一般而言，涉及较高的费用支出和影响面较大的决策，宜实行集权，重要程度较低的决策可实行较大的分权。组织中管理人员素质普遍较高，则分权具备比较好的基础。

(4) 对方针政策一致性的要求和现代控制手段的使用情况。鉴于集权有利于确保组织方针政策的一致性，所以在面临重大危机和挑战时，组织往往会采取集权的办法。另外，拥有现代化通信和控制手段的组织，在职权配置上经常会呈现两个方向的变动：一是重要和重大问题的决策可以实行更大程度的集权，而次要问题的决策则倾向于更大程度的分权。

(5) 组织的历史和领导者个性的影响。严格来说，这些是对组织集权或分权程度的现实影响因素。如果组织是在自身较小规模的基础上逐渐发展起来，并且发展过程中亦无其他组织的加入，那么集权倾向可能更为明显。因为组织规模较小时，大部分决策都是由最高主管直接制定和组织实施的，这种做法可能延续下来。相似的，组织中个性较强和自信、独裁的领导者，往往喜欢其所辖部门完全按照自己的意志来运行，这时集权就是该类组织经常会出现的状态。对这些现实的影响组织职权配置状态的因素，应该辩证地加以看待。现实的未必就是合理的，但现实的往往是不得不遵从的。

(三) 过分集权或过分分权的弊端

正确地处理集权与分权关系对于组织的生存和发展至关重要。从国内企业的实际情况来看，许多组织都普遍存在一种过分集权的倾向。集权过度会带来一系列弊端，主要表现在以下几个方面。

(1) 降低决策的质量和速度。在规模相对比较大的组织中，高层主管距离生产作业活动的现场较远，如果管理权力过于集中，现场发生的问题需要经过层层请示汇报后由高层人员做出，这样做出来的决策，不仅难以保证其应有的准确性，而且时效性也会受到影响。

(2) 降低组织的适应能力。过分集权的组织，可能使各个部门失去自适应和自调整的能力，从而削弱组织整体的应变能力。

(3) 致使高层管理者陷入日常管理事务中，难以集中精力处理企业发展中的重大问题。

(4) 降低组织成员的工作热情，并妨碍对后备管理队伍的培养。管理权力的高度集中，不仅会挫伤下层管理人员和作业人员的工作主动性和创造性，而且也使他们丧失了在实践中锻炼和提高自己能力的机会，从而可能对组织的长远发展造成不利的影响。

(四) 分权的标志

考察一个组织集权或分权的程度究竟多大，最根本的标志是要看该组织中各项决策权限的分配是集中还是分散的。具体来说，判断组织集权或分权程度的标志主要以下几个方面。

(1) 所涉及决策的数目和类型。组织中低层管理者可以自主做决定的事项，如果数目越多，则分权程度就越大。同时，低层管理者所做的决策越具有重要性，影响范围越广泛，组织的分权程度也越大。趋于将较多和较大的决策权集中到高层的组织是集权化的，而只集中少量重大问题决策的组织则是相对分权化的。

(2) 整个决策过程的集中程度。广义的决策是一个全过程的概念，而不仅仅指做出最终决定这一步骤。这样，组织中如果有不同的部门参与了决策信息的收集，或者决策方案的拟定和评价与决策方案的选择是相对分离的，决策制定和执行的过程受到了其他方面力量的监督，则这种组织中的决策权限就相对说来是比较分散的。而如果所有这些决策步骤都由某主管一人来承担，这样的决策就较为集权。在决定做出之后、付诸执行之前，如果必须报请上级批准，那么分权程度就降低。而且，被请示的人越多且其所处层次越高，分权程度就越小。

(3) 下属决策受控制的程度。主管人员如果对下属的活动进行高密度的监督和控制，则分权程度比较低。如果组织制定出许多细致的政策、程序、规则来对成员的决策行为加以影响，这样分权程度也降低。如果说下属的决策不受规章制度的约束，或者虽有规章制度，但内容较粗，给予人们的自由度较大，则分权程度就比较高。

(五) 分权的实现途径

分权可以通过两种途径来实现：一是改变组织设计中对管理权限的分配；二是促成主管人员在工作中充分授权。前者是对组织中职权关系的一种再设计，是在组织变革过程中实现的；后者则是在组织运行中，通过各层领导者的权力委让行为，系统地将决策权授予中下层管理者，使他们切切实实地得到组织制度所规定的权力。

管理者的授权行为是促进组织达到分权状态的重要途径。那么，什么是授权？管理者应该如何进行授权？

所谓授权，是指上级管理者随着职责的委派而将部分职权委让给对其直接报告工作的部属的行为。授权的本质含义就是：管理者不要去做别人能做的事，而只做那些必须由自己来做的事。任何一个管理者，其时间、精力、知识和能力都或多或少是有限度的，一个人不可能事必躬亲去承担实现组织目标所必需的全部任务。授权可以使管理者的能力在无形中得以延伸。真正的管理者必须知道如何有效地借助他人的力量去实现组织的目标。

科学、合理的授权过程是由 4 个有机联系的环节构成。

(1) 任务的分派。管理者在进行授权的时候，需要确定接受授权的人即受权人所应承担的任务是什么。正是从实现组织目标而执行相应任务的需要出发才产生了授权的要求。

(2) 职权的授予。即根据受权人开展工作、实现任务的需要，授予其采取行动或者指挥他人行动的权力。授权不是无限制地放权，而是委任和授放给下属在某种条件下处理特定问题的权力，所以，必须使受权者十分明确地知道所授予他们的权限的范围。

(3) 职责的明确。从受权人这一方来说，他在接受了任务并拥有所必需的权力后，相应就有责任和义务去完成其所接受的任务，并就任务完成情况接受奖励或处罚。有效的授权必须做到使受权者“有职就有权，有权就有责，有责就有利”，并且授权前要遵循“因事择人，施能授权”和“职以能授，爵以功授”的原则正确地选择受权者，做到职、责、权、利能相互平衡。

(4) 监控权的确认。授权者应该明白自己对授予下属完成的任务执行情况负有最终的责任，为此需要对受权者的工作情况和权力使用情况进行监督检查，并根据检查结果调整所授权力或收回权力。可以说，建立反馈机制、加强监督控制，这是确保授权者对受权者的行为保持监控力的一项重要措施，也是授权区别于“放任自流”做法的一个重要方面。

五、正式组织与非正式组织

(一) 非正式组织的产生

非正式组织是伴随着正式组织的运转而形成的。正式组织中某些成员，由于工作性质相近、社会地位相当，对一些具体问题的认识基本一致、观点基本相同，或者由于性格、业余爱好和感情比较相投，他们在平时相处中会形成一些被小群体成员所共同接受并遵守的行为规则，从而使原来松散、随机形成的群体渐渐成为趋向固定的非正式组织。任何组织，不论规模多大，都可能有非正式组织存在。非正式组织与正式组织相互交错地同时并存于一个单位、机构或组织之中，这是组织生活的一个现实。

(二) 正式组织与非正式组织的对比

正式组织是组织设计工作的结果，是经由管理者通过正式筹划，并借助组织图和职务说明书等文件予以明确规定的。正式组织有明确的目标、任务、结构、职能以及由此形成的成员间的责权关系，因此对成员行为具有相当程度的强制力。正式组织的基本特征如下。

(1) 目的性。正式组织是为了实现组织目标而有意识建立的，因此，正式组织要采取什么样的结构形态，从本质上说应该服从于实现组织目标、落实战略计划的需要。这种目的性决定了组织工作通常是紧随于计划工作之后进行的。

(2) 正规性。正式组织中所有成员的职责范围和相互关系通常都在书面文件中以明文规定、正式规定的形式存在，以确保行为的合法性和可靠性。

(3) 稳定性。正式组织一经建立，通常会维持一段时间相对不变，只有在内外环境条件发生了较大变化而使原有组织形式显露出不适应时，才提出进行组织重组和变革的要求。

与之对比，非正式组织是未经正式筹划而由人们在交往中自发形成的一种个人关系和社会关系的网络。机关里午休时间的扑克会、业余时间的球友会等，都是非正式组织的例子。

在非正式组织中，成员之间的关系是一种自然的人际关系，他们不是经由刻意安排，而是由于日常接触、感情交融、兴趣相投或价值取向相近而发生联系。与正式组织的特征相对应，非正式组织的基本特征是：自发性、内聚性和不稳定性。

(三) 非正式组织的影响作用

非正式组织的存在及其活动，既可对正式组织目标的实现起到积极促进的作用，也可能产生消极的影响。非正式组织的积极作用表现在，它可以为员工提供在正式组织中很难得到的心理需要的满足，创造一种更加和谐、融洽的人际关系，提高员工的相互合作精神，最终改变正式组织的工作情况。

非正式组织的消极作用在于：如果非正式组织的目标与正式组织目标发生冲突，则可能对正式组织的工作产生极为不利的影响。非正式组织要求成员行为一致的压力，可能会束缚其成员的个人发展。此外，非正式组织的压力还会影响到正式组织的变革进程，造成组织创新的惰性。

(四) 对待非正式组织的策略

由于非正式组织的存在是一个客观的、自然的现象。也由于非正式组织对正式组织具有正负两方面的作用，所以，管理者不能采取简单的禁止或取缔态度，而应该对它加以妥善管理。也就是要因势利导，善于最大限度地发挥非正式组织的积极作用而克服其消极的作用。

一方面，管理者必须认识到，正式组织目标的实现，要求有效地利用和发挥非正式组织的积极作用。为此，管理者必须正视非正式组织存在的客观必然性和必要性，允许乃至鼓励非正式组织的存在，为非正式组织的形成提供条件，并努力使之与正式组织相吻合。

另一方面，考虑到非正式组织可能具有的不利影响，管理者需要通过建立、宣传正确的组织文化，以影响与改变非正式组织的行为规范，从而更好地引导非正式组织做出积极的贡献。

六、直线与参谋

(一) 直线、参谋及其相互关系

在组织中，直线与参谋是两类不同的职权关系。直线关系本质上是指挥和命令的关系，直线人员所拥有的是一种决策和行动的权力；相反，参谋关系则是一种服务和协助的关系，授予参谋人员的只是思考、筹划和建议的权力。正确处理直线和参谋的关系，充分发挥参谋人员的合理作用，是组织设计和运作中有效地发挥各方面力量协同作用的一项重要内容。

应该看到，从职权关系角度划分的直线与参谋概念，不同于前面章节所指的直线部门与参谋部门的概念。后者是根据不同管理部门或人员在实现组织目标过程中的作用而进行区分的，依此将那些对组织目标的实现负有直接责任的部门称为直线机构，而把那些协助直线人员工作而设置的辅助于组织基本目标实现的部门称为参谋机构。根据这个标准，制造业企业中致力于生产或销售产品的部门和劳务部门就是直线机构，而采购、人事、会计等部门则被列为参谋机构。参谋机构与直线机构的关系通常是一种参谋性的职权关系。但在其行使职能职权的场合，职能部门与受其权力所影响的直线部门，实际上就构成了一种直线职权关系。更为常见的，参谋机构对其内部人员的管理，本质上就与直线部门内部的管理一样，也都需要依靠直线职权。因此可以说，直线职权关系并不仅仅存在于直线系统内。

(二) 参谋职权的类别

通常而言，参谋职权可分为如下几种。

(1) 建议权。参谋人员的权限仅限于提供建议、提案或协助，其意见可能得到有关人员的欢迎和采纳，也可能被置之不理。

(2) 强制协商权。此时参谋人员的影响力在一定程度上有所提高。也即有关人员在做出决定之前必须先询问和听取参谋人员的意见。处理这种关系的关键在于，要具体地规定在什么情况下参谋人员的意见应得到应有的重视，而又不限制直线主管人员的自主决定权。

(3) 共同决定权。这时参谋人员的权限提高到了足以影响有关人员自主决定权的程度。换句话说，有关人员不仅要在做出决定前认真地听取参谋人员的意见，而且在命令采取行动时还需得到参谋人员的同意和许可。这种权力常在企业必须确保某项决策得到专家评定的情况下采用。

(4) 职能职权。这是对直线主管人员行使决策和指挥权限的最高程度的限制。这种情况允许参谋人员对有关人员直接下达指示，而且这些指示要像来自直线主管的命令一样得到同等的重视。当然，这种指示也有可能被直线主管撤回，但在此之前它是绝对必须执行的。这通常是在参谋人员的专业知识和技能是开展某项工作的重要条件的情况下采用。

(三) 直线与参谋的矛盾

从理论上说，设置作为直线主管助手的参谋职务，不仅应该有利于适应复杂管理活动对多种专业知识的要求，同时也应该能够保证直线系统的统一指挥。然而在实践中，直线与参谋的矛盾冲突，往往成为造成组织运行缺乏效率的重要原因之一。考察这些低效率的组织活动，通常可以发现这两种不同的倾向：要么保持了命令的统一性，但参谋作用不能充分发挥；要么参谋作用发挥失当，破坏了统一指挥的原则。这使得两者常常在实际中相互产生一种不满、对立的情绪。

(四) 正确发挥参谋的作用

合理利用和正确发挥参谋人员的作用需要注意如下几点：首先，要求明确直线与参谋的关系，分清双方的职权关系与存在价值，形成相互尊重、相互配合的良好基础；其次，必要时授予参谋机构在一定专业领域内的职能职权，以提高参谋人员工作的积极性；最后，直线经理要为参谋人员提供必要的信息条件，以便从参谋人员处获得有价值的支持。

总而言之，处理好直线与参谋之间的矛盾关系，一方面要求参谋人员经常提醒自己“不要越权”、“不要篡权”；另一方面，也要求直线经理尊重参谋人员所拥有的专业知识，自觉利用他们的知识，取长补短。

七、组织设计的原则

设计组织结构时必须要遵循一定的原则，它们是前人在组织设计方面经验和教训的结晶。国外一些学者做过统计，所有组织在管理方面出现的问题大多数都是由组织结构不合理造成的，而遵循一些最基本的原则可以大大减少管理上的障碍。企业在设计和变革组织机构时，必须遵循以下几个方面的基本原则。

(一) 劳动分工

我们在前面介绍亚当•斯密和管理思想的演变时提到过劳动分工。传统的观点认为，劳动分工是指并非让一个人完成全部工作，而是将工作划分为若干步骤，由一个人单独完成其中的某一个步骤。换句话讲，个人是专门从事某一部分的活动而不是全部活动，比如一个人不断重复地做同一项标准化的装配线生产工作，就是劳动分工的一个典型例子。

劳动分工使不同员工持有的多样技能得到有效的利用。在大多数组织中，有些业务要求高度熟练的技能，而有些任务则可由未经过训练的人来完成。如果没有分工，让所有的工人都要从事制造过程的每一步骤的活动，他们就必须同时具备开展最容易的工作和最困难的工作所需要的技能，其结果是除了在执行需要最高技能、最为复杂的任务外，员工们大多数都处在低于其技能水平的状态下工作。而熟练工人比非熟练工人要支出更多的工资，这样雇用高技能的工人做简单的工作就意味着人力资源的浪费。

(二) 战略目标原则

任何组织都有其特定的战略及目标，组织结构设计只是一种手段，其目的是保证组织战略的顺利实施和目标的实现。因此，在进行组织结构设计时，首先要明确组织的发展战略及目标是什么，并以此为依据，分析确定组织内应设立什么机构、建立什么部门、拟定什么职位以及选用什么人等问题。做到因事设职、因职选人，使组织内的所有事和物有人管，人人都管事和物。

(三) 统一指挥原则

统一指挥是指每个下属应当而且只能由一个上级主管直接负责，没有人应该向两个或者更多的上级汇报工作，否则，这样的下属人员就可能面对来自多个主管的冲突要求或优先处理要求，使下属人员无所适从，形成所谓的“上面千条线，下面一根针”的局面，引起管理的混乱和效率的低下。

(四) 职权与职责对等原则

所谓职权指的是管理职位所固有的发布命令和希望命令得到执行的这种权力。它被认为是把组织紧密结合起来的粘着剂。职权可以委任给下属管理人员，授予他们一定的权力，同时规定他们在限定的范围内行使这种权力。

职权与组织内的一定职位相关，而与担任该职位的管理者的个性无关，它与任职者没有任何直接的关系。如某人被辞退掉有权的职位，离职者就不再享有该职位的任何权利。职权仍保留在该职位中，并授予新的任职者。

职权与职责对等，强调的是授权的时候，应该授予相称的职责，也就是某个人得到了某种权力，他也就承担了一种相对等的责任，授权不授责会导致滥用职权。古典学者认识到了职权与职责对等的重要性。然而有些管理学者指出职责不可以下授。他们提出这一观点是注意到授权者对他所授权的行动负有最终责任，但是，如果职责不可以下授，那么怎么可能使职权与职责保持对等呢?古典管理学者的回答是应该区分两种不同形式的职责，即执行职责和最终职责，管理者可以向下授予执行职责，这一职责可以进一步下授，而最终职责应当保留，即管理者应对他授予的执行职责和下属行动最终负责，所以管理者应当下授与所授职权相等的执行责任，但最终的责任永远不能下授。

(五) 有效性原则

有效性原则是要求建立的组织结构必须有良好的工作效率。管理组织的有效性具体表现为组织机构内的各部门、单位和个人，均有明确的职责范围，能够节约人力与时间，有利于发挥职工的智慧和工作积极性，能使整个组织以最少的费用支出实现其总目标。

(六) 合理管理幅度原则

管理跨度是指一位管理者能够直接有效地指挥、监督多少个直接下属。古典管理学者对此倾注了极大的注意力，尽管对具体的数目没有形成一致的意见，但古典学者们都主张窄小的跨度(通常不超过 6 人)以便对下属保持紧密控制。不过也有些学者认识到，组织层次是管理跨度的一个权变因素。他们论证说，随着管理者在组织中职位的提高，需要处理的非结构性的问题也随之增多，这样高层经理的管理跨度就要比中层管理者要小，而中层管理者的管理跨度比基层监督人要小。因此，设计组织结构，既要注意合理确定管理幅度，又要尽量减少管理层次。在规模已定的组织中，管理幅度增大可使管理层次减少，加快信息传递速度，从而使高层领导尽快发现问题，及时采取措施加以解决。

同时，管理层次的减少，还会降低管理费用的支出。所以，现代观点认为，在保证管理有效性的前提下应尽量扩大管理幅度，但这并不是说管理幅度越大越好。合理的管理幅度必须与管理者的能力相匹配，要根据组织的内外部条件的不同权衡确定。

(七) 集权与分权相结合原则

这一原则要求根据组织的实际需要来决定集权与分权的程度。集权与分权是相对的，既没有绝对的集权，也没有绝对的分权，只有程度的不同。

在一个组织内是集权还是分权受到各种因素的影响，而且组织内集权与分权程度也不是固定不变的，应根据情况的变化和需要加以调整。

(八) 稳定性与适应性相结合原则

为保证组织的各项工作正常进行及秩序的连贯性，组织结构应保持相对的稳定性。因为组织结构的变动，涉及组织内人员、职位、职责、权力、协调等各方面的调整，随之而来的必是分工、程序、方法及人员情绪和习惯的变化，需要有一个适应的过程。所以，组织结构不应频繁调整，要保持一定的稳定性。但组织本身是发展着的，组织战略、目标、任务等都随环境条件而调整。所以，保持管理组织的稳定性，并不意味着组织结构一成不变，因为结构是为战略及目标服务的，组织结构应有一定的弹性，随组织环境及战略目标的变化而做相应的调整。总之，这一原则应是在保持组织结构一定稳定性的基础上进一步提高其适应性。

第二节　企业基本的组织结构形式

尽管从理论上说，企业组织结构的形式可以有无数种，但在现代组织中实际得到采用并占主导地位的则仅有其中的几种，即直线制、职能制、直线职能制、事业部制、矩阵组织形式、企业集团组织形式等。当然，各类组织形式没有绝对的优劣之分，不同的环境、不同的企业、不同的管理者，都可根据实际情况选用其中某种最合适的组织形式。

一、直线制

直线制形式是一种最古老的组织形式，最初广泛在军事系统中得到应用，后推广到企业管理工作中来。如图 4-1 所示，直线制组织形式的突出特点是，企业的一切生产经营活动均由企业的各级主管人员来直接进行指挥和管理，不设专门的参谋人员和机构，最多只有几名助理协助厂长(或经理)工作。企业日常生产经营任务的分配与运作，都是在厂长(或经理)的直接指挥下完成的。

直线制组织的优点是管理结构简单，管理费用低，指挥命令关系清晰、统一，决策迅速，责任明确，反应灵活，纪律和秩序的维护较为容易。但是，这种组织形式要求企业的各级领导者精明能干，具有多种管理专业知识和生产技能知识。现实中，每个管理人员的精力都毕竟有限，依靠主管个人的力量很难能对问题做出深入、细致、周到的思考。因此，管理工作就往往显得比较简单和粗放。同时，组织中的成员只注意上情下达和下情上达，成员之间和组织单位之间的横向联系比较差。另外，原胜任的管理者一旦退休，他的经验、能力无法立即传给继任者，再找到一个全能型又熟悉该单位情况的管理者立即着手工作也比较困难。直线制组织的缺点就源于它对管理工作没有进行专业化分工。

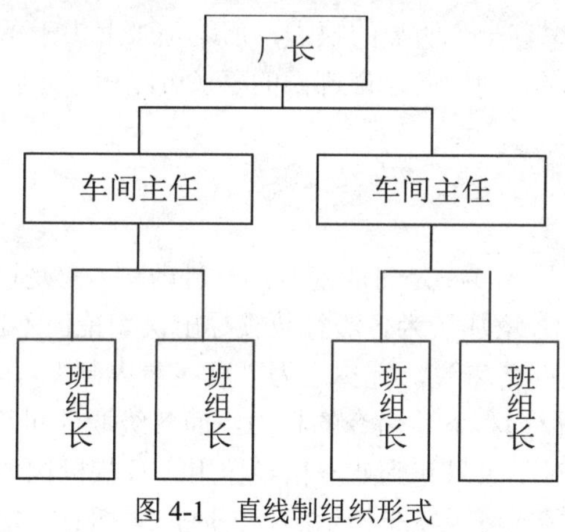

图 4-1　直线制组织形式

二、职能制

职能制组织形式(见图 4-2)的主要特点是，采用专业分工的职能管理者，代替直线制的全能管理者。为此，在组织内部设立各专业领域的职能部门和职能主管，由他们在各自负责的业务范围内向直线系统直接下达命令和指示。各级单位负责人除了要服从上级行政领导的指挥外，还要服从上级职能部门在其专业领域内的指挥。

职能制的主要优点是：每个管理者只负责一方面的工作，有利于充分发挥专业人才的作用；专业管理工作可以做得细致、深入，对下级工作指导比较具体。职能机构的作用如若发挥得当，可以弥补各级行政领导人管理能力的不足。

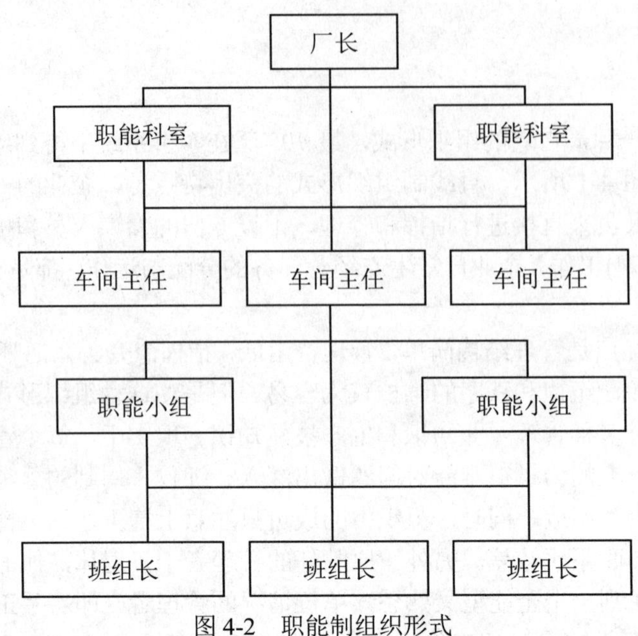

图 4-2 职能制组织形式

但是，这种职能制组织有一个明显的缺点，那就是“上头千条线，下边一根针”，容易形成多头领导，削弱统一指挥。有时各职能部门的要求可能相互矛盾，造成下级人员无所适从。

三、直线职能制

直线职能制组织形式(见图 4-3)是对职能制的一种改进。它是以直线制为基础。在保持直线制组织统一指挥的原则下，增加了为各级行政领导出谋划策但不进行指挥命令的参谋部门，所以称之为直线职能制(但严格来说，宜称之为“直线参谋制”)。其特点是，只有各级行政负责人才具有对下级进行指挥和下达命令的权力，而各级职能机构(参谋机构)只是作为行政负责人的参谋发挥作用，对下级只起到业务指导作用。有些机构如人事、财务等部门，只有当行政负责人授予他们直接向下级发布指示的权力时，才拥有一定程度的指挥命令权，这也即前面所说的职能职权。这时的组织结构实际上演化为直线参谋制与职能制的混合形态，有些时候为准确起见而称此为“直线职能参谋制”。

直线职能制组织形式是在综合直线制和职能制各自优点的基础上形成的，因而既有利于保证集中统一的指挥，又可发挥各类专家的专业管理作用。它的缺点是，各职能单位自成体系，往往不重视工作中的横向信息沟通，加上狭窄的隧道视野和注重局部利益的本位主义思想，可能引发组织运行中的各种矛盾和不协调现象，对企业生产经营和管理效率造成不利的影响。而且，如果职能部门被授予的权力过大、过宽，则容易干扰直线指挥命令系统的运行。另外，按职能分工的组织通常弹性不足，对环境变化的反应比较迟钝。同时，职能工作不利于培养综合型管理人才。尽管直线职能制组织形式有这些潜在的缺点，它目前在我国绝大多数企业尤其是面临较稳定环境的中小型企业中得到了广泛采用。

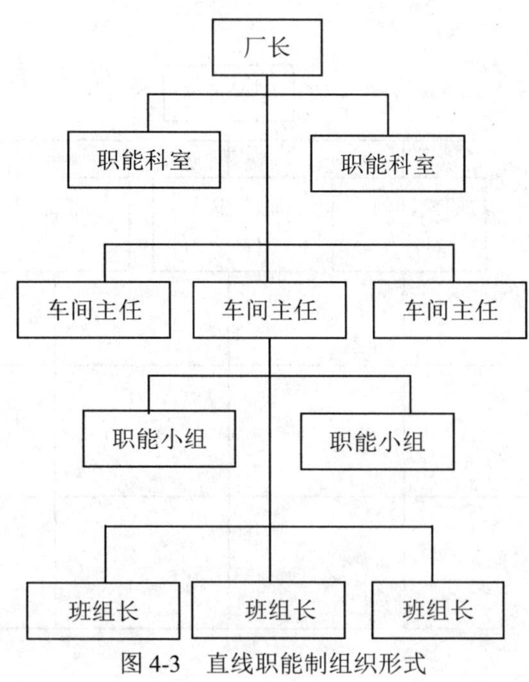

图 4-3 直线职能制组织形式

四、矩阵制

矩阵制组织形式是在直线职能制垂直指挥链系统的基础上，再增设一种横向指挥链系统，形成具有双重职权关系的组织矩阵，所以称之为矩阵组织。如图 4-4 所示，为了完成某一项目(如航空、航天领域某型号产品的研制)，从各职能部门中抽调完成该项目所必需的各类专业人员组成项目组，配备项目经理来领导他们的工作。这些被抽调来的人员，在行政关系上仍旧归属于原所在的职能部门，但工作过程中要同时接受项目经理的指挥，因此他实际上拥有两个上级。项目组任务完成以后，便宣告解散，各类人员回到原所属部门等待分派新的任务。此时，原项目组不复存在，但新的项目组随时都可产生，所以矩阵制组织通常亦被称为"非长期固定性组织"。

矩阵制组织的主要优点是：加强了横向联系，克服了职能部门相互脱节、各自为政的现象；专业人员和专用设备随用随调，机动灵活，不仅使资源保持了较高的利用率，也提高了组织的灵活性和应变能力；各种专业人员在一段时期内为完成同一项任务在一起共同工作，易于培养他们的合作精神和全局观念，且工作中不同角度的思想相互激发，容易取得创新性成果。

矩阵制组织的优点在于：成员的工作位置不固定，容易产生临时观念，也不易树立责任心；组织中存在双重职权关系，出了问题，往往难以分清责任。

根据矩阵结构的基本特点，目前有企业已经开发出了多维组织结构形式。其中一种便是三维组织结构。它由专业职能部门、地区管理机构和产品事业部三重指挥链所构成，围绕某种产品的研发、生产和销售等重大问题，协调三方面的力量，加强相互之间的信息沟通和联系。这种三维结构适用于跨地区从事大规模生产经营而又需要保持较强的灵活反应能力的大型企业。

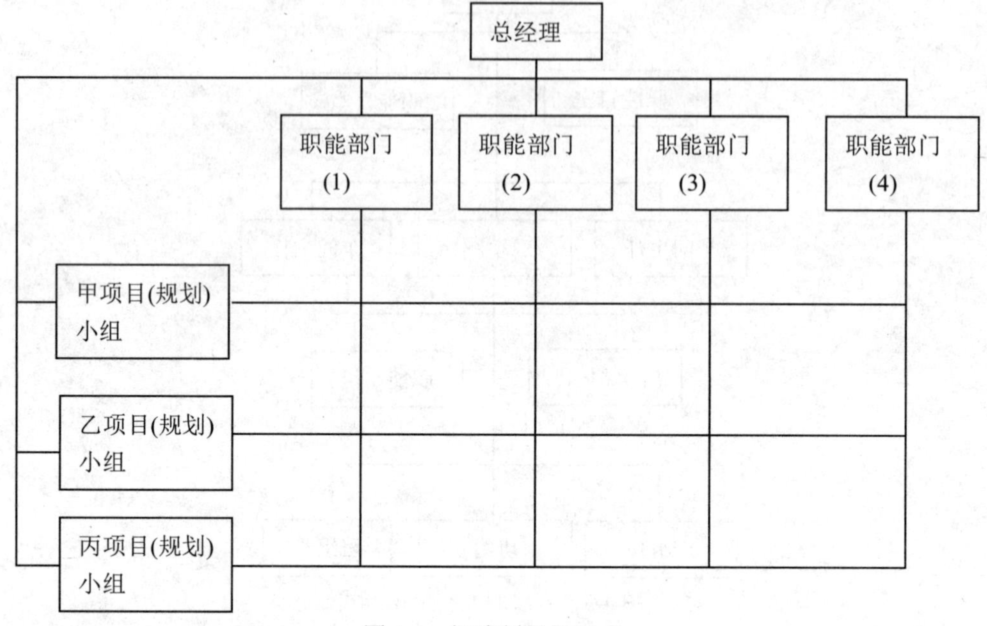

图 4-4 矩阵制组织形式

五、事业部制

事业部制组织形式(见图 4-5)是在多个领域或地域从事多种经营的大型企业所普遍采用的一种典型的组织形式。它最初由美国通用汽车公司副总裁斯隆创立，故称之为“斯隆模型”。有的也称之为“联邦分权化”，因为它是一种分权制的企业内部组织形式。

事业部制是在一个企业内对具有独立产品市场或地区市场并拥有独立利益和责任的部门实行分权化管理的一种组织结构形式。其具体做法是，在总公司下按产品或地区分设若干事业部或分公司，使它们成为自主经营、独立核算、自负盈亏的利润中心。总公司只保留方针政策制定、重要人事任免等重大问题的决策权，其他权力尤其是供、产、销和产品开发方面的权力尽量下放。这样，总公司就成为投资决策中心，事业部是利润中心，而下属的生产单位则是成本中心，并通过实行“集中政策下的分散经营”，将政策控制集中化和业务运作分散化思想有机地统一起来，使企业最高决策机构能集中力量制定公司总目标、总方针、总计划及各项政策。事业部在不违背公司总目标、总方针和总计划的前提下，充分发挥主观能动性，自主管理其日常的生产经营活动。

事业部制组织形式的优点是：公司能把多种经营业务的专门化管理和公司总部的集中统一领导更好地结合起来，总公司和事业部间形成比较明确的责、权、利关系；事业部制以利润责任为核心，既能够保证公司获得稳定的收益，也有利于调动中层经营管理人员的积极性；各事业部门能相对自主、独立地开展生产经营活动，从而有利于培养综合型高级经理人才。

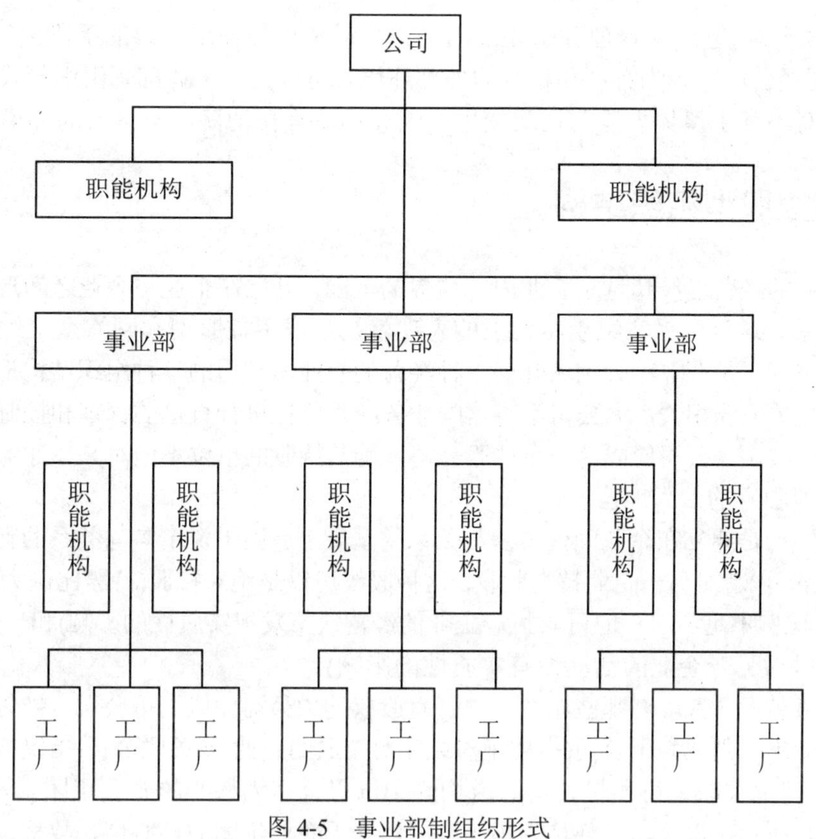

图 4-5 事业部制组织形式

事业部制形式的主要缺点是：对事业部经理的素质要求高。公司需要有许多对特定经营领域或地域比较熟悉的全能型管理人才来运作和领导事业部内的生产经营活动；各事业部都设立有类似的日常生产经营管理机构，容易造成职能重复，管理费用上升；各事业部拥有各自独立的经济利益，易产生对公司资源和共享市场的不良竞争，由此可能引发不必要的内耗，使总公司协调的任务加重；总公司和事业部之间的集分权关系处理起来难度较大也比较微妙，容易出现要么分权过度，削弱公司的整体领导力，要么分权不足，影响事业部门的经营自主性。

事业部制组织形式在欧美和日本的大型企业中得到了广泛采用。但成功的经验表明，采用事业部制应当具备以下一些基本条件。

(1) 公司具备按经营的领域或地域独立划分事业部的条件，并能确保各事业部在生产经营活动中的充分自主性，以便能担负起自己的盈利责任。

(2) 各事业部之间应当相互依存，而不能互不关联地硬拼凑在一个公司中。这种依存性可以表现为产品结构、工艺、功能类似或互补，或者用户类同或销售渠道相近，或者运用同类资源和设备，或具有相同的科学技术理论基础等。这样，各事业部门才能互相促进，相辅相成，保证公司总体的繁荣发达。

(3) 公司能有效保持和控制事业部之间的适度竞争。因为过度的竞争可能使公司遭受不必要的损失。

(4) 公司要能利用内部市场和相关的经济机制(如内部价格、投资、贷款、利润分成、资金利润率、奖惩制度等)来管理各事业部门。尽量避免单纯使用行政的手段。

(5) 公司经营面临较为有利和稳定的外部环境。可以说，事业部制组织形式利于公司的扩张，但相对不利于整体力量的调配使用，因此不适宜在动荡、不景气的环境下使用。

六、集团控股型组织结构

现代企业的经营已经超越了企业内部边界的范围，开始在企业与企业之间形成比较密切的长期的联系。这种联系在组织结构上的表现就是形成了控股型和网络型组织形式。

控股型组织，是在非相关领域开展多种经营的企业所常用的一种组织结构形式。由于经营业务的非相关或弱相关，大公司不对这些业务经营单位进行直接的管理和控制，而代之以持股控制。这样，大公司便成为一个持股公司，受其持股的单位不但对具体业务有自主经营权，而且保留独立的法人地位。

控股型结构是建立在企业间资本参与关系的基础上。由于资本参与关系的存在，一个企业(通常是大公司)就对另一企业持有股权。这种股权可以是绝对控股(持股比例大于 50%)、相对控股(持股比例不足 50%，但可对另一企业的经营决策发生实质性的影响)和一般参股(持股比例很低，且对另一企业的活动没有实质性的影响)。

基于这种持股关系，对那些企业单位持有股权的大公司便成为母公司，被母公司控制和影响的各企业单位则成为子公司(指被绝对或相对控股的企业)或关联公司(指仅被一般参股的企业)。子公司、关联公司和母公司一道构成了以母公司为核心的企业集团。

如图 4-6 所示，母公司，亦称为集团公司，处于企业集团的核心层，故称之为集团的核心企业。相应地，各子公司、关联公司就是围绕该核心企业的集团紧密层和半紧密层组成单位。此外，企业集团通常还有一些松散层的组成单位，即协作企业，它们通常基于长期契约的业务协作关系而被联结到企业集团中。对这种契约关系，将在后面的“网络型组织”中予以介绍。

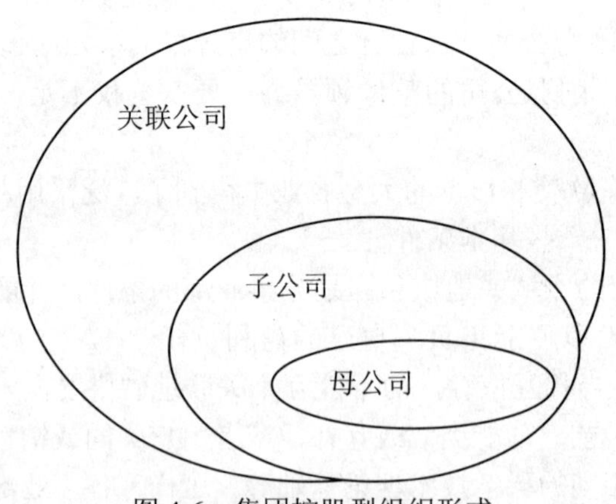

图 4-6　集团控股型组织形式

集团公司或母公司与它所持股的企业单位之间不是上下级的行政管理关系，而是出资人对被持股企业的产权管理关系。母公司作为大股东，对持股单位进行产权管理控制的主要手段是：母公司凭借所掌握的股权向子公司派遣产权代表和董事、监事，通过这些人员在子公司股东会、董事会、监事会中发挥积极作用而影响子公司的经营决策。

七、网络型组织结构

网络型组织是利用现代信息技术手段而建立和发展起来的一种新型组织结构。现代信息技术使企业与外界的联系加强了，利用这一有利条件，企业可以重新考虑自身机构的边界，不断缩小内部生产经营活动的范围，相应地扩大与外部单位之间的分工协作。这就产生了一种基于契约关系的新型组织结构形式，即网络型组织。

网络型结构是一种只有很精干的中心机构，以契约关系的建立和维持为基础，依靠外部机构进行制造、销售或其他重要业务经营活动的组织结构形式，如图 4-7 所示。被联结在这一结构中的两个或两个以上的单位之间并没有正式的资本所有关系和行政隶属关系，但却通过相对松散的契约纽带，透过一种互惠互利、相互协作、相互信任和支持的机制来进行密切的合作。卡西欧是世界上有名的制造手表和袖珍型计算器的公司，却一直只是一家设计、营销和装配公司，在生产设施和销售渠道方面很少投资。IBM 公司 20 世纪 80 年代初在不到一年的时间内开发 PC 机成功，依靠的是微软公司为其提供软件，英特尔公司为其提供机芯。网络型结构使企业可以利用社会上现有的资源使自己快速发展壮大起来，因而成为目前国际上流行的一种新形式的组织设计。

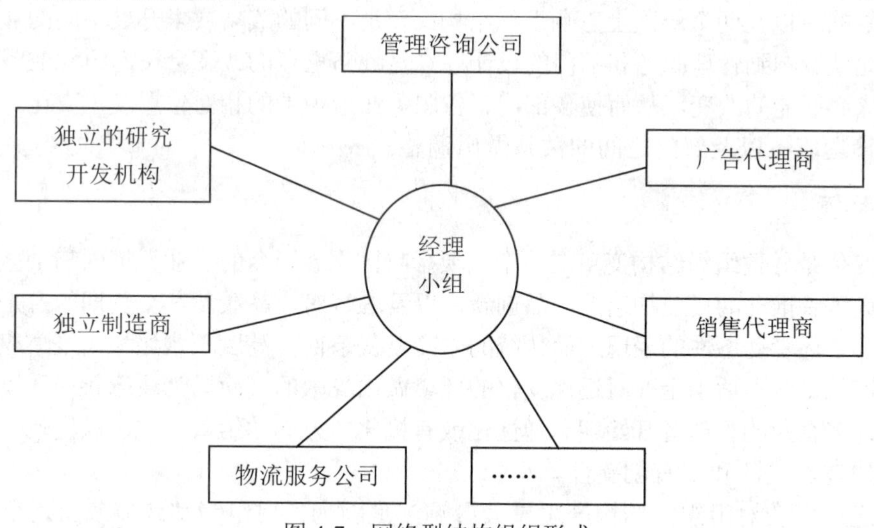

图 4-7　网络型结构组织形式

网络型结构是小型组织的一种可行的选择，也是大型企业在联结集团松散层单位时通常采用的组织结构形式。采用网络型结构的组织，它们所做的就是创设一个“关系”的网络，与独立的制造商、销售代理商及其他机构达成长期协作协议，使它们按照契约要求执行相应的生产经营功能。由于网络型组织的大部分活动都是外包、外协的，因此，公司的管理机构就只是一个精干的经理班子，负责监管公司内部开展的活动，同时协调和控制与外部协作机构之间的关系。

第三节 组织变革

一、组织变革的影响因素

任何设计得再完美的组织，在运行了一段时间以后也都必须进行变革，这样才能更好地适应组织内外条件变化的要求。组织变革实际上是而且也应该成为组织发展过程中的一项经常性的活动。也许正因为组织变革要经常进行的缘故，有人甚至指出，“组织”的准确名称其实应该叫“再组织”。组织变革是任何组织都不可回避的问题，而能否抓住时机顺利推进组织变革则成为衡量管理工作有效性的重要标志。

诱发组织变革的需要并决定组织变革目标方向和内容的主要因素如下。

(一) 战略

企业在发展过程中需要不断地对其战略的形式和内容做出调整。新的战略一旦形成，组织结构就应该进行调整、变革，以适应新战略实施的需要。结构追随战略，战略的变化必然带来组织结构的更新。

企业战略可以在两个层次上影响组织结构：一是不同的战略要求开展不同的业务和管理活动，由此就影响到管理职务和部门的设计；二是战略重点的改变会引起组织业务活动重心的转移和核心职能的改变，从而使各部门、各职务在组织中的相对位置发生变化。相应地就要求对各管理职务以及部门之间的关系做出调整。

(二) 环境

环境变化是导致组织结构变革的一个主要影响因素。当今的企业普遍面临全球化的竞争和由所有竞争者推动的日益加速的产品创新，以及顾客对产品质量和交货期的愈来愈高的要求，这些都是环境动态性的表现。而传统的以高度复杂性、高度正规化和高度集权化为特征的机械式组织，并不适于企业对迅速变化的环境做出灵敏的反应。为适应新的环境条件的要求，目前许多企业的管理者开始朝着弹性化或有机化的方向改组其组织，以便使它们变得更加精干、快速、灵活和富有创新性。

环境之所以会对组织的结构产生重大影响，是因为任何组织都或多或少是个开放的系统。组织作为整个社会经济大系统的一个组成部分，它与外部的其他社会经济子系统之间存在着各种各样的联系，所以，外部环境的发展和变化必然会对组织结构的设计产生重要的影响。

(三) 技术

组织的任何活动都需要利用一定的技术和反映一定技术水平的特殊手段来进行。技术以及技术设备的水平，不仅影响组织活动的效果和效率，而且会对组织的职务设置与部门划分、部门间的关系，以及组织结构的形式和总体特征等产生相当程度的影响。比如，信息技术的推陈出新，在促进传统非程序化决策向程序化决策的转化以及组织内外部高强度的信息共享和交流的同时，使许多重大问题的决策趋于集中化而次要问题的决策可以分散化，这样就使长期管理实践中被作为一项组织原则提出来但很难实现的“集权与分权相结合”问题获得了解决的途径。

再从生产作业技术来看，组织将投入转换为产出所使用的过程和方法，在常规化程度上是各不相同的。越是常规化的技术，越需要高度结构化的组织。反之，非常规的技术，要求更大的结构灵活性。计算机手段在生产作业活动中的更广泛、更深入的应用，促使生产技术向非常规化演进，相应地也促使管理组织结构变得更具柔性和有机性特征。

(四) 组织规模和成长阶段

组织的规模往往与组织的成长或发展阶段相关联。伴随着组织的发展，组织活动的内容会日趋复杂，人数会逐渐增多，活动的规模和范围会越来越大，这样，组织结构也必须随之调整，才能适应成长后的组织的新情况。组织变革伴随着企业成长的各个时期，不同成长阶段要求不同的组织模式与之相适应。例如，企业在成长的早期，组织结构常常是简单、灵活而集权的。随着员工的增多和组织规模的扩大，企业必须由创业初期的松散结构转变为正规的、集权的，其通常的表现形态就是职能型结构。而当企业的经营进入多元化产品阶段和跨地区市场后，分权的事业部结构可能更为适宜。企业进一步发展而进入集约经营阶段后，不同领域之间的交流与合作以及资源共享、能力整合、创新力激发问题愈发突出，这样，以强化协作为主旨的各种创新型组织形态便应运而生。总之，组织在不同成长阶段所适合采取的组织模式是各不一样的。管理者如果不能在组织步入新的发展阶段之际及时地、有针对性地变革其组织设计，那就容易引发组织发展的危机。这种危机的有效解决，必须依靠组织结构的变更。所以，哈佛大学葛雷纳教授指出，组织变革伴随着企业发展的各个时期，组织的跳跃式变革与渐进式演进相互交替，由此推动企业的发展。

二、组织变革的动力和阻力

(一) 组织变革面临两种力量的对比

在现代社会，越来越多的组织面临着一种复杂、动态的多变性。如果说以前的管理特点是长期的稳定伴随着偶尔的短期的变革，今天的情形正好相反，往往是长期的变革伴随着短期的稳定。在这种情况下，管理者必须比以往任何时候更加关注变革和变革管理，帮助员工更好地理解不断变革中的工作环境，并采取措施激发变革的动力，克服变革的阻力，使组织在变革中求得繁荣和发展。

组织变革时常面临着动力和阻力这两种力量的较量。对待组织变革所表现出来的推动和阻止这两种不同的态度以及由此产生的方向相反的作用力量及其强弱程度的对比，会从根本上决定了组织变革的进程、代价，甚至影响到组织变革的成功和失败。

组织变革的动力，指的就是发动、赞成和支持变革并努力去实施变革的驱动力。总体说来，组织变革动力来源于人们对变革的必要性及变革所能带来好处的认识。比如，企业内外各方面客观条件的变化，组织本身存在的缺陷和问题，各层次管理者(尤其是高层管理者)居安思危的忧患意识和开拓进取的创新意识，变革可能带来的权力和利益关系的有利变化，以及能鼓励革新、接受风险、赞赏失败并容忍变化的开放型组织文化，这些都可能形成变革的推动力量，引发变革的动机、欲望和行为。

组织变革中的阻力，则是指人们反对变革、阻挠变革甚至对抗变革的制约力。这种制约组织变革的力量可能来源于个体、群体，也可能来自组织本身甚至外部环境。组织变革阻力的存在，意味着组织变革不可能一帆风顺，这就给变革管理者提出了更严峻的变革管理的任务。成功的组织变革管理者，应该既注意到所面临的变革阻力可能会对变革成败和进程产生消极的、不利的影响，为此要采取措施减弱和转化这种阻力；同时变革管理者还应当看到，人们对待某项变革的阻力并不完全都会是破坏性的，而是可以在妥善的管理或处理下转化为积极的、建设性的。比如，阻力的存在至少能引起变革管理者对所拟订变革方案和思路予以更理智、更全面的思考，并在必要时做出修正，以使组织变革方案获得不断完善和优化，从而取得更好的组织变革效果。

(二) 组织变革阻力的主要来源

(1) 个体和群体方面的阻力。个体对组织变革的阻力，主要是因为其固有的工作和行为习惯难以改变、就业安全需要、经济收入变化、对未知状态的恐惧以及对变革的认知存有偏差等而引起。群体对变革的阻力，可能来自于群体规范的束缚，群体中原有的人际关系可能因变革而受到改变和破坏，群体领导人物与组织变革发动者之间的恩怨、摩擦和利益冲突，以及组织利益相关群体对变革可能不符合组织或该团体自身的最佳利益的顾虑等。

(2) 组织的阻力。来自组织层次的对组织变革的阻力，包括现行组织结构的束缚、组织运行的惯性、变革对现有责权利关系和资源分配格局所造成的破坏和威胁，以及追求稳定、安逸和确定性甚于革新和变化的保守型组织文化等，这些都是可能影响和制约组织变革的因素。此外，对任何组织系统来说，其内部各部门之间以及系统与外部之间都存在着强弱程度不等的相互依赖和相互牵制的关系，这种联系是组织作为系统所固有的特征。然而，在一定期间内进行的组织变革，一方面出于克服和化解变革阻力的需要，另一方面也由于组织问题本质上是错综复杂的，因而很难一蹴而就全部解决，这样，具有一定广度和深度的组织变革就通常只宜采取分阶段有计划地逐步推进的渐进式变革策略。在这种策略下，每一计划期内的变革都只能针对有限的一些组织问题，这就难以避免地会导致系统内外尚未予变革的要素对现有计划范围内的变革构成一种内在的牵制和影响力。这种制约力量需要变革管理者在设计组织变革方案时就事先予以周密考虑，以便安排合适的变革广度、深度和进度。

(3) 外部环境的阻力。组织的外部环境条件也往往是形成组织变革力量的一个不可忽视的来源。比如，与充分竞争的产品市场会推动组织变革相对比，缺乏竞争性的市场往往造成组织成员的安逸心态，束缚组织变革的进程；对经理人员经营企业之业绩的考评重视不足或者考评方式不正确，会导致组织变革压力和驱动力的弱化；全社会对变革发动者、推进者的期待和支持态度及相关的舆论和行动，以及企业特定组织文化在形成和发展中所根植的整个社会或民族的文化特征，这些都是重要的影响企业组织变革成败的力量。

(三) 组织变革阻力的管理对策

组织变革过程是一个破旧立新的过程，自然会面临推动力与制约力相互交错和混合的状态。组织变革管理者的任务，就是要采取措施改变这两种力量的对比，促进变革的更顺利进行。概括来说，改变组织变革力量及其对比的策略有 3 类：一是增强或增加驱动力；二是减少或减弱阻力；三是同时增强动力与减少阻力。有实践表明，在不消除阻力的情况下增强驱动力，可能加剧组织中的紧张状态，从而无形中增强对变革的阻力；在增加驱动力的同时采取措施消除阻力，会更有利于加快变革的进程。

三、组织变革的过程

成功而有效的组织变革，通常需要经历解冻、改革、冻结这 3 个有机联系的过程。

(一) 解冻

由于任何一项组织变革都或多或少会面临来自组织自身及其成员的一定程度的抵制力。因此，组织变革过程需要有一个解冻阶段作为实施变革的前奏。解冻阶段的主要任务是发现组织变革的动力，营造危机感，塑造出改革乃是大势所趋的气氛，并在采取措施克服变革阻力的同时具体描绘组织变革的蓝图，明确组织变革的目标和方向，以形成待实施的比较完善的组织变革方案。

(二) 改革

改革或变动阶段的任务就是按照所拟订变革方案的要求开展具体的组织变革运动或行动，以使组织从现有结构模式向目标模式转变。这是变革的实质性阶段，通常可以分为试验与推广两个步骤。组织变革的涉及面较为广泛，组织中的联系错综复杂，往往“牵一发而动全身”，这种状况使得组织变革方案在全面付诸实施之前一般要先进行一定范围的典型试验，以便总结经验，修正进一步的变革方案，在试验取得初步成效后再进入大规模的全面实施阶段。这样做还有一个好处，那就是可以使一部分对变革尚有疑虑的人们能在试验阶段便及早地看到或感觉到组织变革的潜在效益，从而有利于争取更多组织成员在思想和行动上支持所要进行的组织变革，并踊跃跻身于变革的行列，由此实现从变革观望者、反对者向变革的积极支持者和参加者转变。

(三) 冻结

组织变革过程并不是在实施了变革行动后就宣告结束。涉及人的行为和态度的组织变革，从根本上说，只有在前面有个解冻阶段，后面又有个冻结阶段的条件之下才有可能真正地实现。现实中经常出现，组织变革行动发生了之后，个人和组织都有一种退回到原有习惯了的行为方式中的倾向。为了避免出现这种情况，变革的管理者就必须采取措施保证新的行为方式和组织形态能够不断地得到强化和巩固。这一强化和巩固的阶段可以视为一个冻结或者重新冻结的过程。缺乏这一冻结阶段，变革的成果就有可能退化消失，而且对组织及其成员也将只有短暂的影响。

第四节　组织结构变化的新趋势

随着经济的全球化和知识经济时代的到来，企业的组织结构也在发生深刻的变化。前几节介绍的组织结构基本上是传统的工业经济时代占主导地位的企业组织结构。进入20世纪末，在发达的市场经济国家，企业的组织结构正在发生一些明显的变化。这些变化的趋势有以下5个方面。

一、重心两极化

随着买方市场的形成和市场竞争的加剧，企业的重点部门由过去的生产部门转向研究开发和市场营销部门，从企业经营的过程来看，企业的结构特征正在形象地由“橄榄型”转变为“哑铃型”。

企业的组织结构发生这种转变最主要的原因是市场环境的变化。买方市场的形成，科学技术进步的加快，使得企业解决生存发展问题的关键不再是企业的生产问题，而是企业的产品的更新换代的快慢以及如何打开市场的问题。在大批量生产的工业经济时代，企业竞争取胜的法宝是低成本，而今天竞争取胜却要求的是快速度，甚至一些未来学家认为，未来的社会是“快者生存”的时代。因此企业的研究开发能力如何，就决定着企业产品更新换代的速度。另外，买方市场形成，品牌竞争已经成为基本的手段，如何占领市场、扩大市场份额成为企业的最重要的任务。所以企业的研究开发和市场营销成为当今企业的中心问题，也是资源配置的重点。在市场经济发达国家，一些企业的结构基本上就是由研究开发和市场研究、开发部门组成，生产部门很小甚至是没有。如美国的耐克公司就是典型的例子。

二、外形扁平化

随着电子计算机和互联网在企业生产经营中的应用，企业的信息收集、整理、传递和经营控制手段的现代化，金字塔式的传统层级结构正在向少层次、扁平式的组织结构演进。

在当今的企业组织结构的变革中，减少中间层次，加快信息传递的速度，直接控制是一个基本的趋势。如一些跨国公司过去从基层到最高层有十几个层次，在先进的管理手段使用之后，层次精简为五层至六层，从而大大提高了管理的效率，降低了管理费用。根据这个趋势，有人甚至悲观地预言，未来的时代是不需要中层管理人员的时代。

三、运作柔性化

柔性的概念最初起源于柔性制造系统，指的是制造过程的可变性、可调整性，描述的是生产系统对环境变化的适应能力。后来，柔性就应用到企业的组织结构，指企业组织结构的可调整性，对环境变化、战略调整的适应能力。在知识经济时代，外部环境变化以大大高于工业经济时代的变化数量级的速率变化，企业的战略调整和组织结构的调整必须及时，因此柔性组织结构就应运而生，使得组织结构的运作带有柔性化的特征。

四、团队组织

在知识型企业中，一种称之为团队的小集体是倍受赞誉的结构。这里的团队指的是在企业内部形成的具有自觉的团结协作精神、能够独立作战的集体。团队组织与传统的部门不一样，它是自觉形成的，是为完成共同的任务，建立在自觉的信息共享、横向协调基础上的。在团队中，没有拥有制度化权力的管理者，只有组织者。

在团队中，人员不是专业化的，而是多面手，具有多重技能，分工的界线不像传统的分工那么明确，相互协作是最重要的特征。有了团队组织，团队精神也是现代企业管理的一个重点。有了一定的团队精神，团队组织才可能有效地运作。有关团队组织的问题在前面已专门进行了论述。

五、整体形态创新

企业的整体形态创新指的是企业形态的创新，自然这种整体形态的创新必然使内部组织结构发生重大的变化。企业整体形态创新的一个最典型的例子，是虚拟企业的产生。虚拟企业是在经济全球化、信息化、知识化的形式下演变而来的一种动态网络联盟企业。它最重要的特征是将传统企业固定的、封闭的集权式结构改变为开放式网络结构，形象地说，就是由“集权制”转变为“联邦制”。虚拟企业最大的优势是具有灵活性。因为它不是一个结构固定的组织，而是一个在一定的利益条件下结合成的松散组织，在这个组织中，各部分的调整容易而且快捷。具体来说，虚拟企业是一个外部化的网络组织。核心企业是这个网络的中心，在满足市场的要求方面它与网络中的其他企业紧密合作，因为它自身仅仅只保留了满足市场需求的部分关键功能。

虚拟企业也是市场变化快、技术进步快、产品研制开发难度加大的形势下的企业生存发展模式。因为，它可以最大限度地利用市场的资源和协作的效率，最快地满足市场的需要。

与虚拟企业相关的一个新的概念是战略联盟。有人认为，战略联盟与虚拟企业是同一种企业创新现象的两种描述。我们认为，战略联盟主要指的是跨国公司之间结合而成的虚拟企业，而虚拟企业可以运用到所有的企业。

【趣味阅读】

虚拟企业

当今企业管理者面对的是一个变幻莫测的竞争环境。这种环境的形成原因包括技术的飞速发展、市场的全球化以及其他一些发展趋势。传统的以泰罗制、福特制为标志的企业模式已很难适应新的市场环境；企业同时还要保持较低成本及较短的交付周期，这对旧的组织形式提出了挑战，在这种情况下，一种新的企业运作模式——虚拟企业(Virtual Enterprise)脱颖而出。

1. 产生的背景

企业，作为一种特殊的社会经济组织，是一个历史的产物，是商品生产和商品交换的产物。伴随着农业社会向工业社会的转型，企业也逐步形成、发展，于19世纪末、20世纪初形成了以泰罗制、福特制为标志的传统企业模式。它所带来的规模经济效应大大促进了当时社会生产力的发展。然而，自20世纪60年代以来，企业所处的环境发生了根本性变化，市场需求日趋多变，技术进步突飞猛进。20世纪90年代以来，随着科技进步和社会发展，世界经济发生了重大变化。人们根据自己生产、工作和生活的需要，对产品的品种与规格、花色式样等提出了多样化和个性化的要求，企业面对不断变化的市场，为求得生存与发展必须具有高度的柔性和快速反应能力。为此，现代企业向组织结构简单化、扁平化方向发展，于是就产生了能将知识、技术、资金、原材料、市场和管理等资源联合起来的虚拟企业。

2. 虚拟企业运作模式

企业运作模式指组成企业的各个方面的表现形式、运作方法。包括：设施规划方案、组织机构形式、产品结构、生产方式、物流形式、销售方式等。企业的运作模式可以是多种多样的，如：企业的组织机构可以是直线制、部门制、项目管理制等。企业运作模式与企业生产的产品类型、生产方式、周围环境都有很大的关系，企业运作模式选择正确与否对企业的运作效果具有决定性的作用。虚拟企业运作模式是指建立在现代通信技术，尤其是Internet技术的基础上，超越国界的一种企业的运作模式，是企业发展的必然趋势。它是为适应快速、多变的市场需求，制造商联合供应商、经销商、顾客，以共同地、及时地开发、生产、销售多样化、用户化的产品的一种企业模式。从资源配置的角度来看，虚拟企业运作模式是一个资源整合体，这些资源来自不同的企业成员并被整合，具有“1 + 1>2”之功效。虚拟企业的产品即虚拟产品(包括有形商品和服务)。理想的虚拟产品，对顾客而言，能根据其需要，及时地被生产出来，并送到他们手中；对厂商而言，大多数产品已先于其生产而存在，有关产品的设计、生产方式已存在于工作团队的意识里，存在于计算机中，存在于灵活的生产线上。即使没有完全相同的产品，毫无疑问，也会有诸多极其近似的产品。这样，厂商就能以较高的投入产出比提高顾客的满意程度。

(资料来源：wenda.so.com/q/1364946842065406)

差别

两个同龄的年轻人同时受雇于一家店铺，并且拿同样的薪水。可是，一段时间以后，叫阿诺德的那个小伙子青云直上，而那个叫布鲁诺的小伙子却在原地踏步。布鲁诺很不满意这不公正的待遇。终于有一天他到老板那儿发牢骚了。老板一边耐心地听着他的抱怨，一边在心里盘算着怎么向他解释清楚他和阿诺德之间的差别——“布鲁诺先生，”老板开口说话了，“您现在到集市上去看一下，看看今天早上有什么卖的。”布鲁诺从集市上回来向老板汇报说，今早集市上只有一个农民拉了一车土豆在卖。“有多少？”老板问。布鲁诺赶紧戴上帽子又跑到集市上，然后回来告诉老板一共40袋土豆。“价格是多少？”布鲁诺又第三次跑到集市上问来了价格。

“好吧，”老板对他说，“现在请您坐在这把椅子上一句话也不要说，看看别人怎么说？”

阿诺德很快就从集市上回来了，向老板汇报说到现在为止只有一个农民在卖土豆，一共40袋，价格是多少，土豆的质量很不错，他带回来一个让老板看看。这个农民一个小时后还会弄来几箱西红柿，据他看价格非常公道。昨天他们铺子的西红柿卖得很快，库存已经不多了。他想这么便宜的西红柿老板肯定会要进一些的，所以他不仅带回了一个西红柿做样品，而且把那个农民也带来了，他现在正在外面等着回话呢。

此时，老板转向了布鲁诺，说，“现在您肯定知道为什么阿诺德的薪水比您高了吧？”

管理启示：组织内的分工是因人而异的，成员的重要性由能力和贡献来决定。能力有区别，贡献有大小，好的组织能让恰当的人在恰当的位置发挥恰当的作用。

(资料来源：www.doc88.com/p-702991421004.html)

【思考题】

1. 简述组织的概念。
2. 如何正确发挥参谋的作用？
3. 简述管理幅度及其影响因素。
4. 请画图说明职能制的组织形式及其优缺点。
5. 请画图说明矩阵制的组织形式及其优缺点。
6. 请画图说明事业部制的组织形式及其优缺点。
7. 简述划分部门的方法，你认为哪种方法比较好？
8. 组织设计应考虑哪些原则？
9. 作为组织的高层管理人员应如何对非正式组织给以正面引导，以发挥它的积极作用？
10. 影响组织集权与分权的因素有哪些？

【技能训练】

案例　比尔·盖茨是如何有效组织管理微软的

微软，这个世界上规模最大并且最具盈利能力的软件公司，被誉为美国国内最好的拥有15000人规模的企业。仅仅在1996年这一年，该公司15000名员工创造的收入超过50亿美元。也许留给世人印象更深的是这样一个事实：自从比尔·盖茨在1974年创建微软公司以来，由于想吸引和保留有才能的员工，盖茨实施了职工优先认股权，因此使得2000多员工变成了百万富翁。而盖茨自己则是美国国内最富有的人，被估计拥有超过60亿美元的财产。然而微软成功的秘诀是什么呢？

就员工个体的水平而言，盖茨的企业经营哲学很显然是将重点放在他所招募和精选的人员上。微软公司前往国内大学、学院中最好的软件系，在招募那些愿意努力工作，富有想象力、创造力以及冒险精神的人才方面花了很多的时间。而这正是盖茨自己和微软公司所珍视的工作价值观。员工们被期望能够长时间工作，通常一周的工作时间要达到60～80小时。同时他们也被期望能够成为其所从事的特定软件工程领域的专家，能够及时掌握本公司以及他们竞争对手们所从事的最新的资讯和最先进的技术发展的知识。盖茨和他的员工在不同的项目中频繁接触，从而能够经常地检测他们的知识，以确定他们能够跟上最新潮流。如果他们不了解最新行情，他们将会因为没有去及时获取信息而失去盖茨对其的信任。

除了职工优先认股权，盖茨通过提供最新技术、灵活(虽然较长)的工作时间和在大楼内设有大学校园形式的健身房来激励他的员工们。另外，盖茨所用的激励员工的方法是与微软公司将团队及协作精神作为组织过程的基础紧密相关的。

在微软，一个程序员组的人数可以小至 5～6 人，并且不同的程序员组开发各自特定的软件应用程序。通常是由一个项目经理组织管理许多小的程序员组从事大项目的不同部分的程序。例如，超过 300 个员工以小组的形式合作开发微软 98 视窗操作系统，为使该系统能够相对于苹果公司的用户界面友好的操作系统更具有竞争力。采用产品小组形式的作用是使得成员之间互相协作，集思广益，融技术和资源为一体；这种分小组的形式也使得在小组成员中产生强烈的交互作用，往往带来重大的突破，而这一切都促使微软能够快速开创出自己的新产品。除此之外，团队成员之间还能够互相学习和互相控制行为举止。

就企业的水平来看，盖茨通过使其企业结构尽可能的平坦来使他和员工们之间的距离达到最小——也就是说，使组织的等级制度的级别数达到最小。此外，他还谋划出这些小组在微软中的结构位置和职权下放以及授权每个小组都可自己做出重要的决策，为的是提供给小组最大的自主自治权，使其能在工作上自由发挥、创造和冒险。盖茨之所以能够对授予下级那么多的职权是因为他很关注招募合适的员工，同时也由于他定期地评估每个小组的表现，以确信所有的小组成员都能熟练掌握他们的项目，具有较好的状态。

分析的问题：

1. 比尔·盖茨的管理方法中基本的要素是什么?
2. 在微软继续发展的过程中，你认为可能会出现哪些组织上的问题?

(资料来源：.so.com/q/1382044762061803)

【训练目标】

1. 培养分析组织结构的初步能力；
2. 培养分析与解决问题的一般能力；
3. 学会运用组织结构的基本形式。

【组织实施建议】

1. 建议在讲完组织职能之后安排本案例分析；
2. 在课下准备，可安排 1 至 2 个课时集中讨论；
3. 每个人认真阅读分析案例，并搜集有关资料；
4. 由模拟公司组织小组讨论；
5. 每人写出发言提纲；
6. 以班级为单位组织讨论。

第五章

人力资源管理

【本章学习目标】

通过本章学习，读者应了解人力资源管理的定义；掌握对比招聘中应聘者不同来源的优缺点；明确培训目的；掌握绩效评估办法；了解工资的基本构成。

【导入案例】

总经理眼中的污点

松下公司是世界上有名的电器公司，员工待遇优厚，发展空间大，是很多年轻人向往的地方。这年，松下公司要招聘一名高级女职员，一时应聘者如云。经过一番激烈的比拼，安娜、杨子、鲍波三人脱颖而出，成为进入最后阶段的候选人。三个人都是名牌大学的高才生，又是各有千秋的美女，条件不相上下，竞争到了白热化状态。她们都在小心翼翼地做着准备，力争使自己成为"笑到最后"的胜利者。

这天早上 8 点，三人准时来到公司人事部。人事部长给她们每人发了一套白色制服和一个精致的黑色公文包，说："三位小姐，请你们换上公司的制服，带上公文包，到总经理办公室参加面试。这是你们最后一轮考试，考试的结果将直接决定你们的去留。"三个美女脱下精心搭配的外衣，穿上那套米白色的制服。人事部长又说："我要提醒你们的是，第一，总经理是个非常注重仪表的先生，而你们所穿的制服上都有一小块黑色的污点。毫无疑问，当你们出现在总经理面前时，必须是一个着装整洁的人，怎样对付那个小污点，就是你们的考题。第二，总经理接见你们的时间是 8 点 15 分，也就是说，10 分钟以后，你们必须准时赶到总经理室，总经理是不会聘用一个不守时的职员的。好了，考试开始了。"三个人立即行动起来。

安娜用手反复去揩那块污点，反而把污点越弄越大，白色制服最终被弄得惨不忍睹。安娜紧张起来，红着脸央求人事部长能否给她再换一套制服，没想到，人事部长抱歉地说："绝对不可以，而且，我认为，你没有必要到总经理办公室去面试了。"安娜一下愣住了，当她知道自己已经被取消了竞争资格后，眼泪汪汪地离开了人事部。

与此同时，杨子已经飞奔到洗手间，她打开水龙头，撩起自来水开始清洗那块污点。很快，污点没有了，可麻烦也来了，制服的前襟处被浸湿了一大片，紧紧贴在身上。于是，杨子快步移到烘干器前，打开烘干器，对着那块浸湿处烘烤着。烤了一会儿，她突然想起约定的时间，抬起手腕看表：坏了，马上就到约定时间了。于是，杨子顾不得把衣服彻底烘干，赶紧往总经理办公室跑。赶到总经理办公室门前，杨子看表，8 点 15 分，还没迟到；更让她感到庆幸的是，白色制服上的湿润处已经不再那么明显了，要不是仔细分辨，根本看不出曾经洗过。但堂堂大公司的总经理怎么会仔细分辨一个女孩的衣服呢？

杨子正准备敲门进屋，门却开了，鲍波大步走出来。杨子看见，鲍波的白色制服上，那块污迹仍然醒目地躺在那里。杨子的心里踏实了，她自信地走进办公室，得体地道一声："总经理好。"总经理坐在大办公桌后面，微笑地看着杨子白色制服上被浸湿的那个部位，好像在"分辨"着什么。杨子有点不自在。这时，总经理说话了："杨子小姐，如果我没有看错的话，你的白色制服上有块地方被水浸湿了。"杨子点了点头。"是清洗那块污渍所致吗？"总经理问。杨子疑惑地看着总经理，点了点头。总经理看出杨子的疑惑，浅笑一声道："污点是我抹上去的，也是我出的考题。在这轮考试中，鲍波是胜者，也就是说，公司最终决定录用鲍波。"

杨子感到愕然："总经理先生，这不公平。据我所知，您是一位见不得污点的先生。但我看见，鲍波的白色制服上，那块污点仍然清晰可见啊！"

"问题的关键是，"总经理说，"杨子小姐，鲍波小姐没有让我发现她制服上的污点。从她走进我的办公室，那只黑色公文包就一直优雅地横在她的前襟上，她没有让我看见那块污迹。"

问题：总经理为什么选择了鲍波而淘汰了杨子？

(资料来源：wenku.baidu.com/view/96a8d311f18583d04964)

第一节　人力资源管理概述

一、人力资源管理的内涵

(一) 什么是人力资源

对于人力资源，不同的人有不同的理解。有人认为，劳动者就是人力资源；有人认为，人口就是人力资源；还有人认为，人的劳动能力才是人力资源。我们认为，人力资源是指推动社会发展和经济运转的人的劳动能力。

人力资源包括智力劳动能力和体力劳动能力。同时，人力资源也包含人的现实的劳动能力和潜在的劳动能力。人的现实的劳动能力，是指人能够直接迅速投入劳动过程，并对社会经济的发展产生贡献的劳动能力。也有一部分人，由于某些原因，暂时不能直接参加特定的劳动，必须经过对人力资源的开发等过程才能形成劳动能力，这就是潜在的劳动能力。对儿童进行培养，使之逐步在体力上和智力上形成劳动能力，旨在将来作用于社会经济发展过程，这就是潜在人力资源的开发过程。对文化素质较低的人进行培训，使其具备现代生产技术所需要的劳动能力，从而能够上岗操作，这也是潜在人力资源的开发过程。由于人的劳动能力和人始终融为一体，不可分开，因此人力资源又可泛指具有劳动能力的人。

(二) 人力资源与其他相关概念

1. 人口

人口是一个国家或者地区在一定时期内所有人的总和。在人口范围内，有具备劳动能力者、暂时不具备劳动能力而将来会具备劳动能力者以及丧失劳动能力者。

2. 劳动力

劳动力是指人口中达到法定的劳动年龄，具有现实的劳动能力，并且参加社会就业的那一部分人。劳动力是劳动力市场的主体，代表着劳动力的总体供给数量，其中没有包括尚未进入就业领域的学生、失业者以及丧失劳动能力者。

3. 人才

人才资源指人力资源中层次较高的那一部分人。相对于普通劳动力来说，人才就是较高层次的复杂劳动力。人才资源的数量较人力资源少，但其质量较高。目前，什么是人才尚无统一的说法，只是在定义上确认人才是具有特定的知识技能和专长的劳动力。至于对知识、技能和专长的衡量，一般是以学历学位、专业技术职称和各种专业技术证书或资格证书作为认定标准的。那么，拥有哪一级的学历学位、技术职称或专业技术证书的人才被认定为人才呢？这在我国又以不同地区的具体情况和具体认定方法为准。假定在内陆不发达地区，人才比较少，或许中专学历以上者、初级技术职称以上者或四级技术工人等级以上者就可以被认定为是人才。而在沿海发达地区，人才比较多，或许必须是大学学历以上者、中级技术职称以上者，或者是六级技术工人等级以上者才可以被认定为人才。但是不管怎么说，人才都是当地人力资源中的高层次部分。

(三) 人力资源管理的内涵

我们通常所说的人力资源管理，是指企业内部对人的管理。宏观意义上的人力资源管理，是指政府对社会人力资源的开发和管理过程。本书所涉及的，是微观的即企业人力资源管理。

企业的人力资源管理，首先要制定企业的人力资源管理战略和人力资源计划。然后，在人力资源管理计划的指导下，进行工作分析，制定工作描述和工作说明书。根据工作分析，招聘并且配置员工。在配置员工、利用人力资源的过程中，企业必须注意规划员工的职业生涯发展，并且把员工的职业生涯发展与组织的发展相匹配，形成互为动力的综合发展途径。在企业与员工互相匹配发展过程中，要不断地相互沟通，解决冲突，消除两者共同发展的障碍，保证过程的顺利进行。当企业的人力资源管理工作进行到一定的阶段，就必须对多层次员工的工作绩效进行评估考核，纠正他们工作中的失误，肯定他们工作中的成绩，并就员工下一阶段的工作达成上下级的共识，以便员工形成下一轮的工作计划。在绩效评估以后，要对员工进行激励，包括薪酬方面的激励、福利方面的激励和精神等其他方面的激励。对于绩效评估中表现出来的优秀员工，尤其要加大激励的力度。对于绩效评估中表现出来的具有这种或那种缺陷但企业今后发展又需要的员工，企业要进行培训，帮助他们提高知识水平、增进技能，使他们在今后的企业经营活动中能适应企业发展的需要。最后，根据人力资源系统的整个运作情况，企业要修正或者重新制定自身的人力资源发展战略和人为资源计划，为下一阶段的人力资源管理活动再次奠定基础。

二、人力资源管理的重要性

首先我们可以通过重新认识“企业”一词来体会人的重要性。那就是“企业人之积”，企业始于人，止于人，企业所有的活动都是由人来操作和完成的。美国钢铁大王卡纳基曾说过“把我的资产拿走，可是把人留下，5 年以后，我就能使一切恢复旧观”。日本索尼公司盛田昭夫也指出：对日本最卓越的企业而言，成功并没有什么不传之秘，没有一个理论、计划或政府可以使企业成功，唯一的关键，那就是人。以人为本的管理，不仅需要发自内心的贯彻决心，也必须有极大的魄力才能执行。

美国微软公司经营的巨大成功更体现了在新的时代条件下人力资源的重要性。创建于 1975 年的微软公司进入了 20 世纪 90 年代后得到飞速发展，1990 年销售收入达到 12 亿美元，1991 年达到 18 亿美元，1992 年尽管面临经济不景气，销售额仍然增加到 27 亿美元。它的持续快速增长，得益于一个稳定的充满智慧和激情的员工队伍。1989 年公司有 4000 名员工，到 1992 年，员工人数已超过 1 万人。公司每年要审阅 12 万份简历，举行 7000 多次面谈，每年增聘 2000 名员工。由此可见，填补员工的工作量是巨大的。正如该公司的一位副总裁说过，你不可能使用低水平的编程员编制出高水平的计算机程序。发现和选聘最优秀的人才，是微软公司的首要任务。因此，当比尔•盖茨被问到过去几年为公司做的最重要的事情时，他回答说，我聘用了一批精明强干的人。

可见，一个组织的素质高低，在很大程度上是其所保有和聘用的人员的素质的一种反映。得到并保有能干的员工，是每个组织成功的关键所在。

人力资源管理的职能，就是选配人员，将合适的人员配备到合适的岗位上，将不合适的人员解雇下来。

三、人力资源管理的地位变化

人力资源管理在企业经济活动和长期发展中的地位，多少年来几经变化，而且是呈提高的趋势。人力资源管理的功能，也同样经历了一个不断提高的过程。

在 20 世纪 40 年代，担任管理员工工作的，本身也就是一般的员工，其管理的功能，仅仅是一些最一般的档案记载，例如人员进出、工资发放情况等。严格说来，在 20 世纪 40 年代，还谈不上对人的管理，充其量不过是对人的有关情况的记录。

20 世纪 50 年代，较普遍地有了对员工的制度上的管理。也就是企业制定了各种各样的让员工遵守的制度，由工头监督员工执行。这时，工头自然而然成了员工的管理者，员工只是在工头的控制监督下被动地按制度干活而已。因此，在 20 世纪 40 至 20 世纪 50 年代，员工是被当作机器来管理的。

20 世纪 60 年代，开始有了现代意义上的人事管理，包括员工档案管理、员工工资管理、员工制度管理、员工招聘与辞退管理等一系列的管理内容。而管理者也升格为最初的普通管理者，比如人事科长，人事专员等。

20 世纪 70 年代，企业开始重视人的因素，意识到应当注意协调员工关系，避免内部冲突，加强企业内的人际沟通。因此，协调员工关系就成了人事管理中十分重要的一个方面了。这时候，担任企业人事管理工作的，已经是企业的中层经理，即企业人事部门的经理。

20 世纪 80 年代，人力资源管理问世。从人事管理到人力资源管理，并不是名词上的变换，而是在员工管理上具有实质性意义的改变。人力资源管理，不仅形成包括招聘、工作分析、人力资源计划，一直到绩效评估、员工激励、员工培训等多个环节在内的一个较系统的人力资源管理系统，更为重要的是，在对人的认识上，第一次变被动为主动。

在20世纪80年代之后的人力资源管理中，员工成了企业宝贵的人力资源，这种宝贵的资源具有巨大的潜力。开发和运用这个资源，对企业来说具有特别重要的意义。员工主动性与积极性的发挥，又与企业的文化、企业的目标和企业最高层的理念等密切相关。因此，在这一时期，企业中管理人力资源的，已经是企业的高级管理者，如人力资源总监等。由高层管理者担任人力资源管理者的目的，就是为了从企业领导层起，重视人力资源管理，开发企业的人力资源。

到了20世纪90年代，许多企业已经意识到，人力资源管理不仅对企业的经营与发展起重要的作用，而且还起着决定企业命运的战略性作用。如果将传统的人事管理与人力资源管理及其战略作用做个对比，我们可以清楚地看到两者之间的区别。详情见表5-1。

表5-1 传统人事管理与现代人力资源管理的比较

	传统人事管理	现代人力资源管理
对员工的态度	1. 员工是被动的 2. 员工仅仅是企业的生产要素 3. 企业管理员工	1. 员工是主动的 2. 员工是企业发展的宝贵资源 3. 企业与员工互相匹配，共同发展
管理目标	服务于员工，支持员工，提高员工的工作效率和对企业的忠诚度	提高员工的总体素质，培养员工中的核心人才，直接形成企业的核心竞争力，提高企业的总体优势
管理战略	1. 将企业文化灌输到员工头脑中 2. 使员工理解并较好地执行企业任务、方针与政策	1. 将企业文化与企业战略融入员工的自觉行为 2. 让员工帮助企业实现经营战略

四、人力资源的特点

1. 人力资源的生物性

人首先是一种生物。人力资源存在于人体之中，是有生命的“活”资源，与人的自然生理特征相联系。人的最基本的生理需要带有某些生物性的特征。在管理中，首先要了解人的自然属性，根据人的自然属性与生理特征进行符合人性的管理。人力资源属于人类自身所特有，因此具有不可剥夺性。这是人力资源最根本的特性。

2. 人力资源的时限性

时限性是指人力资源的形成与作用效率要受其生命周期的限制。作为生物有机体的个人，其生命是有周期的，每个人都要经历幼年期、少年期、青年期、中年期和老年期。其中具有劳动能力的时间是生命周期中的一部分，其各个时期资源的可利用程度也不相同。无论哪类人，都有其才能发挥的最佳期、最佳年龄段。如果其才能未能在这一时期充分利用开发，就会导致人力资源的浪费。因此，人力资源的开发与管理必须尊重人力资源的时限性特点，做到适时开发、及时利用、讲究时效，最大限度地保证人力资源的产出，延长其发挥作用的时间。

3. 人力资源的再生性

经济资源分为可再生性资源和非再生性资源两大类。非再生性资源最典型的是矿藏，如煤矿、金矿、铁矿、石油等，每开发和使用一批，其总量就减少一批，决不能凭借自身的机制加以恢复。另一些资源，如森林，在开发和使用过后，只要保持必要的条件，可以再生，从而保持资源总体的数量。人力资源也具有再生性，它基于人口的再生产和劳动力的再生产，通过人口总体内个体的不断更替和"劳动力耗费—劳动力生产—劳动力再次耗费—劳动力再次生产"的过程得以实现。同时，人的知识与技能陈旧、老化也可以通过培训和再学习等手段得到更新。当然，人力资源的再生性不同于一般生物资源的再生性，除了遵守一般生物学规律之外，它还受人类意识的支配和人类活动的影响。从这个意义上来说，人力资源要实现自我补偿、自我更新、持续开发，这就要求人力资源的开发与管理注重终身教育，加强后期的培训与开发。

4. 人力资源在使用过程中的磨损性

人力资源在使用过程中会出现有形磨损和无形磨损，劳动者自身的疾病和衰老是有形磨损，劳动者知识和技能的老化是无形磨损。在现代社会，人力资源的这种磨损呈现以下特点：首先，与传统的农业社会和工业社会里较多地表现为有形磨损不同，现代社会更多地表现为无形磨损；其次，当今社会的一个重要特征是新技术不断取代原有技术，而且更新周期越来越短，致使员工的知识和技能老化加剧，人力资源的磨损速度越来越快；最后，人力资源补偿的难度加大，这是因为当今社会的人力资源磨损主要表现为无形磨损，而无形磨损的补偿比起有形磨损的补偿要困难得多；同时，由于人力资源磨损速度的加快，也使得补偿的费用越来越高。

5. 人力资源的社会性

人处在一定的社会之中，人力资源的形成、配置、利用、开发是通过社会分工来完成的，是以社会的存在为前提条件的。人力资源的社会性，主要表现为人与人之间的交往及由此产生的千丝万缕的联系。人力资源开发的核心，在于提高个体的素质，因为每一个个体素质的提高，必将形成高水平的人力资源质量。但是，在现代社会中，在高度社会化大生产的条件下，个体要通过一定的群体来发挥作用，合理的群体组织结构有助于个体的成长及高效地发挥作用，不合理的群体组织结构则会对个体造成压制。群体组织结构在很大程度上又取决于社会环境，社会环境构成了人力资源的大背景，它通过群体组织直接或间接地影响人力资源开发，这就给人力资源管理提出了要求：既要注重人与人、人与团体、人与社会的关系协调，又要注重组织中团队建设的重要性。

6. 人力资源的能动性

能动性是人力资源区别于其他资源的本质所在。其他资源在被开发的过程中，完全处于被动的地位；人力资源则不同，它在被开发的过程中，有思维与情感，能对自身行为做出抉择，能够主动学习与自主地选择职业，更为重要的是人力资源能够发挥主观能动性，有目的、有意识地利用其他资源进行生产，推动社会和经济的发展。同时，人力资源具有创造性思维的潜能，能够在人类活动中发挥创造性的作用，既能创新观念、革新思想，又能创造新的生产工具、发明新的技术。

7. 人力资源具有生产者和消费者的角色两重性

人力资源既是投资的结果，又能创造财富；或者说，它既是生产者，又是消费者，具有角色两重性。人力资源的投资来源于个人和社会两个方面，包括教育培训、卫生健康等。人力资源质量的高低，完全取决于投资的程度。人力资源投资是一种消费行为，并且这种消费行为是必需的，先于人力资本的收益。研究证明，人力资源的投资具有高增值性，无论从社会还是个人角度看，都远远大于对其他资源投资所产生的收益。

8. 人力资源的增值性

人力资源不仅具有再生性的特点，而且其再生过程也是一种增值的过程。人力资源在开发和使用过程中，一方面可以创造财富；另一方面可以通过知识经验的积累、更新，提升自身的价值，从而使组织实现价值增值。

第二节 人力资源管理过程

一、人力资源规划

人力资源规划是对管理者为确保在适当的时候，为适当的位置配备适当数量和类型的员工，并使他们能够有效地完成总体目标的一种设计。通过人力资源规划，可以将组织的目标转换为需要哪些人员来实现这些目标。人力资源规划过程可以归纳成以下 3 个步骤。

(一) 评价现有人力资源

1. 对现有的人力资源的状况进行通盘考虑

一般可以通过调查方式来取得，比如让职工填写调查表，调查内容包括：姓名、性别、最高学历、专业、所受培训、以前专业、能力、业绩等。当然如果单位配有人力资源档案系统，这个过程可以自动进行。

2. 进行职业分析

了解组织中的员工能做些什么，即组织中的职务以及履行职务所需的行为。比如采购人员，其职责是什么？其工作取得合乎要求的绩效，最少需要具备什么样的知识、技术和能力？职务分析将决定各项职务的合适人选，并最终形成职务说明书与职务规范。职务分析的方法主要有以下几种。

(1) 观察法。直接对员工的工作进行观察或将其拍成录像。

(2) 面谈法。逐个地或以小组的形式与员工交谈。

(3) 调查问卷法。让员工在一份列有可能的任务项的问卷上将他们工作中所执行的任务找出来。

(4) 举行技术讨论会。由专家确定职务的具体特征。

(5) 记录整理法。让员工们将其每天的活动在日记或记事本上记录下来，并整理成职务活动说明材料。

通常采用以上一种或几种方法收集到有关材料后，管理者就可着手撰写职务说明书和职务规范。

职务说明书：指对任职者需要做些什么、怎么做和为什么做的说明。它通常能反映职务的内容、环境和从业条件。

职务规范：指任职者要成功地开展某项工作必须拥有何种最低限度可以接受的资格标准。具体包括知识、技术和能力等方面，也就是说有效地承担职务所必须具备的起码条件。

职务说明书和职务规范是管理者开始招聘和挑选人员时应该持有的重要文件。

(二) 未来评价

未来人力资源的需要是由组织的目标和战略决定的。人力资源需求是组织的产品或服务状况的一种反映，是根据对未来总营业额的估计，管理者可能争取为达到这一营业额而配备相应数量的人力资源。在某些情况下，这种关系也可能相反，当一些特殊的技术为必不可少而又供应紧张时，现有的符合要求的人力资源状况就会决定营业的规模。例如，咨询公司就可能出现这种情况，它经常发现经营机会远比自己所能处理的业务多得多，其扩大营业的唯一限制因素可能是该咨询公司能否雇用和配备具有满足特定用户要求所必备资格的工作人员。

(三) 制定面向未来的行动方案

在对现有能力和未来需要做了全面评估以后，管理者可以测算出人力资源的短缺程度，并指出组织中将会出现超员配置的领域，然后将这些预计与未来人力资源的供应推测结合起来，就可以拟定出行动方案来，如表 5-2 所示。可见人力资源规划不仅为指导现时的人力配备需要提供指南，同时也预测到了未来的人力资源需要和技能。

表 5-2 ____月人力资源计划表　　　　日期_____

部门	生产计划数 (或需求工时)	需求人员	现有人员	差数	处理方案
企划处					
总务处					
财务处					
营业部					
技术处					
物料处					
一车间					
二车间					
三车间					

注：本表每月 20 日前提出下月的人力需求。

二、招聘与解聘

管理者在了解了他们现有的人事状况后(是人员不足还是超员)，就可以着手对此做些事情。如果是组织中存在一个或多个职位空缺，就可以根据职务分析得到的信息来指导招聘，包括安置、确定和吸收有能力的申请者的活动过程。如果是在人力资源规划中指明存在超员，管理者就要减少组织中的劳动力供应，这种变动称作解聘。

(一) 招聘

管理者通常通过以下几种渠道来招聘潜在的候选人，如表 5-3 所示。

表 5-3　招聘渠道类型及优缺点

来源渠道	优点	缺点
组织内部搜寻	花费少，有利于提高士气； 候选人了解组织情况	供应范围有限
广告应征	辐射广，可以有目标地针对某一特定群体	有许多不合格的应聘者，增加了招聘的工作量
员工推荐	基于推荐者的认真推举可能产生高素质的候选人	范围比较窄，可能不会增加员工的多样性和结构
公共就业机构	正常费用或免费	提供非熟练或受过很少训练的候选人
私人就业机构	广泛接触，仔细甄别，通常给予短期的担保	花费大
学校分配	大量集中的候选人	仅限于初级的职位

使用哪一种方式招聘，通常根据当地劳动力市场、所配置的职务类型、层级及组织的规模来确定。

(1) 职位的类型或级别对招聘的影响。某职位所要求的技能越高或在其组织层级中的地位越高，那么招聘过程就越需要扩展到地区或全国的范围来进行搜寻。

(2) 组织规模的影响。一般而言，组织规模越大，越容易被人注意到。由于有更多的晋升机会并提供更大职权，通常具有较高的知名度，因此越容易吸引到工作的应聘者。而且大组织内部有更多的候选人储备，可以从中挑选合适的人员补充空缺职位。

(3) 劳动力市场规模的影响。通常在大规模劳动力市场上招聘要比小规模市场来得容易，比如北京、上海、广州等大型的劳动力市场，一般有更充足的劳动力供应。

那么，哪些招聘渠道会产生更优秀的候选人？大多数研究证明，员工推荐被证明是最好的一种。首先，现职员工推荐的候选人已事先经过了这些员工的筛选，因为推荐者对于职务和所推荐的人选都较为了解，他们自然倾向于推荐更合适该项职务的候选人；其次，现职员工通常会觉得他们在组织中的声望和所做的推荐质量不无关系，因此只有当他们自信该项推荐不会影响自己的名声时才会主动推荐其他人。

(二) 解聘

对于任何一个执行裁员的管理人员来说，解聘绝不是一件令人愉快的事情。但是当市场需求发生重大变化或有更好的替代产品出现时，企业面临着巨大的生存压力，因而不得不压缩其规模时，解聘就成为人力资源管理的一个重要内容，就像我们企业现在为了适应市场，建立现代企业制度，必然有一批职工下岗一样。

通常，解聘的方式主要有以下几种，如表 5-4 所示。

表 5-4 解聘方案及说明

方案	说明
解雇	永久性、非自愿地终止合同
暂时解雇	临时性、非自愿地终止合同，可能持续若干天，也可能延续到几年
自然减员	对自愿辞职或正常退休腾出的职位空缺不予填补
调换岗位	横向或向下调换员工岗位，通常不会降低成本，但可减缓组织内的劳动力供求不平衡
缩短工作时间	让员工少工作一些时间
提前退休	为年龄大、资历深的员工提供激励，使其在正常退休期限前退离岗位
学习培训 (中国特色)	进入专业学校学习以缓解单位编制压力，等学习期满，单位亦有一批退休或调离的员工，正好可以重回单位工作

三、甄选

首先通过一个故事来说明甄选过程的实质。

不久前，一个刚取得会计专业资格的女大学应届毕业生来到一家公司的人事部门寻找工作。当她走到人事部的两扇门前面，她看到其中一扇门贴着标签“有大学学位的申请者”，另一扇门贴着“无大学学位的申请者”，所以她打开了第一扇门，可是进去后又面对两扇门，一扇写着“成绩平均在 80 分以上的申请者”，另一扇门写着“成绩不足 80 分的申请者”，由于她的平均成绩是 86 分，所以她再次选择了第一扇门，进去后她再次面对两扇门，分别写着“管理职位的申请者”和“非管理职位的申请者”，由于她获得的是会计学位，她自然打开了第一扇门，进去后发现自己来到了街上。公司通过设计的甄选程序，自动地把不需要的申请者淘汰了。这个案例说明了人员甄选过程的实质，即人力资源规划确定了组织人员的短缺，并且开发了一批申请者以后，管理者需要采取一些方法进行甄别，以确保最合适的候选人得到这一职位，此方法称为甄选过程。

(一) 甄选的手段

甄选是一种预测行为，它设法预测聘用哪一位申请者会确保工作的成功，因为在这之前，这个候选人还没有到这个单位工作。比如，为一销售职位配备人员，其甄选过程应当能预测到哪一位申请者会产生更大的销售额。

甄选过程将会产生 4 种可能的结果，如表 5-5 所示。其中，两种结果说明决策正确，另外两种结果说明决策失误。

表 5-5 人员甄选决策

	业绩类型	接受	拒绝
后来工作成绩表现	成功	1. 正确的决策	2. 错误的决策
	不成功	3. 错误的决策	4. 正确的决策

第 1 种和第 4 种情况反映了当选中的申请人被预测到会取得成功并在日后的工作中被证实取得了成功，或者预测到申请者不会成功且雇用后会有这样的表现时，所对应的决策就是正确的。在前一种情况下，管理者成功地接受了这个申请人，在后一种情况下，管理者成功地拒绝了这位申请者。但是如果错误地拒绝了一位将在未来工作中有杰出表现的候选人或错误地接受了后来表现极差的候选人，那么甄选过程就出现了问题。因此，甄选活动的主要着眼点是减少做出错误拒绝和错误接受的可能性，提高做出正确决策的概率。为了达到这一目的，管理者可以采用几种甄选手段，主要体现在以下几个方面。

1. 申请表分析

几乎所有的组织都要求应聘者填写一份申请表，这可能只是一份应聘者填上姓名、地址、电话号码的简表，也可能是一份综合性的个人履历表，要求仔细填写个人的活动、技能和成就，比如从事过何种职业，取得过哪些成就，包括职位、有效的辅助证明材料等。

2. 笔试

典型的笔试包括有智商、悟性、能力和兴趣等方面的内容，比如国家公务员考试。现在有许多公司在招聘人才时都要进行笔试，包括专业技术、心理承受能力等方面。笔试在第二次世界大战后的 20 年间非常流行，但是在 20 世纪 60 年代以后跌入谷底。因为笔试这种手段常被视为具有歧视性，认为它并不能有效验证与工作绩效高度相关。不过从 20 世纪 80 年代后期开始，笔试又重新得到了重视。现在的组织在招聘人力资源时大多要进行笔试，包括国外也是这样。

3. 绩效模拟测试

绩效模拟测试的目的是使招聘者在应聘者实际做一些工作之前就发现他是否具备相应的能力。其通常有两种有效方法。

(1) 工作抽样法。是指给申请者提供一项职务的缩样复制物，让他完成该项职务的一种或多种核心任务。申请者通过实际执行这些任务，展示他是否拥有必要的技能。这种方法一般适用于招聘常规的职务，比如公司招聘一位文字秘书，就可以利用工作抽样法来考核。让应聘者写一份会议通知，并完成计算机打印稿，来考察他的文字能力、计算机操作能力和录入速度。

(2) 测评中心法。是指由公司直线主管人员、监督人员及受过训练的心理专家组成一个测评中心，模拟性地设计出实际工作中可能面对的一些现实问题，让应聘者经受 2～4 天的测试，从而评价其管理能力。这种方法适用于挑选管理职位的候选人，比如让申请者制定一项生产计划或制定一项营销计划。

4. 面试

面试与申请表一样，几乎是普遍得到应用的一种人员甄选手段。但是如果事先没有进行设计并按标准化的方式进行，面试可能潜伏着各种潜在的偏见和障碍，主要体现在以下几个方面：

(1) 先前对应聘者的认识可能影响面试者的公正评价；

(2) 面试的考官通常对什么代表“合格的”应聘者带有固定的框框；

(3) 面试的考官倾向于支持与自己持相同态度的应聘者；

(4) 应聘者接受面试的顺序会影响到对他的评价；

(5) 面试中信息吐露的顺序会影响到对他的客观评价；

(6) 反面信息或观点有时不适当地得到更多的重视；

(7) 面试的考官经常在面试的前四五分钟内形成对应聘者是否合适的判断；

(8) 面试的考官经常在做出结论后的几分钟内忘记面试的多数内容；

(9) 面试更容易暴露应聘者在智力、人际关系技巧方面的不足。

鉴于面试中存在的以上局限性，那么管理者如何设计，才能使面试这种方式更有效呢？经过大量的实务研究，管理学家提出了以下一些建议：

(1) 对所有应聘者设计一些固定的面试问题；

(2) 根据职务说明书和职务规范文件取得对应聘者应聘岗位的有关详细的信息；

(3) 尽量减少对应聘者履历、经验、兴趣、其他测试成绩等先前认识；

(4) 多提问一些要求应聘者对实际做法给予详尽描述的行为问题；

(5) 采用标准的评价格式；

(6) 面试中考官要做笔记；

(7) 避免通过短时间面试就形成合适与否的决策。

面试除了注意以上事项外，还应在面试方式上进行设计。比如企业如何招聘到顶尖的销售员，国外的一份市场营销权威杂志建议经理人员应遵从以下几个步骤。

(1) 面试要分 3 次进行。最糟糕的莫过于头次面试感觉不错，就当场录用，但以后却发现此人的表现与面试时大相径庭。如果进行 3 次面试，就可以避免这种可能性发生。

(2) 安排 3 个人来面试应聘者。除了你以外，另外找两个你认为他们能客观评价应聘者的人。邀请他们参与面试时，不要给予他们任何你个人的感受的暗示，以免影响他们的看法，全新的看法价值无限。

(3) 在 3 个不同地方面试。人们在不同的工作环境中的反应各不相同，选择不同的地点进行面试，有利于你尽可能多地了解应聘者的方方面面。比如首次面试选择在你的办公室，第二次可以让应聘者和你单位有经验的销售人员一同外出，最后一次安排应聘者与你的主管共进午餐。

(4) 至少核实 3 个推荐者。如果 3 个人都首肯应聘者的学历、技能和工作经验，优中择优后你应聘错的可能性就会大大降低。

5. 履历调查

该方法已被证明是获取人员甄选有关信息的一个有价值的渠道。管理研究证实，对应聘者在申请表中填写的“事实”进行核实是有益的，有相当大比例职务的应聘者对他们的就业日期、职务头衔、过去薪金或离开原工作岗位的原因存在不真实陈述。因此，将这些申请表上的硬性资料与其原来的雇主核对一下，就是一种有意义的行为，可以获得更真实和准确的人力资源信息。比如应聘单位要求应聘者提供原工作单位对其的综合评价资料、进入政府或事业单位之前的调档工作就是一种履历调查。

6. 体格检查

几乎在所有的情况下，体格检查都是为健康保险而做的，因为管理者要设法减少组织对雇员受雇前的伤害的保险开支。

(二) 何种甄选手段最有效

以上介绍了人员甄选的几种常用的手段，那么存不存在一种最有效的甄选手段呢？我们首先解决一下如何判断一个手段的有效性。

判断甄选手段的有效性，一般有两种考核指标，它们是：效度和信度。

1. 效度(validity)

效度是指甄选手段和有关的工作标准之间确实存在着相关关系。就是说，如果你所用的是有效度的手段，那么通过该手段测试后的得分与后来的工作绩效是成正相关关系。例如，如果人事经理通过笔试来达到甄选合适的雇员的手段，你就必须证明笔试成绩越高，他的能力越强，否则笔试这个甄选手段就是没有效度的。

效度在这里按 1～5 的尺度衡量，5 最高，1 最低，其余处于中间。

2. 信度(reliability)

信度是指一种手段是否能对同一事物做出持续一致的测量。例如，假定一项测试具有信度，那么某个人的成绩就应当在相当长一段时间内保持相对稳定，否则这种手段就不可能有效。这好比你每天在一台不稳定的秤上测量你的体重，秤本身不具备信度，这种测量的结果必然说明不了什么问题。

上文介绍的几种甄选手段，因甄选不同职位的候选人，其效度和信度是不一样的，因而在实际利用中，你只能选用那些对特定职务具有良好效果的某些手段。具体到这些手段的效度如何，经过管理学家大量的测试，得出如下结论，如表 5-6 所示。

表 5-6 甄选手段在不同单位的有效性

有效性 类型 手段	高层管理岗位	中低层管理岗位	复杂的非管理岗位	常规的作业岗位
申请表	2	2	2	2
笔试	1	1	1	1
工作抽样	-	-	4	4
测评中心	5	5	-	-
面试	4	3	2	2
履历调查	3	3	3	3
体格检查	1	1	1	2

四、定向

一旦选定了某项职务的候选人，这个候选人就需要被介绍到招聘岗位和组织中，使他适应工作环境，这个过程称之为定向。定向的目的，是减轻新员工刚开始工作时的焦虑和不安，让新员工熟悉工作岗位、工作单位和整个组织，并设法促进由外来者角色向内部人角色的转换。根据其定向的范围和目的，一般可分为 3 种类型。

(一) 工作岗位定向

使新员工在甄选阶段所获得的信息得到进一步修正和发展。让他了解工作岗位的具体义务和责任，了解他的上级如何考评他的工作业绩，同时也是新员工进一步修正其最初对职务所可能持有的不切实际的期望。

(二) 工作单位定向

使员工了解所在工作单位的目标，使之清楚他将如何为单位目标的实现做出贡献，同时也将他介绍给单位的同事们。

(三) 组织定向

使新员工了解组织的目标、发展历史、经营宗旨和程序规则等。其中也包括有关的人事政策、福利、工作时间、付薪程序、加班费用等。此外，让新员工参观组织的总体设施也常常是组织定向的一个内容。

五、员工培训

在新员工定向的基础上，当新员工所具备的技能不能满足工作岗位的要求，或者老员工因工作变动而不能适应新的工作时，都要进行培训。因为一项职务的要求变了，员工的技能也要跟着改变。据统计，在美国，单是工商企业每年就投入 300 亿美元的巨额花费用于提高工人技能。尤其是现在知识爆炸、知识更新速度越来越快、技术发展一日千里的形势下，不断地接受培训、提高技能也是非常必要的。因此非常有必要加强员工技能的培训。

(一) 技能分类

我们可以将员工的技能划分为 3 种基本类型：技术技能、人际关系技能和解决问题的技能。绝大多数员工培训都着眼于改变其中一项或多项技能。

1. 技术技能

技术技能包括像阅读、写作和进行数学计算的能力这样基本的技能，也包括与特定职务相关的能力。比如办公室职员如果不具备使用文字处理软件和电子邮件、传真系统的操作能力，那么他就不能有效地开展工作。同样，操作数控机床，要求员工具有数学和计算机方面的技能。如果工人不能做基本的数学计算或者不能看懂具体的操作手册，那么他就不可能掌握过程控制的统计方法或者不能有效地操作数控机床。广义技术技能包括管理技术技能和作业技术技能。

2. 人际关系技能

几乎每一个员工都从属于某个工作单位。从某种程度上讲，员工的工作绩效取决于他(她)和同事、老板有效相处的能力。有些员工具有优秀的人际关系技能，有些员工则没有，并经常地与其他人发生冲突。比如有些人从来不主动与人打招呼，脸上没有笑容，与朋友相处缺乏礼貌，这样的人很难有良好的人际关系。

3. 解决问题的技能

许多员工发现，他们在工作中需要解决一系列问题，特别是那些非常规的、富于变化的工作更是如此。因此，解决问题的技能主要是指解决非结构化问题的技能。如果员工解决问题的技能还不尽如人意，那么管理层就要通过培训改进这些技能。比如让员工参加一些活动，强化其逻辑、推理和确定问题的能力，使其能够对因果关系做出评价，制定解决问题的可行方案，并分析方案和选定最终的解决方法。

以上这 3 种技能对处在不同组织层次的人员，重要性也不尽相同，它们的差异性如表 5-7 所示。

表 5-7 不同技能在不同岗位层次的差异性

重要程度 \ 技能 / 层次	技术技能		人际关系技能	解决问题的技能	概念技能
	作业技术	管理技术			
操作层	很重要	不重要	不重要	不重要	不重要
基层管理者(组长、领班)	很重要	重要	重要	重要	不重要
中层管理者(职能经理)	重要	很重要	很重要	很重要	较重要
高层管理者(总经理、董事长)	不重要	很重要	很重要	很重要	很重要

(二) 培训方法

一般分为两种：一种是在职培训，另一种是脱产培训。在培训中采用何种方式，由培训计划事先规定。

1. 在职培训

常见的在职培训方法包括职务轮换和预备实习。

(1) 职务轮换是通过横向的交换，使员工从事另一岗位的工作。它使员工在逐步学会多种工作技能的同时，也增强其对工作间相互依存关系的认识，并产生对组织活动的更广泛的视角。

(2) 预备实习主要是针对新员工。通过跟随经验丰富的老师傅学会如何工作。这在作业活动领域通常叫师徒关系，在白领工作领域称为教练或导师关系。

在职培训的优点是简单易行，成本较低。

在职培训的缺点是可能会扰乱工作的正常秩序，并导致工作失误增加。这种方法比较适用于技能的学习培训。

2. 脱产培训

脱产培训是指离开工作岗位，放下手中的工作参加培训。常见的包括课堂讲授、电视录像、模拟练习等。

(1) 课堂讲授特别适用于传播具体的信息，因此可以用来有效地提高员工的技术技能和解决问题的技能。

(2) 电视录像可以用来清晰展示技术方面的技能，而这些技能不易采取其他方法得到充分的说明。

(3) 模拟练习，如案例分析、实验演习、角色扮演和小组会议等方式，可以很好地全程锻炼人际关系技能和解决问题的技能。

六、绩效评估

(一) 绩效评估的作用

绩效评估是对员工的工作绩效进行评价，以便形成正确的人事决策的过程。绩效评估在人力资源管理方面的作用主要表现在以下几个方面，如表 5-8 所示。

表 5-8　业绩考评的作用类型

使用目的	比例(%)
报酬	85.6
绩效反馈	65.1
培训	64.3
提升	45.3
人事规划	43.1
留住或解聘	30.3
人事研究	17.2

注：表中结果是基于 600 个组织的调查。

(二) 绩效评估的方法

1. 书面描述法

书面描述法就是写一份记叙性材料，描述一个员工的长处和短处、过去的绩效和潜能的发挥等，然后提出予以改进和提高的建议。它的优点是：它不需要采取某种复杂的格式，也不需要经过多少培训就能完成。它的缺点是：一种“好的”或“坏的”的评价，可能不仅取决于员工的实际绩效水平，也与评估者的写作技能和评估者对员工的个人好恶有很大关系。新进员工试用表如表 5-9 所示的。

表 5-9 新进员工试用表

<table>
<tr><td>姓名</td><td></td><td>工号</td><td></td><td>职务</td><td></td></tr>
<tr><td>试用
单位</td><td></td><td>试用
起始日</td><td></td><td>期满
日期</td><td></td></tr>
<tr><td colspan="3">试用结果
□表现特佳，正式录用，建议调薪
□表现普遍，正式录用
□表现欠佳，终止试用</td><td colspan="3">评语</td></tr>
<tr><td colspan="6">附注：1. 试用期：一等位 2 个月，二等位以上 3 个月。
2. 试用期满日前，用人部门须将本表送交人事部凭办。</td></tr>
</table>

2. 关键事件法

评估者记下一些细小但能说明效果的事件，这里的要点是只描述具体行为，为某一个人记下一长串关键事件，就可以提供丰富的评估依据，并给员工指明上级有哪些期望或不期望的行为。比如针对某一工作岗位，根据这一岗位的职能要求，客观记录完成这一工作职能所做的一系列工作事件，标出哪些事件做得非常有效，哪些事件效果很差，哪些事件效果一般，这样就可以对某一员工做出一个客观的评价。

3. 评价表法

评价表法是一种最古老的也是最常用的绩效评估方法。它列出一系列绩效因素，如工作的数量与质量、职务知识、协作与出勤、对事业的忠诚和首创精神，然后评估者逐一对表中的每一项给出评分，评分一般采用 5 分制或百分制，最后得出一个总分。这个总分就是评价结果。某公司员工月度考核表如表 5-10 所示。

表 5-10 某公司员工月度考核表

<table>
<tr><td rowspan="2">姓名</td><td rowspan="2">职称</td><td rowspan="2">工号</td><td colspan="6">考核项目 / 配分</td><td rowspan="2">总分</td></tr>
<tr><td>专业力
17 分</td><td>计划力
17 分</td><td>组织力
16 分</td><td>协调力
16 分</td><td>改善力
17 分</td><td>责任感
17 分</td></tr>
<tr><td></td><td></td><td></td><td></td><td></td><td></td><td></td><td></td><td></td><td></td></tr>
<tr><td></td><td></td><td></td><td></td><td></td><td></td><td></td><td></td><td></td><td></td></tr>
<tr><td></td><td></td><td></td><td></td><td></td><td></td><td></td><td></td><td></td><td></td></tr>
<tr><td></td><td></td><td></td><td></td><td></td><td></td><td></td><td></td><td></td><td></td></tr>
</table>

4. 行为定位评分法

这种方法是近年来日益得到重视的一种绩效评估方法。这种方法综合了关键事件法和评分表法的主要要素。例如，对销售经理的评价就可以用这种方法，如表 5-11 所示。

表 5-11 销售经理行为定位评分表

关键事件 绩效因素	客户投诉率	客户回访率	销售创意	渠道建设
工作数量				
工作质量				
业务知识				
创新程度				
忠诚度				

行为定位评分法侧重于具体的而可衡量的工作行为，它将职务的关键要素分解为若干绩效因素，然后为每一绩效因素确定有效果或无效果行为的一些具体示例。

5. 多人比较法

多人比较法是将一个员工的工作绩效与一个或多个员工做比较，这是一种相对的而不是一种绝对的衡量方法。这种方法又有 3 种最常用的形式：分组排序法、个体排序法和配对比较法。

(1) 分组排序法。是评估者按特定的分组方法将员工编入相应的组中。比如某家管理咨询公司根据员工对公司绩效的贡献程度将其公司员工分为高级分析员、中级分析员、初级分析员等，还比如海尔的“三上转换”就是分组排序法在评估中的应用。

(2) 个体排序法。要求评估者将员工根据一定的评估标准以从高到低的顺序进行排列。因此，只有一人可以是最优的。

(3) 配对比较法。每一个员工都一一与比较组中的其他员工结对进行比较，评出其中的优者和劣者。在所有的结对比较完成后，将每位员工得到的“优者”数累计起来，就可以排列出一个总的顺序。这种方法确保每一位员工都与其他所有人做对比。但当要评估的员工人数非常多时，这种配对比较法就很不容易进行。这种方法的缺点是当要评估的人数相当多时，这种配对比较法就显得很不经济。配对比较考核表如表 5-12 所示。

表 5-12 配对比较考核表

	A	B	C	D
A				
B				
C				
D				

6. 目标管理法(MBO)

MBO法不仅在计划中得到广泛应用，同时也是绩效评估的一种手段。事实上，它是对管理人员和专门职业人员进行绩效评估的一种首选的方法。MBO法的具体做法在此不再赘述。MBO在管理中这么流行，一个原因可能要归功于客观存在对结果目标的重视。管理者通常很重视强调利润、销售额和成本这些能带来成果的指标，这种趋向恰好与MBO法对工作绩效定时测评的关注一致。正因为 MBO重结果更甚于手段，因此使用这一评估方法可使管理者得到更大的自主权，以便选择其达到目标的最好路径。

(三) 将评估结果反馈给员工

许多管理者不愿意将正式绩效评估结果告诉每一位员工，为什么？这大概有两方面的原因：一是管理者对他自己所使用的绩效评估方法缺乏足够的信心；二是他担心自己面对下属，尤其是当评价为非正面的结果时，下属人员可能会做出令人不快的反应。尽管如此，管理者应该将评估结果告诉员工，因为这是员工得到有关工作绩效表现的反馈信息的一个主要渠道。卓有成效的绩效评估回顾会使员工感觉到评估是公正客观的，将使员工了解到自己需要做出改进的绩效领域，并下决心改正现有的缺陷。

第三节　员工薪酬及福利

一、薪酬的概念和主要内容

员工薪酬是指员工在从事劳动、履行职责并完成任务之后，所获得的经济上的酬劳或回报。它包括员工的基本薪金、绩效薪酬、红利以及股票期权计划等。

(一) 基本薪金

薪金即工资，它是以一定的货币定期支付给员工的劳动报酬。薪金通常由以下几个部分组成：基本工资、职位工资、年功工资、技能工资，以及其他基本薪酬。基本薪金的特点是比较稳定，因此又被称为“不变薪酬”。

(二) 绩效薪酬

又称为奖励薪金，是与员工工作绩效直接挂钩的薪酬形式。绩效薪酬的特点是灵活可变，随员工绩效的变化而浮动。绩效薪酬的具体形式是多种多样的，完全由企业根据自己的经营需要和客观情况来设定。一般较为常见的绩效薪酬有：计件工资、销售提成、绩效分红、与绩效挂钩的浮动工资以及其他绩效薪酬。由于绩效薪酬是薪酬系统中的“活”的部分，因此又被称为“可变薪酬”。

(三) 红利

红利又称为分红，是员工分享企业利润的一种报酬形式。有的企业为了调动员工的积极性，并提高员工对企业的忠诚度，除了一般薪酬之外，还会将企业的一部分利润以分红形式分配给企业的员工。分红的前提是企业的利润与员工的工作绩效相联系。如果员工的工作绩效提高，企业的利润也随之而提高，那么员工就可以得到较多的红利。反之，如果员工的工作绩效不高，企业利润不高，员工就只能得到较少的红利甚至没有红利。红利通常在年终与企业的利润结算以及员工的绩效评估结合起来，通过计算后发放。

(四) 股票期权计划

股票期权计划是一种长期的薪酬形式，它为员工提供购买本公司股票的一种权利，凭借这种权利，员工可以以优惠的条件购买企业的股票。如果企业经营得好，股票升值，员工可以得到长期的可观的收入。如果公司经营得不好，股票贬值，员工就可能得不到任何的股票收入。实行股票期权计划，目的在于长期调动员工的积极性，留住企业的核心人才。

二、薪酬的作用

(一) 保障作用

员工是企业的劳动力资源，是企业经营的第一生产要素。员工必须通过劳动获得薪酬来维持自身和家庭的生活需要，同时也要满足自身和家庭成员发展的需要。因此，员工薪酬数额至少要能够保证员工及其家庭的上述需要。否则就会影响员工的基本生活，影响社会劳动力的生产和再生产。通常，员工的基本薪金部分最能体现薪酬的保障作用，其稳定的、不变的特性能让员工无后顾之忧地安心从事工作，获得安全感。

(二) 激励作用

薪酬代表着一定的物质利益，因此它对员工有重要的激励作用。首先，合理的有一定吸引力的薪酬能够调动员工的工作积极性，激发他们的潜力，促进他们的工作效率。其次，较高的薪酬可以吸引企业所需要的各方面人才来为企业工作，扩大企业的人力资本存量。再次，有效的企业薪酬系统可以通过各类薪酬的合理构成来增强企业的凝聚力和吸引力，增强员工对企业的归属感，保留人才，用好人才。

(三) 综合发挥薪酬的两大作用

不同种类的薪酬，会有不同的作用。有的薪酬保障作用大于激励作用，有的薪酬激励作用大于保障作用。在设置员工薪酬的时候，必须考虑这些薪酬的特性，以便综合发挥薪酬的作用。

三、不变薪酬与可变薪酬

从员工薪酬的变动性来看，员工薪酬可以分为不变薪酬和可变薪酬，如图 5-1 所示。不变薪酬主要是员工的基本薪金；可变薪酬则包括员工的绩效薪酬、红利和股票期权计划。在员工的整个工资总额中，设定不变部分占多大比重，可变部分又占多大比重，是企业薪酬管理的一个重要环节。基本薪金固然能满足员工的基本需要，避免风险，保证员工的安全感和稳定感。但是，基本薪金与员工的工作努力程度和实际工作绩效没有直接的关系，员工干好干坏都可以得到这笔固定的收入，因此，基本薪金有着不利于调动员工积极性的一面。在员工薪酬中，基本薪金即不变薪酬的部分比例不能太大，太大了不利于激励员工，当然也不能太小，太小了员工的不稳定感与不安全感会上升。那么，员工薪酬中，不变的部分和可变的部分各占多大的比例为好呢？这要根据企业的具体性质和员工的具体情况来定。一般在竞争激烈的行业或技术更新较快的行业中，在员工文化素质较高、年纪较轻的企业中，员工薪酬中的可变部分所占的比重较大。在美国，企业员工薪酬中可变部分通常占70%，不变部分占30%。在日本，企业员工薪酬中有60%是可变的，40%是不变的。随着我国企业改革的推进，薪酬制度的改革也有了很大的进展。有不少企业家和人力资源管理专家认为，在我国企业目前的薪酬制度规划中，员工的可变薪酬部分无论如何不能低于15%，并且应当逐步提高到40%左右，以保持员工的工作动力和企业的经营活力。

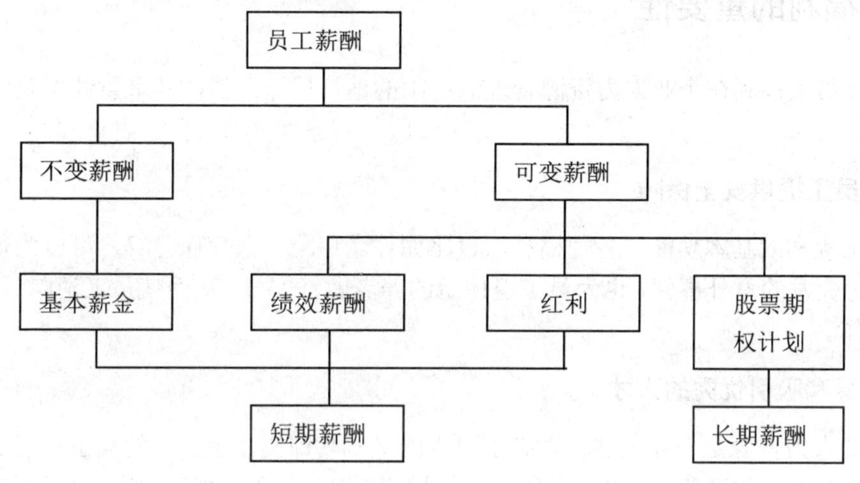

图 5-1　员工薪酬作用系统

四、短期薪酬与长期薪酬

从员工薪酬的作用时效性来看，员工薪酬又可以分为短期薪酬和长期薪酬(参见图 5-1)。基本薪金、绩效薪酬和红利都属于短期薪酬。这些短期薪酬的形式尽管作用不同，激励的强度也不一样，但是有一点是相同的，这就是它们都是针对员工在短期内完成的工作和绩效所支付的报酬，因而它们只对员工的短期行为产生影响。然而，企业经营是一个连续的过程，许多经营决策要在中长期内才会见效；许多技术创新和工艺流程改造也可能在中长期内才会完成；许多新产品的发明和试制乃至投产，也需要更长的时间才能够实现。所以，仅仅依靠员工的短期薪酬，很难达到长期激励员工，让他们为企业的长期发展做出贡献的目的。这样，员工的长期薪酬的激励作用已越来越多地受到企业的关注。长期薪酬激励主要有两种形式，即对企业核心人才实行的股票期权计划和对全体员工实行的员工股票选择计划。由于员工股票选择计划是对全体员工实施的计划，带有较大的福利性；而且根据我国的国情，也不太适合在我国全面推行。因此，在以后的分析中，我们将对企业核心人才实行的股票期权计划作为员工长期薪酬的主要形式来看。

那么，在企业员工尤其是企业核心人才的薪酬管理中，短期薪酬与长期薪酬又应当按什么样的比例来控制较合理较有效呢？这也是一个具体情况采取具体办法的过程。一般说来，企业的普通员工的工作成就或绩效在较短的时间内就能够表现出来，其工作对企业的影响程度也比较容易判定。因此，对企业的普通员工，企业更多地采取的是短期薪酬激励，而长期薪酬激励相对较少。另一方面，企业的核心人才，包括企业的管理人员、技术人员和高级技术工人，他们的工作成就或工作绩效，往往需要在一个较长的时间内才能逐步表现出来。他们的工作对企业经营产生的影响较大，影响的程度也不太容易判定。因此，对于企业的核心人才，企业应当更多地采取长期激励的方式。而且，对于企业的最高决策者来说，由于他们的工作对企业经营的影响至关重大，因此，他们的薪酬中，长期激励部分应占较大的比例。

五、员工福利的重要性

近年来，员工福利在企业人力资源管理活动中的地位日益凸显，其重要性主要体现在以下几个方面。

(一) 为员工提供安全保障

这是员工福利的基本功能。各种福利项目比如养老保险、医疗保险等，可以为员工解决生活中生病等突发的意外事件，也为员工退休后的养老做好安排，从而使员工消除后顾之忧，安心本职工作。

(二) 招募和吸引优秀的人才

高素质的人力资源是企业发展壮大必不可少的基础和前提。企业间的竞争已经从对资源的竞争转变为对人才的竞争。吸引高素质人才的加盟，是企业在激烈竞争中获胜的前提条件。越来越多的企业认识到，除了优厚的工资、良好的工作环境以外，周到的员工福利待遇也已成为吸引人才的一个重要方面。

(三) 降低员工流动率

企业员工的流动率过高必然对劳动生产率产生不利影响，从而妨碍组织目标的实现。成功的福利管理能够有效地留住员工，避免员工频频跳槽。

(四) 提高员工的绩效

员工福利的激励功能往往被人们忽视。事实上有效的福利管理，可以提高员工的士气，增强员工的主人翁意识，激发员工的工作热情，进而提高其工作绩效。例如最近美国花旗银行等组织，开始尝试为员工提供一些专门用来照顾家中年迈父母的福利计划。具体做法有：缩短员工的工作时间，或者提供额外的补贴，让员工雇人照顾父母，甚至干脆仿效举办幼儿园一样，在企业内部开办托老院，专门在员工上班时间帮助照看其父母。企业希望通过这些福利措施帮助员工解决实际困难，从而激励其努力工作。实践证明此举已取得良好效果。

(五) 节约成本

劳动力成本在企业成本中占有较大的比重。降低成本提高效益的关键之一，是如何有效管理对劳动力的投入。在劳动力价格不断上升的今天，充分利用员工福利，一方面可以使员工获得更多实惠，更好地激励员工，另一方面也可以使企业在员工身上的投入得到更多的回报。

六、我国企业员工福利种类

福利作为培育员工对企业归属感和忠诚度的独特手段，历来为企业家和管理者重视。在我国，福利和工资分配所依据的原则不同。工资分配所依据的是“按劳分配”的原则，其水平是根据员工劳动的数量和质量来确定；而福利则是根据整个社会的生活和消费水平，根据企业的实际支付能力，有条件有限度地解决和满足员工的物质文化需要，并利用各种休假和修养制度来保证员工的身心健康。我国企业为员工提供的福利，主要有以下几种。

(一) 福利设施

这是指企业为员工提供的福利设施，包括为员工建立的食堂、住宅、单身设施、托儿所、幼儿园、浴室、理发室、休息室、保健科等，以及为员工文化娱乐所提供的文化馆、俱乐部、图书馆和体育场等。

(二) 补贴福利

这是指企业根据国家的有关政策和规定，按照企业的性质和员工的福利水平，发给员工的补贴和津贴。比如，探亲补贴、交通费补贴、伙食费补贴、洗理费补贴、书报费补贴、生活困难补贴等。

(三) 教育培训福利

这包括企业给予员工在职或短期脱产免费培训、公费进修(部分脱产或全脱产)等机会。

(四) 健康福利

这主要是指医疗(全部或部分)福利，如免费定期体检及防疫注射、药费报销等机会。

(五) 假日福利

这是指带薪假日，包括法定假日、病假、产假以及每年若干带薪事假或休假日，其长短通常因工龄的不同而不同。我国法定的休息、休假时间主要有6种，分别是工作日内的休息时间、周休、节假日、探亲假、年休假以及婚假或直系亲属去世的丧假。

以上的这些福利，为员工工作、学习和生活带来了方便，既减轻了员工的经济负担，又丰富了员工的文化生活，对于增强企业的凝聚力和向心力起到了较大的作用。除此以外，随着我国社会保障制度的日益完善，由国家、企业和员工共同承担的各项劳动保险已成为员工福利的重要内容。

劳动保险是由国家通过立法形式建立，属于强制性保险，以保障员工的基本生活为目的，以工薪劳动者及其家属为主要保险对象。劳动保险属于社会保险。劳动保险关系对员工和企业具有法律约束作用，即双方必须按照规定向劳动保险机构缴纳保险金，劳动保险机构依法对受保人承担保险责任。也就是说，当员工遇到工作困难或因为其他原因失去生活来源时，保险机构按规定向其支付生活补助，帮助其解决生活困难。

我国的劳动保险制度属于传统型的劳动保险制度。其特征是只对领取工资的员工施行。保险的给付和缴纳相联系，费用由员工和企业共同承担，国家给予支持和帮助并统一管理保险基金，通过再分配的方式照顾低收入者的利益。这种保险制度针对性强，容易操作，因而比较普遍。

目前我国正在进行的劳动保险制度改革，主要目的是为解决旧劳动保险制度社会化程度低，员工自我保障水平低，缺乏统一管理等问题。改革的方向是在国家、企业、员工共同参与的基础上，建立以保险基金社会管理为主的劳动保险体系。

目前我国现行的劳动保险制度主要有养老保险、失业保险和医疗保险。另外，随着福利分房制度的终结，住房公积金也成为员工所关注的福利内容。

养老保险是社会对因年老丧失劳动能力的劳动者提供物质帮助的制度。符合养老保险资格的人，按规定退休以后，不论其劳动能力如何，都能享受退休的劳保待遇。养老保险改革的主要措施是，国家、企业和员工 3 方面共同筹集养老基金，实行个人储蓄和统筹并行的养老保险方式，在个人交费形成的养老金储存基础上，用企业和国家筹集的统筹养老金加以补充和平衡，切实保障退休人员的基本生活。

失业保险是社会对暂时没有工作报酬的劳动者提供物质帮助的制度。在我国，失业保险实施的范围是那些实行劳动合同制，有较健全劳动工资制度，并按规定缴纳失业保险的企业。失业保险基金由企业和员工共同缴纳。基金的管理机构是各级劳动管理部门下属的劳动服务公司或劳动保险所。这是因为，失业保险常常与生产自救相联系，这也是劳动管理部门的职责。失业保险的发放对象与企业的管理制度有关，辞职者和自动离职者不得享受。

医疗保险和工伤保险是指社会对因伤病需要治疗者给予物质帮助的制度。二者的区别在于，工伤者是在劳动过程中发生的，因此，除了享受一般的劳动保险外，还有权获得补偿；而医疗保险则没有这样的内容。医疗保险改革的方式与养老保险改革类似，在国家、企业和员工共同承担的基础上，实行个人专户与社会共济相结合的改革方式，其经费由社会医疗保险机构统一管理和使用。工伤保险改革的方式，是在企业单方负担保险费用的基础上，加强社会化管理，包括由社会保险机构调剂使用工伤保险基金、审核工伤保险待遇资格等内容。

总体说来，因为我国尚属发展中国家，所以员工的福利从内容和形式来看，主要还都是实物或金钱形式的经济性福利。随着社会的发展，人民生活水平的不断提高，企业在福利管理方面的工作也将不断得到完善和改进，将从目前的经济性福利，不断向有利于加强员工工作环境保障和员工自身发展的非经济性福利转变，真正发挥福利的保障作用和激励作用，确保员工安心工作、高效工作。

七、美国企业员工福利种类

（一）法定福利

法定福利是指由联邦或州政府以立法形式规定的，企业主必须为员工提供的福利待遇。法定福利中最主要的 3 种福利是失业保险、社会保险以及员工工伤事故补偿。

1. 失业保险

失业保险是由联邦政府和州政府共同主办的社会福利项目。失业保险的全部保险金都由雇主支付，税率可以调节。长期没有工人领取失业保险福利的企业，税率可降为零，经常解雇工人的企业，税率可达 10%。

失业保险的领取对象是有过工作经历、目前没有工作，也愿意接受一份稳定工作的，失业达 8 个星期的失业人员。在领取失业保险金以前，有关机构必须审核其失业原因，如果是自动离职导致失业，那么该失业人员无权领取保险金。相反，如果该员工是被迫自动离职，也就是说他离职是为避免被解雇的命运，那么，他可以领取失业保险金。

参加保险的工人领取失业保险金的时间最长为 26 个月。失业保险金的最高和最低限额是由联邦政府规定的，最低金额为每周 5 美元到 50 美元，最高金额为每周 100 美元到 300 美元，平均数额为每周 90 美元到 175 美元。

设计失业保险的主要目的，是为那些短期的非自愿失业者定期地提供收入，帮助失业人员寻找工作。另外还有一个重要的目的是稳定劳动力市场的供给，避免引起大的波动。也就是说通过提供失业保险金，使那些有技术、有经验的员工在短期失业时，不必为急于找到工作而放弃原来的职业。如今美国约有 97%的工人都有失业保险，只有那些自由职业者、员工人数少于 4 人的小企业员工、农业工人以及政府机关职员和事业单位的员工没有失业保险。

2. 社会保险

美国于 1935 年开始提供联邦立法实行社会保险制度。社会保险制度的主要内容是：向有保险的老年和残废员工提供福利收入；向依赖退休和残废职工收入而生活的人提供生活费用；向伤亡者家属提供经常性福利收入；向伤亡者家属提供一次性福利收入。

参加社会保险的费用由雇主和雇员共同承担，按照每个月员工收入的百分比上缴联邦政府。到 1990 年，该百分比已经上升到 7.65%。联邦政府用现在投保者所支付的保险金来支付福利支出。除了联邦政府的工作人员以外，所有的员工都可以参加社会保险体系，自由职业者必须参加，他们每月必须上缴收入的 15.3%作为保险金。

参加社会保险的员工在 65 岁以后，就可以享受全额的福利收入，也可以从 62 岁开始领取经过打折的保险金。如果投保者意外死亡，那么其配偶及未满 18 岁的子女可以领取保险金。如果投保者在未满 65 岁时就彻底残废了，那么他也可以领取保险金。

3. 工伤事故补偿

工伤事故补偿是指当员工因工作关系受伤或生病时所获得的一定程度的经济补偿。在美国，各州的州政府均立法要求雇主提供这方面的福利，具体条款每州各不相同。

员工工伤事故保险费全部由雇主按照员工工资总额的一定百分比缴纳。比例由 1950 年的 0.36%增加到 1980 年的 0.7%，目前约占工资总额的 1%。有些工伤事故频发的企业，该项开支高达工资总额的 25%。员工工伤事故补偿费用增长速度较快，其原因可能有以下几个：一是医疗费用上涨；二是因为工伤事故补偿的福利优于失业保险，企业劳动力过剩时，面临解雇威胁的员工更愿意被列入工伤，企业也乐意顺水推舟，让保险公司多付一些钱给员工；三是“工伤”的内容在不断增加。比如，自 1970 年起，由工作引起的精神忧郁也可以享受工伤事故补偿；自 1980 年起，一些因长久使用计算机键盘而引起手臂肌肉损伤者，也可以享受工伤事故补偿。

(二) 企业福利

除了提供法定的福利以外，许多美国的企业主还主动为员工提供各种其他形式的福利，包括各种类型的休假、退休金计划等。企业主愿意提供福利，而不是全部用工资和薪水的形式支付劳动报酬，主要原因在于：提供各种员工福利一方面可以降低劳动力成本；另一方面在提高员工的工作积极性方面，也有很多工资和薪水难以起到的作用。

1. 带薪假期

带薪假期是指企业在员工非工作的时间里，按工作时间发放工资的福利。其主要形式如下。

(1) 节假日。这是最常见的带薪假期。即在节假日，包括元旦节、劳动节、感恩节、圣诞节等，企业同样按工作日的标准发给员工工资。近来，员工能享受的节假日数目在不断增长。

(2) 带薪度假。大多数的美国企业在员工工作一定时间后，都会提供带薪度假这样的福利。在美国的私人企业中，工就业第 1 年的员工平均可带薪度假 1 周，工作 1 到 10 年的员工平均每年可带薪度假 2 周，工作 10 到 20 年的员工平均每年可带薪度假 3 周，工作 20 年以上的员工平均每年可有 4 周的带薪假日。政府和军队的职员每年可以有 30 天的休假日。

尽管带薪度假的成本高昂，但是企业还是乐意提供这种福利，原因在于企业认为度假不但可以让员工彻底地放松和休息，而且可以有机会思考一些平时因工作繁忙而无暇顾及的问题，无疑这样的思考将对度假结束以后的工作十分有利。

(3) 个人事假。大多数美国大中型企业都乐意为员工因家人生病、参加直系亲属的葬礼和婚礼、服兵役或其他个人的原因不能工作的时间支付工资。

(4) 病假。美国企业中大多数员工在生病或受伤后依然能有工资。大多数情况下，企业为员工提供每月 1 天或每年 12 天的病假。员工在休病假期间的工资照发，但是在有些企业，如果员工到年终也没有休病假，那么这项福利就自然取消。只有州政府和联邦政府的雇员可以补休病假，这意味着他们可以多获得 12 天的工资。

2. 家庭事假

除了上述各种带薪假期以外，随着美国单亲家庭的增多，美国联邦政府通过的《1993 年家庭和医疗休假法》(*Family and Medical Leave Act of 1993*)明确规定企业必须每年为工作满 1 年以上的员工提供 12 周的无薪假期，以便员工有时间照顾家庭，照料孩子。

家庭事假中很重要的一类假期就是产假，即员工在生小孩以后可以休息一段时间：一般为 6 周，这期间是否支付薪水，视不同的企业而定。如今，这项福利不但适合女职工，越来越多的男职工也可以享受到。比如贝尔公司规定，孩子出生以后，无论孩子的父亲还是母亲都可以选择休假半年来照顾孩子，这半年没有薪水，但是其他福利不变，公司为其保留职位，回来上班后薪水不变。

3. 医疗健康保险

美国企业为员工购买医疗保险，主要有 3 种形式。

(1) 传统的医疗保险方法，企业通过私人或社区保险公司，为员工购买保险。保险公司允许员工自己在任何地方选择医院看病，但不支付例行体检和预防性措施的费用。

(2) 通过健康管理组织(HMO)购买保险，由健康管理组织定期提供医疗服务。这与购买传统医疗保险的不同之处在于，员工必须在一定的居住地区才能享受保险待遇，必须在健康管理组织指定的范围内选择医院和医生，健康管理组织支付定期体检和其他预防性医疗保健措施的费用。美国法律规定，拥有 25 名雇员以上的企业，必须允许雇员选择联邦政府批准的健康管理组织。如果雇员选择健康管理组织，雇主必须为其支付保险金。雇主支付的保险金不超过为传统医疗保险支付的数额。

(3) 通过优先服务组织(PPO)购买医疗保险。这是一种新的购买医疗保险的方法。其基本内容是，企业直接选择提供医疗保健服务的医院或医生，被选择的医院和医生同意折价为企业的员工提供医疗保健服务，雇主通过经济手段，鼓励员工选择企业选择的医院和医生。在这种安排下，医院的折价服务可以使企业减少医疗保险支出，企业通过经济手段鼓励员工到所选定的医院就医，医院可以得到稳定的业务。由于参加优先服务组织的企业和医院很多，员工个人选择医院和医生的余地往往比上一种(通过健康管理组织购买医疗保险)还大。

除了一般的医疗保险以外，近 20 年来，牙科和眼科的服务保险也逐渐成为医疗保险福利的一个常规内容。

4. 人寿保险

美国的大中型企业，都为全日制员工购买了人寿保险，小企业中也有三分之二的员工享有企业为其购买的人寿保险。保险金额一般为员工年工资的 1 到 2 倍左右。

5. 私人退休金计划

普通的美国人退休后的收入来源有 3 个：社会保险收入、个人储蓄和投资以及私人退休金计划。美国的大多数企业出于对员工退休后的收入和纳税的考虑，一般都会向员工提供退休金福利。美国的私人退休金计划具体形式繁多，按支付和收益方法，可以分为两大类：固定收益计划和固定投入计划。

(1) 固定收益退休金计划的基本特点是，员工退休以后，或者是按期得到一个固定的数额，或者是以员工收入的一个固定百分比来领取退休金。计算退休金的方法有 3 种：54%的企业，以员工退休前 3 到 5 年的收入为基础来计算退休金，其中高的退休金可达到退休前 3 到 5 年平均收入的 80%，低的为 30%；14%的企业以员工在全部就业期间的平均收入为基础来计算退休金；还有一部分企业，不以员工的收入，而是以员工在企业服务的时间的长短来计算退休金。美国大多数企业都将企业的退休金计划和退休职工能从政府得到的社会福利收入统一考虑，减少企业的退休金支出。

(2) 固定投入退休金计划的基本特点是，雇主每月按员工工资的一定百分比将一笔钱存入员工的退休金账户。员工自己可以决定退休金账户里的钱如何投资，员工退休以后的收入，取决于投资的收益。所以，固定投入退休金计划与固定收益退休金计划的最大不同是企业对员工退休以后的收入不做任何保证，收入的多少取决于投资收益，风险由员工个人承担。美国现行的固定投入退休金计划，主要有以下几种。

第一种，A401—(K)计划。该计划根据联邦税务局税则的相应条款来命名。它规定，个人收入中的一部分可以存入退休金计划。这部分的收入可以免税。可以存入退休金计划的收入，最初规定为工资的 15%，最多不超过每年 7000 美元。后来根据通货膨胀进行了调整，1991 年最多为 8475 美元，1994 年调整为每年最多 9240 美元。

第二种，员工股票所有权计划(ESOP)。在这个计划下，企业定期将一定数额的本企业的股票分配给员工。这一部分股票作为员工的收入，可以免税。员工在退休时或在退休后的任何时间里，都可以出售股票，获得现金。员工股票所有权计划的一个不足在于，员工退休后的收入，过多依赖本企业的股票行情。

第三种，利润分成计划。在这一计划下，企业将每年利润的一个固定部分，存入员工的退休金计划，员工退休以后可以按计划的收益获得退休金。

(三) 其他福利

为帮助员工更好地解决生活和工作中的困难，许多美国企业还主动为员工提供一些服务项目，以激励员工安心工作。这些服务项目名目繁多，主要有以下几种。

(1) 教育计划。许多美国企业都鼓励员工在业余时间去学校上课，攻读学位。作为鼓励，每位员工可以获得不超过5250美元的免税教育津贴。企业在工作时间的安排上给予方便，并给员工报销部分甚至全部学费。报销的数额可以和学习成绩挂钩。

(2) 预备退休计划。许多美国企业开始为即将退休的员工提供培训计划，作为迎接正式退休生活的准备。包括采用研讨会、读书看报以及其他的获取信息的方式为员工提供健康保健、理财、住房以及一些法律等方面的知识。

(3) 托儿所。越来越多的美国企业，不论是大型的还是小型的，都开始为员工提供看护他们孩子的服务项目。因为在美国每天至少有5000个父母因为找不到合适的人照看他们的孩子而无法工作。到1991年，已经有大约6000家企业为员工提供此类服务。不能提供这类福利的企业，也开始采用弹性工作时间、在家工作、提供婴儿看护机构等方法来解决这一问题。

(4) 托老所。据统计，在美国，约有20%的在职员工需要照看1个或1个以上的亲属或亲友。他们每周需要花费6至35个小时照看老人。这些员工中至少有50%的人还需要照看孩子。对于那些职业妇女来说，工作和家庭的负担更重。这些员工在工作中不可避免会出现频繁打电话、焦虑、工作效率低下、过多的缺勤率等现象，最终的结果便是降低了生产率。因此，许多企业为提高这部分员工的工作积极性，为他们提供了一种专门照看老年人的服务项目。有的是为家中有老人的员工购买残疾人保险以便支付看护老人的费用，有的则提供专门的场所为员工照看老人。

(5) 住房和搬迁津贴。20世纪70年代和80年代，美国的房地产价格高昂，于是许多企业为员工提供住房补贴，这是一项深受员工喜欢的福利。除此以外，企业还为员工搬迁住所提供一定数额的经济支持。

(6) 子女教育费。现代员工越来越重视子女的教育。为了使员工子女能接受良好的教育，企业提供的子女教育费用成为一项吸引优秀人才的重要福利。企业会根据自身的情况制定相关的政策。可以全额报销员工子女的教育费用；可以为员工子女进入优秀学校提供赞助费；也可以为员工子女出国深造提供国际旅费或奖学金等。

所有这些福利措施，为员工提供了一系列的服务，使员工的身心健康得到保障，并解除了员工的许多后顾之忧。但是因为员工的年龄层次、家庭实际状况的不同，对于福利项目的需求程度也各不相同。比如提供托儿所和子女教育费等福利项目，对于单身的青年员工来说就可能毫无吸引力。因此，如今许多企业都在尝试改进提供福利的方法，做到既能真正满足员工的需求，又能为企业节约成本。常用的改进方法是自助餐式的福利，员工可以在规定的额度范围内自由选择自己所需要的福利项目。

八、德国企业员工的福利

德国的经济被定义成世界上最健全的经济之一，其国民享受的社会保障足以傲视全球。

1. 禁止节假日休息日上班

第一是改善受福利者的地位，首先，在劳动保护政策方面，国家法律严格规定，禁止招收童工，禁止让 18 岁以下的青年工人上夜班，禁止休息日和节假日上班，禁止让孕妇在产前 6 周，产后 8 周上班，除每周休息两天以外，每个工人每年享受 6 周带薪假期。德国人严格遵循节假日不上班的规定，到了礼拜天，连商店都关门了，商店的服务员说，我是人，我也要休息，要尊重我的人权。

2. 德国人一年工作 187 天休息 178 天

德国人现在要的不是更多的收入，而是更多的自由支配的时间。德国现在的情况是，一年工作 187 天，休息 178 天。数是这么算的：双休日 102 天，再加 40 多天的带薪假，还有就是圣诞节、万圣节、复活节再休 20 多天。

3. 企业欠薪，政府先还

在德国，一旦企业拖欠职工的工资，则由政府先支付给员工。企业欠员工多少钱，政府就给职工多少钱，先让职工回家，接下来的事就变成了政府和违法企业之间的事。德国政府会出动警察局、检察院介入欠薪事件。

4. 德国劳动局为工人提供优质培训服务

德国还成立了由工会、雇主协会和国家公务员代表各占 1/3 的各级劳动局，负责向工人介绍劳动岗位，提供职业咨询，促进职工教育，组织进修和改行培训。在改行培训期间，劳动局要为参加进修和改行培训的工人提供无息无偿的补助、信贷、生活费。一句话，德国的劳动局不是一个只收钱不干活的摆设，而是一个真正为职工服务的组织。

5. 夫妻分居也有补助

假如夫妻不在一个城市里面工作，或者丈夫为了去另一个城市读进修学校而跟妻子分居，这种情况国家是要给钱的。另外，工人回家探亲，路费由劳动局支付。假如工人不想两地分居，要妻子搬过来，全家都搬过来，那么，行李搬运的费用也由劳动局支付。

6. 工资只加不减

在德国，工人工资的变动只能做出有利于工人的决定，即只能加工资，不能减工资，即使企业倒台了都不能减。假如企业真的破产，那么最后一次工资就由政府支付。德国建立了一个全面的社会保障制度，社会保障网极其严密。它保障了联邦共和国公民的生存，并在他们面临疾病、工伤事故、失业、残疾、衰老以及死亡风险的时候，提供了广泛的社会保障。

7. 享受优越的社会保障

失业保险方面，凡在失业以前 3 年之内交过至少 360 天义务保险的工作者，只需缴纳费用的一半，即可领取失业保障金。如果你是一个有孩子的父母的话，如果你需要抚养子女，你可以领取最后工资的68%。如果你不养孩子，就只能领取最后工资的63%。但最多不能超过832天，在这期间，你不需要纳税，在2年零100天内你是可以不纳税的。

在医疗保险方面，雇员只需缴纳一半的保险费，其配偶和子女均有权免费享受这个福利，一人交保险全家吃(子女没有工作)。在养老保险方面，凡年满65周岁的男性和年满60周岁的妇女，只需有15年缴纳过一半的保险费(相当于7年的保险费)，就有权利享受正常养老金，等于最后净工资的2/3，任何人都一样，总统、总理和幼儿园老师是一样的，每个人都是最后工资的2/3。

8. 职工工伤可得赔偿

在工伤事故保险方面，职工无须缴纳保险费，一旦发生事故，由保险机构负责提供全部赔偿金。另外，一旦出现工伤事故，老板就要赔钱。因此，德国的机器一般都很安全。如果机器太危险了，老是发生工伤事故，老板赔不起，还不如把这个钱省下来造机器，增加安全性，减少污染。因为，一天到晚赔钱，老板受不了。

9. 孩子生得越多补助越多

不管收入状况如何，德国人可以享受政府每个月为孩子提供的补贴，其中：第一个子女为50欧元，第二个子女为100欧元，老三为250欧元，老四为500欧元，老五为1000欧元，老六为2500欧元，老七为5000欧元。这个钱每月都可以拿，一直到孩子年满27周岁。

即使这样，德国人也不愿意生孩子，因为德国人要追求的是更轻松的生活，不愿意把时间花在生孩子这件事情上。

【趣味阅读】

运用5大性格模式招聘你需要的好员工

莎拉·布雷治医生是从事组织绩效方面工作的著名管理培训师和心理医生。“招聘过程中很重要的一点就是要区分哪些方面是可以培养的，哪些方面是很难改变的，”她解释说，“到我们25岁时，我们的个性在很大程度上已经确定了。改变一个人的态度与人际关系技巧要比改变其技术及业务知识储备难得多。”

一个世纪以来，心理学家们一直在研究人的个性以预测人们的行为，也提出了各种不同的理论模型。其中有个模型在过去的10年中赢得了广泛认可，它叫作“5大性格模式”。这5大性格模式特征包括以下几个方面。

(1) 严谨自律性：负责、谨慎、条理性、坚忍和勤勉的素质。缺乏严谨自律性的人很容易分心，或表现出矛盾、冲动、不可靠或不负责任的行为。严谨自律的人会为解决一个细节问题而努力工作(最终转变为对清晰性的不懈追求)。这方面得分较高者是有条不紊、不断超越期望且尽心尽责的人。

(2) 开放性：一个人思维的开阔性、好奇心和观点的深刻性及原创性程度。高度保守的、模仿性的以及过分小心的行为都缺乏开放性的特点。在此方面得分较高者往往富有想象力和创造性，愿意探求富有文化及教育意义的经历。他们渴望改变。得分较低者相对来说更加脚踏实地，更现实，对新事物兴趣不大，愿意重复过去的行为，更习惯于从事常规性工作。

(3) 亲和性：宽容、仁慈、礼貌以及愿意支持别人的素质。怀疑、防备、以自我为中心、顽固或冷漠的行为都与亲和性相对立。亲和性方面得分较高的人往往是愿意相信别人、谦虚合作的人；而得分较低者则更加咄咄逼人、缺乏同情心，团队合作能力弱。

(4) 外向性：随和、合群、喜欢社交、健谈、富有抱负和寻求刺激的气质。那些害羞、好自省的、保守或矜持的人，往往更加内向。外向往往与自信或自负相联系，与说服别人或令人信服的愿望相联系；而内向则与个人的利益、自省和深入分析相联系。

(5) 情绪稳定性：行事恰当而有分寸、冷静、可靠、理智而乐观。情绪稳定性较弱的人易于焦虑、发怒、做事心神不定、自我保护意识强、精神紧张、丧失信心。他们更愿意为其失败寻找客观原因。在情绪稳定性方面得分较高者往往更放松、更有耐性，能够在压力下从事工作，能够处理沮丧情绪。

布雷治认为，职位候选人与组织之间的契合性取决于许多变量——经理的目标、公司文化、客户、团队、你的老板和你自己。经理们首先需要对工作的实际情况加以评估：这一工作需要什么样的行为模式？在问题解决能力、自主性、学习能力、人际关系技能等方面，我有什么样的需要？然后，经理人才能确定什么样的人能够在这样的条件下成功，什么样的人容易失败。并用 5 种行为模式框架来分别为这两种人打分，并最终选出最佳候选人。

(资料来源：blog.sina.com.cn)

刘邦用人之道

汉高祖刘邦驰骋疆场数十年，败秦灭楚，一统江山。庆功宴上，他对部下谈及“我为什么能打败项羽”时，说道：“夫运筹帷幄之中，决胜千里之外，吾不如子房；镇国家，抚百姓，给饷馈，不绝粮道，吾不如萧何；连百万之众，战必胜，攻必取，吾不如韩信。三者皆人杰，吾能用之，此吾所以得天下者。”刘邦认为，他能建立汉朝，关键是用了张良、萧何、韩信三人。三人分别是三个方面的重要管理者。的确，刘邦的成功在于他得到了这三个人，并且用好了这三个人，使他们各自充分发挥了自己的管理才能。

启示：实施有效管理的前提是选任适合的人。管理是靠人来完成的，管理和人是一个问题的两个方面，二者相辅相成。

(资料来源：www.doc88.com/p-2703383439...html)

【思考题】

1. 简述人力资源管理的重要性。
2. 人力资源规划包括哪几个步骤？
3. 企业招聘员工的渠道有哪些？
4. 员工培训的方法有哪些？
5. 员工薪酬的作用是什么？
6. 绩效评估的方法有几种？
7. 我国员工福利的种类有哪些？

【技能训练】

案例：赛得贝克保险公司

唐·威尔逊(Don Wilson)毕业于美国南方的一所大学，最近他被俄克拉荷马州特凯赛德斯城(Turkeysands)的赛德贝克(Saddleback)保险公司雇用了。他以前在芝加哥的一家大保险公司里担任索赔评定员，干了3年后他对于总是处理索赔的工作感到厌倦，希望能从事推销工作。赛德贝克公司最初在芝加哥面试了他，唐的服务经历证书表明他干得很棒。和唐的老板商谈后，赛德贝克公司将唐带到了特凯赛德斯城，几天后，唐接受了赛德贝克公司提供的职位，这意味着既可以增加收入又有机会去一个正在发展的销售地区工作。

赛德贝克保险公司要求所有的实习推销员都参加一个为期两周的销售培训班，以便他们熟悉公司的业务、销售技术和市场策略，每个实习推销员在结束学习后将跟随一个老推销员干上一年。

培训部主任萨莉·琼斯(Sally Jones)和唐的老师觉得唐把他的新工作学习得很好，他在6个月内就可以代表公司开展推销工作。萨莉建议将阿肯色州中部的一个地区交给唐，因为公司最近有个老推销员退休了。那个地区在过去的5年里是中部销售地区销售收入的主要来源。

唐接受了这项任务，但过了6个月，唐的顶头上司简·彼德斯(Jan Peters)对唐的工作能力、工作动机、所受的训练及工作经验产生了很大的怀疑。自从工作以来，唐既没有完成新订单的销售指标，也未能完成成本指标。为了找出问题的所在，简和唐谈了好几次。

接着简让她的一个助手兰迪·马修斯(Randy Mathews)经常去看望唐，以观察其推销技术。之后，兰迪到唐那儿去了30次。兰迪在向简的汇报中认为唐所受的训练很糟，当顾客询问有关该公司保险政策方面的技术问题时唐变得很急躁，而且他办公室里的同事们也没能接受他，兰迪认为唐的同事之所以不接受唐是因为他是个单身汉，而且喜欢打网球。而他的同事都是成了家的而且都属于相同的乡村俱乐部和高尔夫球俱乐部，保险单往往是在打高尔夫球或在俱乐部中喝酒时签订的。

在接下来的几个月中，唐的表现仍无起色。简决定把这情况告诉萨莉，萨莉认为她应该和唐谈谈。当萨莉打电话告诉唐这些事时，唐很难过。他说他感到被出卖了，他原以为兰迪是来给他出主意的，没想到他是来监视自己的。

萨莉给唐打电话后的某一天，唐得了流感而且看上去得病上一阵子。唐休息了3天后，简打电话问他能否回来上班，因为生意正在好起来，唐回答说医生让他休息整整一周。但第5天上午他感到有些烦躁，天气又那么好，于是他骑车去一家距他家不到10分钟路程的修鞋店。当他进去时，他一眼瞥见简从那儿路过。周一他上班时在办公桌上发现了一张“解雇通知书”，周五将是他上班的最后一天。

分析的问题：

1. 从自身因素看，唐·威尔逊被解雇的原因有哪些？
2. 如果你是唐的顶头上司，将如何处理此事？

(资料来源：www.lantianyu.net/pdf11/ts060034.htm)

【训练目标】

1. 增强对员工选聘、培训、评价的感性认识；
2. 提高招聘与应聘的能力；
3. 培养科学管理员的能力。

【组织实施建议】

1. 建议配合人力资源管理的内容安排此案例分析；
2. 在课下准备，可安排 1 至 2 个课时集中讨论；
3. 每个人认真阅读分析案例，并搜集有关资料；
4. 由模拟公司组织小组讨论；
5. 每人写出发言提纲；
6. 以班级为单位组织讨论。

第六章 激　励

【本章学习目标】

通过本章的学习，读者应了解激励的含义、过程，激励的作用等问题；理解激励的基本理论；掌握激励的原则与方法，为实际工作服务。

【导入案例】

黄工程师为什么要走？

助理工程师黄大佑，一个名牌大学的高才生，毕业后工作已8年，于4年前应聘到一家大厂工程部负责技术工作，工作勤恳负责，技术能力强，很快就成为厂里有口皆碑的“四大金刚”之一，名字仅排在一号种子厂技术部主管陈工之后。然而，工资却同仓管人员不相上下，一家三口尚住在来时住的那间旧房。对此，他心中时常有些不平。

黄厂长，一个有名的识才老厂长，“人能尽其才，物能尽其用，货能畅其流”这句孙中山先生的名言，在各种公开场合不知被他引述了多少遍，实际上他也是这样做的。4年前，黄大佑调来报到时，门口用红纸写的“热烈欢迎黄大佑工程师到工厂工作”几个大字，是黄厂长亲自吩咐文秘部主任落实的，并且交代要把“助理工程师”的“助理”两字去掉。这确实使黄大佑当时如沐浴春风，工作得更卖劲。

两年前，厂里有指标申报工程师，黄大佑属有条件申报之列，但名额却让给了一个没有文凭、工作平平的老同志。他想问一下厂长，谁知，他未去找厂长，厂长却先来找他了：“黄工，你年轻，机会有的是”。去年，他想反映一下工资问题，这问题确实重要，来这里的其中一个目的不就是想得到高一点的工资，提高一下生活待遇吗？但是几次想开口，都没有勇气讲出来。因为厂长不仅在生产会上大夸他的成绩，而且，曾记得，有几次外地人来取经，黄厂长当着客人的面赞扬他：“黄工是我们厂的技术骨干，是一个有创新的……”哪怕厂里再忙，路上相见时，总会拍拍黄工的肩膀说两句，诸如“黄工，干得不错”，“黄工，你很有前途”。这的确让黄大佑兴奋，“黄厂长确实是一个伯乐”。此言不假，前段时间，他还把一项开发新产品的重任交给他呢，大胆起用年轻人，然而……

最近，厂里新建好了一批职工宿舍，听说数量比较多，黄大佑决心要反映一下住房问题，谁知这次黄厂长又先找他，还是像以前一样，笑着拍拍他的肩膀：“黄工，厂里有意培养你入党，我当你的介绍人。”他又不好开口了，结果家没有搬成。

深夜，黄大佑对着一张报纸招聘栏出神。第二天一早，黄厂长办公台面上压着一张小纸条。

黄厂长:

您是一个懂得使用人才的好领导，我十分敬佩您，但我决定走了。

黄大佑于深夜

问题:

1. 根据马斯洛的理论，住房、评职称、提高工资和入党对于黄工来说分别属于什么需要?

2. 根据公平理论，黄工的工资和仓库管理员的不相上下，是否合理？为什么？

3. 黄厂长对黄工采用的是什么激励方式?

4. 根据有关激励理论分析，黄工为什么会选择离开?

(资料来源：zhidao.baidu.com/question/196413935.html)

第一节 激励原理

企业管理的本质是对人的管理。因为，企业是人的集合体，企业的生产经营活动是靠人来进行的，企业经营的各种要素只有在员工的参与下才发挥作用，员工是企业的第一生产力，企业管理的首要问题就是对员工的管理。而对员工的管理的实质又是什么呢？很简单，就是如何让员工始终保持旺盛的士气、高昂的热情，为企业目标而努力。这就是激励问题。一个有效的管理者，必须掌握激励理论、技巧，对员工进行激励，才能实现组织的目标。

一、激励的概念

激励是心理学上的一个术语，指心理上的驱动力，含有激发动机、鼓励行为、形成动力的意思，即通过某种内部和外部刺激，促使人奋发向上努力去实现目标。

人们加入一个组织或者群体，都是为了达到他们单干所不能达到的目标。然而，进入组织的人们不一定会努力工作，贡献出他们潜在的能力。他们为组织服务的愿意程度是有高低的，有的强烈，有的中等，有的一般，也有的消极的。如何使组织中的各类成员，为实现组织的目标热情高涨地工作，尽可能有效地贡献出他们的智慧和才能，这才是管理者要研究的激励问题。

虽然激励这一词汇在组织管理过程中被广泛运用，但要对它下一个确切定义却有相当大的难度。“激励”从字面上看是激发和鼓励的意思，在管理工作中，可把“激励”定义为调动人们的积极性的过程。如果讲得再全面一点，可以解释为：为了特定目的而去影响人们的内在需要或动机，从而强化、引导或改变人们行为的反复过程。

管理学家从不同的角度来研究激励这个概念，概括来讲，激励就是激发人的动机，诱发人的行为。激励是一种力量，激励是一个过程。激励给人以行动的动力，使人的行为指向特定的目标。在管理过程中，对人的行为的激励，就是通过对心理因素的研究，采取各种手段，制造各种诱因，诱发人们贡献他们的时间、精力和智力。激励就是与保持和改变人的行为的方向、质量和强度有关的一种力量，激励的目标是使组织中的成员充分发挥出他们潜在的能力，从这个角度来说，激励是一种力量，是一种使人们充分发挥其潜能的力量。激励是决定行为如何开始，如何被注入能量，如何得以维持，如何被导向确定的目标等行为发生的整个过程的重要因素。激励与以下几个内容有关。

(1) 激励的目的性。任何激励行为都具有其目的性，这个目的可能是一个结果，也可能是一个过程，但必须是一个现实的、明确的目的。所以从这个意义上讲，虽然一般来说激励是管理者的工作，但任何希望达到某个目的的人都可以将激励作为手段。

(2) 激励通过人们的需要或动机来强化、引导或改变人们的行为。人们的行为来自动机，而动机源于需要，激励活动正是对人的需要或动机施加影响，从而强化、引导或改变人的行动。因此，从本质上说，激励所产生的人们的行为是其主动的、自觉的行为，而不是被动的、强迫的行为。

(3) 激励是一个持续反复的过程。从我们将要讨论的内容可以看到，激励是一个由多种复杂的内在、外在因素交织起来的持续作用和影响的复杂过程，而不是一个互动式的即时过程。

虽然从定义看，激励的目的是强化、引导或改变人们的某种行为，然而事实上成功的激励达到的往往是一种精神力量或状态，而这种力量或状态恰恰可以起到加强、激发和推动人们积极性的作用，并且引导行为指向目标；相反，如果激励不能改变人们的内心状态而只得到机械、单调而且是被动的行为时，那恰恰是激励的失败。因此，激励是对人的一种刺激，使人有一股内在的动力，朝着所期望的目标前进。

二、激励的过程

激励是“需要—欲望—满足”的连锁过程。

心理学揭示的规律：动机欲望支配着人们的行为，而动机又产生于人的需要。需要是人的一种主观体验，是对客观要求的必然反应。人在社会生活实践中形成的对某种目标的渴求和欲望，构成了人的需要的内容并成为人行为活动积极性的源泉。人的行为受需要的支配和驱使，需要一旦被意识到，它就以行为动机的形式表现出来。驱使人的行为朝一定的方向努力，以达到自身的满足。需要越强烈，由它引起的行为也就越有力，越迅速。

从感觉到需要出发，在人的心理上引起不平衡状态，产生不安和紧张，导致欲望动机，有了动机就要选择和寻找目标，激起实现目标的行动。当需要得到满足，行为结束。心理紧张消除后，人们又会产生新的需要，形成新的欲望，引起新的行为。这样周而复始，循环往复。激励就是利用人的需要、欲望和行为之间的关系，激发人的欲望，满足人的需要，挖掘人的内在潜力，促使人的行为向组织目标努力。这个连锁反应的过程如图 6-1 所示。

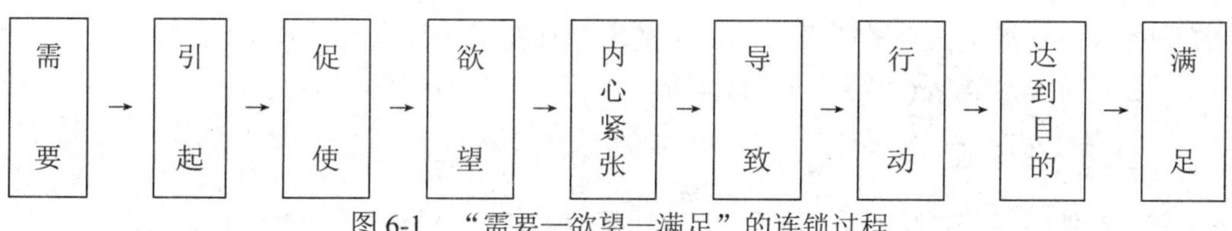

图 6-1 “需要—欲望—满足”的连锁过程

由此可见，激励就是通过创造外部条件来满足人的需要的过程。

三、激励的因素

作为一名管理者，要弄清楚有哪些因素可以激励员工，然后才能有针对性地采取一些行动。

(一) 金钱

金钱不是万能的，但作为一种激励因素也是不能忽视的。金钱对于那些要养家糊口的人来说是至关重要的；相对企业而言，金钱作为组织机构配备人员的手段，企业间用竞争性工资吸引员工；为确保相应级别的人们得到大体相同的报酬，公司平衡经理的工资，形成惯例；金钱要作为有效的激励因素，企业还必须配备科学严谨的劳动考核制度。

(二) 竞争

竞争是一种好胜的心理因素，竞争是一种压力，也是社会发展的动力，是市场经济提高效率的源泉所在。竞争是一个社会认同的过程；竞争也是一个学习的过程；竞争还是一个淘汰的过程。

(三) 荣誉

对于那些物质条件达到一定水平的人，或者成就欲望强烈的人来说，精神激励是首要因素。当他们相信自己所做的工作具有很高的价值，社会影响极大，挑战性极大时，他们就会倾注极大的热情，全神贯注地投入他所承担的项目。管理者必须恰如其分地为这类员工工作的结果，及时做出适当的评价。

四、激励的原则

(一) 目标结合原则

激励是为了鼓励员工向实现组织目标方向做出努力，是实现组织目标的一种手段。因此，判断激励是否有效，必须分析激励所产生的积极性是否有利于完成组织任务，实现组织目标。激励目标的设定还必须能够满足员工的需要，否则无法提高员工的目标效价，达不到促使员工做出有效行为的目的。因此，只有将组织目标与个人目标结合好，使组织目标包含较多的个人目标，使个人目标的实现离不开为实现组织目标所做的努力，才会收到满意的效果。

(二) 按需激励原则

激励的起点是满足员工的需要，但员工的需要存在着个体差异性和动态性，因人而异，并且只有满足最迫切需要(主导需要)的措施，效果最好，激励强度也最大。

(三) 公平、公正原则

一个人对他所得的报酬是否满意不是只看其绝对值，而是要进行社会比较或历史比较，即要看相对值。每个人都把个人报酬与贡献的比率同他人的比率做比较，判断自己是否受到了公平的待遇，从而影响自己的情绪，控制自己的工作行为。

(四) 应全面调动员工的积极性

激励应当针对全体员工，企业的组织目标需要全体员工共同努力方能实现，因此，应当把各层次、各方面的积极性都调动起来。

(五) 要考虑员工的应激程度

员工的情况千差万别，每个员工对各种激励的反应程度是不一致的，所以，采取激励措施，应考虑员工各自的情况，分别对待。

对于低工资人群，奖金的作用就十分重要；对于收入水平较高的人群，特别是对于知识分子和管理干部，则晋升其职务、授予其职称、尊重其人格、鼓励其创新、放手让其工作，会收到更好的激励效果；对于从事笨重、危险的体力劳动的员工，搞好劳动保护，改善其劳动条件，增加岗位津贴，都是有效的激励手段。

在同一时间，同一地点，对不同的人，应用不同的激励手段。而对同一个人在不同的时期，也须用不同的方法才能起到激励的效果。

(六) 应注意降低激励成本

激励是有成本的，企业采取激励措施，必须支付一定的费用，如组织活动、发放奖励都需要资金支持，这些资金支出构成了激励成本，激励措施的收益是在激励措施生效后，会给企业带来的好处，这些好处使激励活动产生绩效。

五、激励的作用

对一个企业来说，科学的激励制度至少具有以下几个方面的作用。

(1) 吸引优秀的人才到企业来。在发达国家的许多企业中，特别是那些竞争力强、实力雄厚的企业，通过各种优惠政策、丰厚的福利待遇、快捷的晋升途径来吸引企业需要的人才。

(2) 开发员工的潜在能力，促进在职员工充分地发挥其才能和智慧。美国哈佛大学的威廉·詹姆斯教授在对员工激励的研究中发现，按时计酬的分配制度仅能让员工发挥 20%～30%的能力，如果受到充分激励的话，员工的能力可以发挥出 80%～90%，两种情况之间 60%的差距就是有效激励的结果。管理学家的研究表明，员工的工作绩效是员工能力和受激励程度的函数，即绩效=F(能力*激励)。如果把激励制度对员工创造性、革新精神和主动提高自身素质的意愿的影响考虑进去的话，激励对工作绩效的影响就更大了。

(3) 留住优秀人才。德鲁克认为，每一个组织都需要 3 个方面的绩效：直接的成果、价值的实现和未来的人力发展。缺少任何一方面的绩效，组织注定非垮不可。因此，每一位管理者都必须在这 3 个方面有贡献。在 3 方面的贡献中，对“未来的人力发展”的贡献就是来自激励工作。

(4) 造就良性的竞争环境。科学的激励制度包含一种竞争精神，它的运行能够创造出一种良性的竞争环境，进而形成良性的竞争机制。在具有竞争性的环境中，组织成员就会感觉到环境的压力，这种压力将转变为员工努力工作的动力。正如麦格雷戈所说：“个人与个人之间的竞争，才是激励的主要来源之一。”在这里，员工工作的动力和积极性成了激励工作的间接结果。

第二节 激励理论的内容

一、需要层次理论

美国人本主义心理学家马斯洛在 1943 年所著的《人的动机理论》一书中首次提出了需要层次理论，并于 1954 年在其名著《动机与人格》中做了进一步阐述。这一理论经著名的管理学家雷戈介绍，引起了管理学界的广泛重视，进而流传到世界各国，对管理实践产生了重大的影响。

马斯洛认为，人的基本需要可以归纳为生理、安全、社交、尊重和自我实现 5 个层次，由低到高呈梯级排列(见图 6-2)。

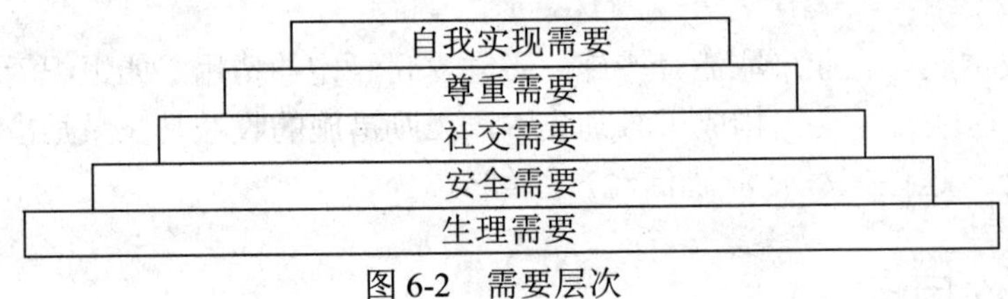

图 6-2 需要层次

(一) 生理需要

生理需要是维持人类自身生命的基本需要，如食物、水、衣服、住所和睡眠。马斯洛认为，在这些需要还没有满足到足以维持生命之前，其他的需要都不能起到激励人的作用。

(二) 安全需要

安全需要是保障及维持日常生活稳定性的需要，如人身安全、就业安全、劳动安全以及未来安全，即病、老、伤、残后的生活保障等。

(三) 社交需要

人是社会的人，因此，人们常希望在一种被接受的情况下工作，也就是说，人们希望在社会生活中得到别人的注意、接纳、关心和友爱，在感情上和组织上有所归属。

(四) 尊重需要

人们在满足了归属的需要后，就要有自尊和受到别人的尊重。自尊是一种取得成绩以后的自豪；受人尊重，是指当自己做出贡献时，能得到他人的承认。这种需要将会产生诸如权力、威望、地位和自信等方面的满足。

(五) 自我实现需要

马斯洛认为，在他的需要层次理论中，自我实现需要是最高层次的需要。它是一种把个人能力充分发挥的愿望——最大限度地发挥一个人的潜能并有所成就。

在马斯洛看来，人类价值体系中存在着两类不同的需要，一类是沿着生物谱系上升方向逐渐变弱的本能和冲动，称为低级需要或生理需要；一类是随生物进化而逐渐呈现的潜能和需要，称为高级需要。这 5 种需要像阶梯一样以从低到高的顺序排列，但这种顺序不是完全固定的，可以有变化，也有种种例外情况。如，有的人把自尊看得比爱情更重要。

一个层次的需要相对得到满足之后，就会向高一层次发展。对一个个体来说，这 5 种需要不可能完全满足，越到上层，满足的百分比愈小。

在同一时期内，可能同时存在几种需要，因为人的行为是受多种需要支配的。但是，每一时期内，总有一种需要是占支配地位的。

正如任何人都要吃饭穿衣一样，任何一种需要并不因为下一个高层次需要的发展而消失，各层次的需要相互依赖与重叠，高层次的需要发展后，低层次的需要仍然存在，只是对行为影响的比重减轻而已。尤其应该注意的一点是，一种需要满足之后，就不再是一种激励力量了。

马斯洛的需要层次理论，只是各种需要理论中的一种。这种分类方法是否科学引起了很多学者的争论，一些学者经过大量研究提出了反对意见。但尽管如此，这个理论为我们提供了一个研究人类需要的参照，管理者应认识到下属工作的动机，根据这些动机的不同，采用不同的激励方法来激励他们努力工作。表 6-1 列举了在企业中可用来满足各层需要的方法。

表 6-1 马斯洛的需要层次理论在企业中的应用

需要层次	应用
自我实现的需要	富有挑战性的工作，工作的自主权、决策权
尊重的需要	职位、优越的办公条件、当众受到称赞
社交的需要	上司的关怀、友善的同事、联谊小组
安全的需要	工作保障、退休保障、福利保障
生理的需要	足够的薪金、舒适的工作环境、适度的工作时间

二、双因素理论

美国犹他大学管理学教授弗雷德利克·赫兹伯格认为，满足需要未必能起到激励的作用，要看满足什么样的需要。他在 20 世纪 50 年代末提出一种新的“需要层次理论”——双因素论(或“保健—激励论”)。

这种理论把满足需要的因素分成两部分：一部分是“保健因素”，没有这些因素会使人感到非常不快，但这类因素再多也不会产生明显的激励作用；另一部分是“激励因素”，有了它们会使人感到特别满意，没有它们就会使人不思进取。赫兹伯格经过实际调研发现，尽管不存在绝对纯粹的保健因素和激励因素，但仍可从所有因素导致满足或不满足的频度上，把它们大致区分出来。例如：工作条件、工资、个人生活、地位、安全、同事关系等基本属于保健因素；成就、个人发展、晋升、责任感等，基本属于激励因素。显然，前者对应于低层次的需要，后者对应于高层次的需要。在这个意义上，双因素论也是一种需要层次论。但应当注意，赫兹伯格采用两分法有其独特性。它在管理上的意义是明确的：提供充分的保健因素来消除不满，但不要以为这样就能明显提高工作积极性；提供充分的激励因素才是从人的内心激发积极性的有效途径。基于这一理论，赫兹伯格开创了“工作丰富化”的管理方法。

三、成就需要理论

美国心理学家麦克利兰提出了成就需要理论。他认为人除了生理需要外，还有 3 种需要：权力需要、归属需要和成就需要。

成就需要是对成就的强烈愿望和对成功及目标实现的执着。有些人追求的是个人的成就而不是成功后的报酬，他们有一种欲望想将事情做得比以前更好、更有效率，这种内驱力就是成就需要。实证研究表明，高度的成就需要同工作中的高绩效是相联系的。那些在富于竞争性的工作中取得成功的人，他们对取得成就的需要远远高于平均水平。大多数管理者和企业家都有高水平的成就需要，他们比一般的专业人员具有更高的成就需要。他的研究还表明，非管理人员也有取得成就的需要。

归属需要指被人喜欢和接受的愿望。有高归属需要的人更愿意与他人和睦相处，可能会较少考虑高水平地履行职责。高归属需要者喜欢合作而不喜欢竞争的环境，希望彼此间能够沟通和理解。有着强烈归属需要的人可能是成功的“整合者”，如品牌管理人员和项目管理人员等。他们能够协调组织中几个部门的工作，具有过人的人际关系技能，能够与他人建立积极的工作关系。

权力需要是影响和控制他人的愿望。具有高权力需要的人喜欢承担责任，努力影响他人，喜欢处于竞争性环境和令人重视的地位，有高个人权力需要的人只关心实现个人的目标。权力需要常常表现为“双刃剑”，当这种需要表现为对他人恶意的控制和利用，对组织来说就是一种不利的“个人化权力”；如果权力需要导致组织和社会的建设性改进，那么它就是一种积极的“社会化权力”。有着强烈权力需要的人，会有较多的机会晋升到组织的高级管理层。原因在于，成就的需要可以通过任务本身得到满足，而权力的需要只能通过上升到某种具有高于他人的权力的层次才能得到满足。麦克利兰对美国电报电话公司管理层进行了16年的跟踪研究，结果发现在这家公司的高层管理中有一半以上的人对权力有强烈的需要。

既然高成就需要同工作的高绩效相关，那么识别高成就需要者的特征对于管理者来说就是非常重要的。麦克利兰通过 20 多年的研究指出，高成就需要者更喜欢：个人责任、能够获取工作反馈和适度冒险性的环境。高成就需要者接受困难的挑战，能够承担成功或失败的责任。他们不是赌徒，因为从偶然的成功中他们得不到任何的成就感。也应当指出，高成就需要者并不一定就是好的管理者，特别是在大型组织中。归属需要和权力需要与管理者的成功有着密切关系。

麦克利兰理论的重要性在于，它表明了使员工与其工作相匹配的重要性。与具有高度成就需要的员工不同，具有高归属需要的员工则喜欢安定、保险系数高和可预见的工作场所，体贴细心的管理者更适合他们。麦克利兰的研究还表明，下属的 3 种基本的激励需要是可以通过培训来培育和激发的。在一定程度上，管理者能够通过创造适当的工作环境来提高员工的成就需要，管理者可以赋予员工一定程度的自主权和责任感，逐步使其工作更具挑战性。

四、期望理论

美国心理学家弗鲁姆在 1964 年提出的“期望理论”采用动态分析的方法考察了人们对劳动付出与奖酬价值的认识，更加深入地说明了激励的过程，并指导人们选择合适的行为达到最终的奖酬目标。该理论认为，只有当行为人意识到存在实现预期目标的可能性，且实现这个目标对自身又非常重要时，其行为的积极性才会被调动起来。也就是说，激励水平的高低取决于两个因素：期望值与效价。用公式表示为

$$激励水平(M)=期望值(E)\times效价(V)$$

所谓激励水平，是指一个人的积极性被激发的高低和持久程度。它决定了人们在工作中付出努力的大小。期望值又称概率，反映人们对某一行为导致预期目标或结果之可能性大小的主观判断，其数值变化范围在 0～1 之间，即个人认为某种目标不可能实现，其期望值为 0；而个人认为完全有成功的把握，则期望值等于 1。效价是指人们对预期目标的重视程度或偏爱程度，这是个体对特定成果或目标之有用性的主观估计。效价可以取正值、零和负值。当个人期待出现预期结果时，效价为正值；当个人对特定目标漠不关心时，效价值为零；当个人竭力避免某一结果时，效价就为负。上述公式表明：激励水平是期望值和效价这两个变量的乘积。因此，目标的效价越高，实现目标的可能性越大，该目标对人的激励也越大。具体到管理领域中，当员工认为个人努力会导致良好的绩效评价(期望值大)，而良好的绩效评价会带来组织的奖励，如奖金或晋升，从而满足员工的个人需要(效价大)，那么他就会受到激励，表现出强烈的工作动机。

我们以一个简单的例子来说明激励水平与期望值、效价之间的关系。

一位公司销售经理对他的一位推销员说：如果你今年完成1000万元的销售额，公司将奖你一套住房。这时组织的目标是1000万元的销售额，个人的目标是一套住房，期望值和效价可能会这样影响对此人的激励水平。

期望值——推销员可能的反应是：

A. “1000万元的销售额，照今年的行情，如果我比去年再卖力一点，是能做到的。”

B. “1000万元简直是天方夜谭，经理要么是疯了，要么就是根本不想把住房给我，我才不会白花力气呢！”

效价——他可能的反应是：

A. “天哪！一套住房！这正是我梦寐以求的，我一定要努力去争取！”

B. “住房？我现在住的已经够好了，况且如果我一个人拿了住房，同事们会不满的，这对我没什么吸引力！”

激励水平——他可能的反应是：

A. “只要销售到 1000 万元就能得到一套住房，我一定好好努力！”

B. “经理向来说话就不算数，我打赌经理到时一定会找出10条理由说：‘我也不想说话不算数，但我实在是无能为力！’”

在例子中可以很明显地看到，期望值和效价越高(在所有的A情况下)，则对人的激励水平越高；而反之(在所有的B情况下)，对人的激励水平则越弱。

五、公平理论

公平理论又称社会比较理论，它是美国行为科学家亚当斯于1963年前后提出来的一种激励理论。该理论侧重于研究工资报酬分配的合理性、公平性及其对职工生产积极性的影响。公平理论的基本观点是：当一个人做出了成绩并取得了报酬以后，他不仅关心自己所得报酬的绝对量，而且关心自己所得报酬的相对量。因此，他要进行种种比较来确定自己所获报酬是否合理，比较的结果将直接影响他今后工作的积极性。

亚当斯认为，报酬的多少固然与对人的激励大小有关，但人的工作动机不仅受其所得的绝对报酬影响，而且更重要受相对报酬的影响，即人们总是进行“投入”、“产出”之比。所谓“投入”，是指一个人对自己的条件如毕业早晚、工龄长短、教育水平高低、技术能力大小等的估计，也就是他所付出的“资本”是多少。如果他自己对自己估计高，那么他认为自己“投入”多。同时，又把个人工资多少、级别高低、受重视程度等看成“产出”，也就是他所得的报酬如何。在比较的时候，如果个人认为“投入”与“产出”相符，就有公平感，因而心情舒畅，努力工作。否则会感到不公平，产生怨气。在比较的时候，人们还会将自己的“投入”、“产出”同其他人的“投入”和“产出”比例相对照，如果出现自己的“投入”和“产出”比例与他人的不相符，也会产生不公平感，引起怨气。当人们有了不公平感，其可能会采取下面5种对待方式：

(1) 重新认识个人的“投入”和“产出”比率，甚至于以一种自我安慰的方式来解释，求得心理上的解脱；

(2) 采取行动改变他人的“投入”与“产出”比率；

(3) 努力改变自己的“投入”和“产出”比率。消极怠工，减少投入或要求增加产出；

(4) 改变比较的方法，换一个人进行比较，求得主观安慰；

(5) 采取不正当的方式发泄不满，发牢骚，造谣中伤别人，制造人际矛盾。

公平理论有着重要的启示：首先，影响激励效果的不仅有报酬的绝对值，还有报酬的相对值。其次，激励时应力求公平，使等式在客观上成立，尽管有主观判断的误差，也不至于造成严重的不公平感。再次，在激励过程中应注意对被激励者公平心理的引导，使其树立正确的公平观，一是要认识到绝对的公平是不存在的，二是不要盲目攀比，三是不要按酬付劳，按酬付劳是在公平问题上造成恶性循环的主要杀手。

为了避免职工产生不公平的感觉，企业往往采取各种手段，在企业中造成一种公平合理的气氛，使职工产生一种主观上的公平感。如有的企业采用保密工资的办法，使职工相互不了解彼此的收入，以免职工互相比较而产生不公平感。

六、强化理论

美国心理学家斯金纳、桑迪克等人认为，个体对外部事件或情境(刺激)所采取的行为或反应，取决于特定行为的结果。当行为的结果对他有利时，这种行为会重复出现。当行为的结果不利时，个体可能会改变自己的行为以避免这种结果，这就是著名的效果法则。强化激励理论认为，管理者可以利用效果法则，通过对工作环境和员工行为结果的系统管理来修正员工行为，使得其行为符合组织目标。有4种常见的修正行为的方法。

(1) 正强化。正强化就是应用有价值的结果从正面鼓励符合组织目标的行为，以增加这种行为重复出现的可能性。正强化包括：表扬、推荐信、优秀绩效评估和加薪等。工作本身也可以成为正强化物，充满乐趣、富有挑战性或内容丰富的工作远比机械单调的工作有正强化效应，从而具有更强的激励性。

(2) 负强化。负强化也称为规避性学习。它使员工改变自己的行为结果以规避不愉快的结果。负强化是事前的规避，它通常表现为组织的规定所形成的约束力。员工为了取消或避免不希望的结果而对自己的行为进行约束。

(3) 惩罚。惩罚就是运用消极的结果以阻止或更正不当的行为。例如对员工进行批评、斥责、处分、降级、撤职或者减薪、扣发奖金、重新分派任务、解雇等。与负强化不同，负强化只是包含了惩罚的威胁，在员工表现满意时并不付诸实施；而惩罚则是落实对组织不利行为的惩罚措施。

(4) 忽视。忽视对于行为不给予强化的结果。当这种情况出现，动机就会弱化，行为也会逐渐消退。比如，对出色的工作不予表扬，对他人的帮助忘记致谢，不理睬开玩笑的人。忽视就是对员工行为的“冷处理”，以达到行为自然消退的目的。

强化理论认为，在塑造组织的过程中，应当重点放在积极的强化上，而不是简单的惩罚上。惩罚往往会对员工的心理产生不良作用。创造性地运用强化手段对于管理者来说是十分必要的。在现代扁平化组织中，管理者不能像过去那样多地指望通过加薪、提升来激励员工。因此，创造性地设计出新的强化方法和奖励措施，例如才智的挑战、更大的责任、弹性的工作时间等仍然是管理者的重要的课题。

第三节 多样化的激励方式

一、金钱激励

在知识经济时代的今天，人们的生活水平已经显著提高，金钱与激励之间的关系呈弱化趋势，然而，物质需要始终是人类的第一需要，是人们从事一切社会活动的基本动因。所以，物质激励仍是激励的主要形式。如采取工资的形式或任何其他鼓励性报酬、奖金等，或在做出成绩时给予奖励。要使金钱能够成为一种激励因素，管理者必须注意以下几点。第一，金钱的价值不一。相同的金钱，对不同收入的员工有不同的价值；同时对于某些人来说，金钱总是极端重要的，而对另外一些人来说可能从来就不那么重要。第二，金钱激励必须公正。一个人对他所得的报酬是否满意不是只看其绝对值，而要进行社会比较或历史比较，通过相对比较，判断自己是否受到了公平对待，从而影响自己的情绪和工作态度。第三，金钱激励必须反对平均主义，平均分配等于无激励。除非员工的奖金主要是根据个人业绩来发给，否则企业尽管支付了奖金，对他们也不会有很大的激励。

二、目标激励

无论是管理学家德鲁克的目标管理理论(MBO)，还是心理学家卢克的目标设定理论都有一个共同基础：一个为员工所接受的清楚目标，可以使员工受到激励。所以目标激励是至关重要的、有效的激励手段。克里斯托夫•埃利和克莱门•沙利描述了个体目标设定过程的 4 个阶段：①确定要达到的标准。②判断这个标准能否达到。③判断这个标准与个体目标是否相匹配。④接受标准，目标随之确定，开始为实现目标采取行动。

实践表明，当目标明确并具有挑战性时，能更有效地激励个体或团队行动。目标管理理论将目标的具体性、参与决策、明确时间规定、绩效反馈作为目标激励的 4 个组成部分。当员工们亲自参与目标的确定时，士气会更高，也会产生更大的责任感来完成目标。对员工的行动做出准确的反馈，可以帮助他们调整工作方法，鼓舞他们为实现目标进行坚持不懈的努力。

目标设定需要相当的管理技术。更具体的、有挑战性的、可实现的目标总是在某些具体条件下更有效。在群体之中，成员之间的相互协作对群体的绩效至关重要时，则个体的绩效目标就可能是无效的。因为追求个体绩效目标可能会降低合作，所以绩效目标要根据群体的需要来设定。管理者不断延伸目标会进一步激发员工产生更大的积极性和更高的绩效。

三、参与激励

现代管理实践突出了员工参与对员工的绩效的激励意义，员工参与计划已经成为企业的普遍形式。管理者鼓励员工的参与是基于这样的理念：通过员工参与企业的管理工作可以增加员工的自主性、提高员工的责任感、加强员工之间和员工与管理者之间的联系，从而使得他们的成就需要、归属需要和权力需要得到满足，员工积极性会更高，对组织更忠诚，对工作更满意。

目前常见的员工参与主要有 4 种形式：①员工持股制、员工投资基金制度；②员工董事会制；③劳资协商委员会、工作委员会；④自律性工作小组、工作丰富化制度、质量圈等。

成功的参与管理应当建立在民主管理的基础上：组织内的成员相互了解、相互支持，团体决策，并且有一个为全体成员认可的高标准的目标。

四、关心激励

作为领导，关心和体贴员工是对员工最好的激励方式之一。

领导对员工的长处和优点表示欣赏和肯定，仅凭口头上的几句赞美是不够的，还要关心和体贴下属，让他觉得他受到了尊重和爱护，觉得他一直都在你心目中是一个重要角色，这样才能激励他工作更加努力，对你更加尊重，死心塌地地与你共处。

在以个体为中心的现代社会里，单纯的上下级关系正在被逐渐摈弃。在高效率、快节奏的生活中，关爱主义更受人们的青睐，关心人才、爱护和珍惜人才、尊重人才逐渐成为社会的主流风尚。在领导与下属之间渗入个人友谊和感情的因素，对开展领导工作很有益处。

关心和体贴下属是对下属的最好激励形式之一，在下列场合中，收效更佳。

（一）关心下属的身体健康

领导的探望很重要，这样做使你在下属心中的权威地位稳定，甚至提高，从而有利于今后的工作。加上下属对你平时的行为是有目共睹的，当他们想到你给别人的温暖时，心中自然对你会更加敬畏。

（二）在下属生日的时候，以适当的方式祝贺

现代人都习惯过生日，聪明细心的领导会抓住机会，见缝插针，加入庆祝的行列。也许下属当时并不太在意，但是当他换了生活环境或领导的时候，他就会回忆你的祝贺和赞美。

要给下属庆祝生日，可以发点奖金，买个蛋糕，请吃顿饭，送一束花等，效果都会很好。如果趁机再加上几句美言，对下属的功绩表示赞扬，则更会锦上添花。

（三）关心下属的家庭和生活

幸福和睦的家庭、充实富足的生活是干好工作的基本保证。如果一个下属夫妻分居两地，闹离婚，或者生活紧张拮据，领导却视而不见，那么对下属再好的赞美也无异于假慈悲。

作为领导，在赞美的同时，应该急下属所急，解决一些实际生活问题，这就是对他们的最大的赞美。当下属们在餐厅里安心地吃饭时，心中肯定感激领导的一番良苦用心。

（四）注意抓住欢迎和送别的机会

调换下属是领导常常碰到的事情，不要简单地认为不就是换个人吗？来去自由，愿去就去，愿来就来，不必拘泥于礼节，搞那些形同虚设的仪式。这种想法是极端错误的。因为你这样对待员工既没有一个好的开头，又没有一个好的结尾，作为领导是一种失职。

五、工作激励

工作本身具有激励力量。为了更好地发挥员工工作积极性，管理者要考虑如何才能使工作本身更有内在意义和挑战性，给职工一种自我实现感。管理者要进行“工作设计”，使工作内容丰富化和扩大化，并创造良好的工作环境。实践中，一般有以下几种途径。

（一）工作适应性

工作的性质和特点与从事工作的员工的条件和特长相吻合，能充分发挥其优势，引起其工作兴趣，从而使员工高度满意于工作。既定的一批不同性质的工作岗位同既定的一批不同素质、特点的员工，如果组合好了，就会使大家都满意于工作，积极性高涨；如果组合得不

好，人的长处与兴趣都受到压抑，大家会都不满意于工作，工作情绪低落。正因为如此，当有的人将无所作为的“废才”称为“垃圾”时，有的人则针锋相对地提出：“‘垃圾’是放错地方的人才。”可见，科学合理的人与事的配合是有效激励的重要手段。管理者要善于研究人与工作的性质和特点，用人所长，用人之兴趣，科学调配与重组，实现人与事的最佳配合，尽可能地使下级满意于工作。

(二) 工作的意义与工作的挑战性

员工怎样看待自己所从事的工作，直接关系到其对工作的兴趣与热情，进而决定其工作积极性的高低。人们愿意从事重要的工作，并愿意接受有挑战性的工作，这反映了人们追求实现自我价值、渴望获得别人尊重的需要。因此，激励员工的重要手段就是向员工说明工作的意义，并增加工作的挑战性，从而使员工更加重视和热衷于自己的工作，达到激励的目的。

(三) 工作的完整性

人们愿意在工作实践中承担完整的工作。从一项工作的开始到结束，都由自己完成，工作的成果就是自己努力与贡献的结晶，这样可获得一种强烈的成就感。管理者应根据工作的性质与需要以及人员情况，尽可能将工作划分成较为完整的单元分派给员工，使每一个员工都可以承担一份较为完整的工作，为他们创造获得完整工作成果的条件与机会。

(四) 工作的自主性

人们出于自尊和自我实现需要的心理，期望独立自主地完成工作，而自觉不自觉地排斥外来干预，不愿意在别人的指使或强制下被迫工作。这就要求管理者尊重下级的这种心理，通过目标管理等方式，明确目标与任务，提出规范与标准，然后，大胆授权，放手使用，让下级进行独立运作、自我控制。工作成功后，完全归功于下级的自主运作，这样，下级将受到巨大激励，会对由自己自主管理的工作高度感兴趣，并以极大的热情全身心投入，以谋求成功。

(五) 工作扩大化

影响工作积极性的最突出原因是员工厌烦自己所从事的工作，而造成这种现象的基本原因之一就是工作的单调乏味或简单重复。为解决这一问题，管理者应开展工作设计研究，即如何通过工作调整，克服单调乏味和简单重复，千方百计地增加工作的丰富性、趣味性，以吸引员工。工作扩大化旨在消除单调乏味的状况，增加员工工作的种类，令其同时承担几项工作或周期更长的工作。具体形式有：兼职作业，即同时承担几种工作或几个工种的任务；工作延伸，即前向、后向地接管其他环节的工作；工作轮换，即在不同工种或工作岗位上进行轮换。这既有利于增加员工对工作的兴趣，又有利于促进人的全面发展，是重要的工作激励手段。

(六) 工作丰富化

工作丰富化是指让员工参与一些具有较高技术或管理含量的工作，提高其工作的层次，从而使职工获得一种成就感，使其要求得到尊重的需要得到满足。具体形式包括：将部分管理工作交给员工；吸收员工参与决策和计划；对员工进行业务培训；让员工承担一些较高技术的工作等。

(七) 及时获得工作成果反馈

人们对于那种工作周期长、长时间看不到或根本看不到工作成果的工作很难有大的兴趣，而对于只要有投入就能立竿见影看到产出的工作兴趣较浓。这也是人们追求成就感的一种反映。管理者在工作过程中，应注意及时测量并评定、公布员工的工作成果，尽可能早地使员工得到工作的反馈，及时看到他们的工作成果，这就会有效地激发其工作积极性，促其努力扩大成果。例如，在生产竞争中及时公布各组的生产进度，会对所有员工产生明显的激励作用。

六、赏识激励

“赏识”给人以荣誉感、自信心和自尊心的三重心理触动，作为管理者，将其运用到实际工作中，会使团队的凝聚力大大增强。对员工施以有效赏识，会使员工的自我认同感加强，对企业的忠诚度加深，会使员工有主人翁的责任感，最终达到工作的高效率、高质量。

要做到有效赏识，就必须确保至少包含有效赏识4个基本要素中的一个，如果一个都不包括，那所做的就不是赏识，而只能称为刺激、奖金或者礼品之类的东西。有效赏识的4个要素是赞扬、感谢、机会和尊敬。

对员工进行赞扬，要将赞扬的事项予以简洁的描述，赞扬的话语要恰如其分，不能太夸张。最为关键的是，赞扬要及时，不要等到年终总结回顾时才来赞扬，最好看见就说。

诚心诚意的一声“谢谢”是有效赏识的一种最有价值的表达方式。作为上司，应该常怀感恩之心，即使员工只完成了分内的事情，也要真诚地表达自己的谢意。每个员工对真心的感谢都会做出积极的回应，员工将为向自己表达感激的上司更加努力地工作。要使自己的感谢达到预期的效果，一定要说清楚他们为什么得到你的感谢，感谢的理由一定要说得详细、准确、清楚和简洁。

机会是有效赏识的一个非常重要的因素，给自己的部属一些新的机会，让他们能以一种更有意义的方式去奉献并学到新的技能，给他人的工作更大的自由度和控制权，这些源于机会的赏识，会使部属更加愿意为你和整个组织的成功而尽心尽力。

如果缺乏了尊重，员工顶多觉得是被赏识了一半。员工都希望因为自己是员工而不仅仅是因为自己所能做的事情而被重视，如果上司在做决策的时候能够考虑到员工的需求，听听员工的想法和建议，那上司其实就是对员工的价值有了认可和赏识。了解与自己共事的人员的一些情况，了解他们的兴趣爱好，在他们有困难的时候伸出援助之手，就自然表达了你的尊重。

领导要作为赏识主体。员工们渴望得到赏识，这种赏识应该来自对他们的事业最有影响力的人，这就是他们的领导。各级领导其实也就是最有能力为员工提供他们所渴望得到的赏识的人。如果自己的上司没有赏识自己，大部分员工就会觉得是公司没有赏识自己。因此，企业领导要以赏识的眼光来看自己的员工，做到“容人之过，用人之长，记人之功，委之以任，待之以礼，施之以惠”。这样不仅能够激发部属的积极性，也能够通过自己的个人倡导和言传身教，使公司的每一个成员都能够学会赏识，将赏识融入公司运作的各个方面，发展公司的内在赏识文化，从而使公司内部形成宽容、和谐、协同的人际关系，降低由于人际关系紧张带来的各种不必要的成本，提高公司的工作效率和经济效益。

七、培训激励

培训作为开发与发展人力的基本手段，已突破其原本的纯教育意义，而成为现代管理的重要方式和手段，以及竞争力的重要组成部分。

培训不仅通过员工自觉性、积极性、创造性的提高而增加企业产出的效率和价值使企业受益，而且增强员工本人的素质和能力，使员工受益。故有人说，培训是企业送给员工的最佳礼物。

管理者就是培训者，每个上司都是教师，要善于把种种命令、指示、要求以培训的形式下达，寓管理于培训，使员工由不知到知，由不懂到懂，由不会到会。

培训通过满足员工高层次的精神文化需要来激发员工的干劲和热情。企业同时应把培训作为管理的机会和途径，以及完成任务的方法和手段，围绕企业的任务和目标来实施，并通过培训促进上下级的沟通联系，掌握工作进展状况，达成相互理解与支持，共同不断提高工作绩效。

八、惩罚激励

在经济上对员工进行处罚是一种管理上的负强化，属于一种特殊形式的激励。运用这种方式时要注意：必须有可靠的事实根据和政策依据令其心服口服；处罚的方式与刺激量要适当，既要起到必要的教育与震慑作用，又不要激化矛盾；也要同深入细致的思想工作相结合，注意疏导，化消极为积极，真正起到激励作用。

激励并不全是鼓励，它也包括许多负激励措施，如淘汰激励、罚款、降职和开除激励。

淘汰激励是一种惩罚性控制手段。按照激励中的强化理论，激励可采用处罚方式，即利用带有强制性、威胁性的控制技术，如批评、降级、罚款、降薪、淘汰等来创造一种令人不快或带有压力的条件，以否定某些不符合要求的行为。

现代管理理论和实践都指出，在员工激励中，正面的激励远大于负面的激励。越是素质高的人员，淘汰激励对于其产生的负面作用就越大。

九、股票期权激励

股票期权是企业在规定期限内(期限长的可达 10 年)，以计划开始执行时的固定价格将一定数量的股票卖给员工，员工可以在规定的期限内，根据当时股市行情决定买与不买，员工在规定期限内离开，企业期权则无效。因此，股票期权只能在股票增值和员工长期为企业工作的情况下才有意义。企业利用股票期权，可以使员工留在企业工作，所以它被一些员工称为“金手铐”。

股票期权的规定较为复杂，有特价期权，即股票的价格比市价高，员工必须工作一段时间，股票增值才能体现效益；有优惠期权，即股票的价格低于市价，决定卖给员工那天股票已有盈利。与股票期权相联系的还有股票增值权，享受股票增值权的员工在股票增值的情况下，可以在规定期限内，不付出现金，净得股票增值部分的收益。

股票期权在发达国家中已经成为奖励企业高级管理人员的重要手段，据对美国最大的前10家公司的CEO的调查表明，以股票期权为主的长期收益激励占其报酬结构的96%以上。当今期权激励之所以能够成为重要的激励手段，首先是因为股票期权激励最大限度地降低了获受人的风险，如果企业的股票没有上涨，股权期权的获受人并不会因此有所损失；其次，股票期权能够减少资方的风险，避免经理人员的短期行为和“内部人控制”所带来的风险；再次，股票期权可以充分挖掘经理人员和企业员工的潜力，因为只有企业高增长，才能给经理人员带来高回报。

十、员工持股

员工持股是一种企业内部的产权制度，它是指企业内部员工出资认购本企业部分股权，委托专门机构(一般为员工持股会)集中管理运作，并参与持股分红的一种新型企业内部股权形式。

员工持股的最终目的是调动员工的积极性，为员工也为企业创造更多的财富，为此有必要了解一下员工持股计划。一个标准的员工持股计划的主要内容应包括：工作1年以上和年龄在21岁以上的员工均可参加；股份或股票分配以工资为依据，兼顾工龄和工作业绩；员工持有的股份或股票由托管机构负责管理，托管机构可以是公共托管机构，也可以是企业内部自己组织的托管机构；到了规定的时间和条件，员工持有的股份或股票有权出售，企业有责任收购；上市公司的持股员工享有与其他股东相同的股票权，非上市公司的持股员工对企业的重大决策享有发言权；政府给实行员工持股计划的企业以税收优惠。

拟实行员工持股计划的企业首先由企业和员工达成协议，企业自愿将部分股权转让给员工，员工承诺以减少工资或提高经济效益作为回报。

员工持股计划给予员工部分企业的股权，允许他们分享改进的利润绩效。相对而言，员工持股计划在小企业的管理中比较流行，但也有像宝洁公司这样的大企业采用这种激励计划。员工持股计划实际上是公司以放弃股权的代价来提高生产率水平。绝大多数企业主管发现这种激励形式的效果很不错。员工持股计划使得员工们更加努力工作，因为他们是所有者，要分担企业的盈亏。但要使这种激励计划有效地进行，管理人员必须向员工提供全面的公司财务资料，赋予他们参加主要决策的权力，以及给予他们包括选举董事会成员在内的投票权。

第四节 挫折理论

一、挫折的含义

挫折，这个词在日常生活中是指事情进行得不顺利、失利甚至失败，没有达到预期的目的。在心理学中，挫折有其明确的定义，它是指人们在某种动机的推动下，在实现目标的活动过程中，遇到了无法克服或自认为无法克服的障碍和干扰，使动机不能实现、需要不能满足时，所产生的紧张状态和情绪反应。我们知道，人的一切行为都源于人的需要，在需要的基础上，人会产生多种愿望：希望实现自己的理想、成就自己的事业，还有说不尽的雄心壮志。但是，天下事不会事事如意，由于自身能力、社会环境、个人际遇、天灾人祸等多方面的限制，个人不得不承受“恶者不能避，好者不能取，恨者不能除，爱者不能得”的各种精神压力，这时所引起的情绪状态就叫挫折。

挫折的概念应包括 3 个方面的含义。

(1) 挫折情境。挫折情境是指人们在有目的的活动中，使需要不能获得满足的内外障碍或干扰所实际呈现的情境状态或情境条件。比如，下岗失业、降职、受到讽刺诽谤等，都是挫折所表现的情境。

(2) 挫折认知。挫折认知是指对挫折情境的知觉、认识和评价。挫折认知既可以是对实际遭遇到的挫折情境的认知，也可以是对想象中可能出现的挫折情境的认知。例如，有的人总是怀疑别人在议论自己，虽然事实并非如此，但他在心理上由此产生与他人关系不和睦的假想，进而产生烦恼、焦虑等情绪反应。不同的人对相同挫折情境的认知是不相同的。

(3) 挫折反应。挫折反应是指主体伴随着挫折认知而产生的情绪和行为反应，如愤怒、紧张、焦躁、攻击等。

当以上三者同时存在时，便构成了典型的心理挫折。但如果缺少挫折情境，只有挫折认知和挫折反应这两个因素，也可以构成心理挫折，这是主体认知不当的缘故。所以，在挫折情境、挫折认知与挫折反应这 3 个因素中，挫折认知是最重要的因素，挫折情境与挫折反应没有直接的联系，它们的关系要通过挫折认知来确定。由此可见，挫折反应的性质及程度，主要取决于挫折认知。一般来说，挫折情境越严重，挫折反应就会越强烈。反之，挫折反应就会越轻微。但是个体主观上将严重的挫折情境认知和评价为不严重，其反应就会比较轻微；反之，如果将并不严重的挫折情境认知和评价为严重事件，那么也会引起强烈的情绪反应。

二、挫折产生的原因

对于挫折产生的原因，可以从个人、社会、组织 3 个角度来考察。

(一) 挫折产生的个人原因

就个人来讲，挫折的产生主要来源于个人自身因素和环境因素。

(1) 个人自身因素。个人自身因素包括生理和心理因素两方面。生理因素，包括个人生理上的缺陷、能力上的不足等。心理因素，包括个人的内心冲突等。其中与挫折密切相关的，主要是个人的抱负水平。抱负水平是指一个人对自己的行为所规定的标准，如果一个人为自己制定了一个无法实现的人生目标，追求一些根本达不到的东西，那么遭受挫折就是必然的了。

(2) 环境因素。构成挫折的环境因素包括自然环境和社会环境因素。自然环境因素主要是指个体不能预测和防范的天灾人祸和时空限制。在日常生活中，因为自然环境因素所造成的挫折随处可见，如汽车在荒漠中行驶耗尽了汽油和水，一个急于赴约的人在路上遇到了堵车，等等。构成挫折的社会环境因素是指个体在社会生活中遭遇到的各种人为的限制和阻碍，包括政治、经济、道德、宗教，以及社会风俗习惯等。如由于考试制度的关系，一个具有特殊才能的人，无法通过正规的途径展现其才华，发挥其潜力。

(二) 挫折产生的社会原因

除了上面提到的来自个人自身及环境的阻碍因素外，现代社会中存在的种种矛盾，常常导致个人内心的心理冲突，从而引发挫折。这表现在以下几个方面。

(1) 竞争与合作的矛盾。现代社会是一个竞争十分激烈的社会，无论是升学、就业、婚姻、事业和其他社会活动，都必须进行激烈的竞争，个人的成功往往会带来他人的失败。同时，现代社会又是一个推崇合作、谦让乃至牺牲的社会。对这种矛盾，很多人不能适应，不知该如何应对，以致构成内心剧烈冲突，引发挫折。

(2) 激发需要与压抑欲望的矛盾。现代社会随着商品生产的发展，满足人们需要的商品愈来愈多，再加上广告的宣传，人们的各种需要会自然地被激发起来。但与此同时，由于经济上、道德上、传统观念上的原因，人们又必须对这些激发起来的欲望加以压抑，这种矛盾也常常造成个人内心的冲突，引发挫折。

(3) 自由与限制的矛盾。现代社会是一个远比过去任何时代更加自由的社会，这常常使人们误以为任何事情都可以凭个人的意愿行事。其实现代人的很多事情，大如就业、婚姻，小如走路、行车、娱乐，都要受到社会的种种限制。这种矛盾也常常使人不能适应，造成个人心理上的冲突，引发挫折。

(三) 挫折产生的组织原因

处在组织中的员工，其挫折的产生还往往受到组织因素的影响，归纳起来大致有以下几个方面。

(1) 工作性质。工作对个人的心理具有两种重要的意义：①表现出个人的才能与价值，获得自我实现的满足；②使个人在团体中表现自己，以提高个人的社会地位。但是如果工作的性质不适合个人的兴趣与能力，分权不当，大材小用，都将构成个人的心理挫折。另外，工作中的职责不清、任务不明、多头领导常常使员工面临角色冲突，无所适从，从而引发挫折。

(2) 组织的管理方式和管理制度。传统的组织理论多以 X 理论为基础，主张用高度集权、权威控制、惩罚措施管理员工，这常常会导致组织目标(要求员工服从)与个人动机(要求自我实现)之间的严重冲突。管理制度的安排不当等也容易造成员工的挫折感。如工作与休息时间安排不适当；强迫加班或恶性延长加班时间；不公平的薪酬；晋升工资制度与人事管理制度上的矛盾；个人贡献较大而工资偏低，有成绩、有能力却得不到晋升机会，相反，由于种种其他原因，那些能力差、贡献小的人却可以得到较高工资和岗位的提升。这时，个人很容易产生挫折感。

(3) 组织内的人际关系。组织内部上下级之间、同级之间在人际关系上的矛盾是员工产生挫折感的重要来源。人际关系的不协调，往往是缺乏沟通或沟通不良造成的，它会使员工之间、员工与领导之间，缺乏信赖，产生误解，从而导致相互间的不满、怨恨甚至敌视，个体的社会需求得不到满足便会产生心理挫折感。另外，组织内过分强调个人竞争，容易造成人际关系中不必要的紧张气氛，亦会引发挫折。

(4) 工作环境。工作场地的通风、照明、噪音、安全措施及卫生设备等实质环境，如果不理想，不但直接影响员工的身体健康，也会引起情绪上的不满。特别是当工作表现为简单重复性的单调劳动时，如果实质环境的设计又缺少变化，员工将面临感觉麻木，甚至厌烦的心理状态，从而产生心理挫折感。

三、挫折的作用

挫折的(二重性)作用是指挫折对人的影响作用既有消极的一面，又有积极的一面。挫折的消极性在于它所引起的生理、心理方面的消极反应。挫折会引起人精神和心理上的苦闷和痛苦，进而使神经系统处于紧张、焦虑或抑制状态，严重的会使人思维混乱，活动能力大大降低，甚至连自己比较熟悉的事务也处理不好，这是人们在日常生活中经常有的现象。如果这时得不到应有的同情和关怀，再加上受挫者心胸狭窄，被烦恼所纠缠，后果将不可设想。所以，不仅仅受挫者本人需要正确认识、认真对待，我们每个人都应当对挫折的特性，有正确全面的认识。

挫折积极性的一面，我们可以从“宝剑锋从磨砺出，梅花香自苦寒来”的诗句中得到体会。大量的事实证明，人们成就事业的过程，往往也就是战胜挫折的过程。挫折的积极作用，就在于它可以激发人的进取心，促使人们为改变境遇而斗争。它能磨炼人的性格和意志，增强人的创造能力和智慧，使人们对所面临的问题有更清醒、更深刻的认识，从而增长知识和才干。从生理学上讲，当人的大脑被强烈刺激所激发，脑垂体会促使内分泌系统积极活动，肾上腺素加速分泌，新陈代谢加快，进而整个神经系统兴奋水平提高，在这种情况下，人的情绪饱满，思维敏捷，思考问题和解决问题的能力大大增强，挫折承受力和应变力必然大大提高。

四、挫折的自我防卫机制

(一) 挫折防卫机制的含义

挫折的发生是不可避免的。无论受到挫折的原因来自内部还是外部，都可能使人产生紧张、焦虑、愤怒等不愉快的情绪体验。为了使自己的情绪恢复平静，减轻或解除由于受挫带来的精神上的痛苦、烦恼和不安，自尊心免受伤害，个体会自觉不自觉地采取一些自己比较容易接受的方法和策略来缓解或处理当前的矛盾，对付或适应所面临的困境。这种在人的内部心理活动中所具备的有意无意地摆脱挫折造成的心理压力、减轻精神痛苦、恢复正常情绪、平衡心理的种种自我保护方式，称之为挫折防卫机制。挫折防卫机制的作用具有两面性。一方面，挫折防卫机制的运用常可起到适应挫折，减轻焦虑情绪，为受挫折者寻找对策提供时机的作用；另一方面，挫折防卫机制又常常会阻碍个体面对现实积极进取，以致退缩、逃避，反而陷入更大的挫折或冲突的情境之中，导致对现实生活更加无法适应，甚至引起心理疾病。

(二) 挫折防卫的方式

由于每个人所遭受的挫折是形形色色、各不相同的，因此对付挫折的方法和策略也各不相同，有的甚至是不近人情、不合逻辑的，但它们所起的作用都是使个体避免难堪、保持自尊、缓解压力。常见的挫折防卫机制有：建设性防卫、掩饰性防卫、逃避性防卫、攻击性防卫等。

1. 建设性防卫机制

这是一种积极的挫折防卫机制。它是指个体遭受挫折后，不是沉浸在受挫的痛苦中，而是将痛苦化为一种具有建设性的动力，把情感和精力投入到有利于社会和他人的活动之中。前面提到的升华就是典型的建设性防卫机制。升华不仅可以使原来的心理冲突和受挫后的不良情绪得到化解和宣泄，重新获得心理的平衡，而且也是许多人走向成功的起点。升华所带来的是对社会的良好适应。

2. 替代性防卫机制

替代性防卫机制是指个体受挫后，以新的目标或活动取代原来的目标或活动，进而获得心理的平衡。它包括补偿。认同和抵消等方式。

(1) 补偿方式。这是指在个体遭到某种挫折之后，以另一种活动的成功来克服受挫心理，恢复心理平衡的适应方式。人都倾向于肯定自身的价值，对于某方面的失败会觉得是对自己自信心的打击，于是就从别的方面加紧努力，争取成功，以体现自身价值，正所谓“失之东隅，收之桑榆”。

(2) 认同方式。又称为表同、仿同或自居方式。它是指个体在受到挫折而痛苦时，效仿他人，获得成功的经验和方法，使自己的思想、信仰、目标和言行更适应环境的要求或者是把别人具有的、自己羡慕的品质加以学习和培养，以提高自己的信心、声望、地位，从而减轻挫折感。

(3) 抵消方式。抵消方式，是指个体以某种象征性的活动或事情来抵消已经发生的不愉快的事情，以此取代其心理上的不舒畅。

3. 掩饰性防卫机制

掩饰性防卫机制，是指个体在遭受挫折后，为了保持自尊，减轻痛苦和焦虑，常以某种借口、态度、理论或行为来掩饰自己，如文饰、反向、幽默等方式。

(1) 文饰方式。文饰方式，又称“合理化”，是指个体在遭受挫折，无法达到目标或自己内心的需要不符合社会规范时，为了减轻或免除因挫折而产生的焦虑和痛苦，维护自尊心不受伤害，于是寻找种种理由自圆其说或以值得原谅的借口替自己辩护。文饰方式是日常生活中使用最多的一种挫折防卫机制。

(2) 反向方式。反向方式，又称“矫枉过正”，是指个体为了防止某些自认为不好的动机呈现于表面，而采取一种截然相反的态度或行为，以掩盖自己的本意，抑制内心的某些动机。这种外在的态度或行为与内心的欲望或动机相反的现象就是反向方式，即所谓“此地无银三百两”。

(3) 幽默方式。这是指个体在遇到挫折，处境困难或尴尬时，用幽默的方式来化解困境，维持自己的心理平衡。幽默不仅是一种聪明机智的心理防卫方式，也是心理修养较高的体现。

4. 逃避性防卫机制

逃避性防卫机制，是指个体受挫后，采取某种途径或方式回避所面临的挫折情境，以解除内心的不安与焦虑。其表现形式有潜抑方式、否定方式等。

(1) 潜抑方式。所谓潜抑方式，是指个体在遭受挫折之后，把意识所不能接受的、使人感到困扰或痛苦的思想、欲望或体验压抑到潜意识之中，不再想起，不去回忆，以保持内心的安宁。

(2) 否定方式。否定方式，属于一种比较简单而原始的挫折防卫机制。它与潜抑方式相似。其方法并不在于把已经发生的挫折情境有目的地“忘却”，而是彻底地加以否定，认为根本没有发生过，以此来躲避心理上的不安与痛苦。

5. 攻击性防卫机制

攻击性防卫机制，是指个体在遇到挫折后，将焦虑或愤怒的情绪转移到其他人或物上，以维持自身的心理平衡，如移位的方式、投射的方式等。

(1) 移位方式。所谓移位方式，是指将在一种情境下是危险的情感或行为，不自觉地转移到另一种较为安全的情境下释放出来。这种防卫方式又称之为转换方式。

(2) 投射方式。这是指个体将自己不喜欢的或不能接受的而自己又具有的观念、态度、情感、欲望的某些性格特征转移到别人身上，认为别人也是如此。“以小人之心度君子之腹”就是这种防卫机制的表现。

五、管理者对员工的挫折管理

(一) 预防挫折的产生

“凡事预则立，不预则废”。为预防组织内部挫折的产生，管理者要对每一件事情的影响因素、成功或失败，做出正确的估计，并采取相应的防范。具体来讲，要做好以下几项工作。

(1) 正确分析主客观情况。既要认清有利条件，看清前景，增强信心，也要认识到不利条件可能导致的隐患，设置处理的预备方案。

(2) 要从实际出发，做到既切实可靠，又留有余地，并且及时检查执行和完成情况，并根据实际情况适当调整计划。

(3) 排除可能产生挫折的各种原因。对于自然因素，有些虽然是不可避免的，但有些还是可以采取措施加以预防的，如准确地进行地震预测、暴风雨预报、台风警报等，尤其对社会生产过程中的因素更可以预见，如厂房不坚固，机器防护装置不健全，原材料堆放不当，通道堵塞，“三废”污染等。对于社会因素，应尽量适应环境，遵守法令、社会秩序、公共道德、风俗习惯等。对于生理因素，应考虑其个人的生理特点，使生理有缺陷的人受到尊重，不受歧视。对于组织因素，要努力做好人事管理的工作，做到人尽其才，才尽其用；要不断完善组织管理制度与管理模式，使之更加公平合理；要努力营造安全、轻松、高效、愉快、和谐的物理环境和心理环境。

(二) 及时了解并排除挫折产生的根源

组织的各级管理人员对员工的情绪应有敏锐的观察力，应把员工的种种不良适应性行为，如说怪话、发牢骚、吵架等看作是存在问题的信号，组织的领导者还可以借经常性的员工态度调查，及时发现员工心中的挫折，找出根由，予以解决，以免问题的累积造成负面影响的扩大化。

(三) 改变挫折情境

挫折发生以后，人为地改变环境是非常有效的方法，它可以使员工尽快走出挫折的阴影，更加努力地投入到新的工作中去。其方式主要有两种：一是调离原来的工作岗位或居住地点；二是改变环境的心理气氛，给受挫者以广泛的同情和温暖。为了更有效地把受挫者的消极行为转化为积极行为，管理者必须尽量避免惩罚性措施，因为这样会加深挫折，员工会增加其不良适应的行为，造成恶性循环。

(四) 对员工进行挫折心理矫治

1. 采取宽容的态度

对于管理者来说，对受挫者的攻击性行为采取宽容的态度是很重要的。管理者应当把受挫者看成一个需要关心、需要照顾的心理病人。冷淡歧视，以行政手段施加压力，只会使矛盾更加激化，甚至把受挫者推上绝路。唯有关怀和温暖的开导、劝慰才能帮助他恢复心理平衡。但是，宽容的态度并不等于不分是非，管理者应当在受挫者冷静下来的时候，以理服人地帮助他们提高认识，分清是非。只有这样才能更有利于促使受挫者变消极行为为积极行为。

2. 精神宣泄法

这是一种心理治疗的方法，主要是创造一种环境，让受挫者被压抑的情感自由顺畅地表达出来。人在受挫折以后，心理会失去平衡，常常以紧张的情绪反应代替理智行为。这时唯有让紧张的情绪发泄出来，才能恢复理智状态，达到心理平衡。精神宣泄可以采用各种形式。可以让受挫者用写申诉信的方式发泄不满，当他把不满情绪都写出来后，就会心平气和了；也可以采取个别谈心的办法，以及让他们在一定的会议上发表意见，并对其正确的方面给予充分肯定。作为管理者应该积极地倾听职工的抱怨、牢骚、怪话，让他们有气发泄出来、有话说出来，待不满情绪发泄出来以后，他们才会采取积极的行动应付。

3. 进行心理咨询和心理辅导

心理咨询与心理辅导往往是联系在一起的，它是指专业的心理咨询人员了解、分析咨询对象的受挫情境、原因、反应，提出解决受挫心理问题的途径与具体程序，这就好似人生病了，需要看医生，需要得到诊断治疗一样。心理咨询与心理辅导是对“心病”的诊断治疗。

在组织内部开展这项工作，关键是需要这方面的人才。目前，有学者提出，应该在企业内部设立总心理师的职位。这对于广泛提高员工的心理健康水平，解决心理问题无疑具有深远的意义。

【趣味阅读】

股权激励方式

股权激励是通过让经营者获得公司股权的形式，给予企业经营者一定的经济权利，使他们能够以股东的身份参与企业决策、分享利润、承担风险，从而勤勉尽责地为公司的长期发展服务。股权激励制度的具体安排因企业而异，以下是一些典型的模式。

(1) 业绩股票：是指在年初确定一个较为合理的业绩目标，如果激励对象到年末时达到预定的目标，则公司授予其一定数量的股票或提取一定的奖励基金购买公司股票。

(2) 股票期权：是指公司授予激励对象的一种权利，激励对象可以在规定的时间内以事先确定的价格购买一定数量的本公司的流通股票，也可以放弃这种权利。股票期权的行权也有时间和数量限制，且需激励对象自行为行权支出现金。

(3) 虚拟股票：是指公司授予激励对象一种虚拟的股票，激励对象可以据此享受一定数量的分红权和股价升值收益，但没有所有权，没有表决权，不能转让和出售，在离开企业时自动失效。

(4) 股票增值权：是指公司授予激励对象的一种权利，如果公司股价上升，激励对象可通过行权获得相应数量的股价升值收益，激励对象不用为行权付出现金，行权后获得现金或等值的公司股票。

(5) 限制性股票：是指事先授予激励对象一定数量的公司股票，但对股票的来源、抛售等有一些特殊限制，一般只有当激励对象完成特定目标(如扭亏为盈)后，激励对象才可抛售限制性股票并从中获益。

(6) 延期支付：是指公司为激励对象设计一揽子薪酬收入计划，其中有一部分属于股权激励收入，股权激励收入不在当年发放，而是按公司股票公平市价折算成股票数量，在一定期限后，以公司股票形式或根据届时股票市值以现金方式支付给激励对象。

(7) 管理层/员工收购：是指公司管理层或全体员工利用杠杆融资购买本公司的股份，成为公司股东，与其他股东风险共担、利益共享，从而改变公司的股权结构、控制权结构和资产结构，实现持股经营。

(8) 账面价值增值权：具体分为购买型和虚拟型两种。购买型是指激励对象在期初按每股净资产值实际购买一定数量的公司股份，在期末再按每股净资产期末值回售给公司。虚拟型是指激励对象在期初不需要支出资金，公司授予激励对象一定数量的名义股份，在期末根据公司每股净资产的增量和名义股份的数量来计算激励对象的收益，并据此向激励对象支付现金。

(资料来源：china.findlaw.cn/gongsifalv/gongs...764.html)

渔夫、蛇和青蛙

一天，渔夫看见一条蛇咬着一只青蛙，渔夫为青蛙感到难过，便决定救这只青蛙。他靠近了蛇，轻轻地将青蛙从蛇口中拽了出来，青蛙得救了。但渔夫又为蛇感到难过：蛇失去了食物。于是渔夫取出一瓶威士忌，向蛇口中倒了几滴。蛇愉快地游走了。青蛙也显得很快乐。渔夫满意地笑了。可几分钟以后，那条蛇又咬着两只青蛙回到了渔夫的面前……

管理启示：激励是什么？激励就是让人们很乐意去做那些他们感兴趣的又能带来最大利益的事情。当然，关键是要用合适、正确的方法去引导，并让他们做好。

【思考题】

1. 什么是激励？

2. 激励的原则有哪些？
3. 马斯洛把人们的需要划分为哪些层次？各层次的意思是什么？
4. 如何理解弗鲁姆的期望理论？
5. 如何理解亚当斯的公平理论？
6. 对员工进行激励的方式有哪些？
7. 什么是挫折？挫折产生的原因有哪些？
8. 挫折的自我防卫方式有哪些？
9. 如何对待受挫折的员工？

【技能训练】

案例：施科长没有解决的难题

施刚是富强油漆厂的供应科长，厂里同事乃至外厂的同行们都知道他心直口快，为人热情，尤其对新主意、新发明、新理论感兴趣，自己也常在工作中搞点新名堂。

前一阶段，常听施科长对人说："厂里科室工作人员的奖金制度，我看到了非改不可的地步了，是彻底的"大锅饭"、平均主义。奖金总额不跟利润挂钩，每月按工资总额拿出5%当奖金，这5%是固定死了的，一共也没有多少。说是具体每人分多少，由各单位领导按每人每月工作表现去确定，要体现'多劳多得'原则，还要求'重赏重罚，承认差距'，可这谈何容易，'巧妇难为无米之炊'呀！总共就那么一点，还玩得出什么花样？理论上是说要奖勤罚懒，干得好的多给，一般的少给，差的不给，可是你真的不给试试看？不造反才怪呢！结果实际上是大伙基本上拉平，皆大欢喜，要说有那么一点差距，确定分成3等，那差距也只是象征性的。"

最近，施科长却跟人们谈起了他的一段有趣的新经历。他说："改革科室奖金制度，我琢磨好久了，可就是想不出什么好点子来。直到上个月，厂里派我去市管理干部学院参加一期中层管理干部短训班。有一天，他们请来一位教授为我们做了一次报告，那教授说：美国有位学者，叫赫茨伯格，他提出一个新见解，说是企业对职工的管理，不能太依靠高工资和奖金。又说：钱并不能真正调动人的积极性。你说怪不？什么都讲金钱万能的美国，这回倒说起钱不那么灵来了。那教授还说：能影响人的积极性的因素很多，主要是工作的成就感、责任心、工作的趣味与挑战性、自主权等。按照他的解释，就是指工作不能太简单，轻而易举地就完成了；要艰巨点，得让人动点脑筋，花点力气，那活儿才有干头；再就是工作要有趣，要有些变化，多点花样，别太老套，太单调。他说，还要给自主权，给责任；要让人感到自己有所成就，有所提高。还有什么表扬啦，跟同事们关系友好融洽啦，劳动条件要舒服安全啦，等等。总而言之一句话：工资和奖金在调动人的积极性方面并不重要。"

钱并不重要？开始我听了不相信。可是我仔细想想，觉得这话是有道理的，所有那些别的因素对人说来，可不都还是蛮重要的吗？当然教授也说，这理论也有人批评，说那位学者研究的对象全是工程师、会计师等这类高级知识分子，对别的人未见得合适。他还讲了不少新理论。

短训班办完，回到科里，正赶上年末工作总结讲评，要发年终奖金了。在科里，论工作，就数小李子最突出，本科生，聪明能干，工作积极，又能吃苦，还能动脑筋。于是我把他找来谈话。别忘了我如今学过点现代管理理论了。我于是先强调了他这一年的贡献，特别表扬了他的成就，还细致讨论了明年怎么能使他的工作更有趣，责任更重，也更有挑战性。瞧，学来的新词儿马上就用上啦。我甚至还确定了考核他明年成绩的具体指标。最后才谈到这最不要紧的事——奖金。我说，这回年终奖，你跟大伙儿一样，都是那么些。可是，你猜怎么的？小李子竟发起火来了，真的火了。他蹦起来说："什么？就给我那一点？说了那一大堆好话，到头来我就值那么一点？得啦，您那套好听的请收回去送给别人吧，我不稀罕，表扬又不能当饭吃！"施科长这下碰上难题了，如何解决这个难题，你能为施科长想出解决的办法吗？

分析的问题：

1. 案例中所提到的激励理论，是指管理学中的哪个激励理论？按照这个理论，工资和奖金属于什么因素？能够起到什么作用？

2. 施科长用美国教授介绍的理论去激励小李，结果碰了钉子，问题可能出现在什么地方？

3. 你认为富强油漆厂在奖金分配制度上存在的主要问题是什么？可以用什么办法解决？

(资料来源：www.docin.com/p-364830129.html)

【训练目标】

1. 加深对现代激励理论的感性认识；
2. 提高有效激励调动人的积极性的能力。

【组织实施建议】

1. 建议在讲完激励内容后安排此案例分析；
2. 在课下准备，可安排 1 至 2 个课时集中讨论；
3. 每个人认真阅读分析案例，并搜集有关资料；
4. 由模拟公司组织小组讨论；
5. 每人写出发言提纲；
6. 以班级为单位组织讨论。

第七章

沟　　通

【本章学习目标】

通过本章学习，读者应理解沟通的含义、作用；掌握沟通的方式；理解沟通网络的基本形式；掌握正式沟通渠道；理解克服障碍沟通的方法；掌握有效沟通的原则。

【导入案例】

地下总经理

“李业安将于下星期升任本公司的业务部经理!”果然不出所料，一星期之后，李业安的任命通知正式公告了。公司内的小道消息比正式渠道的情报来得快，发布这种消息的人，以前有人戏称为“包打听”，现在则改叫“地下总经理”。

“地下总经理”的影响力往往比总经理来得大，“地下总经理”的沟通渠道特别畅通，他的情报来源特别多，很多员工宁可相信“地下总经理”的发号施令，却不理会总经理的正式通告。很多“地下总经理”能操纵业务部门，业绩他说高就高。同样地，他说低就低，不听命于他的，往往会遭受排挤，甚至受到同事的冷落。

“地下总经理”也非等闲之辈，他们的出现，来无影去无踪，他们的威力、杀伤力不可忽视，到底他们是怎么形成的呢？大致可归纳为几大类。

(1) “红人”制度下的自然产物。很多企业在创业，或是在转型期、危险期的时候，常常会有一些公司的元老级人物出现，靠着过去辉煌的成果，在公司体制内为所欲为。当然他的开始是由于总经理的放心、“惜才”，或是“倚重”而形成的。但可能碍于体制，或因学历、经历关系，无法被任命高职位，久而久之就自大了。

(2) 依靠体制弄权的人。在公司体制之下，他掌握实质大权，或是玩弄权柄，一方面以其三寸不烂之舌向上级申诉其义正词严的看法；另一方面又以“欺压弱小”及“为民喉舌”的姿态，取得下属的归顺之心，施展其两面人的伎俩。然后将上级的意思转化为他的未卜先知，以他的利益作为游说或威胁上级的本钱。因此，他可以牺牲公司的利益来成全小团体的利益，借以巩固自己的地盘。

(3) 老油条员工。由于他在公司的时间最长，在国人的老观念中，即使没有功劳也有苦劳，这种心态下，老员工常常以“地下总经理”自居；再加上其他同事的戏谑，久而久之，他便真以“地下总经理”而自居了。

形形色色的“地下总经理”，有时候对整个公司的经营会产生干扰的作用，对于那些权力欲高的“地下总经理”来说，他常常会搞乱公司体制，扰乱正式的沟通渠道。

“地下总经理”有时候掌管公司主要工作并身居要职，在关键时刻，“地下总经理”经常会使出杀手锏，以辞职为要挟；很多缺乏经验的正式总经理，在接到“地下总经理”的假辞呈时，常常会顾及他管辖事务的重要性，怕他走了会影响大局，于是委曲求全，做某些程度的让步。只要他一得逞，他的威力就因此而增强。

问题：

1. 要彻底消除“地下总经理”的威力，消灭其杀伤力，可以采取什么方法？

2. “地下总经理”对公司的沟通渠道有何影响？对于企业是祸是福？能否加以利用？

(资料来源：www.0451mba.com/NewsContent.aspx?NewsID)

第一节 沟通的基础

对于管理者来说，有效沟通不容忽视，因为管理者所要做的每一件事中都包含有沟通。管理者没有信息就不可能做出决策，而信息只能通过沟通才能得到。没有或缺乏沟通，再好的想法，再有创见的建议，再优秀的计划，都将可能无法实施。没有或缺乏沟通，许多事情往往会事倍功半，甚至半途而废，一无所获。因此，管理者要掌握有效的沟通技巧。

一、沟通的含义

人们将组织中各种信息的发送、传递、接受称之为沟通。因此，所谓沟通，就是指人们之间传递信息、指令、感情或观念的过程。发出信息的人、群体、组织叫作信息的发送者，接受信息的人、群体、组织叫作信息的接收者。

二、沟通的作用

据国外调查，在管理工作中，管理者约 70%的时间是用在与他人沟通上，这其中的 1/3 的时间用于单个会谈。剩下 30%左右的时间用于分析问题和处理相关事务。显然，管理者的大部分工作时间是花费在与他人沟通上。管理者不仅要充分地表达他们的观点，影响他人行为，调动员工的工作积极性，还要善于应付各种冲突，营造良好的人际关系环境，实现组织目标。具体来说，沟通的作用包括以下几个方面。

(1) 沟通能使“决策”更加准确、合理、正确、科学。在管理过程中，经常有或大或小的各种决策需要定夺或确定方向，常常通过行之有效的沟通获取大量的信息情报来提升判断力，最后进行决策。

(2) 沟通能使高、中、基层协调有效、目的明确地开展工作。其实，在我们日常工作中，工作进程、领导指示、传递信息、工作目标、工作方式方法、工作要求等因素只有通过沟通达成共识，才能使工作不折不扣的完成，才能真正提高工作效率，当然，我不是在喊口号。

(3) 沟通有利于发现自身的“弱点”，且使人进步。发现别人的弱点似乎比发现自己的简单得多，这也是我们进步的绊脚石。要虚心听取别人的观点、意见，总结、反思自己，使自己时刻保持清醒的头脑，勇往直前追求卓越。

(4) 沟通能够使人换位思考、反向思维、化解矛盾，增强团队的凝聚力。老板与中层干部、中层干部与基层员工之间由于站的高度不同、角度不同导致对事物的看法认识也不尽相同。充分有效的沟通可以使管理者和下属建立良好的人际关系和组织氛围，并站在职工的角度，充分了解员工的心声、困难，及时为职工排解疑难。老板要站在高管的位置上思考问题，高管也要站在老板的位置上思考问题，这样换位思考，许多问题就迎刃而解了，许多矛盾也就打消了，团队的凝聚力也就随之增强了。

(5) 沟通有利于形成良好的氛围，并让组织具有核心竞争力。

三、沟通过程

沟通过程指的是信息交流的全过程。沟通的过程就是信息的发送者(信息源)将信息按一定的程序进行编码后，通过信息沟通的渠道(通道)传递给信息的接收者，信息的接收者将接收的信息进行解码处理，然后再反馈给发送者。如图 7-1 所示。

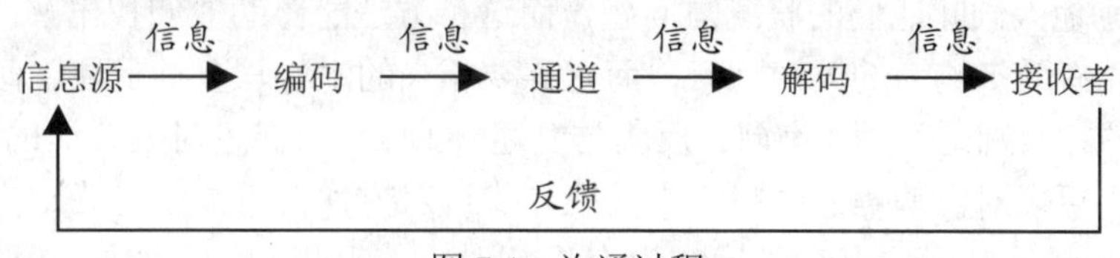

图 7-1 沟通过程

(一) 信息源

信息源指的是持有信息、意图、观念的人，又叫发送者。信息发送者出于某种原因，希望接受者了解某个信息。作为信息发送者，最重要的一点是要确立概念、明确自己要传递的信息，如果将自己都不清楚的信息甚至错误的信息传递出去，肯定难以有好的沟通效果。另外，发送者应该更擅长于说与写。

(二) 编码

发送者将要发送的信息译成接受者能够理解的一系列符号，如语言、文字、图表、照片、手势、表情等。要发出的信息只有通过编码才能传递。

(三) 通道

通道是指传递信息的媒介，它的功能在于使信息源和接收者联系起来，也即信息传递渠道。发送者通过某种通道将信息传递给接受者。编码的方式、传递的方式会有所不同。传递的方式可以是书面的，也可以是口头的，甚至还可以通过身体姿势、表情来传递。

(四) 解码

解码指的是信息接收者对信息的理解或阐释。要理解信息一定要解码，接受者应根据自己的知识、经验和思维方式，将信息中的符号译成可以理解的形式。

(五) 接收者

接收者是接收并解释信息的人，它会受到自身技能、态度、知识及社会文化的影响。因此，同一信息，不同的接收者会有不同的理解。即使同一个接收者，由于接收信息时的情绪、状态或场合的不同，他可能对同一个信息做出不同的解释，因而所采取的行为也有所不同。

(六) 反馈

反馈是指接收者把所收到的信息返还给发送者，使信息源的发送者成为接收者。经过反馈可使发送者知道信息是否被接收，或及时做出正确的解释，及时修正沟通内容。反馈的过程只是沟通的逆过程，它也包括了信息沟通过程的几个环节：信息源、编码、通道、解码、接收者和再反馈。反馈构成了信息的双向沟通。

四、沟通技巧

1. 倾听技巧

倾听能鼓励他人倾吐他们的状况与问题，而这种方法能协助他们找出解决问题的方法。倾听技巧是产生有效影响力的关键因素，而它需要相当的耐心与全神贯注。倾听技巧由 4 个个体技巧所组成，分别是鼓励、询问、反应与复述。①鼓励：促进对方表达的意愿。②询问：以探索方式获得更多对方的信息资料。③反应：告诉对方你在听，同时确定完全了解对方的意思。④复述：用于讨论结束时，确定没有误解对方的意思。

2. 气氛控制技巧

安全而和谐的气氛，能使对方更愿意沟通，如果沟通双方彼此猜忌、批评或恶意中伤，将使气氛紧张、冲突，加速彼此心理设防，使沟通中断或无效。气氛控制技巧由 4 个个体技巧所组成，分别是联合、参与、依赖与觉察。①联合：以兴趣、价值、需求和目标等强调双方所共有的事务，造成和谐的气氛而达到沟通的效果。②参与：激发对方的投入态度，创造一种热忱，使目标更快完成，并为随后进行的推动创造积极气氛。③依赖：创造安全的情境，提高对方的安全感，并接纳对方的感受、态度与价值等。④觉察：将潜在的“爆炸性”或高度冲突状况予以化解，避免讨论演变为负面的或有破坏性的。

3. 推动技巧

推动技巧可以用来影响他人的行为，使之逐渐符合我们的议题。有效运用推动技巧的关键，在于以明白具体的积极态度，让对方在毫不怀疑的情况下接受你的意见，并觉得受到激励，想完成工作。推动技巧由 4 个个体技巧所组成，分别是回馈、提议、推论与增强。①回馈：让对方了解你对其行为的感受，这些回馈对人们改变行为或维持适当行为是相当重要的，尤其是提供回馈时，要以清晰具体而非侵犯的态度提出。②提议：将自己的意见具体明确地表达出来，让对方能了解自己的行动方向与目的。③推论：使讨论具有进展性，整理谈话内容，并以它为基础，为讨论目的延伸而锁定目标。④增强：利用增强对方出现的正向行为(符合沟通意图的行为)来影响他人，也就是利用增强来激励他人做你想要他们做的事。

第二节 沟通方式与渠道

一、沟通方式

组织中最普遍使用的沟通方式有口头沟通、书面沟通、非语言沟通及电子媒介沟通。

(一) 口头沟通方式

口头沟通就是以口语为媒体的信息传递，主要包括面对面的交谈、电话交谈、开会、讲座、讨论会等。

口头沟通的优点是沟通比较迅速、灵活，并且可以迅速得到反馈。在口头沟通方式下，信息可以在最短的时间里被传送，并在最短的时间里得到对方的回复。如果接受者对信息有疑问，迅速的反馈可使发送者及时检查其中不够明确的地方并进行改正。

口头沟通的缺点是信息经过越多人传送，信息失真的潜在可能性就越大。每个人都以自己的方式解释信息，当信息到达终点时，其内容常常与最初的大相径庭。如果组织中的重要决策通过口头方式从最高层向下传送，则信息失真的可能性就会相当大。

(二) 书面沟通方式

书面沟通方式是以文字为媒体的信息传递，主要包括文件、报告、信件和书面合同等。

书面沟通方式的优点是沟通比较规范、信息传递准确度高、传递范围广、有据可查、便于保存等。

书面沟通方式的缺点是会耗费较多的时间、缺乏反馈。事实上，花费一个小时写出的东西只需 10～15 分钟就能说完。

(三) 非语言沟通方式

非语言沟通方式是指以非口头和非书面形式进行的沟通。例如，运用目光、动作表情、手势、体态等进行沟通。

体态语言(包括手势、面部表情和其他身体动作)和语调是日常沟通中使用最广泛的非语言沟通形式。

任何口头沟通方式都包含了非语言信息，一名研究者发现，在口头交流中，信息的 55%来自于面部表情和身体姿态；38%来自于语调；而仅有 7%来自于真正的词汇。

(四) 电子媒介沟通方式

电子沟通是以电子符号的形式通过电子媒体而进行的沟通，如电报、电话、电子邮件、互联网、录音录像等。随着现代信息和通信技术的发展，电子媒介在现代信息沟通中将扮演越来越重要的角色。

二、沟通网络

沟通网络是指由若干环节的沟通路径所组成的总体结构，许多的信息往往都是通过多个环节的传递，才最终到达接受者。因此，恰当地选择网络对于有效沟通是至关重要的。信息沟通的网络的基本形式有 5 种：链式、轮式、Y 式、环式和全通道式，如图 7-2 所示。

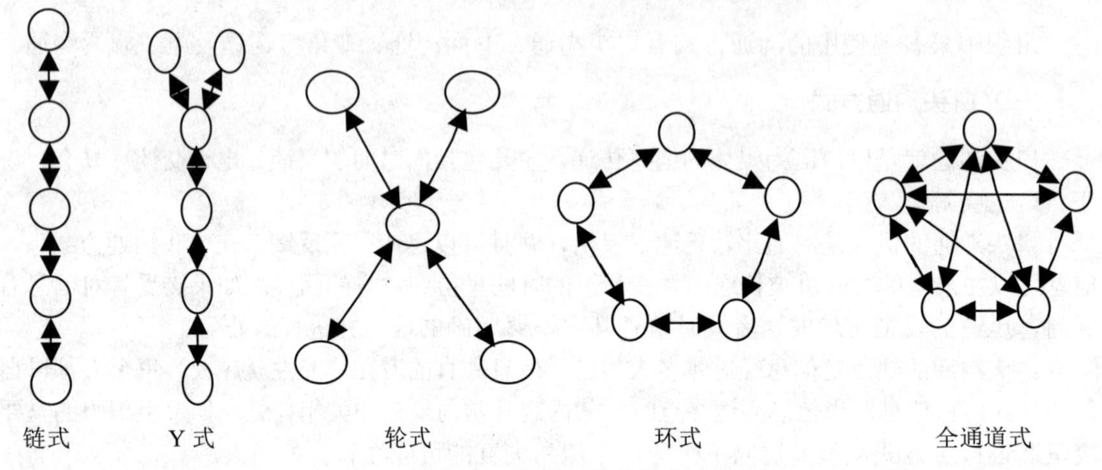

图 7-2　沟通网络的基本形式

(一) 链式沟通

链式沟通的形态是一个平行网络，其中居于两端的人只能与内侧的一个成员联系，居中的人则可分别与两人沟通信息。在一个组织系统中，它相当于一个纵向沟通网络，信息可自上而下或自下而上进行传递。在这个网络中，信息经层层传递、筛选容易失真，各个信息传递者所接收的信息差异很大，满意程度也有较大差距。此外，这种网络还可表示组织中管理人员和下属之间中间管理者的组织系统，属控制型结构。

(二) Y 式沟通

Y 式沟通是一个纵向沟通网络，其中只有一个成员位于沟通的中心，成为沟通的媒介。在组织中，这一网络大体相当于组织领导、秘书班子再到下级管理人员或一般成员之间的纵向关系。这种网络集中化程度高，解决问题速度快，组织中领导人员预测程度较高。除中心人员外，组织成员的平均满意程度较低。此网络适用于管理人员工作任务十分繁重、需要有人选择信息、提供决策依据、节省时间而又要对组织实行有效控制的情况，但此网络易导致信息曲解或失真，影响组织中成员的士气，阻碍组织提高工作效率。

(三) 轮式沟通

这种网络中的信息是经由中心人手而向周围多线传递的，其结构形状因为像轮盘而得名。这属于控制型沟通网络，其中只有一个成员是各种信息的汇集点与传递中心。在组织中，这种网络大致相当于一个主管领导直接管理几个部门的权威控制系统，所有信息都是通过他们共同的领导人进行交流，因此，信息沟通的准确度很好，集中化程度也较高，解决问题的速度快，领导人的控制力强，预测程度也很高，但沟通通道少，组织成员的满意度低，而且此网络中的领导者在成为信息交流和控制中心的同时可能面临着信息超载的负担。一般来说，如果组织接受攻关任务，要求进行严密控制，同时又要争取时间和速度时，可采用这种网络。

(四) 环式沟通

环式沟通可以看成是链式形态的一个封闭式控制结构，表示5个人之间依次联络和沟通，其中每个人都可同时与两侧的人沟通信息。在这个网络中，组织的集中化程度和领导人的预测程度比较低，畅通渠道不多，组织中的成员具有比较一致的满意度，组织士气高昂。如果在组织中需要创造出一种高昂的士气来实现组织目标，环式沟通则是一种行之有效的措施。

(五) 全通道式沟通

全通道式沟通是一个全方位开放式的网络系统，其中每个成员之间都有不受限制的信息沟通与联系。采用这种沟通网络的组织，集中化程度及主管领导的预测程度均很低。由于沟通通道多，组织成员的平均满意程度高且差异小，所以士气高昂，合作气氛浓厚，有利于集思广益，提高沟通的准确性，这对于解决复杂问题，增强组织合作精神，提高士气均有很大作用。但由于沟通通道多，容易造成混乱，且讨论过程通常费时，也会影响工作效率。委员会方式的沟通就是全通道式沟通风格的应用实例。

三、正式沟通渠道

(一) 正式沟通渠道的概念

正式沟通渠道就是按照组织设计中事先规定好的结构系统和信息流动的路径、方向、媒体等进行的信息沟通。

(二) 正式沟通渠道的优缺点

正式沟通的优点主要是正规、严肃，富有权威性；参与沟通的人员普遍具有较强的责任心和义务感，从而容易保持所沟通信息的准确性及保密性。其缺点主要是对组织机构依赖性较强而造成速度迟缓，沟通形式刻板，存在信息失真或扭曲的可能性，缺乏灵活性，信息传播范围受限制，传播速度比较慢。

(三) 正式沟通渠道的流向

(1) 纵向沟通。组织中的纵向沟通是指沿着命令链进行的向上和向下的沟通。向下沟通是信息从组织的最高管理层开始，通过各个管理层次向下流动的过程。向下沟通的主要内容可以是建议、指导、通知、命令、员工业绩评价等，沟通的目的是把与组织目标和有关的信息提供给员工。

相反，向上沟通是沟通信息从组织的底层向较高管理层流动的过程，它通常包括进度报告、建议、解释以及关于支援和决策方向的请求等。上行沟通对组织来说与下行沟通同等重要。通过上行沟通员工有机会向上反映问题，管理者也可以准确地了解下属的情况，就此减轻员工的挫折感，增强参与意识，提高士气。有效的上行沟通同下行沟通一起形成双向的沟通渠道。

(2) 横向沟通。组织中的横向沟通也就是水平方向的沟通，是指组织结构中处于同一层级的人员或部门间的信息沟通。横向沟通的主要宗旨在于为组织协调与合作提供一条直接的渠道。横向沟通能够产生组织内不同部门间的信息共享、相互协作；它还有助于消除组织内部的冲突；通过朋友和同事间的交流，横向沟通能产生社会和情感的支撑。因此，横向沟通避免了纵向沟通中信息流动过于缓慢的弊端，减轻了管理者的沟通负担。它能够帮助员工提高士气和效率，增加员工满意感。

(3) 斜向沟通。斜向沟通，也称交叉沟通，是指信息在处于不同组织层次的没有直接隶属关系的人员或部门间的沟通。其往往具有业务协调的作用。

四、非正式沟通渠道

(一) 非正式沟通渠道的概念

非正式沟通渠道是指正式组织途径以外的信息沟通方式。企业除了需要正式沟通外，也需要并且客观上存在着非正式沟通。这类沟通主要是通过个人之间的接触，以小道消息传播方式来进行的。非正式沟通的主要功能是传播员工所关心的和与他们有关的信息，它取决于员工的社会和个人兴趣和利益，与组织正式的要求无关。

(二) 非正式沟通的特点

与正式沟通相比，非正式沟通有下列几个特点。

(1) 非正式沟通信息交流速度较快。由于这些信息与职工的利益相关或者是他们比较感兴趣的问题，再加上没有正式沟通那种程序，信息传播速度大大加快。

(2) 非正式沟通的信息比较准确。据国外研究，它的准确率可高达95%。一般说来，非正式沟通中信息的失真主要来源于形式上的不完整，而不是提供无中生有的谣言。人们常常把非正式沟通与谣言混为一谈，这是缺乏根据的。

(3) 非正式沟通可以满足员工的需要。由于非正式沟通不是基于管理者的权威，而是出于员工的愿望和需要，因此，这种沟通常常是积极的，卓有成效，并且可以满足员工们安全的需要、社交的需要、尊重的需要。

(4) 非正式沟通效率较高。非正式沟通一般是有选择地针对个人的兴趣传播信息，正式沟通则常常将信息传递给本人不需要它们的人。

(5) 非正式沟通有一定的片面性。非正式沟通中的信息常常被夸大、曲解，因而需要慎重对待。

第三节 沟通的障碍与改进

一、沟通的障碍

在沟通过程中，常会受到各种因素的影响和干扰，使沟通遇到障碍，影响沟通的效果。这些因素有个人的，也有组织的；有工具性的，也有文化的。下面从文化、社会、心理和物理 4 个方面，对这些因素进行分析。

(一) 文化因素

文化因素是指来自文化、知识、经验等方面的因素所造成的沟通障碍。其主要包括以下几方面。

(1) 表达能力不佳。如用词不当，词不达意；口齿不清或字体难辨；观念含糊，逻辑混乱；无意疏漏，模棱两可等，都会使对方难以了解发送者的意图。

(2) 语义障碍。人与人之间的沟通，主要借助于语言(包括口头语言和书面语言)来进行，但语言只是作为交流思想的工具，并不是思想本身，而是用以表达思想的符号系统。然而，在日常生活中，一词多义的情况是常见的，这就容易产生语义上的障碍。人的语言修养不同，表达与理解语言的能力不同，对同一种思想、观念或事物，有些人表达得很清楚，有些人表达得不清楚。同样，对某一个信息，有人能马上理解，有人听来听去还是不理解；有人接受信息后做这样的解释，有人会做那样的解释。因此，用语言表达意思，往往会产生语义障碍。

(3) 文化程度障碍。双方的教育程度、文化素质相差太大，会使对方理解不了、难于接受。如大学生向文盲讲科学道理，文盲是难以理解其意的。

(4) 经验障碍。发送者和接收者由于经验水平相距太大，会产生沟通障碍。这是因为发送者将信息编码时，只是在自己的知识和经验范围内进行编码；同样，接受者也只能在自己的知识和经验基础上进行解码，理解对方传送信息的含义。因此，当发送者与接收者的知识水平、经验水平相距太大时，在发送者看来很简单的问题，接收者因没有这方面的知识经验，却理解和接收不了。造成这种状况的原因是双方没有“共同经验区”，相反，如果沟通双方有较多的共同经验区，则信息就容易传送和接收。

(二) 社会因素

社会因素主要有地位障碍、职业障碍及组织结构障碍。

(1) 地位障碍。发送者和接收者双方地位悬殊，容易造成沟通障碍。研究表明，一般上级或主管人员容易存在一种“心理巨大性”，下属的“心理微小性”易使下级不敢畅所欲言，这会阻塞上下级之间的信息沟通。比如占据高位、掌握实权的人，如果官僚主义、命令主义作风严重，群体成员会敬而远之，影响上下信息的畅通；若领导者平易近人，发扬民主，以普通劳动者的身份和下级接触，就能消除地位的障碍。

(2) 职业障碍。由于职业上的不同，不懂对方的行业用语，也会造成沟通的困难，即所谓的“隔行如隔山”。消除的办法是双方使用都能听懂的语言，在社交场合尽量不使用行业语言。

(3) 组织结构障碍。由于组织层次过多，部门设置不合理等，当信息从较高层逐级向下传递到最低层，或从最低层逐级向上传递到较高层时，因为每经过一个层次，都会出现失真，积累起来，便会对信息沟通的效果带来极大的影响。研究表明，信息从基层向高层沟通时，许多细节会被过滤掉；而信息由高层向基层传递时，又会逐级添加许多细节。要消除组织结构障碍，应该精简机构，减少层次，提倡越级交往。

(三) 心理因素

心理因素主要有认识障碍、态度障碍、情绪障碍和人格障碍。

(1) 认识障碍。认识方面的障碍是由双方认知失调而引起的。由于各人认识水平、需求动机、看问题角度的不同，对同一信息往往会有不同的理解和评价。另外，人们的知觉具有选择性，对信息的重视程度不同，凡他认为价值大的信息会引起注意，认真接受；凡他诊断价值不大或没有价值的信息，就会不重视，甚至不予理睬。

(2) 态度障碍。如果交流双方存在偏见，对事物持有不同的态度，也会造成沟通的障碍。

(3) 情绪障碍。情绪的障碍对信息的传递影响很大。如果双方都处在激情状态或心境不佳的时刻，就难以沟通意见，甚至会歪曲对方的信息。当某人情绪较好时，可能会对别人的意见和建议大打折扣，不愿接受。即使是同一人，由于其接受信息时的情绪状态不同，也可能对同信息做出不同解释和行为反应。

(4) 人格障碍。一个人的性格、气质、价值观等方面的差异，常常会成为沟通的障碍。人们在沟通时，由于价值观的不同，往往会按照自己的观点对信息进行筛选，符合自己观点和需要的，很容易听进去，不符合自己观点和需要的，就不愿意听。人们习惯于尽量使信息适合自己的“胃口”，或者从自己的需要出发猜测上级的意图，或者从上级的谈话中找“言外之意”，从文件中找“弦外之音”。通常一个诚实、正直的人，发出的信息容易使人相信。同时，气质也影响沟通的效果，情绪急躁的人对信息的理解容易片面，情绪稳定的人能较好地接收和理解信息。

(四) 物理因素

物理因素主要是客观上的障碍，包括自然障碍、机械障碍、距离障碍和信息过量的障碍。

(1) 自然障碍。如刮风下雨、闪电雷鸣或环境中存在较大的噪声干扰，都会造成沟通困难，甚至信息失真，沟通中断。

(2) 机械障碍。如通信设备的性能不好、质量不高，甚至发生故障，也会造成沟通困难，甚至信息失真，沟通中断。

(3) 距离障碍。空间距离过远，环节过多，同样会影响信息传递，造成沟通困难。如人与人之间的距离过大，听不清楚对方的声音，或看不清楚对方的表情、手势，都会影响沟通效果。

(4) 信息过量的障碍。我们生活在一个“信息爆炸”的时代，管理人员常常被淹没在大量的信息中，而事实上，他们只需要利用所获取信息中的一小部分进行决策。信息过量不仅使管理者缺少处理信息的时间，而且也使他们难于向同事提供有效的、必要的信息，沟通也随之变得十分困难。所以，应该筛选有用的优质信息进行沟通。

二、有效沟通的基础

沟通的有效性是指沟通的准确性、实时性和效率。准确性是指信息从发送者传递到接收者时保持原意(即不失真、不产生歪曲、不遗漏)的程度。实时性则是指信息从发送者传递到接收者的及时程度。沟通的效率则是指单位时间内传递信息的多少。信息的准确性、实时性和效率越高，沟通的效率就越高。沟通的有效性对群体和组织的运行有着十分重要的影响。要提高沟通的有效性，必须打下良好的沟通基础，遵循沟通的基本原则和采取相应的沟通策略。

(1) 下行沟通方面。管理者必须了解下级员工的工作情形、欲望及每个人存在的问题，积极主动地与下属沟通，分享群体内部的消息、新闻、政策及各项工作措施，使上下意见一致，从而培养员工的互利观念。组织内部必须制定完备的沟通计划，任何政策措施，在付诸实施前，必须将其传达给所有员工，以求得和谐的人际关系。另外，管理者应获得下属的信任，因为他们能否理解上级主管沟通的要义，全信赖于其对上级主管的信任。假若下属不信任主管，他将对沟通内容产生疑惑，往往会曲解主管的用意，沟通就难以达到预期的效果。

(2) 上行沟通方面。首先，上级主管须以平等态度对待下属，应和蔼可亲，平易近人，如果终日板着一副严厉的面孔，让人不敢亲近，望而生畏，那么主管就难以与下属沟通。其次，主管应经常举行工作座谈会，让所有员工都有发言的机会，而主管应多听，绝对不要趁开会的时候训话或表演自己的口才。最后，应建立公平而合理的建议制度、升迁制度、奖惩制度和考核制度等。开明的主管，为求组织的不断进步，应经常采纳员工的建议，不论建议能否立即实施，只要提了建议的人都应受到鼓励。主管应定期把实施情形或不能采纳的原因，婉转地向提议人解释，一方面表示主管对建议的重视，另一方面表示对提议人的感激，激励他们在今后的工作中继续关注组织，参与组织的管理和决策。

三、有效沟通的原则

(1) 准确原则。明确、清晰的信息是良好沟通的开端。当沟通能以一种接收者易于了解的语言和传递方式进行时，它便有准确性。在许多情况下，信息的发送者都很自信地认为自己发出的信息是明确、清晰的，对方应该可以理解，当他看到对方不能理解自己所发出的信息时，往往把责任推给对方，而不检查信息源是否有问题。要做到信息准确，信息发送者需要具备一定的沟通能力，并熟悉传送对象，如下属、同事、上司或其他相关人员的语言和非语言表达方式。

(2) 时效原则。在沟通过程中，不论是主管人员向下沟通信息，还是主管人员向上沟通信息以及横向沟通信息，除注意信息的准确性原则外，还应注意时效性原则。时效性就是沟通双方要在尽可能短的时间里进行沟通，并使信息发生效用。因此，首先应做到传送及时，在信息传递过程中，尽量减少中间环节避免信息的过滤，使信息以最快的速度到达接收者手中。其次，应做到反馈及时。接收者接收到信息后，不要耽误时间，而要及时地反馈给发送者，这样有利于发送者修正信息。最后，要做到信息的利用及时。因为信息具有较强的时效性，这就要求双方应及时利用信息，避免信息的过期无效。只有这样，才能使组织确定的政策、目标、人员配备等情况尽快得到下级主管人员或员工的理解和支持，同时可以使主管人员及时掌握下属的思想、情感和态度，从而提高管理水平。在实际工作中，信息沟通常因发送者不及时传递或接收者的理解、重视程度不够，而出现事后信息，或从其他渠道了解信息，使沟通效果起不到正常的作用。当然，信息的发送者出于某种意图，而对信息交流进行控制也是可行的，但在达到控制的目的后，应及时进行信息的传递。

(3) 效率原则。沟通是否高效，这是双方的责任，对信息发送者有信息准确的要求，对信息接收者同样有接收准确的要求。由于要注意的信息太多，而人们的注意力又有限，所以接收者必须集中精力，克服思想不集中、记忆力差等毛病，注意那些最有价值的信息，可能的话要做好事先准备不放过任何有用信息，这样，才能够对信息有正确的理解。另外，接收者也应改进自己的理解和阅读能力，这样不仅可以提高信息接收的效率，对信息发送者也是一种尊重和鼓励。当信息发送者看到他的听众心不在焉时，他可能会转移话题或削减信息内容，沟通就不能有效地进行。

除此之外，在企业管理中，不承认非正式组织及非正式沟通是不现实的。在以正式沟通为主导的现代企业管理中，管理者在强化正式沟通时，必须有意识地提高利用非正式沟通渠道的自觉性。把一些正式渠道不好办、难办的事放到非正式沟通渠道中来处理，使“小道消息”按照管理者的意志在组织内部传播，同样能达到提高管理效率的目标。

(4) 效益原则。我们知道，不管干什么事情都应考虑效益的高低，不能做毫无成效的工作。因此，有效的沟通也应达到预期的效果，即沟通双方在观点、态度等方面的合作与认同，以及情感上的相互支持，最终达到沟通的建设性效果。只有通过提高沟通的效益，加强企业管理，才能增强企业的核心竞争力。要想提高沟通的效益，可从创建适当的企业文化、加强组织建设及促进团结协作等方面入手。

四、有效沟通的方法

有效沟通应该是及时、正确、完整的。要使沟通有效，首先必须克服沟通中的种种障碍。除此之外，在沟通时可使用一些策略来提高沟通的效率。

1. 正确使用语言文字

改善沟通，必须正确使用语言文字。要使用人人都能理解的语言，讲话意思要明确，条理要清晰，不能模棱两可，要使对方一听就懂。书面语言要言简意赅，字斟句酌，笔画清楚，以获得良好的沟通效果。根据研究，在沟通中，为了做到正确运用语言文字，需要注意以下几个具体问题。

(1) 多使用对方容易接受的语言文字，多使用陈述性语言，来表明自己的观点，避免评论性、挑战性的语言文字。

(2) 语言文字的使用要准确，尽量减少歧义，切忌含糊不清、模棱两可，以免使人产生误解。

(3) 语言文字要纯朴，切忌滥用辞藻，使人有华而不实之感。

(4) 在非专业性交谈中，尽量避免专业性术语，做到措辞恰当，通俗易懂。

(5) 尽量使用短句，太长的句子易使人产生累赘之感，不利于沟通。

(6) 叙事切记逻辑混乱，文理不通，尽量做到言之有理，论之有据，条理清楚。

(7) 交谈中人称指代关系要明确，以免造成接收者的误解。

2. 能容忍不同意见

有效沟通的另一个因素是对不同意见的容忍性。上级与下级沟通的目的之一是了解下级的真实意见，然而有的领导往往不愿听下属的不同见解和不利的报告，不去研究意见、报告是否真实，而去追究下级是否忠诚，这就迫使下级在报告时先对资料进行“过滤”。因此，上级要给下级以充分讲话的机会，多倾听，少评价，特别是不成熟的评价一定不要急于做出。听不得反面意见是某些领导者的致命弱点，一定要注意克服。

3. 注意非语言提示

一项研究表明：在面对面的沟通中，有65%的信息是通过非语言形式传递的。如果我们能够准确地把握非语言沟通信息，并有意识地加以运用，则会在很大程度上跨越语言沟通本身的一些固有障碍，提高沟通效率。

在面对面沟通中，管理者要给予对方合适的表情、动作和态度等非语言提示，使之与所要表达的信息内容相配合，如轻松的谈话应面带微笑，严肃的话题应该庄重认真，否则语言信息与非语言信息不一致，就会影响沟通的效果。如一位上司告诉你，他真想知道你的困难，而当你告诉他时，他却在浏览自己的信件，你的感想如何呢？另外，不同的坐姿、站相、手势也潜在地反映一个人的个性、气质和态度。在严肃的场合跷着二郎腿与部属交谈，会给对方一种压迫感，有碍情感的平等交流。

非语言信息是展示交流双方内心世界的窗口，一个成功的沟通者必须懂得辨别非语言信息的意义，充分利用它来提高沟通效率。这就要求管理者在沟通时要时刻注意面对面交谈的细节问题，不能以为这是“雕虫小技”而忽视。实际上，有许多人沟通失败的原因就是没有把握好非语言信息的使用。

4. 采用断言型的沟通风格

断言型风格是相对于另外两种极端性的沟通，即非断言型与侵犯型风格而言的。非断言型风格的特征是犹豫、缺乏自信、欲言又止，这种沟通毫无影响力。侵犯型风格的特征则是盛气凌人、粗暴武断、语言讥讽或斥骂，这种沟通往往只有消极作用。断言型风格的特征是不卑不亢、诚恳坦率、直截了当、一针见血。这种沟通风格最易取得积极效果，所以在沟通过程中，沟通主体应尽量采用断言型的沟通风格。

5. 积极倾听

倾听是指认真地听对方讲话，并尽量弄清楚所听到的内容，这对于沟通双方来说都很重要。有许多沟通活动不能进行下去就是因为我们不善于倾听。只有准确无误地听清对方表达的内容，才能进行沟通。

在倾听时要注意以下几点。

(1) 少讲多听，保持沉默和冷静，不轻易打断对方，不要轻易下结论。在听取别人的陈述时，专心致志，才能明白对方说了些什么，以免做出错误判断，影响沟通的进一步进行。

(2) 没法使交流轻松，使对方感到舒畅，消除紧张感，充分表达自己的观点，说出自己想说的话。

(3) 用动作语言表现出你对对方谈话的浓厚兴趣。如用目光接触，展现赞许性的点头和恰当的面部表情，表示你在认真听他讲。

(4) 尽可能排除外界的干扰，避免做出使对方分心的举动或手势。如在对方讲话时不要轻易走动，干一些无关紧要的事。

(5) 站在对方的立场上考虑问题。

(6) 不要立即与对方发生争论或当面批评。

(7) 在必要时提出一些问题，以显示你在倾听并进行着理解和思考。

尤其值得注意的是，在倾听过程中要采用“换位思考”的方法。即从移情的角度入手，把自己置于对方的立场来思考问题，避免先入为主，努力去理解别人要表达的含义而不是你想理解的意思。这样可以保证你对所听到的信息的解释符合说话者的本意。

6. 正确对待传言

传言属于非正式沟通方式，通常采用的是口头传播，具有传播速度快、范围广、易失真，以及信息的发送者与接收者没有固定的结构和位置等特点。传言具有两重性。有利的一面是可以对正式沟通起补充作用。比如，上级领导可以从传言中获得一些正式沟通中无法获取的信息，因为有些下级出于某个目的，可能存在报喜不报忧的现象。不利的一面在于其扰乱作用。如会议失真、添油加醋、挑拨离间、恶语中伤、造谣惑众等现象也是十分常见的。因此，对待传言，既不能全盘否定、禁止，也不可放任自流、听之任之，而应该一分为二、正确对待。

(1) 明辨传言性质。传言可能是政治性的，也可能是社会问题、工作问题、人际关系问题等方面的，应区别对待。对有利于改善和提高组织运行机制、运行效果的传言，不妨广开言路，言者无罪。比如以设立意见箱、建议箱、接待室等方式来收集信息。而对于会影响正常工作甚至影响安定团结等方面的传言，则应引起高度重视，追查根源，采取有效措施进行消除。

(2) 辟谣。很多情况下，小道消息之所以不胫而走，传播甚广，主要原因是正式沟通渠道不畅，给人可乘之机。对于谣言，应通过正式沟通渠道发送消息，使之真相大白，让谣言不攻自破。当然，对于影响甚小的传言，不妨置之不理，让其自生自灭。

(3) 正确对待传言者。对一般的传言者，应加强引导、教育，增强他们明辨是非、分析真伪的能力；对传言可能引起严重后果的，应予以重视，视情节轻重和造成的后果加以处理；对于有意制造谣言并大肆传播者，应严加处理。

7. 提高面谈艺术

在组织中，最常见的沟通方式是面谈方式。作为管理者，掌握好面谈的艺术，这对提高沟通的有效性有很大的作用。而掌握面谈艺术主要应把握好以下几点。

(1) 选择恰当的谈话地点。不同的谈话地点，往往会产生不同的沟通效果。一般而言，在办公室谈话，表示的是慎重、认真、重视；亲临下属家中，显示的是友好、亲近、关怀；边走边谈或边饮边谈表示的是轻松、随意等。凡此种种往往会对下级产生不同的心理影响。因此，管理者应根据谈话内容来选择谈话地点。

(2) 创造相互信任的谈话环境。交谈气氛对信息沟通的效果影响重大。如果过于紧张，或者互不信任，甚至怀疑、猜忌，交谈则会十分困难，抑或难以进行。管理者不仅要取得下级的信任，而且要得到上级和同僚们的信任，这就要诚心诚意，切忌言不由衷。

(3) 做好充分的交谈准备。面谈是一种双向沟通，随时可能出现意料之外的情况和信息。因此，交谈前应尽可能做好充分的准备。此外，如有必要，应做好交谈的计划，这有利于正式交谈时思路清晰，条理、层次分明，结构严谨，观点明确，增强说服力，提高沟通效果。

(4) 合理安排交谈时间。面谈的时间应适宜、适度。所谓适宜，就是要讲究时机，防止干扰交谈对象正常的工作、就餐、休息秩序，否则容易引起对方的不快、反感。所谓适度，就是要合理把握时间的长度，时间过于紧迫，往往言犹未尽，难以充分交换意见。当然也不能没完没了，应尽量集中主题，避免不必要的闲谈、空谈。

(5) 注意控制情绪。管理者进行面谈时，有时会碰到下级的顶撞、争论甚至对抗，或者上级的挖苦、讽刺甚至怒骂等。这时，应做到胸怀坦荡，有理、有礼、有节，控制自己的情绪，尽可能避免受对方情绪的影响。因为，大发雷霆、拍桌子甚至骂人，都不利于问题的解决，还可能使冲突升级。

五、冲突及冲突管理

(一) 冲突的定义

日常生活和工作中，存在着各种各样的冲突，尽管它们的表现形式、激烈程度和具体原因各不相同，但却包含了一些共同的主题。首先，冲突的双方必须意识到冲突的存在，如果人们没有感知到这一点，通常认为没有冲突发生；其次，冲突是意见的对立或不一致，以及一定程度的相互作用。

冲突对于任何组织都是难免的，组织所面临的内、外部环境越复杂，冲突现象越突出。托马斯等人进行的一项调查表明：企业中的管理人员处理冲突问题大约占他们工作时间的20%。管理冲突的能力可以说是成功管理者的基本素质。

冲突发生于对稀缺资源分配方式的分歧以及不同的观点、信念、行为、个性的冲撞。一般认为，冲突是相互作用的主体之间存在的不相容的行为或目标。

(二) 冲突产生的原因

相互依赖性和相互间的差异是冲突产生的客观基础，组织内资源的稀缺和机制的不完善推动了冲突的实现。

相互依赖性是专业化和社会分工的结果。越来越复杂的社会环境和高精技术要求，使得人们几乎不可能独立地发挥作用完成组织的目标，而只能扮演分工以后的较为专业化的某一具体的角色。相互依赖关系表明，一个人行动的结果会受到其他人的影响。如果一方的行动妨碍了另一方的目标的实现，那么冲突就会产生。

冲突产生的直接原因可以归为彼此之间的差异性。具有一定的相互依赖关系的双方，差异性越大，越难达成一致的协议。于是这些彼此间的差异性必然伴随着一定的意见分歧，导致冲突的最后发生。组织中主要存在以下几种差异性：①信息差异。信息差异是指双方所获得的信息、了解的事实之间的差异。组织成员具有不同的信息来源渠道，彼此间信息非对称，各人都有自己的“私人信息”。加上信息传递过程中的偏差遗漏，信息处理方式的不同都会导致信息差异。②认识的差异。组织成员之间背景不同，包括受教育程度、家庭出身、价值观念不尽相同；各个部门的组织文化不同，其成员有着各自不同的行为方式、价值观念；成员间的组织地位不同，看问题的角度也会不同。③目标要求的差异。④角色差异。组织中的个人都充当着不同的角色，并按照角色要求而行动，个人的角色差异也会引起冲突。

内在资源的稀缺和机制不完善推动冲突的形成。组织的资源相对于组织发展能力总是处于稀缺状态，资源稀缺性是组织的基本特性。所以，组织的活动必然会受到各种条件的制约，当两个或两个以上的主体同时依赖于组织的稀缺资源时，双方之间极有可能因为如何分配资源而发生一些冲突。组织中信息沟通不善，内部奖励制度不当，作为激励手段的竞争机制、特定的事件的处理不当都会引发组织内的冲突。特别需要说明的是竞争机制也有负面作用，研究表明，群体之间的竞争常常导致群体间冲突的增加，生产率却没有明显提高；更为严重的是，两个相互依赖的群体之间的竞争反而会使效率下降。

(三) 冲突的类型

从性质上来说，冲突可以分为建设性冲突和破坏性冲突。

(1) 建设性冲突。凡是有利于实现组织目标的冲突就是建设性冲突。它往往是由于目标一致的双方在实现目标过程中采取不同的方法或手段而造成的。这种冲突在发展过程中通常有如下特点：双方对实现共同目标都很关注；双方愿意了解彼此的观点；双方争论是为了寻求较好地实现目标的方法。从企业来说，某些建设性冲突的存在，有利于改善经营效果和促进健康发展。管理者要善于激发建设性冲突并因势利导，使其成为推动工作的动力，同时要在解决矛盾的过程中增进冲突双方的了解和团结。

(2) 破坏性的冲突。阻碍组织目标达到的冲突是破坏性的冲突。它产生的根源是双方目标和利益的不一致，且这种目标和利益分歧越大，冲突的程度越激烈。在冲突发生过程中，双方往往格外重视自己的观点是否正确，而不愿听取对方的意见。显而易见，这种冲突所起的作用是消极的、负面的。对此，管理者应该谨慎处理，尽可能促使矛盾向有利于组织目标的方向转化，避免将潜在的或微弱的冲突激化到不可调和的地步。

按照冲突发生的层次来说，冲突可以分为个人内心的冲突、人际关系冲突、团体间的冲突和组织层次的冲突。

(1) 个人内心的冲突。个人内心的冲突通常涉及一些目标、认知或情感的冲突。它一般发生于个人面临多种难以做出的选择，此时会表现得犹豫不决，茫然不知所措。个人内心冲突一般表现为 3 种类型。

第一种，接近的冲突。它要求个人在两个或两个以上的方案中做出选择，每个选择都有积极结果。形象地说就是个人面临着“鱼和熊掌不可兼得”的局面。

第二种，接近—规避冲突。个体在选择是否去从事一件利弊难以权衡的事情时内心的发生冲突。如企业家面对是否从事高风险高收益的投资。

第三种，规避的冲突。个人面临必须在两个都只能产生消极结果的方案中做出抉择，即所谓“两害相权取其轻”。

(2) 人际关系冲突。这是指两个或两个以上的个人感觉到他们的态度、行为或目标的对立所产生的冲突。许多人际冲突是建立在角色冲突或角色模糊的基础上的，如企业中质量检验员与生产人员、会计人员与审计人员的冲突等。角色的冲突多数是由于角色要求与组织的态度、价值观念和可接受行为的看法不一致；组织成员间所承受的压力不同；成员之间信息、压力的不相容；或者是成员之间一方的压力来自于另一方。当角色信息存在或这些信息无法有效沟通时，角色模糊就会发生。

(3) 团体间的冲突。这是组织内团体之间由于各种原因而产生的对立情形。团体间的冲突通常有垂直冲突、水平冲突、指挥系统与参谋系统的冲突、正式系统与非正式系统间的冲突 4 种形式。它可能是同一团体内部成员间的冲突，导致成员分化成两个或多个小团体，从而把团体内的冲突转化为团体间的冲突；也可能是两个团体内的成员间的个人冲突逐渐升级而成。

(4) 组织层次的冲突。从系统的观点出发，任何组织都是属于一个更广泛的环境系统的子系统，为了生存和发展，组织必须与外界环境之间进行各种要素的交换，并在交换过程中求得一种动态平衡。于是，组织在与其生存环境中的其他一些组织发生关系时，经常会由于目标、利益的不一致而发生各种各样的冲突。如企业与它的竞争对手之间会发生冲突，各个政党与其对手之间的竞争也是不可避免的。甚至可以这样说，组织内部的冲突是在其外部冲突的影响下造成的。

(四) 冲突的管理

冲突对组织的作用可以是建设性的，也可以是破坏性的。当冲突达到最佳水平时，它可以阻止迟滞，解除紧张，激发创造力，培养变革的萌芽。但冲突过于激烈会导致组织分裂和合作受阻。因此，管理者要充当冲突水平的调节者，在冲突水平过低时激发建设性冲突，在冲突程度过激时削减破坏性冲突，使组织保持一个最适宜的冲突水平。

1. 处理冲突的策略

(1) 回避策略。回避策略是指既合作又不武断的策略。这时，人们将自己置身于冲突之外，忽视了双方之间的差异，或保持中立态度。这种方法反映出当事人的态度是任冲突自然发展，对自己的利益和他人的利益均无兴趣。回避方法可以避免问题扩大化，但常常会因为忽略了某种重要的意见、看法，使对方受挫，易遭对手的非议，故长期使用效果不佳。

(2) 强制策略。强制策略是指高度武断且不合作的策略。它代表了一种“赢—输”的结果，即为了自己的利益牺牲他人的利益。一般来说，此时一方在冲突中具有占绝对优势的权力和地位，于是，一方会认为自己的胜利是必要的。相应地，另一方必然会以失败而告终。强制策略通常使人们只考虑自己的目的，所以同样地不受对手的欢迎。

(3) 克制策略。克制策略代表着一种高度合作而武断程度较低的策略。可以说是无私的策略，因为当事人是牺牲自己的利益而满足他人的要求。通常克制策略是为了从长远角度出发换取对方的合作，或者是屈服于对手的意愿。因此，克制策略是最受对手欢迎的，但容易被对手认为过于软弱或是屈服的表示。

(4) 合作策略。合作策略是在高度合作和武断的情况下采取的策略。它代表了冲突解决中的“双赢”局面，即最大限度地扩大合作利益，既考虑了自己的利益，又考虑了他人的利益。一般来说，持合作态度的人有几个特点：一是认为冲突是一种客观的、有益的现象，处理得恰当会有利于一些问题的解决；二是相信对手；三是相信冲突双方在地位上是平等的，并认为每个人的观点都有其合理性；四是他们不会为了共同的利益牺牲任何一方的利益。

(5) 妥协策略。在妥协策略下，合作性和武断程度均处于中间状态，它建立在“有予必有取”的基础之上，这种策略通常需要一系列的谈判和让步才能形成。与合作策略相比，妥协策略只求部分地满足双方的要求。但妥协策略却是最常用的且被人们广泛接受的一种处理冲突的策略。因为妥协策略至少有以下几个优点：一是尽管它部分地阻碍了对手的行为，但仍然表示出合作的姿态；二是它反映了处理冲突问题的实利主义态度；三是它有助于保持双方之间的良好关系。一项研究表明，人们之所以欢迎妥协策略，是因为妥协策略的确提供了一个解决办法，而不能解决问题是软弱的表现，而且完全接受对方提出的意见需要很大的勇气。

2. 冲突管理技术

1) 解决冲突的技术

(1) 问题解决。冲突双方直接会晤，通过坦率真诚的讨论来明确问题并解决问题。

(2) 目标升级。提出一个共同的目标，该目标不经冲突双方的协作努力是不可能达到的。

(3) 资源开发。如果冲突是由于资源缺乏造成的，那么对资源进行开发可以产生双赢解决办法。

(4) 回避。逃避或抑制冲突。

(5) 缓和。通过强调冲突双方的共同利益而减弱它们之间的差异性。

(6) 折中。冲突双方各自放弃一些有价值的东西。

(7) 官方命令。管理层运用正式权威解决冲突，然后向卷入冲突的各方传递它的希望。

(8) 改变人的因素。运用行为改变技术(如人际关系训练)改变造成冲突的态度和行为。

(9) 改变结构因素。通过工作再设计、工作调动、建立合作等方式来改变正式的组织结构和冲突双方的相互作用模式。

2) 激发冲突的技术

(1) 运用沟通。利用模棱两可或具有威胁性的信息可以提高冲突水平。

(2) 引进外人。在组织中补充一些在背景、价值观、态度和管理风格方面均与当前组织成员不同的个体。

(3) 重新建构组织。改变规章制度，提高相互依赖性，以及做出其他类似的结构变革以打破现状。

(4) 任命一名吹毛求疵的人员或任命一名批评家。他总是有意与组织中大多数人的观点不一致。

【趣味阅读】

麦当劳公司的沟通之道

任用、激励、授权等多项重要工作的顺利展开，无不依赖于上下沟通的顺畅。对于管理者来说，有效地与下属进行沟通是非常关键的工作，甚至在某种程度上它直接关系到企业的生死。

沟通的好与坏，直接影响着员工的使命感和积极性，同样也直接影响着企业的经济效益。只有保持沟通的顺畅，企业的管理者才能及时听取员工的意见，并及时解决上下层之间的矛盾，增强企业的凝聚力。

麦当劳公司是享誉全球的知名大企业，他的经营理念在企业管理学界是很有参考价值的。他的领导层很重视上下沟通，他们认为好的沟通决定公司的经济利益。虽然麦当劳的“利益驱动”起了很大的刺激作用，但麦当劳内部最大的团结力完全不在于以金钱为后盾，而在于所有员工对麦当劳的忠诚度和对快餐事业的使命感。

麦当劳公司注重公司上下沟通的最大成果就是，他赢得了公司员工对公司的忠诚和使命感。他们通过频繁的走动管理，既获得了丰富的管理资料，又可通过与数百人以私人朋友的身份交际，达到很好的沟通效果。

麦当劳公司在上下沟通管理的探索中也曾处于尴尬境地。在克罗克退休以后，由于麦当劳的事业迅速壮大，属下员工也越来越多，企业高层忙于决策管理，一定程度上忽视了上下的沟通，致使美国麦当劳公司内部的劳资关系越来越紧张，以致爆发了劳工游行示威，抗议工资太低。示威活动对麦当劳公司的高级经理们构成了巨大的冲击，令他们重新认识到加强上下沟通，提高员工使命感和积极性的重要性。

针对员工中不断增长的不满情绪，麦当劳公司经过研讨形成了一整套缓解压力的“沟通”和“鼓舞士气”的制度。麦当劳公司认为与服务员的沟通是极其重要的，它可以缓和管理者与被管理者之间的冲突，提高工作人员的积极性。而如果忽视了与员工的沟通，会阻碍企业命脉的畅通，使企业不知不觉陷入麻痹而失去许多机能。

开展临时座谈会是实施上下级沟通的最常用的方式，也起到了增强与员工的感情联络的纽带作用。会议不拘形式，以自由讨论为主要形式，虽以业务项目为主要讨论内容，但也鼓励员工畅所欲言甚至倾吐不快。此时工作人员可以利用这个机会指责他们的任何上司，把心中的不满、意见和希望表达出来。所有服务员都抱着很高的积极性参加座谈会。实践证明，这种沟通方法比一对一的交流更加有效。

为了加强员工之间的交流，麦当劳公司还推行一种“传字条”的方法。麦当劳餐馆备有各式各样的联络簿，如服务员联络簿、接待员联络簿、训练员联络簿等，让员工随时在上面记载重要的事情，以便相互提醒注意。

麦当劳公司的做法成功地缓和了劳资冲突和对立。他们从中悟出了一个道理，使用警察不是解决劳资冲突的好办法，这不但会损害麦当劳的形象，而且会使矛盾愈加激化，甚至动摇麦当劳帝国大厦的根基。

金人

曾经有个小国的人到中国来，进贡了三个一模一样的金人，金光闪闪的，把皇帝高兴坏了。可是这小国的人同时出了一道题目：这三个金人哪个最有价值？皇帝想了许多办法，请珠宝匠检查、称重量、看做工，都是一模一样的。怎么办？使者还等着回去汇报呢。泱泱大国，不会说连这点小事都不懂吧？最后，有一位退位的老大臣说他有办法。皇帝便将使者请到大殿上来，老臣胸有成竹地拿出三根稻草，插入第一个金人的耳朵里，这稻草从另一边耳朵出来了，第二个金人的稻草则从嘴巴里直接掉出来，而第三个金人，稻草进去后掉进了肚子，什么响动也没有。于是，老臣说：第三个金人最有价值！使者默默无言，答案正确。

管理启示：最有价值的人，不一定就是最能说的人。老天给我们每个人两只耳朵一张嘴巴，本来就是让我们多听少说的。善于倾听，是沟通最重要的技巧之一。

【思考题】

1. 沟通的过程包括哪几个步骤？
2. 口头沟通方式有哪些优、缺点？
3. 沟通网络的基本形式有哪些？
4. 正式沟通渠道的特点是什么？
5. 沟通的障碍有哪些？
6. 沟通的原则包括哪几个方面？
7. 沟通的方法是什么？
8. 冲突的类型有哪些？
9. 处理冲突的策略有哪些？
10. 书面沟通方式有哪些优点？
11. 非正式沟通渠道的特点是什么？

【技能训练】

案例：改善沟通

格雷斯•李从新加坡国立大学毕业后，去为他父亲罗宾•李先生工作。罗宾•李拥有一家大型百货商场。公司经过几年的发展，已经从最初的一个小商店变成了一个规模颇大并且利润颇丰的百货商店，整个家庭都参与了公司的各种活动。

罗宾•李亲自负责公司的日常管理，他频繁地与管理人员召开长时间的会议，每周至少在商店走动一次，观察各层次的员工并与他们保持联系。

他最担心的是沟通和激励，虽然他觉得在开会时，所有的管理者及职工都很认真地倾听自己，但他们后来的行为却使他疑惑他们到底是否理解了他的意思。他的许多政策和指导都得不到实施。看了收集到的一些反馈及交流信息，他发现一些管理人员承认自己并不知道公司的目标，但是他们相信如果某些信息沟通得当，他们会做得很好。大多数办事人员和行政人员都缺乏想象力和驱动力。他还担心公司员工的流动性，其中有一些员工还在竞争对手那里任职。

当女儿走进他办公室，以特别助理的身份开始工作时，他说："格雷斯，我的两个问题是沟通和激励，我知道你在大学的专业是管理，并且我也听过你谈及沟通的重要性。我在考虑你是否学到了一些知识，可以帮助我改善沟通，你对改善我们公司的生意有何建议？"

分析的问题：

1. 你将如何对罗宾•李先生所面临的问题进行分析？
2. 对于改善这种形势，你有什么建议？

(资料来源：bbs.kaoyan.com/t2820779p1)

【训练目标】

1. 培养分析所面对的有关沟通与激励问题的能力；
2. 培养针对管理中的实际情景进行沟通的能力。

【组织实施建议】

1. 建议在讲完管理沟通之后安排本案例分析；
2. 在课下准备，可安排 1 至 2 个课时集中讨论；
3. 每个人认真阅读分析案例，并搜集有关资料；
4. 由模拟公司组织小组讨论；
5. 每人写出发言提纲；
6. 以班级为单位组织讨论。

第八章

领　　导

【本章学习目标】

通过本章学习，读者应了解领导的含义、作用，领导者素质及领导集体构成；理解领导的影响力构成因素、领导的类型；掌握相关领导理论。

【导入案例】

郭宁当领导

郭宁最近被一家生产机电产品的公司聘为总裁。在他准备去接任此职位的前一天晚上，他浮想联翩，回忆起他在该公司工作 20 多年的情况。

他在大学时学的是工业管理，大学毕业后就到该公司工作，最初担任液压装配单位的助理监督。因为他对液压装配所知甚少，在管理工作上也没有实际经验，他感到几乎每天都手忙脚乱。可是他非常认真好学，他一方面仔细参阅该单位的工作手册，努力学习有关的技术知识；另一方面监督长也对他主动指点，使他渐渐摆脱了困境，胜任了工作。经过半年多时间的努力，他已有能力独自承担液压装配的监督长工作。可是，当时公司没有提升他为监督长，而是直接提升他为装配部经理，负责包括液压装配在内的 4 个装配单位的领导工作。

在他当助理监督时，他主要关心的是每日的作业管理，技术性很强。而当他担任装配部经理时，他发现自己不能只关心当天的装配工作状况，还得做出此后数周乃至数月的规划，还要完成许多报告和参加许多会议。他没有多少时间去从事他过去喜欢的技术工作。当上装配部经理不久，他就发现原有的装配工作手册已基本过时，因为公司已安装了许多新的设备，吸收了一些新的技术，这令他花了整整一年时间去修订工作手册，使之切合实际。在修订过程中，他发现要让装配工作与整个公司的生产作业协调起来还有很多需要进一步研究的工作。他还主动到几个工厂去访问，学到了许多新的工作方法，他也把这些用到修订工作中去。由于该公司的生产工艺频繁发生变化，工作手册也不得不经常修订，郭宁对此都完成得很出色。

他工作了几年后，不但自己学会了这些工作，而且还学会如何把这些工作交给助手去做，教他们如何做好，这样他可以腾出更多时间用于规划工作和帮助他的下属工作得更好，用更多的时间去参加会议、批阅报告和完成自己向上级的工作汇报。

当他担任装配部经理 6 年之后，正好该公司负责规划工作的副总裁辞职，郭宁便主动申请担任此职务。在同另外 5 名竞争者较量之后，郭宁被正式提升为规划负责工作的副总裁。他自信拥有担任此新职务的能力，但由于此高级职务工作的复杂性，他在刚接任时仍碰到了不少麻烦。但是，他还是渐渐适应了，做出了成绩，之后又被提升为负责生产工作的副总裁，而这一职位通常是由该公司资历最深的、辈分最高的副总裁担任。

到了现在，郭宁又被提升为总裁。他知道一个人当上公司最高主管职位之时，他应该自信自己有处理可能出现的任何情况的才能，但他也明白自己尚未达到这样的水平。因此，他不禁想到自己明天就要上任了，今后数月的情况会怎么样？他不免为此而担忧！

问题：你认为郭宁当上总裁后，他的管理职责与过去相比有了哪些变化？

(资料来源：wenku.baidu.com/view/4d19cdbfc77da26925c5)

第一节　领导概述

作为管理的一种职能，领导职能的作用主要是通过领导者的领导行为和领导方式，激励组织中的成员去完成组织目标。因此，如果说管理的组织职能主要是为组织目标设计一个有效的组织框架的话，那么可以说领导的职能主要是为了调动成员的工作积极性、主动性和创造性。它主要通过领导者的领导行为和领导方式来影响组织成员的行为，使组织成员能为实现组织的目标而共同努力。最好的计划和完美无缺的组织结构，如果没有有效的领导去统一该组织成员的行动，那么很有可能产生混乱，从而影响组织成效。

一、领导的含义

关于领导的含义不同的著作有不同的解释，本书把领导定义为一种影响力，是指挥或带领、引导或鼓励追随者为实现组织目标而努力的过程。这个定义包括以下几个要素。

(1) 领导者必须有追随者，没有追随者的领导者谈不上是一个领导者。

(2) 领导者拥有影响追随者的能力，这些能力包括组织赋予领导者的职位和权力，也包括领导者个人所具有的影响力。

(3) 领导的目的，是通过影响力来影响人们心甘情愿地努力达到企业的目标。

二、领导与管理

在字面上，“领导”有两种含义。一种是名词属性的“领导”，即“领导者”的简称；另一种是动词属性的“领导”，即“领导”是“领导者”所从事的活动。可见，领导和管理有着密切的关系。

从表面上看，管理者和领导者之间没有什么区别，在日常工作中人们通常将两者混为一谈，但实际上两者是有着本质区别的。好的领导和薄弱的管理不能产生好的效果，有效的管理但领导不力也不能达到组织的目标。

(一) 管理与领导的共性

从行为方式上看，管理和领导都是一种在组织内部通过影响和协调他人的活动，实现组织目标的过程。从权力的构成情况来看，两者也都是组织层级的岗位设置的结果。

(二) 管理与领导之间的区别

从本质上说，管理是建立在合法的、有报酬的和强制性权力基础之上的对下属下达命令的行为，下属必须遵循管理者的命令。在这个过程中，下属可能尽最大努力去完成工作任务，但也可以只尽一部分努力去完成任务，在企业实践中，后者是客观存在的。另外，管理是维持组织运行的既定规则和制度，它使组织得以正常运转，没有行之有效的管理，企业将在千头万绪中一片混乱，管理恰恰是给企业带来秩序和效率。而领导则不同，领导作为一种影响别人的能力，既是来自于职位赋予领导者的合法权力，但更多是来自于个人的影响权和专长权，这两种权力是与个人的品质和专长有关而与职位无关的。

因此，一个人可能既是管理者，也是领导者，但是，一个人是管理者，却不一定是一个领导者。在理想的情况下，所有的管理者都应是领导者，但是，并不等于说所有的领导者都处于管理岗位上。一个人能影响别人这一事实，并不表明他具有组织运行及岗位要求的管理能力，如计划、组织、领导、控制以及创新等。领导的本质就是被领导者的追随与服从，它不是由组织赋予的职位和权力决定的，而是取决于追随者的意愿。因此，有些有职权的管理者可能并没有部下的服从，也就谈不上是真正意义上的领导者。管理学意义上的领导者，是指影响他人并拥有管理权力的人。在21世纪的今天，企业面对的是日新月异的知识经济时代，技术进步一日千里，国家竞争愈演愈烈，这些都对领导者提出了更高的要求，需要其具备更强的能力，如敏锐的洞察力、果断的行动力、巨大的影响力等。具备这些素质的领导者，才能适时地推动企业的变革，不断适应新的环境变化，使企业立于不败之地。

三、领导的实质

(一) 领导实质上是一种对他人的影响力

即领导者对下属及组织行为的影响力。这种影响力能改变或推动下属及组织的行为，为实现组织目标服务。这种影响力也可称之为领导力量。领导者对下属及组织施加力量的过程就是领导的过程。

(二) 领导的基础是下属的追随与服从

领导者实施领导施加影响力，其基础在于下属的追随与服从，而且，这种追随与服从的程度越高，领导力量就越大。

领导活动形成一个封闭环，其实质就是领导与下属之间的影响与追随关系。一个有影响力和感召力的人才有可能产生领导力量，一个接受影响、能被感召的群体才会主动追随领导，服从支持领导的命令或意图去实现群体目标。

四、领导的作用

领导活动对组织绩效具有决定性影响，具体体现在以下4个方面。

(一) 指挥作用

有人将领导比喻为乐队的指挥，一个乐队指挥的作用是通过与演奏家的共同努力形成一种和谐的声调和正确的节奏。在组织的集体活动中，需要头脑清醒、胸怀全局、高瞻远瞩、运筹帷幄的领导者，帮助组织成员认清所处的环境和形势，指明活动的目标和达到目标的途径。领导就是引导、指挥、指导，领导者应该帮助组织成员最大限度地实现组织目标。领导者不是站在群体的后面去推动群体中的人们，而是站在群体的前列，指引组织的发展方向并促使人们前进并鼓舞人们去实现目标。

(二) 激励作用

组织是由具有不同需求、欲望、个性、情趣和态度的个人所组成的，因而组织成员的个人目标与组织目标不可能完全一致。领导的任务就是把组织目标和个人目标结合起来，引导组织成员满腔热情、全力以赴地为实现组织目标做出最大贡献。领导者为了使组织内的所有员工最大限度地发挥其才能，实现组织的既定目标，就必须关心、爱护、尊重员工，激发和鼓舞员工的工作斗志和热情，充分发掘员工的潜力，不断地充实和增强人们积极进取、奋发努力的工作动力。

(三) 协调作用

在组织实现其既定目标的过程中，人与人之间、部门与部门之间发生各种矛盾冲突及在行动上出现偏离目标的情况是不可避免的。领导者的重要任务就是协调各方面的关系和活动，保证各个方面都朝着既定的目标前进。

(四) 沟通作用

领导者是组织的各级首脑和联络者，在信息传递方面发挥着重要作用，是信息的传递者、监听者、发言人和谈判者，在管理的各个层次中起到上情下达的作用，以保证管理决策和管理活动顺利进行。具体沟通形式包括：信息的传输、交换与反馈，人际交往，关系融通和交流感情等。

五、领导者的影响力

组织行为学认为，要实现有效的领导，关键是领导者在被领导者心目中有崇高的威望，而威望的高低则取决于领导者自身具备的影响力的大小。

所谓影响力，就是一个人在与他人的交往中，影响和改变他人心理和行为的能力。影响力，人皆有之，但是由于交往的双方各自的知识、经验、能力、地位、权力等特点与条件不同，交往的环境不同，影响力所起的作用是大不相同的。人们的影响力大小是一个相对比较量。领导者在与他人交往中的影响力的大小，是由许多因素决定的，例如地位、权力、知识、能力、品格和资历等因素。作为一个有效的领导者，他必须对权力和影响力有正确的认识。一般人们把权力解释为一个人因有某种地位和素质而获得的一种力量，这种力量可用来影响别人，使别人根据他的劝告、建议或命令办事。

(一) 领导者影响力的分类

领导者的影响力包括两类：权力性影响力和非权力性影响力。这是两种产生于不同基础、发挥不同作用的影响力。

1. 权力性影响力也叫强制性影响力

权力性影响力是由社会赋予个人的职务、地位、权力等所构成的影响力。这种影响力的基础，一是在于“法定的”地位，正式组织中的上级主管部门赋予某个个人以一定的职务和权力，带有法定的性质，使被领导者认为领导者有合法权力指挥、支配人们的工作行为，自己必须听命、服从；二是在于其“奖惩权”，领导者掌握着奖惩权，接受其领导的就给予奖励，拒绝其领导的就予以惩罚，因此，人们只有服从。

权力性影响力的基础决定了其影响力的特点与作用，即对别人的影响带有强制性和不可抗拒性，是以外推力的形式发挥作用的，这种由于职务、权力、地位而产生的影响力，完全是外界赋予的，不是由于领导者本身的素质及现实行为所形成的，因而在权力性影响力作用下被影响者的心理与行为一般表现为被动服从。它对人的激励作用是十分有限的。如果领导者只是一味地以权力压制下属，还会造成下属的不满和反抗情绪的增强。

2. 非权力性影响力也叫自然性影响力

非权力性影响力与权力性影响力是相对的，它与法定的权力无关，而是由于个人自身的品德、才能、学识、专长等因素而对他人形成的影响力。任何一个人如果他具有高尚的品德、渊博的知识或者表现出某种出众的专长，都会使人爱戴、敬佩，都会产生这种影响力。

非权力性影响力取决于个人的品德、行为和学识专长等几个方面。品德高尚受人敬佩的人，其言行影响力的强度远在一般人之上。同样，博学多才、知识丰富的人比缺乏真知灼见、低能平庸的人更具有影响力。

由领导者个人自身因素而产生的影响力不是给人的行为改变以外推力的作用，而是对人们心理的自然感召，使之出自内心自愿改变行为。因此，非权力性影响力的特点是自然性，在这种影响力的作用下，人们的心理和行为多表现为自觉自愿、积极主动。同时，在具体活动中，它比权力性影响力具有更大的影响，并起着权力性影响力所起不到的作用。

(二) 领导影响力的构成

1. 权力性影响力

构成权力性影响力的要素主要包括：传统因素、职位因素和资历因素 3 个方面。

(1) 传统因素。传统因素是指人们对领导者的一种传统观念。自古以来，人们形成了一种观念，认为领导者总是不同于一般人，认为领导者有权、有才干，比普通人强，从而产生了对领导者的服从感，这就使领导者的言行增加了影响力。这种传统观念所产生的影响力普遍存在，只要你成了领导者，这种力量就自然而来。这是一种观念性因素。

(2) 职位因素。职位因素指个人在组织中的职务和地位。具有领导职务的人，社会赋予他一定的权力，而权力使领导者具有强制下级的力量，凭借权力可以左右被领导者的行为、处境、前途甚至命运，使被领导者产生敬畏感。领导者的职位越高，权力越大，别人对他的敬畏感也就越强烈。职位因素造成的影响力，是以法定为基础的，与领导者本人的素质条件没有直接关系，它是一种社会性因素。

(3) 资历因素。资历是指领导者的资格和经历。领导者的资格和经历对被领导者产生的心理影响叫资历因素影响。领导者的资历越深，影响越大，它是一种历史性因素。

显而易见，由传统因素、职务因素、资历因素所构成的影响力，都不是领导者的现实行为造成的，而是外界赋予的。它对下级的影响带有强制性和不可抗拒性。这种权力来自领导者所担任的职务，他有了这个职务，就有了这个职务法定的权力，下属不能随便不接受他的领导。因此，这种权力是一种位置权力或地位权力，它取决于个人在组织中的地位。这种影响力对被领导者的作用主要表现为被动服从。它的核心是权力。它对人的心理和行为的激励作用是有限的。

2. 非权力性影响力

非权力性影响力既没有正式的规定，也没有组织授予的形式，它是一种自然性影响力，是靠领导者自身的威信和以身作则的行为来影响他人的。非权力性影响力产生的基础比权力性影响力产生的基础广泛得多。构成非权力性影响力的因素主要包括品格因素、能力因素、知识因素和情感因素 4 个方面。

(1) 品格方面——这是非权利性影响力的重要前提。品格是指反映在人的一切言行中的道德、品行、人格、作风等的总和。这是非权利性影响力的本质要素。优良的品格会给领导者带来巨大的感召力，使群体成员对其产生敬爱感。一个适应社会的好的品格，常被人们作为典范来效仿。品格优良、作风正派的领导，必然带出一大批正直的下属。袁采说：“己之性行为人所重，乃可诲人以操履之祥。”一个领导应该懂得无论他(她)职位有多高，倘若在品格上出了问题，其政治威望(感召力或亲和力)就会荡然无存。

(2) 能力方面——这是非权利性影响力产生的重要内容。能力是指能够胜任某项工作的主观条件，这是非权利性影响力的实践性要素。人的能力是多方面的，如果一个领导能够在安排下属的工作中，避其所短，扬其所长，比如使下属的专长得到充分发挥，使本群体的各项工作更加井然有序，这就是领导者识人、用人的本领和能力。古人曰：“有才者不难，能善用其才则难”说的就是这样的道理。

(3) 知识方面——这是非权利性影响力产生的重要依据。知识是指人们在改造客观世界的实践活动中所获得的直接经验和间接经验的总和。这是非权利性影响力的科学性要素。知识是一个人的宝贵财富，是领导者领导群体成员实现群体目标的重要依据。丰富的知识会给领导者带来良好的感召力，会使下属对其产生依赖感。领导者如果具有某种专业知识，那么，必然会对他人产生影响，具备这种素质的领导要比不具备这种素质的领导，在行使权利上要顺利得多。

(4) 情感方面——这是非权利性影响力产生的重要纽带。情感是人对客观事物(包括人)主观态度的一种反映。这是非权利性影响力的精神性要素。领导人深入基层，平易近人，时时体贴关心下属，和下属同甘共苦，与下属建立良好的情感，就容易使下属对其产生亲切感，下属的意见也容易反映到领导处，从而在领导做决策时可以根据群众的工作情况和思想状况做出更科学、合理的决策。

一般来讲，任何领导都同时具有两种影响力，但对不同的人来说，两种影响力的大小却是各不相同的。对于权力性影响力相同的两个领导者来说，其威信的高低，主要取决于非权力性影响力。因此，要提高领导者的影响力与威信，一方面要合理用权，职权相称；另一方面要加强领导者的自身修养，全面提高个人素质，并且应使两种影响力互相促进、彼此呼应。一个能够将两种影响力综合运用的领导者，才是具有领导艺术魅力的人。

六、领导者应具有的 5 种习惯

习惯可以改变人的一生。虽然我们已经了解了许多提高自身素质的方法，但这些方法如果不能转变成自己的习惯，还是没有任何意义的。下面列举的是一名合格的领导者必备的 5 种习惯，这些习惯并不复杂，但作用却非常显著。如果您是一位领导者，或者您希望将来成为领导者，就应该从现在做起，努力培养这些习惯。

(一) 延长工作时间

许多人对这项习惯不屑一顾，认为只要自己在上班时间提高效率，就没有必要再加班加点。实际上，延长工作时间的习惯对领导者的确非常重要。

作为一名领导者，不仅要将本职的事务性工作处理得井井有条，还要应付其他突发事件，思考部门及公司的管理及发展规划。有大量的事情不是在上班时间内出现的，也不是在上班时间内可以解决的，这需要领导者根据公司的需要随时为公司工作。但是，在不同时期和不同情况下，领导者超额工作的方式也有不同。如为了完成一个计划，可以在公司加班；为了理清管理思路，可以在周末看书和思考；为了获取信息，可以在业余时间与朋友们联络。总之，领导者所做的这一切，可以使领导者更加称职，从而巩固领导者的地位。

(二) 始终表现出对公司及公司产品的兴趣和热爱

领导者在任何时候都应表现出对公司及其产品的兴趣和热爱，不论是在工作时间，还是在下班后；不论是对公司员工，还是对客户及朋友。当领导者向别人传播对公司的兴趣和热爱时，别人也会从领导者身上体会到他的自信及对公司的信心。没有人喜欢与悲观厌世的人打交道，同样，公司也不愿让对公司的发展悲观失望或无动于衷的人担任领导工作。

(三) 自愿承担艰巨的任务

公司的每个部门和每个岗位都有自己的部门及岗位职责，但总有一些突发事件无法明确划分到部门或个人，而这些事情往往还都是比较紧急或重要的。如果领导者是一名合格的领导者，就应该从维护公司利益的角度出发，积极去处理这些事情。面对艰巨的任务，领导者更应该主动去承担。不论事情成败与否，这种知难而上的精神都会让大家对领导者产生认同。另外，承担艰巨的任务是锻炼领导者能力的难得机会，长此以往，领导者的能力和经验会迅速提升。当然在完成这些艰巨任务的过程中，领导者有时也会感到很痛苦，但痛苦会让领导者成熟。

(四) 在工作时间避免闲谈

可能领导者的工作效率很高，可能领导者现在很累，但是一定要注意，不要在工作时间闲谈。在公司并不是每个人都很清楚领导者当前的工作任务和工作效率，所以闲谈只能让人感觉领导者很懒散或很不重视工作。另外，闲谈也会影响他人的工作，引起别人的反感。领导者也不要做其他与工作无关的事情，如听音乐、看报纸等。如果领导者没有事做，可以看看本专业的相关书籍，查找一下最新的专业资料等。总之，领导者必须让人感觉他在工作时间里的每一分钟都是充实和高效的。

(五) 向公司领导提出部门或公司的管理问题及建议

作为一名领导者，必须始终以领导者的眼光观察部门和公司所发生的事情，并及时将发现的问题归纳总结，向公司领导提出管理建议。当然领导者的上级可能不会安排领导者做这些事情，但领导者的管理能力却是上级考核领导者的重要内容。领导者必须让别人感觉到，他始终关心着公司的发展。除向上级提出管理建议之外，一些小的管理方法可以直接在部门内部实施。只要这些方法行之有效，提高了部门的工作效率，领导者的工作就会被肯定。

第二节　领导理论简介

一、人性的假设理论

领导是涉及组织中人的问题的职能，领导者为了有效地影响个人或群体达到组织的目标，就必须研究各种领导方式的效果。因此必须了解人，了解人性及人的行为模式，揭示人的活动规律，从而探索相关的管理方式。

多年来，人们提出了许多关于人的本性的理论。

(一) 从“经济人”到“复杂人”的假设

随着管理实践的发展，人们对管理中人性的认识也不断深化，先后经历了“经济人”假设、“社会人”假设、“自我实现人”假设、“复杂人”假设等阶段。

(1) “经济人”假设。“经济人”假设认为组织人的行为的主要目的是追求自身利益，工作动机是为了获得经济报酬。持“经济人”概念者认为，人的一切行为都是为了最大限度地满足自己的经济利益。人天生不愿意劳动、不愿意负责任，个人目标与组织目标是相互矛盾的。

最早提出“经济人”假设的，是英国早期的经济学家亚当•斯密。他认为，在自由经济制度中，经济活动的主体是体现人类利己主义本性的个人。每个人都在不懈地追求经济收入，同时不得不考虑别人的利益。在这样的过程中，建立起社会秩序，创造出财富。

泰罗把经济人假设作为他的科学管理体系的基石，他的一切管理制度，都着眼于如何根据工人的劳动量给予恰当的报酬。其认为企业中成员的积极性问题，都是由于经济上的原因。

(2) “社会人”假设。“经济人”假设不能解释企业中工人积极性波动的原因。在霍桑试验中，梅奥提出了“社会人”假设。这种假设认为，人的行为动机不只是追求金钱，工人有强烈的社交需求。如果工人在企业、家庭、社会中与他人关系不协调，其工作情绪就会受影响。因此，管理者要调动员工的工作积极性，不仅仅要靠物质利益，更重要的是要考虑工作中员工的社会心理需要的满足程度。管理者应重视工人在社会交往方面的需要，重视人际关系的协调等。

“社会人”比“经济人”假设更贴近劳动组织中工人的心理现状。企业管理实践表明了经济刺激手段的有限性。在“社会人”假设的基础上，建立了新的管理行为，其主要内容是：管理者应重视工作本身对职工需求的满足程度，重视工作团体对职工的影响；改变传统的任务导向型领导方式。

(3) “自我实现人”假设。随着管理实践的进一步发展，行为科学的盛行和马斯洛需要层次论的提出，又出现了“自我实现人”假设。该假设认为，人除了有社会交往需要外，还有充分发挥的欲望。

“自我实现人”假设和“社会人”假设都强调职工的心理需求，但需求内容不同。按照“社会人”假设，一个充满爱心、体贴的环境能激励工人努力工作，而按“自我实现人”假设，工人重视的是工作的挑战性，只要某项工作有利于他能力的发挥，达到他认为的自我价值的实现，哪怕是暂时的孤独、冷落，也不会打击其积极性。因为职工是出于对工作的热爱而努力工作的。在这样的理论指导下，出现了“目标管理”、“参与管理”等管理方式。

(4) “复杂人”假设。尽管“自我实现人”比“社会人”、“经济人”更切合实际，它们都从某一个角度反映了人的一些本质属性，具有其合理性。但仍不能完美地解释职工积极性源泉问题，一方面职工的价值取向多种多样，没有统一的追求；另一方面，同一个人也会变化，今天是“经济人”，明天可能追求良好的人际关系。因此，20 世纪 70 年代沙因(Schein)提出了“复杂人”假设。这种假设认为：人的需要是多种多样的，同一个人在同一时间内会有多种需要，并且会随着工作生活条件的变化不断产生新的需要。因此，不存在一套适用于任何时代、任何组织和个人的普遍有效的管理方式。

(二) X 理论和 Y 理论

在关于人性的研究中，有一个基本的分类，即人的积极性究竟是主动的还是被动的，实际上也就是“人究竟有没有积极性”，这个问题类似于哲学史上关于人性的善恶之争。倾向于性善论者认为，职工有内在的积极性，只要通过适当的激励方式，职工便会自觉地去实现组织目标；倾向于性恶论者认为，职工没有内在积极性，如果没有外在压力，他们是不会为组织做出贡献的。

1957 年，美国心理学家麦格雷戈(D. Mc Gregor)从理论上归纳了传统管理者的人性观。他认为传统管理者之所以对职工进行强制性管理，是因为他们受传统理论的指导，麦格雷戈把这种理论称为 X 理论。其要点是：

(1) 多数人生来懒惰，总想少工作；

(2) 多数人没有工作责任心，宁可被别人指挥；

(3) 多数人以我为中心，不关心组织目标；

(4) 多数人缺乏自制能力。

结论是，多数人不能自我管理，因此需要另外的少数人从外部施加压力。

麦格雷戈提出的 Y 理论认为：

(1) 工作和娱乐一样，都是人的活动，人是否喜欢工作要看工作条件如何；

(2) 人不仅会接受责任，而且会主动要求责任；

(3) 人能够自我控制和自我指导；

(4) 个体目标与组织目标没有根本冲突，若有条件，个体会自觉地把个体目标与组织目标统一起来。

显然以 X 理论和以 Y 理论为指导的管理方式正好是相反的。X 理论类似于哲学史上的性恶论，强调“人之初，性本恶，要他干，就得压”。Y 理论倾向于性善论，强调“人之初，性本善，引导好，努力干”。现代管理实践越来越倾向于 Y 理论。从 X 理论到 Y 理论的变化，与从“经济人”到“自我实现人”假设的变化趋向是一致的。

二、现代领导理论

(一) 领导特质理论

领导特质理论主要是研究领导者个人最有效的品质特征，即与领导过程的有效性相联系的领导者的品质特征和个人特性。

1. 传统领导特性理论

传统的领导特性理论认为，领导者的品质是与生俱来的，生来不具有领导特性的人，就不能成为领导者。1969 年美国心理学家吉普的研究认为，天才领导者具有以下 7 个条件：善言、外表英俊潇洒、智力过人、具有自信心、心理健康、有支配他人的倾向、外向而敏感。而美国心理学家斯托格狄尔等人认为，领导者的先天特征是：有良心、可靠、勇敢、责任感强、有胆略、力求革新进步、直率、自律、有理想、有良好的人际关系、优雅、身体健壮、智力过人、有组织能力、有判断力。

一个成功的领导者必须具有一些有效的品质特征，这是各种实践证明了的。但是，传统理论立足于“遗传决定论”的唯心主义观点，显然是错误的。事实上，人的许多品质是后天培养和训练形成的。

2. 现代领导特质理论

现代领导特质理论认为，领导是一种动态过程，领导者的品质特征是在实践中逐步形成的，可以通过教育培养造就。

美国企业界普遍认为，一个合格的领导者一般具有以下 10 种品质。

(1) 合作精神。能赢得人们的信任，愿意与他人一起工作，对人不是压制，而是说服或以情动人。

(2) 决策才能。决策时能依据客观事实，而不是凭借主观想象，并能高瞻远瞩。

(3) 组织能力。能发挥下级及广大职工的才能，善于组织人力、物力和财力。

(4) 精于授权。能大权独揽，小权分散，抓住大事，把小事授权给下属。

(5) 善于应变。能随机应变，不抱残守缺或墨守成规。

(6) 勇于负责。对上级和下级、产品和用户以及整个社会都抱有高度的责任心。

(7) 敢于求新。对新事物、新环境、新观念有敏锐的洞察力。

(8) 敢担风险。敢于承担企业亏损和不景气所带来的风险，对开拓新局面充满信心。

(9) 尊重他人。重视并采纳他人的合理意见，不武断妄行。

(10) 品德超群。个人品德高尚，为社会人士和企业职工所敬佩。

日本企业界要求领导者应当具有以下 10 项品德、10 项能力。

10 项品德为：使命感、信赖感、积极性、诚实、合作精神、进取心、忍耐、公平、热情、勇气。

10 项能力为：思维、决策能力、规划能力、判断能力、创造能力、洞察能力、劝说能力、对人的理解能力、解决问题的能力、培养下级的能力、调动积极性的能力。

美国管理学家吉塞利在《管理才能探索》一书中就领导个人品质对有效领导的重要性进行了研究。他认为领导者的智力极高或极低都会削弱领导效果，领导者的智力水平与下属不应该过分悬殊。其结果如表 8-1 所示。

表 8-1 个人品质对有效领导的重要性

重要性	个人品质特征
非常重要	督察能力 首创精神 职业成就感 才智 自我实现 自信心 决断能力
中等重要	对工作稳定性的需要 适应性 对金钱奖励的需求 成熟程度
最不重要	性别(男性或女性)

领导特质理论的后期研究，摆脱了对具体因素的分析，只是提出一些思考的原则。美国管理学家本尼斯指出，有效的领导者应该按照以下准则去塑造自己。

(1) 必须扩展自身的素质范围与强度，以弥补不足之处。

(2) 必须是追求尽善尽美的理想主义者，应该具有良好的素质基础，当工作向其提出较高的素质要求时，不至于出现那种束手无策的局面。

(3) 必须具有对事物的认识和理解能力，善于从过去看到现在，从现在预测将来，这是一种超前意识。

(4) 必须具有冒险精神和牺牲精神，尽可能地走在工作的前沿，担负起组织带头人的使命。

(5) 必须善于对事物做出判断，学会怎样去迅速获取、处理信息，并使之进入自己已经掌握的信息系统之中。

(6) 必须是一个“社会建筑师”，其功能在于使组织具有社会文化的特征，建立起组织所特有的“工作文化和组织文化”环境。

(7) 必须进行有效的人群管理，必须正确地认识和评价自己，认识自己是领导人这一基本出发点。

(二) 领导行为理论

由于领导特质理论的缺陷，在解释领导行为有效性问题上出现了困难，于是人们把研究重点转到领导的行为本身，谋求从工作行为的特点来说明领导的有效性，从而产生了领导行为理论。领导行为理论侧重于对领导行为的分析，它关心的两个基本问题是：第一，领导是怎么做的，即领导的行为表现是什么？第二，领导是以什么方式领导一个群体的？

1. 领导作风理论

领导作风亦称领导风格，是领导在实施其职能进程中所表现出的特点和倾向。该理论的创始人是社会心理学家勒温。他以权力定位为基本变量，把领导者在领导过程中表现出来的极端的领导作风分为以下 3 种类型。

(1) 专制型领导作风。这是一种由管理者个人决定一切，靠命令组织实施，并对员工实行严格监督控制的领导行为方式。这种领导行为独断专行，依靠强权迫使下属被动地执行，下属没有选择和发挥的自由，是一种“管、卡、压”式的简单领导方式。这种领导的权力完全来自于职位，没有权威可言。

(2) 民主型领导作风。这种风格的领导者讲求民主，在决策前与下属员工民主协商，并广泛采纳各方面意见，在布置任务时以协商态度面对下属，在执行时给下属以充分的自由发挥空间。这种方式的优点是能够最大限度地调动下属的积极性和主动性，使上下级关系融洽，增强组织的凝聚力。这种领导的权力来自于领导个人的人格魅力和权威。这是一种最佳的领导风格。

(3) 放任型领导作风。这种领导方式是管理者把一切权力放给下属，对决策和实施放任不管，从决策到执行都由下属自行决定，对下属既没有指导，又没有约束。领导没有权威亦没有责任心，这种领导只是个摆设，或是能力不强，或是不愿意当领导，实际生活中很少有典型的放任型领导。

勒温指出，在实际工作中，很少有领导完全表现出某一种风格特征，往往介于这三种类型之间，表现为混合型风格即家长式风格、多数裁定风格和下级自决风格。

2. 领导行为四分图理论

美国俄亥俄州立大学教授斯多基尔、弗莱西曼和他们的同事，在对领导效能进行大量研究的基础上，提出了领导行为 4 分图，如图 8-1 所示。根据这样的分类，领导者可以分为 4 种类型：即高结构—高关怀、低结构—高关怀、高结构—低关怀、低结构—低关怀。“创立结构”是指把重点放在完成组织绩效的领导行为，如任务规定明确，组织分明，职责清晰，并使用职权去监督和促使绩效目标的实现，这是一种重视任务的领导行为。“关怀体谅”则是指信任尊重下级员工，关爱员工，关怀员工的个人福利与需要，上下级沟通对话并鼓励下级参与决策的制定，这是重视下级员工及人际关系的领导行为。

3. 管理方格理论

管理方格理论是美国管理学家罗伯特•布莱克和简•穆顿于 1964 年提出的。他们从对人的关心和对工作的关心两个方面去研究领导风格，通过 99 方格图加以表述，从而创立管理方格理论，如图 8-2 所示。横坐标表示管理者对工作的关心程度，纵坐标表示管理者对人的关心程度；纵横两个方向又分 9 格表示不同的关心程度，纵横 9 格交叉构成 81 个方格，每个方格都代表领导对人和对工作的关心的不同组合。下列 5 种为典型风格。

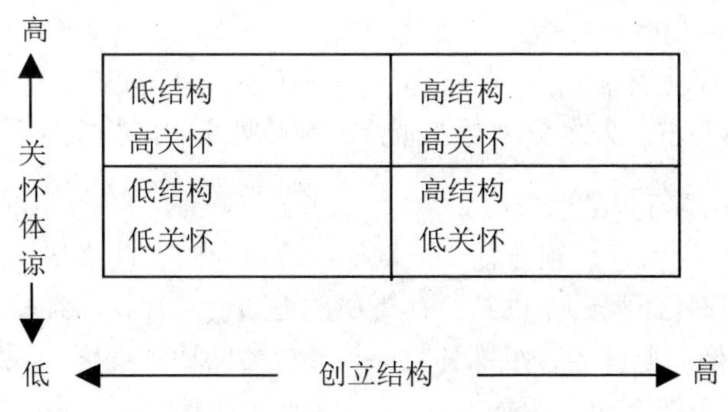

图 8-1　领导行为四分图

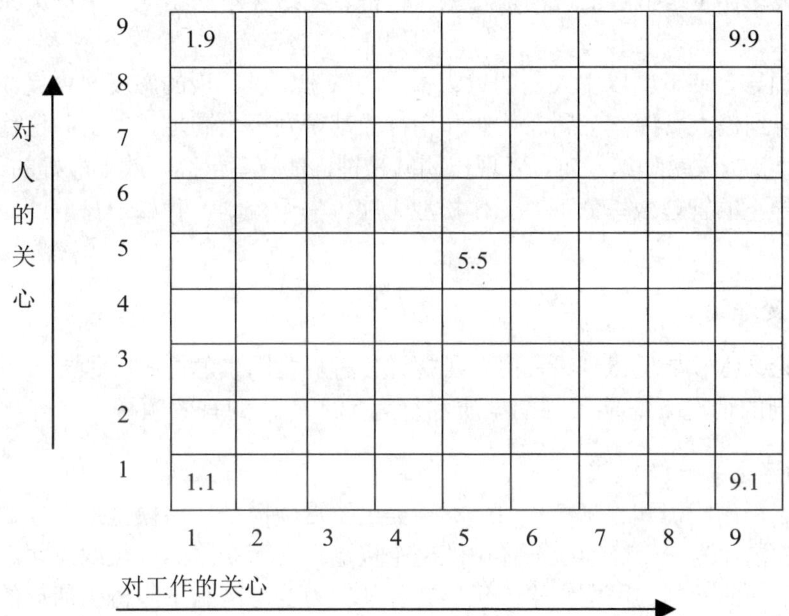

图 8-2　管理方格图

(1) 贫乏型(1.1)。领导者对人与工作皆不关心，放任自流，既对工作完成不利，又不能处理好与下属的关系，这是一种放任型的管理方式，不可取。

(2) 专制型(9.1)。领导者只注重工作与效率，不关心下属的个人因素，不利于调动下属的积极性，进而影响工作效率。

(3) 俱乐部型(1.9)。领导只关心下属，而不关注工作本身，尽管营造出宽松的环境及和谐的人际关系，但很少协调下属为完成工作而努力。

(4) 团队型(9.9)。领导者高度关心工作，同时也高度关心人。领导者通过调动每个员工的工作积极性，使他们自觉自愿地为实现组织目标而团结协作，在完成工作任务的同时也实现其自身价值。

(5) 中间型(5.5)。领导者对工作和人都是一般程度的关心，他在完成工作任务和维持一定的团队士气中寻求平衡。

管理方格理论在应用时要注意：既要关心人，也要关心工作，忽视任何一方都会影响组织目标的有效实现；要根据不同环境和条件而有所侧重两个“关心”。9.9是领导者追求的目标，5.5是合格领导的基本要求。大多数领导者所持的都是处于中间状态的各种混合型领导方式。

4. 领导风格对下属行为的影响

(1) 影响领导风格的因素。领导者个性特征：价值取向、性格特征、行为习惯、兴趣爱好和对下属的信任程度。下属的个性特征：下属的追随度、知识、经验、技能、责任感、进取精神、与领导的性格形似性等。组织环境：领导权力的稳固程度、规章制度的完善与执行情况、企业文化、工作性质和工作环境等。

(2) 领导风格对下属行为的影响。专制风格的领导可能使组织目标最终完成，但员工的工作态度是消极被动甚至是抵触的，消极怠工、跳槽、纠纷会不断出现，干群关系、劳资关系会被激化升级。

民主风格的领导会使下属以主人翁的意识去参与管理，以积极的态度努力完成工作，下属的主观能动性得到极大发挥，下属在物质和精神上都得到极大满足。员工队伍稳定、干劲十足，干群关系和劳资关系和谐稳定，表现出团队精神，是效率最高、效果最好的一种模式。

放任风格领导下的管理效率低下，工作松散无序，失于控制，犹如一盘散沙，没有凝聚力和向心力。

(三) 领导权变理论

领导权变理论又称领导情景理论，主要是探讨各种环境因素怎样影响领导者行为及其有效性，认为在不同的情况下需要不同的素质和行为，才能达到有效领导。

1. 领导行为连续统一体模式

美国管理学家坦南鲍姆和施米特于 1958 年提出了这个模型。该模型把专制的领导行为和民主的领导行为描述为一个连续统一体中的两个极端点，而在这两个极端点之间，领导行为又存在着多种不同的专制与民主水平，领导者行使权力的范围与下级自由活动的范围，形成了一方得益，另一方则损失的复杂关系。图 8-3 中从左到右呈现的是领导者行使越来越少的职权，而下属人员得到越来越多的自主权，模型中列举了 7 种有代表性的领导风格。

领导行为连续统一体理论描述了从主要以领导者为中心到主要以下属为中心的一系列领导方式的转化过程，这些方式随领导者授予下属的权力大小的差异而不同。这一理论很好地说明了领导风格的多样性和领导方式所具有的因情况而异或随机相宜的性质。

坦南鲍姆和施米特认为，7 种领导方式不存在哪一种是正确的，或哪一种是错误的。人们究竟应当采取哪一种领导方式，不能一概而论，应主要考虑领导者方面的条件、下属方面的条件和组织环境方面的条件。领导者应该根据具体的环境，如历史条件、问题性质、工作的时间性等因素，采取灵活的态度，适当地选择某种水平的专制与民主统一形式来实施领导行为，以期提高领导活动的有效性。

坦南鲍姆和施米特的领导行为连续统一体理论对管理工作的启示如下。

首先，一个成功的管理者能够敏锐地认识到在某一个特定时刻影响他们行动的各种因素，准确地理解自己，理解他所在领导群体中的成员，理解他所处的组织和社会环境。

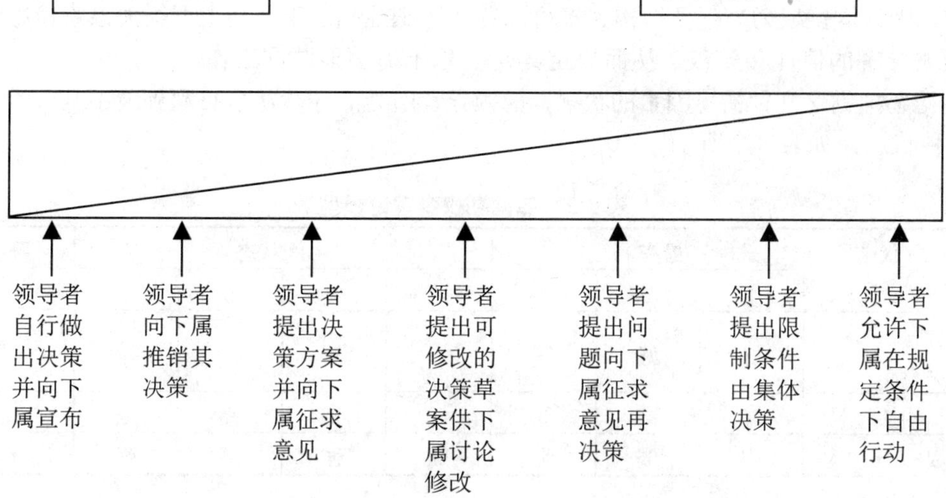

图 8-3 专制—民主连续统一体模型

其次，一个成功的领导者必须能够认识和确定自己的行为方式，即如果需要发号施令，他便能发号施令；如果需要员工参与和行使自主权，他就能为员工提供这样的机会。

这一理论的贡献在于不是将成功的领导者简单地归结为专制型、民主型或放任型的领导者，而是指出成功的领导者应该是在多数情况下能够评估各种影响环境的因素和条件，并根据这些条件和因素来确定自己的领导方式和采取相应的行动。

2. 菲德勒的权变模式

美国管理学家菲德勒认为，领导工作是一个过程，在这个工作过程中，领导者施加影响的能力取决于群体的工作环境、领导者的风格和个性，以及领导方法对群体的适合程度。按照菲德勒的理论，人之所以成为领导者，不仅仅是由于他的个性特征，而且还由于各种环境因素、追随者特征以及领导与环境之间的相互作用。领导者的特征主要是指领导者的个人品质、价值观和工作经历。追随者的特征主要是指追随者的个人品质、工作能力和价值观等。环境主要是指工作特征、组织特征、社会状况、文化影响、心理因素等。工作性质、组织的规章制度和社会时尚等都会对领导方式产生强烈的影响。菲德勒同时还提出，对领导者工作影响最大的 3 个基本因素是职位权力、任务结构和上下级关系。

(1) 职位权力。是指与领导人职位相关联的正式职权以及领导者从上级和整个组织各个方面所取得的支持的程度。职位权力是领导对其下属的实际权力，包括领导者的法定权、强制权、奖励权等的大小。当领导者拥有一定的明确的职位权力时，则更容易使群体成员遵从他的指挥和领导。

(2) 任务的结构性。是指指导任务的明确程度和部下对这些任务的负责程度。当下属人员对所承担的任务的性质清晰明确而且任务规范化，则领导者对下属人员较易控制。当然，群体成员也有可能对自己所承担的任务的性质模糊不清或其任务多有变化，这时领导者就能更好地担负起他们的工作职责。

(3) 领导者与下级的关系。菲德勒认为，从领导者的角度看，领导者与下级的关系是最重要的。因为职位权力与任务结构大多可以置于组织控制之下，而上下级关系直接影响下级对上级领导者的信任和爱戴，从而决定其是否乐于追随他共同工作。

菲德勒根据这几种情境因素的状况，把领导者所处的环境从最有利到最不利分为 8 种类型、3 种状态，如表 8-2 所示。

表 8-2 菲德勒权变理论模型

状态 情境	最有利			中间状态				最不利
	1	2	3	4	5	6	7	8
领导者与下属关系	好	好	好	好	差	差	差	差
任务结构性	高	高	低	低	高	高	低	低
职位权力	强	弱	强	弱	强	弱	强	弱

菲德勒认为，对于各种领导情景而言，只要领导风格能与之适应，都能取得良好的领导效果。在对领导者最有利和最不利的情况下(例如 1、2、3、8)，采用任务导向型领导方式，其效果较好；在对领导者中等有利的情况下(例如 4. 5)，采用关系导向型领导方式，效果较好。另一方面，领导行为与领导者的个性是相联系的，所以领导者的风格是相对稳定的。要提高领导有效性，只有两条途径：替换领导者以适应环境；改变环境以适应领导者。

菲德勒主张，提高领导的有效性应从两方面着手：一是先确定工作环境中哪种领导者工作起来更有效，然后选择具有这种领导风格的管理者担任领导或通过培训使其具备工作环境要求的领导风格；二是先确定某管理者习惯的领导风格，然后对他所处的工作环境即上下级关系、任务结构性、职位权力等方面做改变，使新的环境适合领导者自己的风格。菲德勒认为，前者是传统的人员招聘和培训方式，后者可能比前者更容易做到。这说明，组织设计和变革可能成为一种非常有用的工具，使得管理阶层的领导潜能得以更充分利用和发挥。

3. 领导生命周期理论

这一理论由美国心理学家赫塞和布兰查德于 1966 年提出。该理论同样认为关心人和关心工作决定领导风格，但是，他们又提出第 3 个影响因素，即被管理者的成熟程度。他们把被管理者按成熟程度分为 4 个阶段，即很成熟、比较成熟、初步成熟和不成熟。面对不同成熟度的被管理者，领导风格要做相应的调整，用最适合的风格去领导下属。如图 8-4 所示。

图 8-4 中，工作行为是指领导和下属为完成任务而形成的交往形式，代表领导者对下属完成任务的关注程度。关系行为是指领导者给下属以帮助和支持的程度。成熟程度，是指人们对自己的行为承担责任的能力和意愿的大小，它包括两个因素：工作成熟度和心理成熟度。

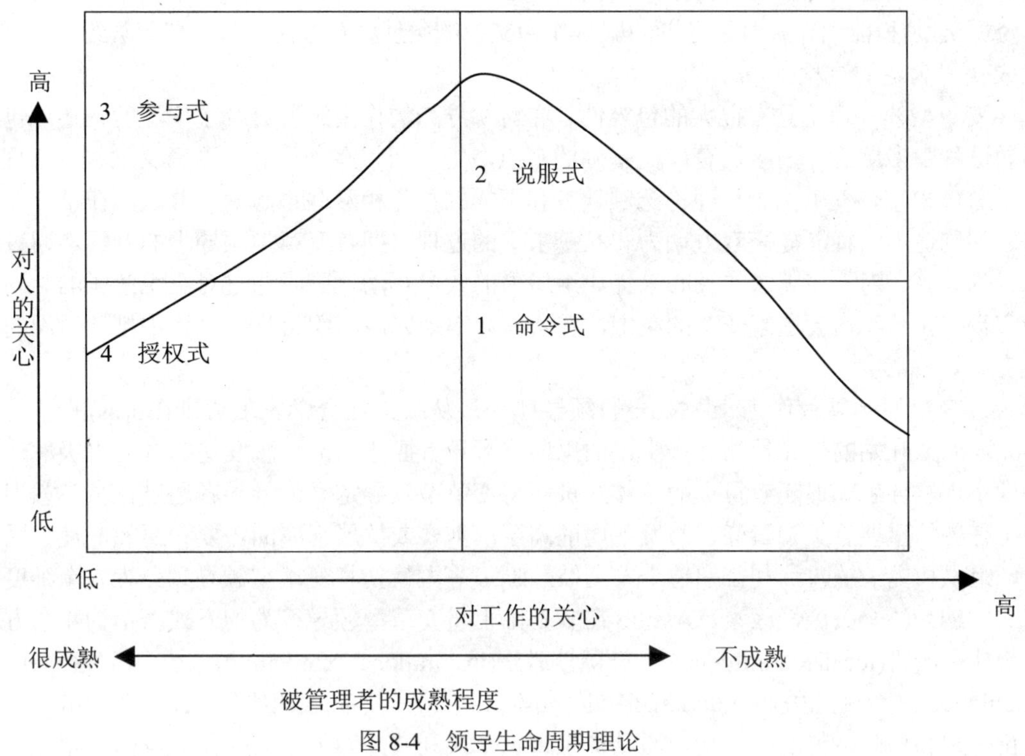

图 8-4 领导生命周期理论

三、当代领导方式研究的新成果

1. 领袖魅力型领导

根据德国社会学大师 Max Weber 的定义，魅力型领导就是“基于对一个个人的超凡神圣、英雄主义或者模范性品质的热爱以及由他揭示或者颁布的规范性形态或者命令”的权威。在这种权威类型下，具有克里斯玛(charisma)的领袖的魅力超出了人们的日常生活，他将这种魅力定义为“存在于个体身上的一种品质，超出了普通人的品质标准，因而会被认为是超自然所赐，超凡的力量，或者至少是一种与众不同的力量与品质”。这些品质普通人难以企及，往往被视为超凡神圣和具有模范性质，或者至少他们会将具有这种魅力品质的人视为领袖。由于这种魅力超出了人们的正常生活，所以它难以用理性、美学或者别的观点加以解释。具有超凡魅力的人有化繁为简的高超能力(如：马丁·路德金用一句“我有一个梦想”就表达了无穷深意)；他善于利用符号、类比、比喻以及故事进行沟通和交流；他无畏风险，是一个天生的乐观主义者；他具有强烈的反理性、反传统色彩，往往被视作异端。

2. 变革型领导

变革型领导是继领导特质论、领导行为论、领导权变论之后，在 20 世纪 80 年代由美国政治社会学家詹姆斯·麦格雷戈·伯恩斯在他的经典著作《领袖论》中提出的一种领导类型。伯恩斯认为传统的领导可以称为一种契约式领导，即在一定的体制和制度框架内，领导者和被领导者总是进行着不断的交换，在交换的过程中领导者的资源奖励(包括有形资源奖励和无形资源奖励)和被领导者对领导者的服从作为交换的条件，双方在一种“默契契约”的约束下完成获得满足的过程。

变革型领导理论具有很大的包容性，它对领导力的作用过程进行了广泛的描述，包含了领导过程中多层次多角度已有广泛基础的观点，是一门很有理论和实践意义的领导学理论。

总体来说，变革型领导理论把领导者和下属的角色相互联系起来，并试图在领导者与下属之间创造出一种能提高双方动力和品德水平的过程。拥有变革型领导力的领导者通过自身的行为表率、对下属需求的关心来优化组织内的成员互动。同时通过对组织愿景的共同创造和宣扬，在组织内营造起变革的氛围，在富有效率地完成组织目标的过程中推动组织的适应性变革。

“变革型领导”作为一种重要的领导理论是从政治社会学家伯恩斯(Burns)的经典著作*Leadership* 开始的。在他的著作中，伯恩斯将领导者描述为能够激发追随者的积极性从而更好地实现领导者和追随者目标的个体，进而将变革型领导定义为领导者通过让员工意识到所承担任务的重要意义和责任，激发下属的高层次需要或扩展下属的需要和愿望，使下属为团队、组织和更大的政治利益超越个人利益。Bass 等人最初将变革型领导划分为 6 个维度，后来又归纳为 3 个关键性因素，Avolio 在其基础上将变革型领导行为的方式概括为 4 个方面：理想化影响力(idealized influence)、鼓舞性激励(inspirational motivation)、智力激发(intellectual stimulation)、个性化关怀(individualized consideration)。具备这些因素的领导者通常具有强烈的价值观和理想，他们能成功地激励员工超越个人利益，为了团队的伟大目标而相互合作、共同奋斗。

3. 后英雄式领导

其认为在这个复杂年代，假设一位伟大的高阶主管能解决所有的问题，是很愚蠢的一种想法。没有一个人能够处理今日所有的快速变化、竞争威胁，以及日益扩大的顾客需求。有效的领导必须遍及整个组织，不是只依靠一两位超级明星主管。如果没有完全投入、充分合作、主动的追随者，就不可能产生伟大的领导，因此领导者就是要协助部属获得成功，给员工应得的荣誉，让他们成为英雄。简而言之，后英雄式领导主张组织之领导者与部属是相互影响的，且成员人人都是领导者并彼此共享责任，此一领导理论之内涵与前述后工业社会的领导典范、分享式的人力资源管理及领导理论的发展趋势均有相呼应之处。

第三节　领导者的修养与艺术

一、领导者的修养

一个领导者要做好领导工作，完成自己的工作职责，除了要掌握领导理论、沟通与激励的方法外，还要强调领导者应具有的素养。所谓素养一是指素质；二是指修养。素质主要侧重于天赋、资质；修养主要侧重于后天的学习、锻炼，这里主要论述修养的问题。

一个有修养的领导者，能极大地改善领导者与被领导者之间的关系。领导者的修养甚至比单纯的知识更重要，因为某些行为方式是可学到的，是可以熟练地被运用的。领导者的修养内容如下。

(一) 知识是领导者的工作基础

21 世纪是一个创新知识、创造思想的新世纪。知识是人们思想、思考、思维的基础，是人们创新的非常重要的因素。领导者应是永远的学习者和思考者。今天，各种新知识不断涌现，各种新思想层出不穷，领导者需要学习、思索的东西很多，但重要的是怎么学和怎么想。领导者必须学会学习，学会思考，学会创新，进而才能学会生存，学会发展。

任何创造都离不开知识，任何知识也离不开创造，领导过程同样离不开创新的知识、创新的思想。领导者只有从实际出发，创造性地学习，创造性地思考，创造性地应用，才能真正取得和掌握领导者所需要的知识，才能在领导实践中发挥应有的功效。

在目前的市场竞争中，仅靠过去的资本，仅靠传统的知识、传统的经验来领导组织，已经远远不够了。因此说，仅有经验是不够的，因为经验已经被时代不断淘汰，所以，每一个领导者都应该不断地从当今时代获得知识来丰富思考，不断从思考中发现规律，认识事物的本质，从而指导好组织的正确发展。

(二) 思想是领导者的最大资本

思想是每个领导者的最大财富，也是组织的最宝贵资产。未来社会的财富与资源，毫无疑问，会掌握在那些有头脑的人的手中。在以智力为支撑的知识经济时代，财富和权力再分配完全取决于人们所拥有的知识、信息和智力。作为现代企业的领导者，不仅要具备一般领导者的才干与能力，更要有一个富有思想、知识、信息的智慧头脑。他们不仅要有管理者和战略家的胆识和眼光，还要有思想者和艺术家的创新思维和创新行为。

一个领导者，尤其是新上任的领导者，与下属之间的关系是非常微妙的。假如一上任就以自己独特的思想魅力“镇”住了下属，那么在以后的领导过程中，下属必定心服口服，唯领导者马首是瞻。反之，如果下属看不出你在思想上有什么高明的地方，便不会服从领导者，导致领导者的领导过程困难重重。

在知识经济时代的市场竞争中，企业靠什么去竞争？靠什么去夺取和掌握主动权和优势？首先要靠领导者的思想。在知识经济时代，两军相逢，智者胜。“智”就是谋略，就是思想。今天，思路决定出路，思想决定发展。一个领导者拥有新思路才能使组织有新出路；有新思想，才能使组织有新发展。当组织完成由低级到高级、由传统到现代的转变之后，领导者首先应当作的就是：以思想制胜，以思想夺取发展空间，求得发展。因此，领导者的头脑就是今天企业生存与发展最重要的资本。

(三) 热忱是领导者力量源泉

一个热忱的企业领导者，无论从事什么工作，不论是处于顺境还是逆境，他都会认为自己的工作是一项神圣的天职，并怀着浓厚的兴趣工作。对自己的工作充满热忱的领导者，不论工作有多少困难，始终会用不急不躁的态度去进行。只要抱着这种态度，任何领导者都一定会成功，一定会达到预定的目标。爱默生说过：“有史以来，任何一项伟大的事业都是因为热忱而成功的。”事实上，这不是一段单纯而美丽的话语，而是迈向成功之路的路标。

热忱是一种意识状态，能够鼓舞及激励一个领导者对手中的工作采取行动。不仅如此，它还具有感染性，不只对其他热心人士产生重大影响，所有和他有过接触的人也将受到影响。热忱和人类的关系，就好像内燃机和火车头的关系，它是行动的主要推动力。比较完美的领导者就是那些知道怎样鼓舞他的追随者并使其产生热忱和激情的人。

一个领导者充满了热忱，下属就可以从他的眼神里，从他的勤快、感动人心而受人喜爱的为人中看得出来，从他的步伐中看得出来，还可以从他全身的活力中看得出来。充满热忱是成功的领导者共有的美德和魅力基因。

(四) 魅力是领导者的个性体现

现代领导者是美的生活的组织者、引导者、感受者和创造者，作为领导者首先应该是美的化身。以貌取人固然不可取，但美的风度有利于提高组织领导者的威望则不容置疑。领导者的威望来源于他崇高的理想、高尚的情操、博大的胸怀、坚强的意志和卓越的领导才能，而这些内在素质如果通过某些外在形式如仪表形象反映出来，便成为领导者的特有风度，使之有相对独立的意义。

领导者的形象除了展示个人的气质风度，对所从事的事业也有很大的帮助。领导者的形象具有双重性，一方面是他本人形象的体现；另一方面又是他所领导的组织的象征。领导者形象不同，给人留下的他所领导的组织的形象自然也不同。领导者在与社会公众打交道，参加各种社交活动时展现出来的端庄整洁、彬彬有礼的形象，会使人们感到其所在组织的整体形象，而这种整体形象又有助于该组织事业的发展。

二、领导艺术

现代社会中的组织，常常是一个由多种因素组成的比较复杂的社会性组织。它不可能脱离整个社会。因此，组织对领导者的领导方法提出了更高的要求，同时也决定了领导者的工作在很大程度上是创造性的。领导艺术就是富有创造性的领导方法的体现。在履行领导职能的过程中，科学是与艺术相互结合、彼此交织在一起的。领导者要具备灵活运用各种领导方法和原则的能力与技巧，才能率领和引导广大员工克服前进道路上的障碍，顺利实现预定的目标。

领导艺术的内容，目前尚无统一的看法，归纳起来，大体上有3种：一是把其视为履行职能的艺术，主要包括沟通、激励和具体指导的艺术；二是决策艺术、授权艺术、用人艺术等；三是把它视为提高领导工作有效性的艺术。除了上述内容外，还包括正确安排自己的工作和时间，处理好各方面的关系，以及吸引员工参与管理等。这里重点介绍以下几种领导艺术。

(一) 授权艺术

领导者在进行授权时，要选择合理的授权方式；依据授权留责、视能授权、明确责权任务的目标、适度授权、适度的监督控制、防止放任自流或过细的工作检查、逐级授权及防止反向授权等原则。

具体来讲就是要根据实现组织目标的整体要求及各个部门、各人员职能、任务，科学合理地分配权力，使各个层次都拥有完成任务或目标所必需的足够的权力；上级不要越级指挥，不要干预下级职权范围内的工作，上级不能运用最终控制权来剥夺下级的职权；要通过科学、明确的制度规范体系来保证权力的配置；要建立明确的权责制度，将权限明晰化，真正落到实处。下级拥有了完成任务的权力，就能按照自己的意图独立自主地进行工作，就会得到一种信任感和满意感，从而充分调动和发挥下级人员的积极性、主动性和创造性，并有利于培养和锻炼下级，不断地提高下级的管理能力和综合素质。同时使领导者从日常事务中超脱出来，集中处理重要的决策问题，最终促进组织目标的更好实现。

(二) 决策艺术

在非程序化(或非常规化)的决策过程中，领导者的主观决策技能起着重要的作用。人们在一定经验的基础上，对未来事件的判断具有远见和洞察力，主要表现在及早察觉组织发展中的有利及不利条件，依靠自己的周密考虑和集中群众的正确意见，做出既有事实根据又先于别人想到的不寻常的战略决策，促使组织取得重大的成就与改进。

(三) 用人艺术

在充分了解和发挥员工长处的基础上，把工作的需要和个人的能力、兴趣和爱好等很好地结合起来，使每个员工在各自的工作岗位上兢兢业业，积极进取；把每个人的长处与组织的目标很好地结合起来，使每个员工的长处同集体和别人的长处相得益彰，使每个人的短处同集体和别人的长处结合起来而不至于有损于组织；在组织中创造一种气氛，凡能做出显著成绩的人，都会受到应有的尊重和提拔；能顺利履行职责，依靠和运用平凡人的聪明才智做出不平凡的业绩，促使组织目标实现。这些就是用人艺术的具体体现。领导者在用人时应遵循的基本原则是：合理选择、知人善任；扬长避短、宽容待人；合理使用、积极培养。

(四) 指挥和激励的艺术

这主要是指在实践中树立和维护必要的权威，使员工自觉地团结在领导者的周围，并接受其指挥；在管理过程中，善于运用各种通信手段进行沟通，认真听取下属和他们实践的信息，及时对下属人员进行必要的教育或发布必要的指令，指令的内容力求切合实际，详略深浅适度，方法和形式能为有关人员所理解和乐于接受；根据加强思想政治工作教育和物质利益原则的精神，使组织中的工作和奖励制度、方法能适应广大职工多种多样的、经常变化的需要，进而起到维护纪律、鼓舞士气、充分挖掘潜力、克服各种困难的作用。

(五) 集中精力抓主要环节的艺术

在组织各项生产、工作的任务中，找出对实现组织目标具有重要作用的某项工作或某个环节；在突出重点的基础上统筹全局，正确决定每个时期及阶段的工作秩序，科学地分配自己的时间和组织资源，并把这种决定坚持贯彻下去。

(六) 领导变革的艺术

组织在发展过程中不断革新技术，改进管理，必然引起人们的思想认识和组织行为的变革。领导者应做到因势利导，正确处理变革过程中革新与守旧的矛盾，达到既促进变革又稳定局面的目的。领导艺术建立在领导者个人的经验、素质和洞察力的基础上。认真研究领导艺术，有助于提高工作的有效性；有助于加深领导者和员工的关系。在这样的环境中，将能够创造一个既有集中，又有民主，既有纪律，又有自由，那样一个崭新的局面。对任何国家、任何组织来说，领导艺术对办好一个组织都起着决定性的作用。

(七) 合理安排时间的艺术

"时间就是金钱，效率就是生命"这是妇孺皆知的经典语句，时间对很多人来讲都是非常宝贵的，对引领着一个团队的企业领导者来讲就更加重要。然而，在实际工作中，许多领导者经常抱怨自己的时间不够用，甚至有些领导者利用自己90%的时间来解决公司内部的混乱与矛盾。仅用10%的时间来思考公司的发展思路和企业的核心竞争力，这显然是不够的。一个卓越的领导者需要科学合理地安排自己的时间，而时间的管理效率基本上决定了领导者的事业理想能否实现。所以领导者必须在研究本国以及全球发展趋势、调整企业核心竞争力和企业战略、充电学习、了解市场信息、与战略伙伴交流、与客户沟通、与企业的核心团队和人才沟通、传播企业文化、处理内部事务和危机等各个方面进行合理的时间分配，这样才能使企业的各项工作有条不紊地进行，最终实现企业的目标。

【趣味阅读】

领导班子应具备的合理结构

领导班子的结构，实际上就是领导成员之间年龄、知识、阅历、风格等差异性的搭配和组合，科学、合理的结构应该是各成员个性充分发挥，差异性得到统一的组合体。不同的视角，有不同的种属归类。这里，按干部考核的习惯和传统，分成以下几种类型。

(一) 梯形的年龄结构

领导班子梯形年龄结构，是指各级种类领导班子，应是由有适当比例的不同年龄区段的干部构成的整体。一般来说，一个合理的领导班子的年龄结构，应该是老、中、青三代结合，由阅历较多、经验丰富、深谋远虑、善于观察形式把握方向的老干部，精力充沛、思路开阔、反应敏捷、有开拓创新精神的中年干部，奋发有力、虚心好学、竞争心强、生气勃勃易于接受新生事物和新思想的青年干部，组成一个具有合理年龄梯次的整体。

(二) 合理的专业知识结构

领导班子的专业知识结构，是指将具有较高的文化知识和专业知识水平的领导成员，进行合理组合，达到互相补充，使整个领导班子成为具有综合业务能力的群体。这里所说的知识，既包括书本知识，也包括实践经验知识。

(三) 较好的智能结构

所谓的智能，主要是指在工作中运用知识的能力。智能主要包括自学能力、研究能力、表达能力和组织管理能力、创造能力等。领导班子较好的智能结构，是指具有不同类型智能的领导成员间的构成状况和协调组合。

(四) 协调的气质结构

气质，个性之一，人在心理活动和外部动作中表现出来的某些关于强度、灵活性、稳定性和敏捷性等方面的心理综合特征，它是个体对外界事物的一种惯性的心理反应。个体间的气质不同，使每个人表现出独特的个性心理特征。领导班子协调的气质结构，是指具有不同类型气质的领导成员的协调组合。协调的气质结构，有助于优化领导班子的整体效能。同一气质类型的领导班子，不是好的结构。领导班子成员具有不同气质类型，又能协调一致，合作共事，互相补充，取长补短，这样的领导班子才是多功能和高效能的。

(五) 精干配套的工作结构

工作结构的精干配套，主要是指担负决策、执行任务的党政主要领导班子的搭配，要做到人员精、人数少、工作配套，符合精干有力的原则。

(资料来源：http://wenku.baidu.com/view/6c1932c34028915f804dc220.html)

分粥

有 7 个人曾经住在一起，每天分一大桶粥。要命的是，粥每天都是不够的。

一开始，他们抓阄决定谁来分粥，每天轮一个。于是乎每周下来，他们只有一天是饱的，就是自己分粥的那一天。

后来他们开始推选出一个道德高尚的人出来分粥。强权就会产生腐败，大家开始挖空心思去讨好他，贿赂他，搞得整个小团体乌烟瘴气。

然后大家开始组成 3 人的分粥委员会及 4 人的评选委员会，互相攻击扯皮下来，粥吃到嘴里的时候全是凉的。

最后想出来一个方法：轮流分粥，但分粥的人要等其他人都挑完后拿剩下的最后一碗。为了不让自己吃到最少的，每人都尽量分得平均，就算不平均，也只能认了。大家快快乐乐，和和气气，日子越过越好。

启示：同样是 7 个人，不同的分配制度，就会有不同的风气。所以一个单位如果有不好的工作习气，一定是机制问题，一定是没有完全公平、公正、公开，没有严格的奖勤罚懒。如何制定这样一个制度，是每个领导需要考虑的问题。

(资料来源：info.txooo.com/Work/2-1339/1268926.htm)

【思考题】

1. 简述 X 理论的内容。
2. 简述 Y 理论的内容。
3. 简述西方管理界对人性看法的发展历程。
4. 简述权力性影响力的构成。
5. 非权力性影响力的因素主要包括哪些？
6. 简述管理方格理论的内容。
7. 怎样理解领导的作用？
8. 如何提高影响力？
9. 不同时期人性假设理论的主要观点是什么？
10. 如何运用生命周期理论进行领导？
11. 领导与管理有什么不同？

【技能训练】

案例：看球赛引起的风波

东风机械厂发生了这样一件事。金工车间是该厂唯一进行倒班的车间。一个星期六晚上，车间主任去查岗。发现上二班的年轻人几乎都不在岗位上。据了解，他们都去看电视现场转播的足球比赛去了。车间主任气坏了，在星期一的车间大会上，他一口气点了10几个人的名。没想到他的话音刚落，人群中不约而同地站起几个被点名的青年，他们不服气地、异口同声地说："主任，你调查了没有，我们并没有影响生产任务，而且……"主任没等几个青年把话说完，就严厉地警告说："我不管你们有什么理由，如果下次再发现谁脱岗去看电视，扣发当月的奖金。"

谁知，就在宣布"禁令"的那个星期的周末晚上，车间主任去查岗时又发现，上二班的10名青年中竟有6名不在岗。主任气得直跺脚，质问当班的班长是怎么回事，班长无可奈何地从工作袋中掏出3张病假条和3张调休条，说："昨天都好好的，今天一上班都送来了"。说着，班长瞅了瞅大口吸烟的车间主任，然后朝围上来的工人挤了挤眼，凑到主任身边讨了根烟，边吸边劝道："主任，说真的，其实我也是身在曹营心在汉，那球赛太精彩了，您只要灵活变动一下，看完了电视大家再补上时间，不是两全其美吗？上个星期五的二班，据我了解，他们为了看电视，星期五就把活提前干完了，您也不……"车间主任没等班长把话说完，扔掉还燃着的半截香烟，一声不吭地向车间对面还亮着灯的厂长办公室走去。剩下在场的10几个人，你看看我，我看看你，都在议论着这回该有好戏看了。

分析的问题：

1. 如果你是这位车间主任，应如何处理这件事？
2. 你认为二班年轻人的做法合理吗？

(资料来源：wenku.baidu.com/view/b8b1dc...7cd.html)

【训练目标】

1. 培养分析解决矛盾的能力；
2. 培养处理管理冲突、有效领导的能力。

【组织实施建议】

1. 建议在讲完权力与有效指挥之后安排本案例分析；
2. 在课下准备，可安排1至2个课时集中讨论；
3. 每个人认真阅读分析案例，并查抄有关资料；
4. 由模拟公司组织小组讨论；
5. 每人写出发言提纲；
6. 以班级为单位组织讨论。

第九章

控　制

【本章学习目标】

通过本章学习，应了解控制的概念、控制的方法，理解在管理的各大职能中，计划职能与控制职能的关系，掌握控制的类型、控制过程的步骤。

【导入案例】

邯钢的成本控制模式

邯钢从 1991 年元月开始在企业内部推行“模拟市场核算，成本否决”的经营机制，在推行这一机制的过程中，着重抓了以下 4 个方面的工作。

(1) 突出一个“效”字。即邯钢要求反复进行测算，确定合理、先进、效益最大化的单位产品目标成本。公司本着“亏损产品不亏损，赢利产品多赢利”这样一个原则，核定出公司 53 个主要产品品种、规格的内部成本和内部利润。

(2) 落实一个“责”字。即邯钢要求层层分解指标，形成责任共同体。公司把生产成本指标落到实处，在公司总部下达生产成本指标之后，各单位进一步将构成产品成本的各项指标层层分解落实到有关科室、工段、班组和职工个人，层层签订承包协议，并与市场挂钩，使责、权、利相统一，使每个单位、每个职工的工作都与市场挂钩起来，经受市场的考验，真正形成“市场重担众人挑，人人肩上有指标”的责任体系。

(3) 把握一个“严”字。即邯钢严格考核，强化对新的经营机制的操作和管理。为了促使模拟市场核算这一机制的高效运转，防止可能出现的“上有政策，下有对策”等弄虚作假现象，公司总部制定并坚持了以下 4 条原则：①按“高进高出”核定所有产品的成本加税后必须低于市场销售价，其利润要大于等于零；②经过预测和努力仍然赔钱的产品，在完成国家指令计划后停产整顿，停产期间免发有关单位的全部奖金；③在所有厂实行成本否决制度，凡是生产成本、费用达不到规定的指标的单位，一律免发当月的全部奖金，但累计完成后可补发，旨在促进各单位以丰补歉，确保一年生产成本指标的完成；④为防止生产成本不实和出现不合理的挂账与待摊，公司总部每月进行一次各生产部门的物料总平衡，对各单位的原燃料进行盘点、查库和查账，账物不符的部门要重新计算，完不成的免发全部奖金。

(4) 立足一个“优”字。即邯钢优化机构设置，促进新机制的高效运转。为确保新的经营机制正常高效地运转，企业的管理体制和管理职能必须与之相适应。5 年来，根据模拟市场核算的需要，公司先后新建、充实、加强了质量、销售、财务、计划、预决算、审计、公关、备件机构，进一步强化和理顺了管理职能，对保证模拟市场核算这一新机制的高效运行发挥了重要作用。

邯钢推行这一机制5年来，企业展现出蓬勃生机和活力，产品生产成本逐年下降，经济效益稳步增长。按同一口径，1991—1993年，产品生产成本逐年下降6.36%、4.83%、6.13%，1994年的可比产品生产成本下降8.9%，1995年又下降1%。实现利润由1990年的1991万元，到1991年的5020万元，1992年的1.49亿元，1993年的4.5亿元，1994年的7.8亿元。1995年在钢材平均售价比上年每吨下降292元，钢材平均售价2070元/吨(不含税)的不利条件下，邯钢实现利润7.09亿元，在该省名列榜首，在全国冶金行业也位于前列。邯钢综合经济效益指数、人均创利润和利税、全员劳动生产率等均居全国同行前列。

思考题：

1. 通过学习邯钢实行产品生产成本控制，请你简述控制的作用。
2. 邯钢在实行产品生产成本控制方面，主要采用了哪些控制类型和控制过程？

(资料来源：田玉兰. 管理学基础. 北京：北京交通大学出版社，2006)

第一节　控制概述

控制职能是管理活动的五大基本职能之一，在实际中，有人把控制与管理混同起来，认为管理就是控制，如把质量管理称为质量控制，把宏观经济管理称为宏观经济控制等。这种看法是不正确的，因为管理具有更加广泛的内涵，而控制仅仅是管理活动的一种形式，同其他管理职能相比，控制具有不同的性质、内容和方法。

一、控制的概念

管理学中的控制，是指按照既定的目标和标准，对组织活动进行监督、测量，及时发现其偏差并分析原因，采取相应有效的措施使组织活动符合既定要求的过程。在现实生活中，无论人们在计划制定过程中考虑得多么周密细致，都会因为各种不可预测的因素的影响，使得人们在执行计划的过程中会或多或少地出现与计划不一致的情况。正确、及时地处理各种意外的情况，会使得组织行动与计划、与环境变化相适应，这就是控制的任务。控制的要素包括控制的主体，即控制者；控制的客体，即被控制的对象；控制的目标，即控制的标准；控制的手段和工具，即控制的信息等。

控制是管理过程中不可分割的一部分，是企业各级管理人员的一项重要工作内容。它所涉及的是：在可允许的限度内维持组织的正常活动。组织的控制活动与计划不可分离地交织在一起，一方面计划规定控制活动的范围；另一方面来自于控制阶段的反馈也经常成为制定新计划的必要条件，或至少是对现行计划进行调整的要求。控制在整个管理工作中起着重要的作用，控制的重要地位是实现计划的保证。在现实生活中，许多组织的失败不是因为计划不周或缺乏制度，而是因为控制不力或不到位。例如有的企业财务部门的工作管理松懈，时常导致企业资金失控，甚至发生严重亏损。因此，对于企事业单位而言，控制是上至最高领导层，下至基层管理人员等每一位管理人员的职责和最经常的任务。

在管理的过程中，计划和组织一般是阶段性的，而控制则是一个连续不断、反复发生的过程，管理者在控制的过程中必须设法努力在特定的期限内以经济、有效的方式完成各项目标，以满足组织的整体策略与目的。

控制的主要作用如下。

(1) 贯彻计划意图。当计划者与执行者所担负的责任、所考虑的利益、所掌握的信息不一致时，其对待计划目标就会有不同的态度，这时就必须借助控制的作用来保证计划的实现。

(2) 修正计划不足。计划是事先根据预测及已有的知识拟定的，不可能十分准确，也不可能想得那么周到。因此，控制的过程就是随时根据组织运行中出现的问题采取行动，以保证计划目标的实现，或修正不切合实际的计划，以减少损失。

(3) 建立正常秩序。控制主要是按照计划规定的行为准则和组织规定的制度进行考核、评价，采取相应的管理措施，从而建立企业生产经营必需的正常秩序。

二、控制职能与计划职能的关系

控制就是检查工作是否按既定的计划、标准和方法进行，若有偏差就要分析原因，发出指示，并做出改进，以确保组织目标的实现。由此可见，控制职能几乎包括了管理人员为保证实际工作与计划一致所采取的一切活动。

控制和计划工作的关系相当密切，具体体现在以下 4 个方面。

(1) 计划起着指导性作用，管理者在计划的指导下领导各个方面的工作以便完成组织目标，而控制则是为了保证组织所完成工作与计划一致而产生的一种管理职能。

(2) 计划预先指出了所期望的行为和结果，而控制则是按计划指导实施的行为和结果。

(3) 只有管理者获取关于每个部门、每条生产线以及整个组织过去和现在的信息才能制定出有效的计划，而这些信息中的绝大多数都是通过控制过程得到的。

(4) 如果没有计划来表明控制的目标，管理者就不可能进行有效的控制。

计划和控制都是为了实现组织的目标，两者是相互依存的。一般说来，控制过程中采取的更正措施是使实际工作符合原来的计划目标，但是有时也会导致更换目标和计划，甚至是改变组织机构，更换人员以及其他重大的变革。

是否在任何情况下都能设计出一个完善的控制系统，是人们研究控制职能时所遇到的一个基本问题。为了解决这个问题，人们提出了许多控制模型，最常用的是传统的控制模型，这个模型包括 3 个基本假设。

(1) 要有界线清楚的一致的标准，根据这种标准就能对实施情况进行度量。

(2) 能够找到某种度量单位以便实际测量所达成的结果。

(3) 当标准同实际实施的情况比较时，任何差异都能够被用来作为更正活动的根据。

满足这 3 个基本假设是利用传统控制模型来设计控制系统的前提条件。一般说来，企业的生产经营活动往往能够满足这些基本假设，因此，传统的控制模型在企业中得到广泛的应用。

然而，也有一些控制活动不能满足传统控制模型的 3 个基本假设，这时人们不得不采用策略控制模型来设计控制系统。这种模型的基础不是要有界线清楚的一致的标准，而是利用协商和谈判的办法进行控制。例如，对于某些一次性项目，由于以前对此毫无经验，因此信息反馈的作用就十分有限，唯一的控制标准可能是资源是否被充分利用了，有没有资源被挪作他用。这种根据投入来评价的做法往往依赖于具体分派资源权力的个人或群体的价值观与行为规范。

三、控制的特点

要使控制系统发挥作用，取得预期的效果，控制系统应具备以下特点。

(一) 客观准确

客观准确，即要求控制标准客观，分析客观准确，采取的纠偏措施客观准确，尽量避免主观臆断。

在实施管理的过程中，难免有许多主观因素影响管理人员的判断和评价，但如果有一套严密的客观的控制系统，则其效果要好很多，同时，由于标准准确客观，操作人员也有明确的目标和行为准则。例如，我国银行向来是一个令人羡慕的行业，这些年随着竞争的不断加剧，很多银行已经在服务方面做了改进，出台了一些新的举措，如原来的服务标准是“热情欢迎，周到服务”。但这个标准太含糊了，没法体现其服务质量，很多储户在取款和存款时常常要等很久，表示不满还经常遭到白眼，新的举措就是推出了“限时服务”。其要求每笔业务处理时间不能超过 3 分钟，超过 1 分钟罚款 1 元，这样对储蓄员的业务熟练程度和上岗要求有了客观准确的标准，储户也有了准确的判断标准，新服务举措因此受到广大储户的欢迎。

(二) 灵活应变

灵活应变，即要求控制工作在面临未预见到的情况或计划本身有问题时，也应该能够发挥作用。也就是说，要使控制工作在突变情况下仍然有效，应具有灵活应变能力。

一般来说，出现意外的情况有时是不可避免的，这就要求计划和控制有相当的机动灵活性，否则，事态发展不容乐观。

(三) 全局统筹

全局统筹，即要求控制不仅仅要考虑各部门的局部利益，更应该有全局观念。

在组织结构中，各部门及其成员都在为实现个别或局部的目标而努力，但这时要注意部门目标和整体目标的关系，不要一味追求部门目标而忽视整体目标，要有全局观念，有时甚至要牺牲一些局部利益。所以，有效的控制要使各部门的利益协调一致，统筹兼顾。

(四) 有针对性

有针对性，即要求控制系统要符合有关管理人员的特性，有些具体的设计要满足他们个性特定的要求，让他们能够理解，乐于使用，精于使用。也就是说，在设计控制系统时，不仅要考虑组织结构的要求，还要考虑具体的管理人员的个性，要针对不同的管理人员设计不同的控制方法和手段，因为不同的人有不同的喜好。比如有人喜欢开会听汇报，有人喜欢看书面报告，有人喜欢看文字材料，有人喜欢用数据表达，设计时应充分考虑这些细节，有的放矢，才能使控制高效快捷。

(五) 面向未来

面向未来，即要求控制系统尽可能地使用前馈控制，使一切尽在掌握之中，避免不必要的损失，这也是真正有效的管理控制系统必备的功能。例如，真正有效的防洪大堤是能够抵御百年一遇甚至更大的洪水，高标准、高质量的工程，而不是“豆腐渣工程”。只有这样，才能在洪水到来时保护人民的生命和财产安全，使损失降到最低，否则，即使抗洪斗争组织得再好，也避免不了大量的人员伤亡和财产损失。

(六) 有具体行动

有具体行动，即要求控制系统必须将纠正偏差落在实处，这也是完整有效控制系统的必备功能。控制没有具体的行动，将形同虚设。这说起来简单，但在实际工作中往往有人只重视计划，重视检查，就是不重视落实。没有真正落实纠偏措施会使所做工作前功尽弃。

(七) 有人本性

管理控制本质上是由人来执行的，而且主要是对人的行为的控制。与物理、机械、生物及其他方面的控制不同，管理控制不可忽视其中的人性方面的因素。一方面，控制不仅仅是监督，更重要的是指导和帮助。通过控制工作，管理者可以帮助员工分析偏差产生的原因，端正员工的工作态度，指导他们采取纠正的措施。这样，即能达到控制的目的，又能提高员工的工作和自我控制能力。另一方面，管理者制定的偏差纠正计划，也要靠员工去实施，只有当员工认识到纠正偏差的必要性并具备纠正能力时，偏差才会真正被纠正。

四、控制的原则

控制是管理的一项基本职能，任何组织要想达到计划目标，必须有一个适宜有效的控制系统做保证，构造这个系统应遵循以下基本原则。

(一) 反映计划要求原则

控制的目标是实现计划，控制是实现计划的保证，因此，计划越是明显、全面、完整，控制系统越能反映计划，则控制越有效。所以，在设计控制系统时，每个管理者都必须紧紧围绕计划进行，要根据计划的特点确定控制标准、衡量方法和纠正措施。

(二) 控制关键点原则

任何控制都不可能面面俱到、事无巨细、同等对待，而是要根据具体情况突出关键点，找出最能反映成果的关键因素控制，才能取得事半功倍的效果。

选择关键点除了要有丰富的经验和敏锐的洞察力和决策能力外，还可以借助有关的方法。美国的北极星导弹研制工程和杜邦化工厂的建立就是由于运用了计划评审技术来确定关键路线和关键作业，使工期大大缩短。

(三) 例外原则

有效的控制不仅要求对关键点进行控制，还要对超出一般情况的特殊点给予足够的关注。比如质量控制当中就广泛地运用例外原则。工序质量是反映生产过程是否稳定的指标，如果影响产品质量的主要因素如原材料、工具、设备、操作人员没有明显变化，那么产品质量就不会发生很大的差异，这时我们可以认为生产过程是稳定的，或者说工序质量处于控制状态。反之，如果生产过程中出现违反规律性的异常状态，则表明某些因素可能有问题，应立即查明原因，采取措施使之稳定。

需要指出的是，仅仅注意例外情况是不够的，对它们也要区别对待。有些例外情况，如利润的下降、产品废品率的上升、市场投诉的增加等必须引起重视；而像出现 6 月职工“节约奖”超出预算 20%、春节期间福利费用超出预算 15%等情况，可以不用紧张。

另外控制关键点原则和例外原则应结合起来使用，它们两者有某些共同之处，但区别在于前者强调选择控制点，后者则强调观察在这些点上的异常变化。仅仅关注例外情况是不够的，管理者应该把更多的注意力集中在关键点的例外情况的控制上。

(四) 经济性原则

控制是一项需要投入大量的人力、物力和财力的活动，其耗费之大正是许多问题应予以控制而没有加以控制的主要原因之一。要把控制所需要的费用与控制所能产生的效果进行经济上的比较，只有当有利可图时才实施控制。

控制的经济性原则，一是要求有选择地实行控制，周全的控制不仅是不必要的也是不可能的，要正确而精心地选择控制点，太多会不经济，太少会失去控制。二是努力降低控制的各种耗费而改善控制效果，改进控制方法和手段。花费少而效率高的控制系统才是有效的控制系统。

(五) 灵活性原则

为了提高控制系统的有效性，就要使控制系统具有一定的灵活性。控制的灵活性要求控制系统能适应主客观的变化，持续地发挥作用，与计划一同变动。控制应保证在发生某些未能预测到的事件的情况下仍然有效，如环境突变、计划疏忽、计划失败等，因此要有弹性和替代方案。

(六) 控制趋势原则

有时控制现状比较容易，但控制现状所预示的变化趋势却比较困难。但要使控制有效，控制变化趋势则重要得多。一般来说，趋势是多种复杂因素作用的结果，是在一段时间内逐渐形成的，其对管理工作成效起着长期的影响。趋势往往容易被现象所掩盖，它不易察觉，也不易控制和扭转，而且当趋势已经明朗时，再进行控制就晚了。例如，在美国汽车市场上，日本汽车的市场份额就是在美国几大汽车厂商的眼皮底下慢慢增长的，等到他们回过神来，日本汽车已经在市场上占有了一席之地，不容易被打败了。

所以，有效的控制系统应有预警功能，能在出现某种趋势苗头时，迅速采取措施，跟上趋势或将其消灭在萌芽状态。

第二节 控制的类型与过程

一、控制的类型

管理控制的种类很多，采取不同的分类方法，可以把控制划分为不同的类型。最为常见的有以下几种分类方法：一是根据控制的性质，把控制分为预防性控制和更正性控制；二是根据控制获取的方式和时点的不同而将控制划分为前馈控制、现场控制和反馈控制；三是按控制的内容，把控制划分为预算控制、信息控制和质量控制；四是根据控制源，把控制分为正式组织控制、群体控制和自我控制；五是按照控制所采取的手段，把控制分为直接控制和间接控制。

(一) 预防性控制与更正性控制

1. 预防性控制

预防性控制是为了避免产生错误或尽量减少今后的更正性活动，是为了防止资金、时间或其他资源的损耗而采取的一种预防保证措施。

使用这种控制措施，要求对整个运行活动的关键点有比较深刻的理解，能预见问题。一般说来，法律法规、规章制度、工作程序、人员训练和培养计划等，在管理活动中都起着重要的预防控制的作用。当然，这些预防性措施能否真正被执行，还必须有良好的监控机构作为保证。

实施预防性控制方法的优点是：可以促使管理者更多地进行自我控制，从而主动地对潜在的问题采取纠正措施；在向管理者个体委派任务时，有着较大的准确性，也为管理者定期、经常性的评价以及组织的培训提供了依据；可以获得下属更多的信任与支持；会有效地减少组织运行中的种种偏差，节约经费开支。

2. 更正性控制

更正性控制是指为了发现工作中存在的问题以便进行更正而进行的控制。更正性控制的目的是发现行为的偏差并使行为或实施进程回到预先确定的或管理者所希望的水平。例如，审计制度增强了管理部门采取迅速更正措施的能力，因为定期对企业进行检查，有助于及时发现问题、解决问题。

(二) 前馈控制、现场控制与反馈控制

控制职能可以按照控制活动的位置，即侧重于控制事物进程的哪一个阶段，而划分为 3 种类型，即前馈控制、现场控制和反馈控制。三者之间的关系如图 9-1 所示。

1. 前馈控制

前馈控制是在工作正式开始前对工作中可能产生的偏差进行预测和估计并采取防范措施，将可能的偏差消除于产生之前。

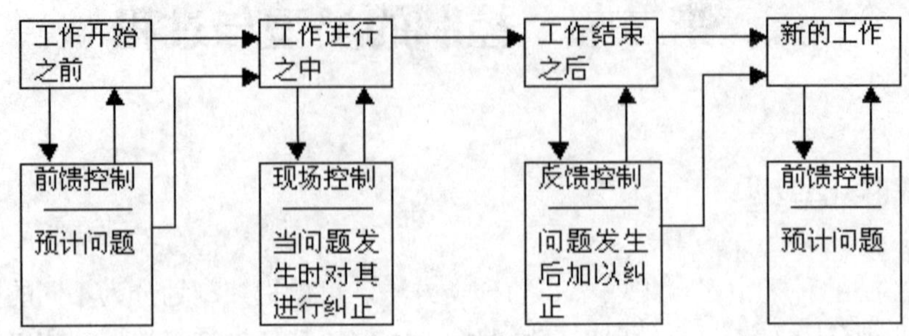

图 9-1 控制类型

"运筹帷幄之中，决胜千里之外"。前馈控制就是人们所说的未雨绸缪、三思而后行，在事前根据各种因素制定方案措施。前馈控制是控制的最高境界，是对整体运行的统筹规范，涵盖整个运作流程。它是一个参考的预案，规划出一个大的方向，提示执行者需要在哪些变量中注意哪些问题，或者需要提供哪些方面的支持，是对风险程度和不稳定性加以评估后所制定的对策。所以前馈控制能起到一个预警的作用，使执行者在执行过程中有一个预知心理，酝酿出多种可选方案，在情景变量中理性应对，是过程控制的先导，是一种努力促使整个管理过程不发生任何偏差的控制方法。在控制职能中，前馈控制是现场控制的依据。

在实践中，管理人员一般依靠总结过去发生的事件中包含的一般规律和预测事物未来发展变化趋势来制定计划。制定计划要留有余地，事先确定出可能出现的变化和相应的计划修改措施。不断地对未来做出预测，并根据预测的结果对未来的行为提出调整意见是前馈控制的关键。

在企业管理控制活动中，前馈控制的内容包括对人力资源、原材料、资金等的前馈控制。比如，人力资源必须适应任务要求，数量和素质方面有能力完成指派的任务，并控制机构臃肿、人浮于事的现象；利用统计抽样来控制原料质量，根据抽样不合格率决定接受或退货；根据库存理论控制库存储备量等。例如，某化肥厂考虑到未来一年化肥市场的整体走向和季节变化，提出全年计划销售量和销售平均价。同时提出，考虑到化肥市场具有的季节性特征，在旺季，月销售量和销售单价应当高于全年月均销售量和价格一定的比例；在淡季，则可以低于一定的比例，而且，不同月份可以进一步有所区别。

2. 现场控制

现场控制是在计划的执行中同步进行控制，也称为同步控制或同期控制。现场控制是一种管理者与被管理者面对面进行的控制活动，其目的主要在于及时纠正工作中出现的各种偏差。

现场控制集中表现在基层管理活动中，其内容主要包括：

(1) 管理者直接向下属指示适当的工作方法和工作过程；

(2) 在现场监督下属的工作，以确保计划目标的顺利实现；

(3) 发现偏差立即采取措施，予以纠正。

(4) 发现以前未曾出现过的新问题，采取果断措施，予以纠正，或者及时向其他部门和人员上报情况。

对于一个组织来说，实现有效的现场控制必须具备以下条件。

(1) 较高素质的管理人员。在现场控制中，管理者没有足够的时间对问题进行深入细致的思考，也很少有机会和他人一起分析讨论，常常依靠自身的知识、能力和经验，甚至是“直觉”，及时发现并解决问题，这需要管理人员具有较高的素质。 高素质的管理人员不仅能迅速解决常见问题，而且面对棘手的新问题，也能及时做出准确的判断，并果断提出处理意见。

(2) 下属人员的积极参与。现场发生的问题常常是程序化的，多数操作性较强，注重问题的细枝末节。管理者在按照计划对下属实施控制的过程中，必须多听取下属人员尤其是一线人员的意见和建议。

(3) 适当的授权。在现场控制过程中，管理人员必须及时发现问题、解决问题，不应当也不能事事都向上级请示，以免造成工作中断和贻误战机。所以，担负现场控制责任的管理人员应当拥有相应的职权。

(4) 层层控制、各司其职。一般而言，现场控制是上级管理者对下级人员的直接控制。一个管理组织中，可能同时存在多个管理层级，有效的现场控制必然由最熟悉情况的管理人员实施，这样才能保证全面深入了解问题并提出最切实可行的方案，这样还可以避免多头控制和越级管理。因此，由熟悉第一手情况的直接管理者实施现场管理最为有效。

3. 反馈控制

反馈控制即在计划完成后进行控制，也叫事后控制。也就是管理人员分析以前的工作的执行结果，将它与控制标准相比较，发现偏差所在并找出原因，拟定纠正措施以防止偏差发展或继续存在，对那些需要重复运作的行业，为下一轮作业过程奠定控制依据。

反馈控制的主要缺点是时滞问题，即从发现偏差到采取更正措施之间可能有时间延迟现象，在进行更正的时候，实际情况可能已经有了很大的变化，而且往往是损失已经造成了。盲目跟随潮流，总比市场发展速度慢半拍的企业，就是事后控制反馈速度滞后的典型。

以上 3 种控制方法虽然各有特点，但在实际工作中往往是交叉使用的。前馈控制虽然可以事先做好准备，防患于未然，但有些突发事件是防不胜防的，这时必须辅之以现场控制，否则，将前功尽弃。同样，不论是前馈控制还是现场控制，都要用反馈控制来检验，因为计划是否按预定执行，不是仅靠想象就行了，必须有真实的业绩支持。另外，在循环发展的过程中，对前一个阶段是反馈控制，但对另一个阶段则往往是前馈控制。而且，现场控制没有标准与积累也是难以奏效的。

(三) 预算控制、信息控制与质量控制

1. 预算控制

预算控制是指对组织活动所需的费用、成本、支出等进行的事前安排，以及支出过程中的控制。在预算控制中，最为重要的又是财务预算控制。预算控制对每一种组织都是重要的。因为每一个组织在开展活动、实现目标过程中，都有费用和成本。对企业来说，要求通过预算控制使成本最低，利润最大，对非企业型的其他组织来说，同样要求通过使用预算控制节省费用，达到效用最大化。

2. 信息控制

信息控制即对组织的信息流动进行的控制，信息是控制的前提，同时又是控制的对象。现代组织研究表明。信息是一个组织生存、发展不可缺少的要素。正确、全面、及时的信息

既是决策的前提，也是保证组织协调一致，构成一个有机整体的纽带。组织不仅要与外界进行物质能量交换，而且也要进行信息交换。譬如一个企业，只有从外部获得了有关市场需求、竞争对手、原材料供给等方面的信息，才能正确地做出经营决策，有准备地进入市场；同时还要向外部发布必要的信息，让社会、消费者了解企业，以及企业所生产的产品；另外还要控制一些信息外泄，如企业的技术资料、发展战略等。在内部，信息的流量是否合理，传递的信息是否全面、真实、及时，是决定上下能否沟通、决策能否被接受并贯彻执行、左右是否能协调行动的重要因素。所以说，信息控制是组织控制活动的重要内容。

3. 质量控制

质量控制包括产品质量控制和工作质量控制。质量控制是保证企业所生产的产品达到质量标准，工作水平达到工作质量标准的重要管理活动。质量控制不仅在企业里十分重要和必要，而且在非企业类的组织中同样十分重要和必要。人们对此还缺乏足够的认识。因为每一个组织，无论是企业还是其他非经济组织，都要以不同的形式向社会提供自己的产出。只不过企业提供的是产品，政府提供的是服务，学校提供的是毕业生，文艺团体提供的是满足人民精神生活所需要的精神产品。每一种产品的消费者对该产品都有一定的质量要求，这是不言而喻的，提供高质量的产出是每一个向社会提供产出的组织的责任。能否提供满足社会需求的高质量的产品，关系到组织的生死存亡。质量就是生命的口号适用于一切参加社会交换的组织。怎么才能提供满足社会所需要的合格的产品呢？从管理的角度来看，就是要做好质量控制工作。正因为如此，我们才说每一个组织都有质量控制的任务。

(四) 正式组织控制、群体控制与自我控制

1. 正式组织控制

正式组织控制一般就是由管理人员设计和建立起来的那些机构或规定来进行控制。如果管理人员想要做好组织工作，组织的结构一定要提供这样一个环境，使个人不论是在现在的或是在将来的工作中都十分有效地为集体目标做出贡献。正式组织控制是保证组织目标实现的重要手段。例如，企业预算和审计部门的工作属于正式组织控制的范畴。企业通过预算来控制成本，通过审计来检查部门工作是否按照规定进行，及时纠正问题。

2. 群体控制

群体控制是基于非正式组织成员之间的不成文的价值观念和行为准则进行的控制。非正式组织尽管没有明文规定的行为规范，但组织中的成员都十分清楚这些规范的内容，都知道如果自己遵守这些规范，将得到奖励。这种奖励可能是得到其他成员的认可，也可能是强化自己在非正式组织中的地位。 如果违反这些行为规范就会遭到惩罚，这种惩罚可能是遭受排挤、讽刺，甚至是被驱逐出该组织。群体控制在某种程度上左右着职工的行为，处理得好有利于组织目标的实现，如果处理不好会给组织带来很大危害，所以要对其加以正确的引导。

3. 自我控制

自我控制是个人以自我意识为基础，按某一行为规范进行活动。这种控制成本低、效果好。但它要求上级给下级以充分的信任和授权，还要把个人活动与报酬、提升和奖励联系起来。自我控制的能力取决于个人本身的素质。具有良好素质的人一般自我控制能力较强，顾

全大局的人比看重自己局部利益的人有更强的控制力，具有高层次追求的人比具有低层次追求的人有更强的控制力。

自我控制具有有助于发挥员工的主动性、积极性和创造性；减轻管理人员的负担；提高控制的及时性和准确性等优点。

以上3种控制有时是一致的，有时是相互抵触的。这取决于组织对其成员的教育和吸引力，或者说取决于企业文化。有效的管理控制系统应该综合利用这3种类型，并使它们尽可能和谐，防止它们发生冲突。

(五) 直接控制与间接控制

1. 直接控制

直接控制是控制者与被控制对象直接接触进行控制的形式。直接控制是相对于间接控制而言的，它着眼于培养更好的主管人员，使他们能熟练地应用管理的概念、技术和原理，能以系统的观点来进行和改善他们的管理工作，从而防止出现因管理不善而造成的不良后果。因此，直接控制的原则也就是：主管人员及其下属的质量越高，就越不需要进行间接控制。这种控制方法的合理性是以下列4个较为可靠的假设为依据的：

(1) 合格的主管人员所犯的错误最少；

(2) 管理工作的成效是可以计量的；

(3) 在计量管理工作成效时，管理的概念、原理和方法是一些有用的判断标准；

(4) 管理基本原理的应用情况是可以评价的。

直接控制的优点：在对个人委派任务时能有较大的准确性；直接控制可以促使主管人员主动地采取纠正措施并使其更加有效；直接控制还可以获得良好的心理效果；因为提高了主管人员的质量，所以减少了偏差的发生，节约了开支。

在实际经济管理活动中，直接控制的办法往往不能使整个系统的效果最优。这是由于如下几个方面的原因：信息反馈引起时滞现象；信息太多以致在现有的技术条件下无法全面地科学地处理；直接控制忽略了企业中人的因素，不利于下级积极性、创造性的发挥，人的潜力和能动性无法发挥出来。如上所述，直接控制的应用存在着某些界限，超出这个界限，势必会起反作用。

2. 间接控制

间接控制是指根据计划和标准考核工作的实际结果，分析出现偏差的原因，并追究责任者的个人责任以使其改进未来工作的一种控制方法，多见于上级管理者对下级人员工作过程的控制。间接控制的优点在于它能纠正管理人员由于缺乏知识、经验和判断力所造成的管理上的失误和偏差，并能帮助主管人员总结并吸取经验教训，增加他们的经验和判断能力，提高他们的管理水平。

间接控制的方法是建立在以下5个假设的基础上的。

(1) 工作成效是可以计量的，因而也是可以相互比较的。

(2) 人们对工作任务负有个人责任，个人责任是清晰的、可以分割的和相互比较的，而且个人的尽责程度也是可以比较的。

(3) 分析偏差和追究责任所需的时间、费用等是有充分保证的。事实上，有时上级主管人员可能不愿意花时间和费用去分析引起偏差的事实真相。

(4) 出现的偏差可以预料并能及时发现。

(5) 有关责任单位和责任人将会采取纠正措施。

而这些假设有时却不能成立：有许多管理工作的成效是很难计量的，如主管人员的决策能力、预见性和领导水平等；有时即使发现了误差产生的原因，但由于大家相互推卸责任而没有人愿意采取纠正措施等。所以，间接控制并不是普遍有效的控制方法，它还存在很多不完善的地方，在实际工作中我们常常采取直接控制的办法。

二、控制的过程

控制是根据计划的要求，设立衡量绩效的标准，然后把实际工作结果与预定标准相比较，以确定组织活动中出现的偏差及其严重程度；在此基础上，有针对性地采取必要的纠正措施，以确保组织资源的有效利用和组织目标的圆满实现。不论控制的对象是新技术的研究与开发，还是产品的加工制造，或是市场营销宣传，是企业的人力资源，还是物质资源，或是财务资源，控制的过程主要包括 3 个基本环节：①建立标准；②衡量成效；③纠正偏差。

(一) 建立标准

标准是人们检查和衡量工作及其结果(包括阶段结果与最终结果)的规范。制定标准是进行控制的基础。因此，只有制定明确的、科学的控制标准，控制过程才有正确的依据，没有一套完整的标准，衡量绩效或纠正偏差就失去了客观依据。在一般管理控制中，往往用计划目标作为控制的标准。

1. 确定控制对象

在企业经营管理中，对于人和事都需要加以控制，这就要求我们在建立标准之前首先要加以分析。如经营活动的成果就是需要控制的重点对象。控制工作的最初动机就是要促进企业有效地取得预期的结果。因此，要分析企业需要什么样的结果。这种分析可以从营利性、市场占有率等多个角度来进行。确定了企业活动需要的结果类型后，要对它们加以明确的、尽可能定量的描述。

要保证企业取得预期的结果，必须在结果最终形成前进行控制，纠正与预期结果的要求不相符的活动，还应分析影响企业经营结果的各种因素，并把它们列为需要控制的对象。影响企业在一定时期经营成果的主要因素如下。

(1) 关于环境特点及其发展趋势的假设。企业在特定时期的经营活动是根据决策者对经营环境的认识和预测来计划和安排的。如果预期的市场环境没有出现，或者企业外部发生了某种无法预料和抗拒的变化，那么原来计划的活动就可能无法继续进行，从而难以为组织带来预期的结果。因此，制定计划时所依据的对经营环境的认识应作为控制对象，列出“正常环境”的具体标志或标准。

(2) 资源投入。企业经营成果是通过对一定资源的加工转换得到的。没有或缺乏这些资源，企业经营就会成为无源之水、无本之木。投入的资源，不仅在数量和质量上影响着企业经营活动的进行，从而影响最终物质产品，而且其取得费用会影响企业产品生产成本，从而影响企业的盈利程度。因此，企业必须对资源投入进行有效控制，使之在数量、质量以及价格等方面符合预期经营成果的要求。

(3) 组织的活动。企业经营成果是通过全体员工在不同时间和空间上利用一定的技术和设备对不同资源进行不同内容的加工劳动才最终得到的。企业员工的工作质量和数量是决定经营成果的重要因素，因此，必须使企业员工的活动符合计划和预期结果的要求。为此，必须建立员工的工作规范和标准，以便对他们的活动进行有效的控制。

2. 选择控制的重点

在实际经营管理中，企业没有必要对所有成员的所有活动进行控制，而只需要从影响经营成果的众多因素中选择若干个关键环节作为重点控制的对象。因此，任何企业都会在认真地分析影响和反映企业经营绩效的众多因素的基础上，选择对企业经营成败起决定作用的几个方面，并为它们建立相应的控制标准。一般来说，有如下 8 个方面的因素。

(1) 获利能力。通过提供某种商品或服务取得一定的利润，这是任何企业从事经营的直接动因之一，也是衡量企业经营成败的综合标志，通常可用与销售额或资金占用量相比较的利润率来表示。它们反映了企业对某段时期内投资应获利润的要求。利润率实现情况与计划的偏离，可能反映了生产成本的变动或资源利用效率的变化，从而为企业采取改进方法指明了方向。

(2) 市场地位。市场地位是指对企业产品在市场上占有份额的要求。这是反映企业相对于其他厂家的经营实力和竞争能力的一个重要标志。如果企业占领的市场份额下降，那么意味着由于产品价格、质量或服务等某个方面的原因，企业产品相对于竞争产品来说其吸引力降低了，因此应该采取相应的措施。

(3) 生产率。生产率标准可以用来衡量企业各种资源的利用效果，通常用单位资源所能生产或提供的产品数量来表示。其中最重要的是劳动生产率标准。企业其他资源的充分利用在很大程度上取决于劳动生产率的提高。

(4) 产品领导地位。产品领导地位通常指产品的技术先进水平和功能完善程度。它表明企业在工程、制造和市场等方面领导一个行业的新产品和改良现有产品的能力。为了维持企业产品的领导地位，必须定期评估企业产品在质量、成本等方面的状况以及在市场上受欢迎的程度。如果达不到标准，就要采取相应的改革措施。

(5) 人员发展。企业的长期发展在很大程度上依赖于人员素质的提高。为此，需要测定企业目前的活动以及未来的发展对职工的技术、文化素质的要求，并与他们目前的实际能力相比较，以确定如何为提高人员素质采取必要的教育和培训措施。要通过人员发展规划的制定和实施，为企业及时提供足够的经过培训的人员，为员工提供成长和发展的机会。

(6) 员工态度。员工的工作态度对企业目前和未来的经营成就有着非常重要的影响。测定员工工作态度的标准有很多方面。例如，可以通过分析离职率、缺勤率来判断员工对企业的忠诚；也可以通过统计改进工作方法或管理方法的合理化建议的数量来了解员工对企业的关心程度；还可以通过对定期调查的评价分析来测定员工的工作态度变化。如果发现员工工作态度不符合企业的预期，企业应采取有效的措施来提高他们在工作、生活和学习上的满足程度，以改变他们的工作态度。

(7) 社会责任。企业的存在和发展是以社会的认可为前提的，而要争取社会的认可，企业必须履行必要的社会责任，包括提供稳定的就业机会，参加公益事业等多个方面。社会责任的履行关系到企业的社会形象。企业应根据有关部门对公众态度的调查，了解企业的实际社会形象同预期的差异，以此来改善企业对外政策，从而提高公众对企业的满意程度。

(8) 平衡短期目标与长期目标。企业目前的生存和未来的发展是相互依存、不可分割的。因此，企业在制定和实施经营活动计划时，应统筹短期和长期的关系，检查各时期的经营成果，分析目前的高利润是否会影响未来的收益，以确保企业目前的利益不是以牺牲未来的利益和经营的稳定性为代价而取得的。

3. 制定标准的方法

控制的对象不同，为企业建立正常水平的标准的方法也不一样。一般说来，企业可以使用的建立标准的方法有 3 种：①利用统计方法来确定预期的结果；②根据经验和判断来估计预期结果；③在客观的定量分析的基础上建立工作标准。

(1) 统计性标准。统计性标准又叫历史性标准，是以分析反映企业经营在历史上的各个时期的数据为基础来为未来活动建立的标准。这些数据可能来自本企业的历史上的统计数据，也可能来自其他企业的经验；据此建立的标准，可能是历史数据的平均数，也可能是高于或低于平均数的某个数。统计性标准也存在一定的局限性，如企业制定的工作标准可能造成劳动生产类别的相对低下，生产成本的相对高昂，从而会造成经营成果和竞争能力劣于竞争对手。为了克服其局限，企业在根据历史性统计数据来制定未来工作标准时，应充分考虑到行业的平均水平，这对研究竞争企业的经验是非常必要的。

(2) 根据评估建立标准。实际上，不是所有的企业活动都保存着历史的统计数据。对于新从事的工作，或对于统计资料缺乏的工作，企业可以根据管理人员的经验、判断和评估来为之建立标准。利用这种方法来建立工作标准时，要注意利用各个方面的管理人员的知识和经验，综合大家的判断，给出一个相对先进的、合理的标准。

(3)、工作标准。严格来说，工作标准也是一种用统计方法制定的控制标准，它不是对历史性统计资料的分析，而是通过对工作的情况进行客观的定量分析来制定的。例如，机器的产出标准是其设计者计算在正常情况下被使用时的最大产出量；劳动时间定额是利用秒表来测定受过训练的普通工人以正常速度按照标准操作方法对产品或零部件进行某些程序的加工所需要的平均必要劳动时间。

(二) 衡量工作成效

企业经营活动中的偏差如果能在产生之前就被发现，则可指导企业管理者预先采取必要的措施以求避免。这种理想的控制和纠正偏差虽然有效，但其实现的可能性不是很大。并非所有的管理人员都有卓越的远见，同时也并非所有的偏差都能在发生之前被预见，事实可能刚好相反。在这种限制条件下，最满意的控制方式应该是必要的纠正偏差行动能在偏差产生之后迅速被执行。为此，企业的经营管理活动要求企业的管理者及时掌握能够反映偏差是否发生，并能判断其严重程度的信息。

为了能够及时、正确、全面地提供反映偏差的信息，同时又符合控制工作在其他方面的要求，管理者在衡量工作成绩的过程中应注意以下几个问题。

1. 通过衡量成绩，检验标准的客观性和有效性

衡量工作成效是以预定的标准为依据的，利用预先制定的标准去检查各个部门在各个阶段的工作，这本身也是对标准的客观性和有效性进行检验的过程。检验标准的客观性和有效性，是要分析通过对标准执行情况的测量能否取得符合控制需要的信息。

在为控制对象确定标准时，企业管理者可能只考虑了一些次要的因素，或只重视了一些表面的因素。因此，利用既定的标准去检查人们的工作，有时并不能达到有效控制的目的。例如，衡量员工出勤率是否达到了正常水平，不足以评价劳动者的工作热情、劳动效率或劳动贡献；分析产品数量是否达到计划目标，不足以判定企业的盈利程度；计算销售人员给顾客打电话的次数和花费在推销上的时间，不足以判定销售人员的工作绩效。

在衡量过程中对标准本身进行检验，就是指出能够反映被控制对象的本质特征，从而确定最适合企业的控制标准。要评价员工的工作热情，可以考核他们提供有关经营或技术改造合理化建议的次数；评价他们的工作效率，可以计量他们提供的产品的数量和质量；分析企业的盈利程度，可以统计和分析企业的利润额及其与资金、成本或销售额的相对百分比；衡量推销人员的工作绩效，可以检查他们的销售额是否比上一年或上一期的平均水平高。

因此，衡量过程中的检验就是要辨别并剔除那些不能为有效控制提供必要信息，并容易产生误导作用的不适宜标准。

2. 确定适宜的衡量标准

对于有效控制的分析，控制过多或不足都会影响控制的有效性。这种“过多”或“不足”，不仅体现在控制对象上和需要衡量的标准数目的选择上，而且表现在对同一标准的衡量次数或频率上。对影响某种结果的要素或活动过于频繁地衡量，不仅会增加控制的费用，而且可能引起有关人员的不满，从而影响他们的工作态度；而检查和衡量的次数过少，则可能使许多重大的偏差不能及时发现，从而不能及时采取措施。

以什么样的频率，在什么时候对某种活动的绩效进行衡量，这就取决于被控制活动的性质。例如，对产品的质量控制常常需要以小时或工作日为单位进行；而对于新产品开发的控制则可能需要以月为单位进行控制。一般地，需要控制的对象可能发生重大变化的时间间隔的长短是确定适宜的衡量频率所需考虑的主要因素。

在现实经济生活中，企业的管理人员常常在他们方便的时候进行衡量。这是一种不好的现象，因为这种情况下去进行控制会导致行动的迟缓和延误。

3. 建立信息反馈系统

对企业而言，那些有控制责任的管理人员只有及时反映了实际工作与预期工作绩效之间偏差的信息，才能迅速采取有效的纠正措施。然而，并不是所有的衡量绩效的工作都是有主管工作人员直接进行控制的，有时需要借助专职的检测人员。因此，应该建立有效的信息反馈网络，使反映实际工作情况的信息适时地传递到适当的管理人员手中，使之能与预定的标准相比较，及时发现问题。这个网络还能及时将偏差信息传递给与被控制活动有关的部门和人员，以便使他们能及时知道自己的工作状况，为什么错了，错在哪里，以及需要怎样采取措施才能更有效地完成工作。建立这样的信息反馈系统，不仅更有利于保证企业预定计划的实施，而且能防止基层工作人员把衡量和控制当作上级检查下级工作、进行惩罚的手段，从

而避免其产生抵触情绪。

(三) 纠正偏差

利用科学的方法，依据客观的标准，对工作绩效进行衡量，可以发现计划执行中出现的偏差。纠正偏差就是在此基础上，分析偏差产生的原因，制定并实施必要的纠正措施。这项工作使得控制过程得以完整，并将控制与管理的其他职能相互联结：通过纠正偏差，使组织计划得以遵循，使组织结构和人事安排得到调整，使领导活动更加完善。

在实际工作中，如发现实际结果与控制标准之间存在偏差，就要采取措施及时纠正出现的偏差。纠正偏差是整个控制工作中最关键的一步。为了保证纠正偏差措施的针对性和有效性，必须在制定和实施纠正偏差的过程中注意以下问题。

1. 找出偏差产生的主要原因

并非所有的偏差都可能影响企业的最终成果。有些偏差可能反映了企业在制定计划和执行工作中的严重问题，而另一些偏差则可能是由一些偶然性的、暂时性的、区域性的因素引起的，因而它们不一定会对组织活动的最终结果产生重要影响。因此，在采取任何纠正偏差措施之前，必须首先要对反映偏差的信息进行科学的评估和分析。第一要判断偏差的严重程度，是否足以构成对组织活动效率的威胁，从而值得去分析原因，采取纠正措施；其次要探寻可能导致偏差产生的重要原因。

纠正偏差措施的制定是以偏差产生原因的分析为依据的，因为，在实际工作中，同一偏差可能是由不同的原因造成的。例如企业的销售利润下降既可能是因为销售量的降低，也可能是因为生产成本的提高。前者既可能是因为市场上出现了技术更加先进的新产品或替代品，也可能是由于市场竞争对手采取了某种竞争策略，或是企业产品质量下降了，而后者既可能是原材料、劳动力消耗和占用数量的增加，也可能是由于其购买价格的提高。因此，不同的原因要求采取不同的纠正措施，而且应在众多的原因中找出最主要、最深层次的原因，从而为纠正偏差措施的制定指引方向。

2. 确定纠正偏差措施的实施对象

需要纠正的不仅可能是企业的实际活动，也可能是组织这些活动的计划或衡量这些活动的标准。在实际工作中，如果企业有大部分员工没有在规定的时间内完成劳动定额，这可能并不是由于全体员工的抵制，而可能是企业所制定的定额水平太高；企业在某段时间内平常销售量下降，这可能并不是由于产品质量下降或产品价格制定的不合理，而可能是由于市场需求已达到饱和或周期性的经济不景气，等等。在这些情况下，企业首先要改变的不是或不仅仅是实际工作问题，而是衡量这些工作的标准或指导工作的计划问题。

在实际经济生活中，企业对预定计划或标准进行调整主要是因为：①原计划或标准制定得不科学，导致在实际执行的过程中出现了问题；②原来正确的计划和标准，由于客观环境发生了预料不到的变化，使得其不再适应新形势、新环境的需要。因此，负有控制管理责任的管理者应该认识到或意识到外界环境的变化，并能对预先制定的计划和行动准则进行及时调整，使得企业的预定目标能够实现。

3. 选择恰当的纠正偏差的措施

针对产生偏差的主要原因，企业管理者就可能制定改进工作或调整计划与标准的纠正方案。在实际的纠正偏差措施的选择和实施过程中要注意以下几个方面。

(1) 纠正偏差方案双重优化。纠正偏差，不仅在实施对象上可以选择，而且对同一对象的纠正偏差也可以采取多种不同的措施。在实施这些措施时：第一，要考虑所实施条件和效果的经济性要优于采取其他行动、措施等导致偏差任其发展可能给企业造成的损失，即使纠正偏差所采取措施的费用小于因偏差带来的损失；第二，通过对各种经济可行性方案的比较，找出其中追加投资少、解决偏差效果最好的方案来组织实施。

(2) 充分考虑原计划实施的影响。由于人们对客观环境的认识能力的提高，或者由于客观环境本身发生了重要变化而引起的纠正偏差可能会导致原计划与决策的内容发生偏离，从而要求企业活动的方向和内容进行重大的调整，这种调整有时被称为“追踪决策”，即“当原有决策的实施将危及组织决策目标的实现时，对目标或决策方案所进行的一种根本性修改”。在制定和选择追踪决策的方案时，要充分考虑到伴随初始决策的实施已经消耗的资源，以及这种消耗对客观环境造成的各种影响。

(3) 注意消除人们对纠正偏差措施的疑虑。任何纠正偏差的措施都会在不同程度上引起组织结构、关系和活动的调整，从而会涉及某些组织成员的利益。不同的组织成员会因此而对纠正偏差措施持不同态度。因此，纠正偏差也要充分考虑到组织各成员对纠正偏差措施的不同态度，特别是要注意消除执行者的疑虑，争取更多的人员的理解、赞同和支持，以保证避免在纠正偏差方案的实施过程中出现可能的人为因素的障碍。

第三节 控制的基本方法

一、预算控制

(一) 预算的概念与作用

预算是用财务数字或非财务数字来表示预期的结果，以此为标准控制执行工作中的偏差的一种计划和控制手段。预算可以称作是“数字化”或“货币化”的计划，它通过财务形式把计划分解落实到组织的各层次和各部门中去，使主管人员能清楚地了解哪些资金由谁来使用、计划将涉及哪些部门和人员、多少费用、多少收入以及实物的投入量和产出量等。管理者以此为基础进行人员的委派和任务的分配，协调和指挥组织的活动，并在适当的时间将组织的活动结果和预算进行比较，若发生偏差及时采取纠正措施，以保证组织能在预算的限度内去完成计划。同时，预算可使组织的成员明确自己及本部门的任务和权责，更好地发挥作用。因此，预算应从战略和全局的角度保障组织计划顺利执行。

(二) 预算的种类

预算的种类很多，大体可以分为以下几种。

(1) 收支预算。这是以货币来表示组织收入和经营费用支出的计划。由于公司主要是依靠产品销售或提供服务所获得的收入来支付经营管理费用并获取利润的，因此销售预测是计划工作的基石，销售预算是预算控制的基础，是销售预测的详细的和正式的说明。

(2) 时间、空间、原材料和产品产量预算。这是一种以实物单位来表示的预算。因为在计划和控制的一定阶段采用实物数量单位比采用货币单位更有意义。常用的实物预算单位有：直接工时数、台时数、原材料的数量、占用的平方米面积和生产量等。此外，用工时或工作日来编制所需要的劳动力预算也是很普遍的。

(3) 资本支出预算。其概括了专门用于厂房、机器、设备、库存和其他一些类目的资本支出。由于资本通常是企业最有限制性的因素之一，而且一个企业要花费很长的时间才能收回厂房、机器设备等方面的投资。因此，对这部分资金的投入一定要慎重地进行预算，并且应尽量与长期计划工作结合在一起。

(4) 现金预算。这实际上是对现金收支的一种预测，可用它来衡量实际的现金使用情况。它还可以显示可用的超额现金量，因而可以用来编制剩余资金的赢利性投资计划。从某种意义上来说，这种预算是组织中最重要的一种控制。

(5) 资产负债表预算。它可用来预测将来某一特定时期的资产、负债和资本等账户的情况。由于其他各种预算都是资产负债表项目变化的资料依据，所以，此表也就验证了所有其他预算的准确性。

(6) 总预算。预算汇总表，可以用于公司的全面业绩控制。它把各部门的预算集中起来，反映了公司的各项计划，从中可以看到销售额、成本、利润、资本的运用、投资利润率及其相互关系。总预算可以向最高管理层反映出各个部门为了实现公司总的奋斗目标而运行的具体情况。

(三) 预算的不足与改进

尽管预算是一种普遍使用的、行之有效的计划和控制方法，但它也存在着一些不足之处。

(1) 容易导致控制过细。某些预算控制计划过于烦琐，详细地列出细枝末节，以致束缚了管理者在管理本部门时所必需的自由，出现了预算工作过细过死的倾向。

(2) 容易导致本位主义。有些管理者只把注意力集中在尽量使自己部门的经营费用不超过预算，而忘记了自己的首要职责是实现组织的目标。因而，部门的预算目标有时会取代组织目标。

(3) 容易导致效能低下。预算通常是在上年度成果的基础上按比例增减来编制，所以许多管理者也常常以过去所花的费用作为今天预算的依据；同时他们知道他们的申请多半要被削减的，因此预算的申请数总要大于它的实际需要数。

(4) 缺乏灵活性。这也许是预算最大的缺陷。因为实际情况常常会不同于预算，情况的发展变化可以使一个刚编制出来的预算很快过时。若这时管理者还受预算约束的话，那么预算的有效性就会减弱或者消失，甚至会有碍于组织目标的实现。

为了克服预算存在的不足，使预算在控制中更加有效，有必要采用可变的或灵活的预算方案。这类预算通常是随着业务量(生产量或销售量)的变化而做出不同的安排，其编制依据是对费用项目进行分析，以此来确定各个费用项目应怎样随着业务量的变化而变化。这种预算主要适合于在费用预算中的应用。

编制可变预算的另一种方法是编制可选择的和可补充的预算。这种预算是按预测的各种不同情况，编制上、中、下 3 种不同经营水平的预算，使管理者可根据本部门的经营情况，灵活选择使用其中的一种。

人们还可以通过追加预算的办法来增加预算的弹性。即在中期或长期计划的基础上，通过预测该月业务量来编制每月的补充计划，这样可使每个管理者有权在基本预算的基础上，安排生产进程和所要使用的资金。

另外还有一种以零为基础的“零基预算”，同样可以克服不灵活的缺陷。这种方法的基本思想是：把组织的计划分为由目标、业务和所需要的资源等所组成的几个“分计划”，然后从零开始计算每个分计划的费用。由于每个分计划的预期费用都是以零为基础开始重新计划的，因而避免了预算控制中只注意前段时间变化的倾向。这种方法的优点在于：它迫使管理者重新安排每个分计划，这样可以从整体出发，连同新计划及其费用一起来考察现有的计划及其费用。但是，这种方法一般仅应用于一些辅助性业务领域而不适用于实际生产性企业。这是因为在实际生产性企业里，例如，销售、人事、计划、财务和研究与开发等方面的大多数计划，对各项费用的安排都拥有一定的自主权。

(四) 预算的编制

在编制预算之前，应首先建立一套预算制度。通过规章制度的建立，为预算的制定和执行提供保障；同时，选择预算的类型，确定预算的期限、分类等。在此基础上，可以参考下述步骤来编制预算。

(1) 上层管理者将可能列入预算或影响预算的计划和决策提交预算委员会。预算委员会在综合考虑各种因素后，估计或确定未来某一时期内的业务量。根据预测的业务量、价格与成本，又可预测该时期的利润。

(2) 预算负责人向各部门管理者提出有关预算的建议并提供必要的资料。

(3) 各部门管理者根据企业的计划和拥有的资料，编制出本部门的预算，并由他们相互协调可能发生的矛盾。

(4) 企业预算负责人将各部门的预算汇总整理成总预算，并预拟资产负债表及损益表计算书，以表示组织未来预算期限中的财务状况。最后将预算草案交预算委员会和上层管理者核查批准。

预算批准后，在实施过程中，必须经常检查和分析执行情况，必要时可修改预算，使之能适应组织发展的需要。

(五) 有效预算控制的要求

如果要使预算控制很好地发挥作用，那么，管理者必须明确预算仅仅是管理的手段，而不能代替管理的工作，预算具有局限性。另外，预算不仅仅是财务人员和总会计师的管理手段，而且也是所有管理者的管理手段。有效的预算控制必须注意以下几个方面的内容。

一是高层管理部门的支持。要使预算的编制和管理最有效果，就必须得到高层管理部门全心全意的支持。一方面要给下属编制预算的工作提供在时间、空间、信息及资料等方面的方便条件；另一方面，如果公司的高层管理部门积极地支持预算的编制工作，并将预算建立在牢固的计划基础之上，要求各分公司和各部门编制和维护他们各自的预算，并积极地参与预算审查，那么，预算就会促使整个公司的管理工作完善起来。

二是管理者的参与。要使预算发挥作用的另一种方法就是高层部门的直接参与，也就是希望那些按预算从事经营管理的所有管理者都置身于预算编制工作中。多数预算负责人和总会计师都有这样的感觉，即真正地参与预算编制工作是保证预算成功的必要条件。不过在实际工作中，参与往往变成了迫使管理者仅仅去接受预算而已，这是不足取的。

三是确定各种标准。提出和制定各种可用的标准，并且能够按照这种标准把各项计划和工作转换为对人工、经营费用、资本支出、厂房场地和其他资源的需要量，这是预算编制的关键。许多预算就是因为缺乏这类标准而失效的。一些管理者在审批下属的预算计划时之所以犹豫不决，就是因为担心下属供审查的预算申请额度缺乏合理的依据。如果管理者有了合理的标准和适用的换算系数就能审查这些预算申请，并提出是否批准这些预算申请的依据，而不至于没有把握地盲目削减预算。

四是及时掌握信息。如果要使预算控制发挥作用，管理者需要获得按照预算所完成的实际业绩和预测业绩的信息。这种信息必须及时向管理者表明工作的进展情况，应当尽可能地避免因信息迟缓导致偏离预算的情况发生。

二、库存控制

对库存进行控制主要是为了减少库存、降低各种费用、提高经济效益。管理人员使用经济订货批量模型(economic order quantity，EOQ)计算最优订货批量，使所有费用达到最少。这个模型考虑 3 种成本：一是订货成本，即每次订货所需的费用(包括通信、文件处理、差旅、行政管理费用等)；二是储存成本，即储存原材料或零部件所需的费用(包括库存、利息、保险、折旧等费用)；三是总成本，即订货成本和储存成本之和。

当企业在一定期间内总需求量或订货量为一定时，每次订货的量越大，则所需订货的次数越少；每次订货的量越小，则所需订货的次数越多。对第一种情况而言，订货成本较低，但储存成本较高；对第二种情况而言，订货成本较高，但储存成本较低。通过经济订货批量模型，可以计算出订货量多大时，总成本(订货成本和储存成本之和)为最小。

例如，某企业计划全年销售电视机 20000 台，平均每次的订购费用为 10 元，货物单价为 4000 元，保管费用率为 1%，则最佳订购批量为

最佳订购批量=2KDPI=2×10×20000×4000×1%=100(台)

一般来说，企业除了最优订购批量外，库存控制还有两种控制措施：一是降低库存水平；二是“零库存”。降低库存水平是根据库存类型，采取相应策略和具体措施。

“零库存”是一种特殊的库存概念，零库存是指以仓库储存形式储存的某种或多种物品的储存数量很低，甚至可以为“零”，即不保持库存。零库存是对某个具体企业而言的，是在有充分社会储备保障前提下的一种特殊形式。它的基本思路是企业不储备原材料库存，一旦需要时，立即向供应商提出，由供应商保证质量按时送到，生产继续进行下去。零库存不是宏观的概念而是一个微观的概念。在整个社会再生产的全过程中，零库存只能是一种理想，而不可能成为现实。

三、质量控制

随着市场经济的发展，“质量是企业的生命”这句话已经成为现代企业的共识。因此，企业对质量的控制已经完全深入到采购供应、车间生产、销售发货、售后服务的各个环节，对企业的业务影响深远。企业的质量控制由质量方针、质量目标、质量策划、质量保证等内容组成。

迄今为止，质量管理和控制已经历了 3 个阶段，即质量检验阶段、统计质量管理阶段和全面质量管理阶段。质量检验阶段大约发生在 20 世纪 20 年代至 20 世纪 40 年代，工作重点在产品生产出来之后的质量检验。统计质量管理阶段发生在 20 世纪四五十年代，管理人员主要采用统计方法作为工具，对生产过程加以控制，其目的是提高产品的质量。全面质量管理产生于 20 世纪 50 年代，它以保证产品质量和工作质量为中心，以控制的全过程、全方位和全员参与为特征，已形成一整套管理理念，风靡全球。

四、审计法

审计是一种常用的控制方法，财务审计与管理审计是审计控制的主要内容，近来推行以保护环境为目的的清洁生产审计。所谓财务审计是以财务活动为中心内容，以检查并核实账目、凭证、财物、债务以及结算关系等客观事物为手段，以判断财务报表中所列出的综合的会计事项是否正确无误，报表本身是否可以信赖为目的的控制方法。通过这种审计还可以判明财务活动是否符合财经政策和法令。所谓管理审计是检查一个单位或部门管理工作的好坏，评价人力、物力和财力的组织及利用的有效性。其目的在于通过改进管理工作来提高经济效益。此外，审计还有外部审计和内部审计之分，外部审计是指由组织外部的人员对组织的活动进行审计；内部审计是组织自身专门设有审计部门，以便随时审计本组织的各项活动。

五、损益平衡分析

损益平衡分析是通过对业务量(产量、销售量、销售额)、成本、利润三者相互制约关系的综合分析，以预测利润、控制成本的一种分析方法。它是利用成本特性即成本总额与产量之间的依存关系，来指明企业获利经营的业务量界限，从而达到控制的作用。

企业中任何产品的成本都是由两部分组成的，一部分为固定成本，一部分为变动成本。固定成本包括生产该产品所需要的管理费用、基本工资、设备的折旧费用等，这些费用基本上是恒定的，不随产量的变化而变化。变动成本包括原材料费、能源费等，这些费用的增长与产品的产量成正比。在激烈竞争的市场上，产品的价格由不得一个企业自己决定，只能根据市场的价格来销售产品。由此就产生一个问题，即当产量很少时，该企业单个产品的成本就很高。这是因为固定成本不随产量变化，产量少则固定成本占总成本的比重就大。这时成本可能高于市场价格，企业发生亏损。只有当产量达到一定水平时，才能收支相抵，超过这个水平企业方可获利。产量和成本及收益的这种关系用平面坐标图表示就称为损益平衡图。

损益平衡分析在管理中有许多应用。

一是指导决策。确定企业的临界产量，使管理者针对实际情况对扩大产品的生产还是收缩生产的规模进行决策。

二是预测实现目标利润的销售量。根据损益平衡分析，可以确定在不同的产量水平时企业的盈亏情况如何，要实现预定的利润目标企业需要达到怎样的产量和销售量。

三是进行成本控制。通过分析固定成本和变动成本中某些因素的变化对盈亏平衡点的影响，可以用来控制成本。

四是判断企业经营的安全率。经营安全率是指企业的经营规模(通常指销售量)超过盈亏平衡点的程度，以此可以粗略判断企业的经营状况。经营安全率越高越安全；若在10%以下则比较危险。但需要注意的是，这种损益平衡分析的方法具有一定的局限性，它假定各种费用、产量和收入之间存在一种线性关系，而实际上只有在产量变动范围很小时此假定才成立；此外，它假定固定成本不变，是一个静态模型，因此仅在相对稳定的情况下才有价值。

六、财务报表分析

财务报表是用于反映企业经营的期末财务状况和计划期内的经营成果的数字表。财务报表分析，也称经营分析，就是以财务报表为依据来判断企业经营的好坏，并分析企业经营的长处和短处。它主要包括3种分析：第一，利润率分析，指分析企业收益状况的好坏；第二，流动性分析，指分析企业负债与支付能力是否相适应，资金的周转状况和收支状况是否良好等；第三，生产率分析，指分析企业在计划期间内生产出多少新的价值，又是如何进行分配将其变为人工成本、应付利息和净利润的。

财务报表分析法主要有实际数字法和比率法两种。实际数字法是用财务报表分析中的实际数字来分析，但有时这种绝对的数字不能准确地反映企业的不同时期或不同企业间的实际水平，因为企业在不同的时期以及在不同的企业之间条件不同，规模大小不同，行业标准不同。比率法是求出实际数字的各种比率后再进行分析，比率不同，规模大小不同，行业标准不同，更好地体现了相对性，所以比较常用。

七、网络分析法

网络分析法就是应用网络图来反映出一项计划中的任务、活动过程、工序、工期及费用的先后顺序或相互关系，通过计算确定出关键路径作为控制的重点，寻求最佳的控制方案。网络分析法可以有效地对项目中使用的人力、物力、财力等进行平衡，能够合理而经济地控制项目的进度和成本，能够在实施过程中出现偏差时找出原因和关键性的因素，并从总体上进行调整，以保证项目如期完成。从某种意义上说，网络分析法是一种前馈控制，它可以及时弥补由于前面项目拖延而造成的时间短缺，而不至于影响整个工期；另外，网络分析法体现了关键点控制的原理，通过把握关键路径，可以使控制工作更加简化、经济、高效。

八、目标管理

目标管理是由美国管理学家德鲁克在1954年正式提出的。目标管理是指把经营的目的和根本任务转化为企业的方针和目标，实现各层次的目标管理。这样，一方面激发有关人员的责任心和创造性；另一方面把总的目标层层分解，最终转化为个人的目标。目标管理在本质上是一种控制。通过目标的分解使控制的标准清晰、明确，各级管理者容易做出判断；而且，目标管理强调让管理人员和工人参与制定工作目标，员工的态度和行为与组织目标更为贴近；并在工作中注重推行自我管理，这使得对人员行为的控制变得容易许多。

【趣味阅读】

哈勃太空望远镜主镜片的缺陷

经过长达15年的精心准备，耗资超过15亿美元的哈勃(Hubble)太空望远镜终于在1990年4月发射升空。但是，美国国家航天管理局(NASA)发现望远镜的主镜片仍然存在缺陷。由于主镜片的中心过于平坦，导致成像模糊。因此望远镜对遥远的星体无法清晰地聚焦，结果造成一半以上的实验和许多观察项目无法进行。

更让人觉得可悲的是，镜片的生产商珀金斯-埃尔默公司(Perkings-Elmer)使用了一个有缺陷的光学模板来生产如此精密的镜片。具体原因是，在镜片生产过程中，进行检验的一种无反射校正装置没有设置好。校正装置上的1.3mm的误差导致镜片被研磨、抛光成了错误的形状，但是没人发现这个错误。具有讽刺意味的是，与其他许多NASA项目所不同的是，这一次并没有时间上的压力，而是有充分的时间来发现望远镜上的错误。实际上，镜片的粗磨在1978年就开始了，直到1981年才抛光完毕。此后，由于“挑战者号”航天飞机的失事，完工后的望远镜又在地上待了两年。

NASA中负责哈勃项目的官员对望远镜制造过程中的细节根本不关心。之后一个调查委员会的负责人说：“至少有3个明显的证据说明问题的存在，但这3次机会都失去了。”

启示：哈勃望远镜的例子说明在一个组织机构中控制的重要性。一件事情，无论计划做得多么完善，如果没有令人满意的控制系统，在实施的过程中仍然会出问题。因此，对于有效的管理，必须考虑到设计良好的控制系统所带来的好处。

(资料来源：yingyu.100xuexi.com/view/...455.html)

扁鹊的医术

魏文王问名医扁鹊说：“你们家兄弟3人，都精于医术，到底哪一位最好呢？”

扁鹊答：“长兄最好，中兄次之，我最差。”

文王再问：“那么为什么你最出名呢？”

扁鹊答：“长兄治病，是治病于病情发作之前。由于一般人不知道他事先能铲除病因，所以他的名气无法传出去；中兄治病，是治病于病情初起时。一般人以为他只能治轻微的小病，所以他的名气只及本乡。而我是治病于病情严重之时。一般人都看到了我在经脉上穿针管放血、在皮肤上敷药等大手术，所以以为我的医术高明，名气因此响遍全国。”

管理心得：事后控制不如事中控制，事中控制不如事前控制，可惜大多数的事业经营者均未能体会到这一点，等到错误的决策造成了重大的损失才寻求弥补。而往往是即使请来了名气很大的“空降兵”，结果也于事无补。

(资料来源：《中国老年》2011 年第 18 期)

【思考题】

1. 什么是控制？在管理中控制主要有哪些作用？
2. 在管理的各大职能中，计划职能与控制职能的关系如何？
3. 简述控制有哪些类型，并比较不同类型控制的优缺点。
4. 一个有效的控制过程应具备哪些内容？
5. 简述控制过程中衡量实际工作时应注意的问题。
6. 简述纠偏工作的主要方法。
7. 简述控制的方法。

【技能训练】

案例 ：便利服装公司的控制问题

便利服装公司(下称便服公司)是一家成立了 20 年的企业，生产中等价格的妇女服装，其中 80%卖给全国各城市的大中型百货商店，其余的 20%卖给小型妇女服装专卖店。所有的服装都以公司的知名商标出售。

格尔德马克是一位企业家，也是公司的所有者和主要的股东。格尔德马克曾在纽约服装区做过多年的学徒，从自己微薄的工资中一点一点节省下钱来，终于开办了一家自己的企业，职员主要是亲戚和朋友。作为一个创新者，格尔德马克首倡了“混合与搭配”协调的时装总体效果思想。设计师们以领导潮流的款式和高于平均水平的质量(采用半大量生产方式)，促使便服公司取得了突出地位。

但是，混合与搭配协调思想是不受专利保护的，从而招致了来自大企业和许多新创小企业的激烈竞争，特别是这些新的小企业，它们具有许多新鲜的时装思想。用格尔德马克的话来说，价格竞争是“致命的”。过去的 5 年里，公司迅速扩张，在南部的 8 个州里开了多家工厂，那里的工资率较低。

这些州里的所有设施都是租赁的。尽管采用了大型的裁剪机和高速缝纫机，生产仍然大量结合了工人个人的认真努力，在服装完工之前必须经过多道工序的质量检验。

为了协调生产和发货，公司投资数百万美元在总部所在地建立了一座中心配送工厂，那里履行着所有的行政管理职能和部分生产职能。所有的成批产品都要先送往这座新的配送中心，然后经过计算机程序化的发货库存日程计划再进行分配。兴建这座设施是为了有助于解决日益增长的商品退货的严重问题，顾客之所以拒收商品主要是因为不能按合同规定期限交货。

中档妇女服装工业以 5 个显著的时装销售季节为特征，从而服装必须在相对短的时间里订货、生产和交货。这 5 个季节周期产生了不寻常的生产和预测问题。在每个季节开始的两个星期里首先要进行试销，然后基于试销的结果对整个季节的流行款式和销售数量进行预测。一旦大批布料被剪裁成特定季节的款式，这些布料就再不能做别的用途。如果试销的结果不能表明季节的流行趋势或是销售预测出现较大误差，则公司将背上沉重的存货负担，结果积压的服装不得不通过降价渠道处理，这通常不能全部收回成本。

为了提高预测的准确性和精确地确定每个季节的交货量，格尔德马克专门设置了一台计算机，打印出每天的销售数据，这些数据都是各地的销售人员每天通过电话报告的。最初，打印出的销售数据被分送给总裁、分管销售的副总裁、销售预测经理、司库、生产经理和8个地区销售经理。所有这些人都在公司总部办公。打印出的销售数据非常详尽，通常有上百页纸。

格尔德马克做决策在很大程度上依靠他对“情况的感觉”。虽然所有重大经营决策和政策都是由他最后拍板的，但他总是说，所有部门首脑如果看到合适的机会应当敢于决策；不过那些没有征求过他的意见的决策很可能会被他驳回。几乎所有的副总裁和部门经理每天都要找他协商，通常是有关当前时装季节产品的进展问题。在每个时装季节中，许多款式都要修改，产量水平也要不断做出调整，格尔德马克几乎每天制定所有这类问题的重要决策，很少有例外。

这些每日的决策会议总少不了各种经理人员感情冲动的争吵。会议通常是非正式的和未经事先安排的，不同的小组会在不同的时间里会晤格尔德马克。这些小组不是正式的或由职能部门主管组成的。如果某几位经理感到某天的日报表表明要改变“X”，不管这是否影响他们所在的部门，他们都会找到总裁表示他们的看法。如果刚好另一位部门经理或某位副总裁在场并表示不同意这些人的意见，则不可避免地会发生一场争吵。每逢遇到这种情况，格尔德马克总显出一副无动于衷的样子，等他们吵完了，才说出自己的决定。

有些经理人员认为格尔德马克“太宽宏大量”了，他应当管一管这种争吵不休的会议，因为它具有破坏性且常常导致错误的决策。类似的批评意见还触及格尔德马克的声誉，说他太容易轻信供应商了。例如，如果某个供应商曾在过去与格尔德马克有过来往，或者是他家族的远亲什么的，这个供应商肯定会得到一些订单，尽管事实上他的价格高于同类竞争者。

许多年来，格尔德马克的销售和预测数据主要来自销售预测和预算经理约翰逊。约翰逊每天都要准备一份手写的摘要，以前是根据电话报告，近几年是根据计算机的打印结果。依靠直觉和对服装行业非常透彻的了解，约翰逊还编制季节销售预测报告，并根据实际情况对之进行修订。

最近，约翰逊有了一位新助手史密斯，帮他制定销售预测报告和预算报告。史密斯取得过 MBA 学位，并主修过统计分析，而约翰逊只取得过商学学士学位。史密斯建议约翰逊采用几种新方法核对和分析每天的打印数据，但他很不以为然地说：“老板不习惯于这种报告形式，一个变化就会把他搞糊涂了。”

随着每天的计算机打印材料越来越详细和分发范围越来越广，约翰逊的地位变得越来越关键。他总是说，数据并没有真正显示出哪种款式领导着时装潮流，而且里面有很多错误。他还援引与销售人员的谈话来证明他的观点。每当史密斯指出摘要中一些不恰当的分类方法时，约翰逊总是答复说，他是在用通俗的方式报告数据，这样格尔德马克和其他人一看就明白。

当前，最严重的是退货问题，平均有 40%的发货被退回。虽然所有的管理者都一致认为退货的原因是由于交货延迟，但为什么造成交货延迟，大家的看法不一致。有些管理者认为预测不准导致的生产作业计划误差是主要原因；另一些人认为在 9 个生产中心与发货部门之间缺乏协调是主要原因，因为生产中心分布于各州，而发货中心位于总部所在地，协调起来很困难；还有人认为发运或生产方法效率太低是主要原因。生产经理认为，顾客给出的交货日期与销售订单上写着的交货日期不一致是主要原因，而生产作业计划是依据销售订单上的日期制定的。销售经理则坚持不良的质量是造成退货的真正原因：顾客不愿意与公司总部人员因产品质量问题而纠缠不清，因此他们干脆在不合格的商品上标明“交货延迟”，这样处理起来简单得多。

为了解决这个难题，格尔德马克雇用了一位有经验的市场分析人员莱文，他有很强的计算机应用背景。莱文被专门给予一间私人办公室，并且有权做出他认为必要的改变。于是马上就发生了几件新的事情。莱文开始每天发布一份计算机打印的补充摘要，格式与约翰逊的手写摘要不一样。不过内部会计主管极力反对这种新格式，说它没有提供会计工作所需要的分类数据。约翰逊称莱文“是个自高自大、乳臭未干的孩子。”

与此同时，公司又增雇了几位新的设计师，销售人员的提成计划也做了调整，几位分管地区销售的副总裁也临时下到了基层销售部门。还有，约翰逊在格尔德马克的支持下，将所有部门的预算削减了 15%。

大约 4 个星期以后，所有的改变措施都已付诸实施，但是问题却接踵而至。退货率甚至超过了过去的水平。一些老客户中止了他们的订货，纷纷抱怨质量太差，交货太不及时，便服公司太不能让人信赖了。9 个工厂的绩效也比预定目标下降了 15%。此外，还有两位新招聘来的设计师辞职了。约翰逊与莱文之间也出现了矛盾，见面不说话。约翰逊开始向他选择的高层管理者分发双日销售摘要报告。计算机服务部门直接向格尔德马克抱怨说，莱文给他们新增加的工作负担太重了，他让他们每天都要编制打印出周、月和季度的最新销售预测报告。

分析的问题：

1. 你认为格尔德马克在便服公司遇到的最大的控制问题是什么？

2. 你认为便服公司会推行全面质量管理吗？如果推行的话，它应当怎么推行？如果不会的话，为什么？

3. “控制的责任最终落在组织的领导者肩上！”你是否同意这种说法？它适用于格尔德马克吗？

(资料来源：王凤斌，朱克强. 管理学教学案例精选. 上海：上海复旦大学出版社，1998)

【训练目标】

1. 增强对不同管理层，控制职能的感性认识；
2. 加强技能的训练，培养针对管理中的实际情况进行控制的能力。

【组织实施建议】

1. 建议在学完控制职能时，安排此案例分析；
2. 在课下准备，可安排 1 至 2 个课时集中讨论；
3. 每个人认真阅读分析案例，并查抄有关资料；
4. 每人写出发言提纲；
5. 以班级为单位组织讨论。

第十章

管 理 环 境

【本章学习目标】

通过本章学习，读者应了解组织文化的概念和内涵、构成要素和功能；理解管理环境分析的意义；掌握改善企业道德行为的途径和企业的社会责任。

【导入案例】

海尔：与时俱进

“企业如何保证持续成长”，尤其是如何在变革环境下保持“非连续型持续成长”，对于任何企业，都是一个紧迫而重要的命题。因此，“新轨道”和“变轨”，是很多企业都在探索和实践的方向。

纵观海尔的历史战略变革决策，都是在“繁荣期”做出的。张瑞敏信奉“繁荣的顶峰”就是“衰退的开始”，使得海尔始终求变。

一、互联网时代需要变革

当社会生活、生产基础设施发生了变化，当企业面临了技术范式的更迭和转换，若不能转变将面临被颠覆的可能。尤其当数字化的基础设施出现，使得信息变得越来越透明，消费者从过去被动接受产品，变为拥有越来越充分的选择权，甚至可以参与到产品的设计等全流程中。

近来，海尔的第五个战略阶段——网络化战略阶段的步伐正在加快。这种所谓的互联网转型，实际上是对于互联网时代变化的一种快速响应。为此，海尔大致做了4方面适应环境的应对措施。

1. 企业和用户的关系。由于信息更透明、对称，用户有了充分选择权，要让其参与到研发、设计、制造、营销中，所谓“全流程并联参与”。

2. 企业与企业的关系。现在是通过构建一个商业生态来创造一个价值体系。

3. 企业和员工的关系。往往一线员工是最了解信息、最能够做出准确判断的关键人。

4. 企业内部层级的变化。以往是企业领导的位置决定其领导力，现在每个人都是价值链上的一个“接口人”。

在这样的认知下，海尔进行了称为“砸组织”的变革，这也是其战略落地的一种手段。战略落地向来“知易行难”。其并非一蹴而就，需要经历海尔“以行检知”的不断验证过程。

二、企业文化的适应性

以往，在金字塔的组织结构中，岗位与待遇和资源相匹配。而在组织扁平化时，职位概念被打破，需要员工自己寻找组织中新的价值创造定位。有人说海尔要消灭中层，如果中层抱着被消灭的态度，就不能适应这种变化，那自然会被企业淘汰。在这次变革中，海尔空降经理人增多，员工流动快，看起来很晕。但当空降经理人都是带着解决方案，通过“竞单”、“官兵互选”、“高单聚高人”坐上这个位置时，实际上是印证组织形态是否开放、公平和具有活力的方式。

当然，人才流动加快，文化融合问题随之而来。而文化的融合本质上是一种沟通和理解。在这个过程中，海尔有各种具有很强操作性的工具和实践，像战略损益表、二维点阵图等，都有利于进入海尔的人去理解和实践。

在这个人才更替的变革期，更需要有很强的文化张力作为支撑。那么，这种张力是什么？一方面是对于新事物的包容，再者是对于自身文化的发展。文化并非是静态的，当海尔提出了要做商业生态平台型的企业后，吸引来了不同资源，大家能够对这种新的价值观和文化达成共识，其实就反映了一种文化本身的张力，而并非简单的谁去同化谁。

海尔提出的商业生态是平台的概念，在这种情况下不是博弈，而是一个合作的过程。而海尔文化张力，很重要的一点是能反应在创造价值共识的能力上。当相关人(以及接口人)认同了这种商业形态、认同了平台形式、认同了做事方式、认同了利益分享方式等，又有好的想法，这反而是促进了文化的发展，而不是排斥和束缚了文化的演进。

在互联网时代和新商业环境下，成功这个词已经是过去式，环境已经不给企业享受“成功的喜悦”的时间。企业必须不停地适应环境，保持很快的变革节奏，才能够跟上时代或环境的变化。未来的海尔，是阿米巴经营的中国版，还是怎样一个形象？这都似乎不再重要。

(资料来源：《中外管理》2014 年 4 期)

第一节　组织文化

文化是人类历史文明的积淀，是整个社会的遗产，它具有非生物属性的人类遗传特性，包含着人类行为的经济、社会和政治形式。一般说来，我们在谈到文化的时候，总是指某一地域和与其相毗邻的地域之间的具体文化。管理不仅是技术，而且是文化，是历史，是人性的积淀。任何管理，最终都要回归到人本身。人文底蕴是认识管理的第三只眼睛，它可以揭开技术构成的面纱，帮助管理者在特定的环境下从事更为有效的文化管理活动。

文化管理(cultural management)又称基于价值观的管理(managing by values)，它是一种以人为中心、以塑造共同价值观为手段的管理模式，即通过企业文化来治理企业。正如有人指出的那样：“如果说 20 世纪是由经验管理进化为科学管理的世纪，那么可以说 21 世纪是由科学管理进化为文化管理的世纪。”在一个组织中能取得杰出成就的管理者，之所以在另一个组织中不一定能取得杰出的成绩，在很大程度上是由于不同组织具有不同的组织文化的关系。

一、组织文化的概念与内涵

组织是按照一定的目的和形式而构建起来的社会集团。为了满足自身发展的需要，必须要有共同的目的、共同的理想、共同的追求、共同的行为准则以及与其相适应的机构和制度，否则组织就会是一盘散沙。而组织文化的任务就是努力创造这些共同的价值观念体系、共同的行为准则。以西方学者希恩为代表的许多学者都曾对组织文化进行了界定，综合他们的观点可以得到组织文化的一般性定义：组织文化(organizational culture)是处于一定经济、社会、文化背景下的组织，在长期的发展过程中逐步形成和发展起来的日趋稳定的、独特的价值观，以及以此为核心而形成的行为规范、道德准则、群体意识、风俗习惯等。从这一定义可以看出，组织文化实际上是指组织的共同观念系统，是一种存在于组织成员之间的共同理解。因此组织中不同背景和地位的人在描述其组织文化时基本上用的是相同的语言。在每一个组织中，都有各种不断发展着的价值观、仪式、规章、习惯等，这些观念一旦为全体员工所接受，就变成了组织的共同观念，即成为组织文化的一部分。而组织文化一旦形成，就会很大程度上对管理者的思维和决策施加影响，具体体现在组织的各种行为准则和组织的外在形象中。(如图 10-1 所示)

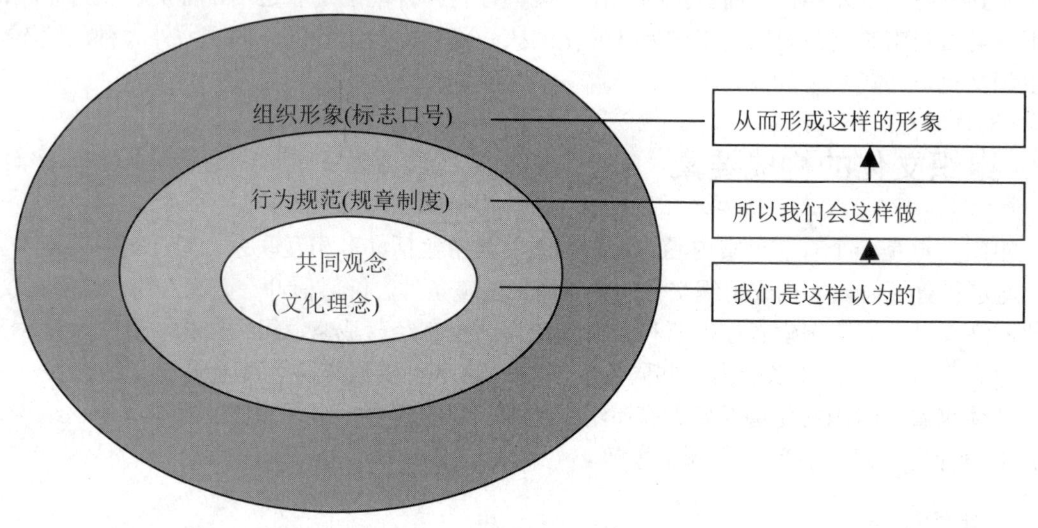

图 10-1　组织文化的构成

“企业文化”，最初是由美国使用了该名词。

第二次世界大战结束后的几十年的时间内，日本以惊人的速度从战败的废墟中爬了起来，恢复和发展本国的经济实力。特别是 20 世纪 70 年代之后，日本企业在电子、汽车等生产领域和传统的工业领域对美国企业长期占据的优势地位提出了挑战，到了 20 世纪 80 年代，日本在很多方面都超过了美国。美国研究人员在对日本的探索中逐渐意识到，促使日本企业形成巨大生产力、高质量产品和强大竞争能力的不仅仅是发达的科学技术、先进的机器设备，而且包括了更为深刻的社会历史、文化传统、心理状态等文化背景因素，正是这诸多因素的融合，使日本企业独具特色，造就了日本与众不同的企业精神。这种对日本企业成功奥秘的探究，引起了美国理论界对本国组织文化实践的深刻反思，并由此在美国拉开了企业文化理论研究的序幕。1980 年秋，美国《商业周刊》的一期报道中首先使用了“企业文化”，而后得到了企业界和理论界的认同。企业文化作为组织文化的一种典型，是指一种人们在企业中形成的共同拥有的经营理念、信仰和行为准则，是企业全体员工所共有的集体价值观。应该在企业中营造一种和谐共处、轻松向上、感情色彩浓厚的文化氛围，使员工树立起与企业荣辱与共的信念、团队精神和强烈的责任感。

组织文化是一个统一的描述性术语，它与组织成员如何感知、理解这个组织密切相关。相关研究表明，对于组织文化的描述可以从关注细节、成果导向、员工导向、团队导向、进取性、稳定性、创新与风险承受力 7 个维度展开。其中，关注细节是描述员工在工作过程中的精确性、分析和关注细节的程度；成果导向是指管理者关注结果或成果本身的程度；员工导向是描述管理决策中结果对组织成员影响的程度；团队导向是指组织围绕团队而不是个人来组织工作的程度；进取性是描述员工富有进取性和竞争性而不是合作性的程度；稳定性主要是组织决策和行动强调维持现状的程度；创新与风险承受力强调组织鼓励员工创新并承担风险的程度。通过对每一维度特征程度的高低进行评价，完成对其组织文化的综合描述。在许多组织中，其中的一个文化维度通常会比其他维度强调得更多，并从本质上塑造该组织的个性以及组织成员的工作方式。例如，索尼公司以产品创新为核心。新产品的开发即成果导向关系到公司的生死存亡，而员工的工作决策、行为和行动围绕着这个目标提供支持。相比之下，美国西南航空公司以员工作为其文化的核心部分即员工导向，形成另外一种截然不同的组织文化。

二、组织文化的构成要素

组织文化是一个有着丰富内涵的系统体系，其中包括许多相互联系、相互制约的基本要素。迪尔和肯尼迪认为构成组织文化的要素有：环境条件、价值信仰、英雄人物、习俗礼仪、文化网络 5 种。而美国学者彼得斯和沃特曼认为至少有经营战略、组织结构、管理风格、工作程序、工作人员、技术能力、共同价值 7 种。这 7 种要素被称为麦金瑟 7-S 结构。

总体来看，组织文化构成要素有：组织精神、组织理念、组织价值、组织道德、组织素质、组织行为、组织制度、组织形象等。

1. 组织精神

如同我们人类的民族精神一样，组织作为有机体也是有精神的。正如美国管理学家劳伦斯•米勒在《美国企业》中所说的：“一个组织很像一个有机体，它的机能和构造更像它的身体，而坚持一套固定信念、追求崇高的目标而非短期的利益是它的灵魂。”

作为组织灵魂的组织精神，一般是指经过精心培养而逐步形成的并为全体组织成员认同的思想境界、价值取向和主导意识。它反映了组织成员对本组织的特征、地位、形象和风气的理解和认同，也蕴含着对本组织的发展、命运和未来所抱有的理想与希望，折射出一个组织的整体素质和精神风格，成为凝聚组织成员的无形的共同信念和精神力量。组织精神一般是以高度概括的语言精练而成的，如美国国际商业机器公司的精神：IBM 就是服务等。

2. 组织价值观

组织价值观就是指评判事务和指导行为的基本信念、总体观点和选择方针。其具有以下特性：

(1) 调节性。组织价值观以鲜明的感召力和强烈的凝聚力，有效地协调、组合、规范、影响和调整组织的各种实践活动。

(2) 评判性。组织价值观一旦成为固定思维模式，就会对现实事物和社会生活做出好、坏、优、劣的评判，或者肯定与否定的取舍选择。

(3) 驱动性。组织价值观可以持久地促使组织去追求某种价值目标，这种强烈的欲望所形成的内在驱动力往往构成推动组织行为的动力机制和激励机制。

组织价值观具有不同的层次和类型，而优秀的组织总会追求崇高的目标、高尚的社会责任和卓越创新的信念，如日本三菱公司的“顾客第一”；美国百事可乐公司的“顺利是最重要的”。

3. 组织形象

组织形象是指社会公众和组织成员对组织、组织行为与组织各种活动成果的总体印象和总体评价，反映的是社会公众对组织的承认程度，体现了组织的声誉和知名度。组织形象包括人员素质、组织风格、人文环境、发展战略、文化氛围、服务设施、工作场合和组织外貌等内容，其中对组织形象影响较大的因素有以下 5 个。

(1) 服务(产品)形象。对于企业来说，社会公众是通过产品和服务来了解企业的，在使用产品和享用服务的过程中形成对企业的感性化和形象化认识。因此，那些能够提供品质优良、造型美观的产品和优质服务的企业，总是能够赢得良好的社会形象。

(2) 环境形象。这主要是指组织的工作场所、办公环境、组织外貌和社会环境等。它反映了整个组织的管理水平、经济实力和精神风貌。因为整洁、舒适的环境不仅能够保证组织工作效率的有效提高，而且也有助于强化组织的知名度和可信度。

(3) 成员形象。这是指组织的成员在职业道德、价值观念、文化修养、精神风貌、举止言谈、装束仪表和服务态度等方面的综合表现，是组织形象人格化的体现。一般而言，组织成员整洁美观的仪容、优雅良好的气质、热情服务的态度，再加上统一鲜明的衣帽服装，既反映了个人的不俗风貌，也反映了组织的高雅素质，有利于在社会公众中树立良好的组织形象。

(4) 组织领导者形象。组织领导即企业家的形象是指其在领导行为、待人接物、决策规划、指导监督、人际交往乃至言谈举止之中的文化素质、敬业精神、战略眼界、指挥能力方面的综合体现。那些富有领导能力、公正可靠、勇于创新、正直成熟、忠诚勤奋的组织领导者不仅能以无形的示范魅力潜移默化地影响组织中的每个成员，而且也会在社会公众中争取对组织的信赖和支持，以利于不断扩大和巩固组织的知名度。

(5) 社会形象。社会形象是指组织对公众负责和对社会贡献的表现。组织要树立良好的社会形象，一方面有赖于与社会广泛的交往和沟通，实事求是地宣扬自己企业的社会形象，另一方面在力所能及的条件下积极参与社会公益活动，如支持公益事业、支援受灾地区、开展社区文明共建活动等。这样良好的社会形象就会使组织在社会公众心目中更加完美，使之增加对组织的认同。

三、组织文化的功能

组织文化是一种先进的文化管理模式，是情感管理或人性化管理，是管理的最高境界。这种高层次管理具有以下几方面的功能。

1. 导向功能

组织文化反映了全体员工的共同追求、共同的价值观和共同的利益，对企业经营者和生产者的思想、行为产生导向作用，使全体成员为实现企业的目标共同奋斗。组织文化对员工行为的引导，是通过组织整体的价值认同进行的，员工在本组织价值观念的熏陶下，能够自觉地按照它来行动，即使在没有各种硬性的规章制度约束的时候，也能自觉地向着组织的制定目标而努力。也正因如此，组织文化才可以将理性管理与情感管理有机地结合起来，将强制性行为转化为自觉行为，将消极的被动行为转化为积极的主动行为，并在共同的组织目标下将组织成员的行为协同起来。

2. 凝聚功能

在特定的文化氛围之下，员工们通过自己的切身感受，产生对本企业职工工作的自豪感和使命感，产生对企业目标、准则和观念的认同感和对本企业的归属感，使企业员工把自己的思想、感情、行为与整个组织联系起来，从而使组织产生一种强大的向心力和凝聚力，发挥出巨大的整体效应。

3. 整体功能

从管理的硬管理扩展到软管理，通过制度文化和道德规范对企业或组织全体成员的行为产生约束作用，使员工符合企业或组织的价值观念和企业发展的需要。

4. 激励功能

组织文化创造了一个人人受重视、人人被尊重的文化氛围，在这种氛围中，人和人之间互相尊重、理解，这有助于激发和调动全体员工的积极性和创造性。每个员工的贡献都会及时受到组织的肯定、赞赏、奖励，而不是被埋没。这样，员工就时时被鼓励，处处感受到被认可，就会产生极大的荣誉感和责任心，从而使其自我价值得到很好的实现，进而其就会自觉地为获得新的、更大的成功而设立更高的目标。

5. 调节与自我延续功能

将组织人格化为“文化人”，在组织文化的作用下，全体员工间有共同的价值观，有共同的语言、理解，能进行充分的交流，在工作中形成良好的人际关系，能很好地调整自己的心理状态去适应外界环境的变化。另外，组织文化的形成是一个复杂的过程，往往会受到社会、文化和自然环境等诸多因素的影响，因此，它的形成和塑造不是一下就形成的，必须经过长期的耐心倡导和精心培育，以及不断地实践、总结、提炼、修改、充实、提高和升华。

四、组织文化对管理职能的影响

虽然所有的组织都有文化，但并非所有的文化对成员都有同等程度的影响。强文化(strong cultures)，强烈坚持并广泛共享基本价值观的文化，它与弱文化相比对成员的影响更大。企业员工对组织的基本价值观的接受程度和承诺程度越大，文化就越强。同时，组织文化强弱与否，取决于企业的规模、历史、雇员的流动程度及文化起源的强烈程度。一个组织的文化，尤其是强文化会制约一个管理者的涉及所有管理职能的决策选择。这是因为企业文化具有特殊的强制渗透功能，是管理者进行管理的依据，同时也是管理者管理活动的限制因素。在组织中，人们所公认的管理要素如计划、组织、领导和控制等本身就带有一定程度的文化色彩，脱离文化的管理活动是不存在的。尽管企业文化很少形成文字，甚至连口头上的明确说明也很少，不是明晰可见的，但它确实存在于企业之中并影响着管理活动。(如表 10-1 所示)

表 10-1　企业文化对管理者职能的影响

管理职能	企业文化的影响
计划	计划应包含的风险度
	计划应由个人还是群体制定
	管理者参与环境扫描的程度
组织	成员工作中应用的自主权程度
	任务应由个人还是小组来完成
	部门经理间的相互联系程度
领导	管理者关心成员的工作满意度
	哪种领导方式更为合适
	是否所有的分歧都应当消除
控制	是允许成员控制自己的行为还是施加外部控制
	成员绩效评价中应强调哪些标准
	个人预算超支将会产生什么反响

五、组织文化的塑造途径

组织文化是组织内部管理者及其全体员工以已有的思想即传统文化、现代观念为基础的，通过组织内部一定时期的实践进行加工而逐步形成的。例如，“爱厂如家”这种企业文化的形成，首先是以人们倍感亲切、温暖，并且安全可靠的“家”文化为基础，然后按“家”文化模式来运作，如在工作中“爱厂如家”的老板会像家长一样亲切，让员工感觉到家的温暖，产生了一种“家”的感觉，然后把这种“家”的信息转换成为物质的、制度的、观念的形态，从而固定下来成为企业文化的一部分。

由于形成怎样的组织文化是可以有意识地加以引导的，因此，高层管理者要有意识地去引导良好的组织文化的形成。应明确企业理念，以清楚的企业价值引导员工；确定组织长期目标，使员工围绕目标开展工作；建立一整套的规章制度，以规范员工的行为；处事客观，使组织内部形成民主的气氛；关心和体贴下属，使员工团结一致，产生向心力；以身作则，在组织中树立榜样，以榜样的力量感召员工。

塑造组织文化的主要途径有：选择价值标准；强化员工认同；提炼定格；巩固落实；丰富完善。塑造组织文化的过程是在反复修订的过程中不断形成的。

1. 选择价值标准

由于组织价值观是组织文化的核心和灵魂，因此选择正确的组织价值观是塑造组织文化的首要战略问题。选择组织价值观有两个前提。

(1) 要立足于本组织的具体特点。不同组织有不同的目的、环境、习惯和组成方式，由此构成千差万别的组织类型，因此必须准确地把握本组织的特点，选择适合自身发展的组织价值观，否则就不会得到广大员工和社会公众的认同与理解。

(2) 要确保组织价值观与组织文化各要素之间相互协调，因为各要素只有通过科学的组合与匹配才能实现系统整体的优化。

在此基础上，选择正确的组织价值标准要抓住以下 4 点。

(1) 组织价值标准要正确、明晰、科学，并且具有鲜明的特点。

(2) 组织价值观和组织文化要体现组织的宗旨、管理战略和发展方向。

(3) 要切实调查本组织员工的认可程度和接受程度，使之与本组织员工的基本素质相匹配，过高或过低的标准都很难奏效。

(4) 选择组织价值观要坚持群众路线，充分发挥群众的创造精神，认真听取群众的各种意见，并经过自上而下和自下而上的多次反复，审慎地筛选出既符合本组织特点又反映员工心态的组织价值观和组织文化模式。

2. 强化员工认同

选择和确立了组织价值观和组织文化模式之后，就应把基本认可的方案通过一定的强化灌输使其深入人心。

(1) 充分利用一切宣传工具和手段，大张旗鼓地宣传组织文化的内容和要求，使之家喻户晓，人人皆知，以创造浓厚的环境氛围。

(2) 树立榜样人物。典型榜样是组织精神和组织文化的人格化身与形象缩影，能够以其特有的感染力、影响力和号召力为组织成员提供可以仿效的具体榜样，而组织成员也正是从英雄人物和典型榜样的精神风貌、价值追求、工作态度和言行表现中深刻理解到组织文化的实质和意义的。尤其是组织发展的关键时刻，组织成员总是以榜样人物的言行尺度来决定自己的行为导向。

(3) 培训教育。有目的的培训与教育，能够使组织成员系统接受和强化认同组织所倡导的组织精神和组织文化。培训教育的形式可以多种多样，在健康有益的娱乐活动中恰如其分地融入组织文化的基本内容和价值准则，往往不失为一种有效的方法。

3. 提炼定格

(1) 精心分析。在经过员工的群众性的初步实践并认同之后，应将反馈回来的意见加以剖析和评价，详细分析和仔细比较实践结果与规划方案的差距，必要时可听取有关专家和员工的合理化意见。

(2) 全面归纳。在系统分析的基础上，进行综合的整理、归纳、总结和反思，采取去粗取精、去伪存真、由表及里的方法，删除那些落后的、不为员工所认可的内容与形式，保留那些进步的、先进的、卓有成效的、为广大员工所接受的内容与形式。

(3) 精炼定格。把经过科学论证的和实践检验的组织精神、组织价值观、组织文化，予以条理化、完善化、格式化，加以必要的理论加工和文字处理，用精练的语言表达出来。构建完善的组织文化需要经过一定的时间过程，如我国的东风汽车公司经过将近 30 年的时间才形成“拼搏、创新、竞争、主人翁”的企业精神。因此，充分的时间、广泛的反馈、认真的提炼、严肃的定格是创建优秀的组织文化所不可缺少的。

4. 巩固落实

在巩固落实过程中要做到以下几方面。

(1) 建立必要的制度。在组织文化演变为全体员工的习惯之前，要使每一位成员都能自觉主动地按照组织文化的标准去行事，几乎是不可能的。即使在组织文化已成熟的组织中，个别成员背离组织宗旨的行为也会经常发生。因此，建立某种奖优罚劣的规章制度是非常必要的。就连具有高度文明和自律精神的新加坡，也少不了近乎苛刻的处罚制度。

(2) 领导率先垂范。组织领导者在塑造组织文化的过程中起着决定性的作用，他本人的模范行为就是一种无声的号召和导向，会对广大员工产生强大的示范效应。任何一个组织如果没有组织领导者的以身作则，要想培育和巩固优秀的组织文化是非常困难的。这就要求组织领导者观念更新、作风正派、率先垂范，真正担负起带领组织成员共建优秀组织文化的历史重任。

5. 丰富完善

任何一种组织文化都是特定历史的产物，所以当组织的内外条件发生变化时，需要不失时机地调整、更新、丰富和发展组织文化的内容和形式。这既是一个不断淘汰旧文化特质和不断生成、完善新文化特质的过程，也是一个认识与实践不断深化的过程，组织文化由此经过循环往复达到更高的层次。

第二节 管理环境

组织是一个动态的、开放的、有序的管理系统，它与环境有着密切的联系，任何组织的生存与发展必然要受到其内外各种环境因素的影响和制约。因而，这就要求每个组织认真了解自己所处的环境，并设法适应或改变这种环境，促使组织环境、组织、组织内部结构和谐发展，成为一个有机的统一整体。

一、组织与环境

任何组织都不是独立存在的，更不是完全封闭的。组织存在于由外部各种因素构成的环境中，在与环境中其他组织之间的相互作用过程中谋求其自身目标的实现。要进行组织的管理，就必须了解和把握环境对组织的影响、环境要素的种类及特点等，就需要对组织的内外部环境进行研究。

(一) 管理环境的含义

环境是指包围着某一中心的事物或状态，以及影响中心事物发展变化的原因的总和，是由一些相互依存、相互制约、不断变化的各种因素组成的一个系统。

管理环境(managerial environment)，又称组织环境，作为管理学中的一个特定的研究领域，许多管理学家对其进行了定义和描述。

里奇•格里芬认为，组织有效管理的关键要素之一就是确定组织与环境间最适当的关系，并且在工作中实现和保持这种关系。

斯蒂芬•罗宾斯把管理环境定义为对组织绩效起着潜在作用的外部机构或力量。其认为管理的环境是组织生存发展的物质条件的综合体，它存在于组织界限之外，并可能对管理当局的行为产生直接或间接的影响。

切斯特•巴纳德在《经理人员的职能》一书中，从组织与协作理论的角度，提出了“组织行为可以看作是对环境的反应”，“组织的存在取决于协作系统平衡的维持。这种平衡开始时是组织内部的，是各种要素之间的比例，但最终和基本的是协作系统同其整个外界环境的平衡”。

综上，管理环节是指影响组织生存和发展的各方面力量与条件因素的集合，它包括外部环境和内部环境两个方面。每个组织都是一个环境的分系统，它存在于整个环境系统之中，并在内外部环境之间的物资、信息、技术等资源的交换与转换中，实现投入与产出。依据组织与管理环境之间的相互关系和分系统内与各分系统之间的相互关系，对管理环境进行最适合具体情况的内外环境的分类，有利于建立起较完整的组织管理环境分析的理论框架，也有利于组织全面认识和把握管理环境变量，从而有利于实现组织的管理决策与环境的互动性和适应性。

(二) 管理环境的构成

组织面对的环境非常复杂，而且难以预测，因此，如果将管理环境分成不同的部分，将有利于组织识别和预测环境的影响。

一般说来，影响管理者的工作的环境主要有：外部环境和内部环境。

外部环境(external environment)是由外部可能影响组织实现自身目标的一切事物和因素构成。外部环境又分为两类，一类是组织面临的任务环境，通常包括现有的或潜在的竞争对手、资源供应者、服务对象等。另一类是包含更广的一般环境，任务环境包含在一般环境中。一般环境包括政治及法律环境、宏观经济环境、人口作用力、社会文化环境、技术环境及国际环境。一般环境通过影响任务环境而影响组织运行。

内部环境(internal environment)是由内部可能影响管理者采取特定行动或战略能力的一切事物构成。内部环境包括组织的结构、文化、员工以及其他有形或无形的资源。每一个内部构成要素都可以是一种优势，也可以是一种劣势。优势是组织擅长的活动，是竞争优势的一种潜在来源。劣势是组织不擅长的活动，是竞争劣势的一种潜在来源。管理者们在分析组织的内部环境时，通常对组织的优势和劣势进行识别。这种对内部的关注与对外部机遇的识别互相补充，能帮助管理者制定战略，这种分析方法就是 SWOT 分析。这里“S”表示优势(strengths)，“W”表示劣势(weaknesses)，“O”表示机遇(opportunities)，“T”表示威胁(threats)。

(三) 管理环境分析的意义

管理环境为组织管理活动的主体提供背景，组织一般来说只能在管理环境中生存发展，管理活动的主体没有能力改变外部环境的各项因素及其变化。但是，管理者能够认识这些环境因素，甚至找到它们的变化规律，预测它们未来如何变化以及如何影响组织的管理活动，从而制定相应的管理策略。

管理环境分析就是分析组织内部和外部的环境中各项影响因素的特点及其变化规律，为组织目标的制定及实现提供必要的依据。近代社会的快速发展与变革，如冷战的出现及其结束、经济全球化、传统家庭结构的解体、人口的流动与多样化、城市化或市郊化，以及日益增长的个人主义、信息化、价值相对主义和多元化等，都极大地影响着全球各类组织的管理活动。因此管理环境分析对宣传活动有效开展有着积极的指导意义。

1) 外部管理环境分析的意义

从系统论的观点来看，组织是一个开放的系统，必须与环境进行交换。环境为组织的经营活动提供条件，同时也必然对组织的经营活动产生限制作用。组织开展经营活动，必须要从外部的环境获取各项资源，从原材料市场获取原料，从劳动市场获取劳动力，从资金市场获取资本，等等。如果没有外部环境的市场，组织便无法开展经营活动。同时，组织开展生产经营活动的成果也要向外部环境销售，组织的产品或者劳动只有在外部环境中销售出去，组织才能收回资金，补偿生产经营过程中的各种消耗，并重新开始新一轮的生产过程。如果没有外部环境吸纳组织的生产成果，组织便无法循环开展生产经营，无法实现组织的发展壮大。因此任何一个组织，都无法忽视环境对其带来的影响，管理者也不能忽视深入分析管理环境的重要性。

外部环境是在不断变化的，且具有高度的不确定性。20 世纪中叶出现的第三次科技革命，使社会生产力的结构发生了巨大变化，并波及政治、经济、文化等一切领域，影响了整个人类生活及组织的生产经营。外部环境的这种变化是时刻存在的，它所产生的影响也是人们始料不及的。对于组织来说，外部环境的变化有两种主要影响。一种可能是为组织带来新的发展机会，如新技术的出现可以提高生产效率，新能源的开发利用可以降低生产成本，国际贸易环境的改善可以促进产品出口和劳务输出，等等。组织管理者要能够抓住外部环境的变化所提供的优势，提高组织的生产规模和效益。另一种可能是给组织的生存发展带来不利的威胁，如消费者的偏好可使组织的产品受到影响，政府政策的紧缩和组织规模的扩大、利率的变化可导致出口下降，等等，这时，管理者必须制定积极的应对政策，努力避开外部环境变化带来的威胁。即使不能规避，也要想尽办法将组织的损失降到最低。

综上，认真分析外部环境是非常必要的，有助于组织的管理者把握机会，避开威胁，更好地管理组织的生产经营活动。

2) 内部管理环境分析的意义

组织开展生产经营活动就是对有限的组织资源，进行合理的配置和利用。由于世界上资源的有限性和组织财力的限制，组织不仅在客观上拥有的资源总数量会受到限制，而且在主观上利用资源的能力也会受到限制，有时，同等数量的资源在不同组织和同一组织的不同时期的利用率也是有所不同的。因此，要有效地利用组织内部资源就必须分析组织资源，即组织在客观上对资源的占有情况和主观上对资源的利用情况，以制定相应的战略计划，指导组织利用有限的资源实现组织目标。组织文化是组织有效运转的内部驱动力，它在增强组织凝聚力、激发成员的主观能动性、约束成员行为等方面起着积极的作用。组织文化对于组织活动的影响是潜移默化的，不仅影响着组织成员的精神面貌和工作效率，还影响组织的整体形象和组织的决策活动。组织文化是企业内部管理的一部分，因此，深入分析组织文化特点，有助于组织的领导者了解员工的价值取向和行为动力，有助于组织选择正确的决策。

综上我们可以总结出，管理环境分析对组织发展的作用主要体现在以下 3 个方面：第一，管理环境的分析有利于组织制定正确的战略规划，根据组织自身情况确定组织的发展目标；第二，管理环境的分析有利于组织及时调整战略来应对环境的变化和不确定因素的出现，抓住机遇，规避风险；第三，管理环境的分析有助于组织有效利用资源，改善组织文化，促进组织目标的实现。

二、组织的外部环境

组织的外部环境是指存在于组织系统之外，并对组织系统的建立、存在和发展产生影响的外界情况和条件。外部环境对组织活动或多或少都会产生一定影响。外部环境分为一般环境和任务环境。

(一) 一般环境

组织的一般环境又称为宏观环境或大环境，是指对某一特定社会中所有组织或其他组织产生影响的环境因素，是组织难以确定对自身运行和目标实现影响程度的因素。一般环境是包含任务环境在内的，包括政治、社会文化、宏观经济、人口、技术和国际环境等方面。一般环境通过任务环境影响组织，也就是说，一般环境有助于任务环境的形成。

1. 政治环境

政治环境是指一个国家的社会制度、执政党的性质、政府的方针政策、法律及社会政治形势、政治事件等对组织系统构成影响的因素。不同的国家有着不同的社会制度，不同的社会制度对组织活动有着不同的限制和要求，即使社会制度不变的同一个国家，在不同时期由于执政党的不同，其政府的方针特点、政策倾向对组织活动的态度和影响也是不断变化的。对于这些变化组织可能无法预测，但变化产生后，政治环境对组织活动的影响是可以分析的。

组织必须通过对政治环境的研究，了解国家和政府目前禁止什么、允许什么、鼓励什么，从而使组织活动符合社会利益，得到政府的保护和支持。一般说来，政治环境的优劣在很大程度上取决于社会制度的完备、政府政策支持的力度和法律健全程度及执行力度。

2. 社会文化环境

社会文化环境包括一个国家或地区的居民的教育程度、文化水平、风俗习惯、宗教信仰、价值观念、审美观念等。对组织的影响表现为：教育程度和文化水平会影响居民的需求层次，风俗习惯和宗教信仰会禁止或抵制组织某些活动的进行，价值观念会影响居民对组织目标、组织活动及组织存在的态度，审美观念则会影响人们对组织活动内容、活动方式及活动成果的态度。如，道德准则或社会公德虽然没有形成法律条文，但对于约束个人或集体仍然具有事实上的作用和威力，任何组织的行为都不能不考虑社会秩序和伦理道德的影响。

3. 宏观经济环境

一个组织所处的经济环境，通常是指其所在国家的经济状况和经济体系之和。它包括生产力发展水平、经济成分、经济体制等要素。生产力发展水平是一个国家经济水平的根本标志，反映一个社会的总体生产能力和社会占用物质财富的水平。经济成分是构成国家总体经济的各部分的统称，其数量及种类的多少，以及每种成分在整体国民经济中所占的比重，反映了社会阶级或阶层的构成，它直接影响各类组织体系的社会基础。同时，经济成分的不同也意味着组织职能、管理方式存在着差异。经济体制是在特定地域内进行决策并执行有关收入和消费决策的机制和制度。这些要素主要通过对各类组织所需要的各种资源的获得方式、价格水平的影响，对市场需求结构的作用，来影响各类组织的生存和发展。

人口众多的国家为该国家各类组织的经营提供了丰富的人力资源，决定了总市场规模的庞大，但可能因为人的基本生活需求难以得到充分满足，所以其成为经济发展的障碍。经济的繁荣显然能为组织的发展带来机遇，宏观经济的衰退则可能给所有经济组织带来生存的困难，如石油危机、亚洲金融风暴等。假定其他条件不变，一个地区的就业越充分，收入水平越高，那么该地区的购买能力就越强，对组织活动及其产品的需求就越大。当人们满足了生活上的需求后才会追求精神方面的需求。如，只有当人们解决了温饱问题才会考虑去投资文化方面的、环保方面的活动。

4. 自然环境

自然环境是指地理位置、气候条件及资源状况等，这些自然环境对组织的影响也是不可忽视的。地理位置是制约组织活动，特别是组织经营的一个重要因素。经济发展的某个时期对某些地区采取倾斜政策时尤其如此。例如，目前我国海南省的开放政策吸引了大批外资，促进了投资环境的改善，给该省的各类组织提供了充分的发展机遇。另外，组织是否靠近原材料产地或产品的销售地，也会影响到资源获取的难易程度和交通运输的成本等。气候条件也是非常重要的，例如气候对空调生产组织的影响尤为明显。气候气温的变化对旅游类组织的影响也很明显。

5. 技术环境

技术环境是指新工艺与新技术的出现和科学技术的推广应用等构成的环境因素。在 20 世纪，技术变革的步伐不断加快，由此导致的过程被称为“创造性毁灭的永久飓风”。技术变革既是创造性的，也是破坏性的，所以既是机遇也是威胁。技术环境对组织的发展有着至关重要的影响，任何组织欲求生存和发展，必须在产品、服务和管理等方面保持技术的先进性，否则当竞争对手取得新技术时，组织将处于危险的竞争中。例如，当前高速发展的电子商务行业给实体销售企业带来了新的挑战和威胁。

(二) 任务环境

组织的任务环境又称为微观环境或具体环境，是与组织直接发生联系的一系列环境因素，是通过组织的努力可以把握和控制的因素。组织不仅在一般环境中生存，也在特殊领域内活动。一般环境对不同类型的组织均产生某种程度的影响，而与具体领域有关的特殊环境则直接、具体地影响着组织的活动。对大多数组织来说，其任务环境因素主要包括资源供应者、服务对象、竞争者等。

1. 资源供应者

资源供应者是指为组织提供各种资源要素的供给方，这里的资源要素不仅包括设备、人力、原材料、资金，也包括信息、技术和其他各种服务，如法律、咨询等。这些供应者的数量、结构、供应条件、供应要素的质量等就形成了组织的资源供应者这一环境因素。由于组织在运转的每一个阶段中，都依赖于供应者的资源供给，所以一旦主要的资源供应者提升或降低所出售的物品和服务的价格，改变提供物品或服务的方式时，就会直接影响整个组织管理活动的成效。可见，资源供应者对组织的作用是至关重要的。

2. 服务对象

服务对象是指组织满足自身某种需要的群体和个人的总和，是组织产品或服务的接受者，如企业的客户、商店的消费者、医院的病人等，都可称为组织的服务对象。服务对象因素包括数量、需求强度、需求的发展趋势与变化规律等。任何组织之所以能够存在，是因为一部分需要该组织产出的服务对象的存在。服务对象对组织行为的运行有以下两方面的影响：一方面是用户对产品的总需求量决定着行业的市场潜力，从而影响行业内所有组织的发展；另一方面，不同用户对价格的商议会导致竞争者之间的价格竞争，从而影响组织的获利能力。

3. 竞争者

竞争者是指与本组织在资源和服务对象等方面存在争夺关系的其他同类组织及新加入或潜在的将要进入该行业的组织。任何组织都不可避免地会有一个或多个竞争对手，这些竞争对手是组织的重要环境因素，由于它们与组织在资源和服务对象等方面存在争夺关系，因此作为组织必须时刻关注竞争对手的发展状况和趋势，对自己的行业竞争环境进行认真深入的分析，并及时做出反应，确定正确的应对策略，才能找到攻克竞争对手的方法，否则组织在竞争中就会付出失败或惨重经济损失的代价。

(三) 外部环境对组织管理的影响

1. 外部环境对组织运行的制约

组织的生存离不开外部环境，外部环境既为组织活动提供了条件，也对组织的活动起到了制约作用。

(1) 外部环境提供组织经营活动所需要的各种资源。组织经营活动所需的各种资源需要从原料市场、能源市场、资金市场、劳动力市场等外部环境中去获得。离开了外部环境，组织经营活动就会失去源头而无法进行。

(2) 外部环境使组织出售产品或服务得以实现。组织利用各种资源生产出的产品或服务需要在外部环境中实现。没有外部市场环境，产品和服务就无法进行交易，组织就无法获利，在生产过程中的各种消耗便无法得到补偿，经营活动就无法继续进行。

(3) 外部环境为组织生存提供了条件，同时也限制了组织的生存。组织只能根据外部环境能够提供的资源种类、数量和质量来决定运营活动的具体内容和方向。既然组织的产出要通过环境中的市场才能实现，那么，在生产之前和生产过程中就必须考虑到这些产品或服务能够被服务对象所接受，是否有价值。因此，外部环境在提供了种种条件的同时，也在一定程度上制约了组织的运行。

2. 组织管理活动随外部环境的变化而变化

外部环境是在不断变化的，而不是静止不变的。如消费者的收入在提高，全民受教育水平也在逐渐提高等。外部环境的种种变化会给组织带来不同的影响。

(1) 为组织的生存和发展提供新的机会。如电子商务的发展为组织提供了新的销售方式。

(2) 对组织的生存造成某种不利的威胁。例如，技术条件或消费者偏好的变化可能会使组织产品或服务不再受欢迎。组织要继续生存，要在生存的基础上不断发展，就必须及时地采取措施，积极地利用外部环境在变化中提供的有利计划，同时要采取对策，努力避开这种变化可能带来的威胁。

对外部环境进行分析、研究，可以帮助组织了解外部环境的特点，可以使组织认识外部环境是如何变化的，从而揭示外部环境变化的一般规律，并据此预测外部环境在未来的发展和变化趋势。

3. 外部环境给组织带来的机会和威胁

1) 外部环境给组织带来的机会

市场机会指某种环境条件下，组织可以通过采取一定行动创造价值，实现赢利。市场机会有利益性、针对性、实效性和公开性。组织所面临的外部环境可能给组织带来机会。

不同的机会能给组织带来的利益的大小是不一样的，即不同的市场机会的价值具有差异性。市场机会能为组织带来的利益越大，其价值也越高，对组织利用需求的满足程度也就越高。为了在千变万化的市场环境中寻找价值最大化的市场机会，组织需要对市场机会的价值进行更为详细具体的分析。

组织在每一个特定机会中的成功概率取决于组织的实力，取决于组织的实力是否与该行业成功所需要的条件相符合。通常，经营得好的企业往往是那些拥有大量竞争优势的企业，这些优势形成了企业为顾客创造价值的能力。

2) 外部环境给组织带来的威胁

组织的管理者应该学会识别面临的主要威胁，如外部环境带来的威胁。环境带来的威胁是指环境中一种不利的组织发展趋势对组织所形成的挑战，如果不果断采取措施和行动，这种不利趋势将导致组织的市场地位被侵犯。

严重危害组织利益的外部环境出现的可能性最大，威胁最严重的因素对组织经营最关键。成熟的组织会为每个这样的威胁准备一个应变计划，这些计划将预先阐明在威胁出现之前或者威胁出现时，组织管理和运营将进行哪些改变。

面对外部环境带来的威胁，组织可以通过选择新的行业或市场等来进行规避，也可以通过多元化经营等途径来转移或分散威胁，但最有效的办法是，组织最好事先能预见威胁的发生，并主动采取措施来对抗威胁，从而使威胁给组织带来的负面影响最小化。

三、组织的内部环境

组织内部环境是存在于组织系统之内的、作为组织系统存在和发展的客观条件的总和。组织内部环境一般包括组织结构、员工、组织实力、组织文化等。从具体形态上来分，组织的内部环境也可分为有形部分和无形部分。内部环境的有形部分包括：物力、财力、员工(人力资源)、技术和信息等。内部环境的无形部分包括：组织文化、组织结构、人际关系、雇主和雇员的关系、组织核心竞争力等。

(一) 组织内部的有形环境

1. 物力

物力是组织活动的基本要素之一。组织的物力资源一般分为生产制造、储存、运输、销售及事务处理 4 部分。通过分析组织的物力资源，可以找出组织物力资源存在的薄弱环境，并加以改进。物力资源管理的是要求组织遵循客观事物发展的规律，根据组织目标的实际情况，对各种物力资源进行最有效的配置和最佳的利用，开源节流，物尽其用。在物质日益匮乏的今天，对于一个国家、一个组织来说，提高投入产出率是管理中的一个最基本的原则。

2. 财力

财力资源是各种经济资源的价值体现，是具有一定独立性的特殊资源。对组织的财力资源的运用效率决定着组织的其他资源的运用效果。财力资源主要是指组织的资金实力。财力资源分析主要是指组织根据自身事业的性质和规模，测算所需要的资金的数量，参照资金市场行情，对组织资金来源、筹集、使用和分配等进行统筹规划，以配合组织战略的实施。管理财力资源的目标是实现财尽其力。

3. 人力资源

员工，即组织的人力资源，可以是可持续竞争优势的一种来源，也可以是一种劣势。员工构成了人力资本。人力资本是提高生产率和经济增长的基础。人力资源是可持续竞争优势的最重要的来源。雇用正确的人，进行培养，让他们充分发挥潜能，组织得到的回报将是非常高的绩效。对于竞争对手，人可以是一种独特的优势，也可以是一种劣势。管理者通过人力资源管理和建立恰当的内部组织结构，能够对组织的人力资本加以影响。

4. 技术

在科技迅速发展的今天，掌握新技术已经成为许多组织的必行之路。技术资源的先进与落后决定组织在竞争中的地位、成败。对技术资源的分析应包括：组织研究与开发能力分析、技术信息分析、产品质量分析 3 个方面。组织应根据自己的战略方针，研究开发或引进新技术，保持技术的领先，力争在激烈的竞争中立于不败之地。

5. 信息

在通信、网络如此发达的今天，信息越来越公开。信息是对我们有用的数据，是事物特制属性和关系的表面特征。信息资源可分为两种：一种是环境信息，如顾客、市场、国内外技术发展形势、组织信用、组织形象等；另一种是内部信息，如组织文化、员工状态、经营方式等。组织应根据实现组织目标管理的要求，建立完善高效的信息网络，以确保获得管理所需要的各种准确、完整、及时的信息；在组织内建立起合适的信息共享网络，为平等、互动、交流的新型组织管理提供条件。

(二) 组织内部的无形环境

1. 组织文化

组织文化是组织内部员工共享的价值观及假设的基本模式。文化之所以重要，是由于组织的共享价值观影响着管理者对经营活动的选择。组织机构设计界定了组织中成员的职责、权力和影响力的集中方向。

组织氛围是组织文化的衍生品。成功的组织常常拥有开放的组织氛围，能够有效地激发个体的斗志和创新意识，并吸引员工广泛地参与到组织经营中。在这种组织中，员工被充分授权，即使员工大胆尝试自己想法的结果是失败的，组织也会宽容地接受并继续予以支持和鼓励。员工在这种组织中自然会产生主人翁意识，将自己作为组织系统中不可缺少的组成部分，为组织的发展贡献自己的力量。

组织文化确立了员工的做事标准。文化把正确的行为传递给了组织的管理者。一个组织的文化，会制约一个管理者设计所有管理职能的决策选择。一般认为，组织文化具有导向作用、约束作用、凝聚作用、激励作用和辐射作用。导向作用是指组织文化能将组织员工的个人目标引导到组织目标上；约束作用是指用一种无形的文化上的约束力量，形成一种行为规范；凝聚作用是指通过文化的渗透使组织产生凝聚力；激励作用是指良好的组织文化能产生一种激励机制，促使员工不断进取；辐射作用是指一个组织具有很强的文化特色，会通过组织成员的共同价值观念，表现出组织的特殊性，有利于组织形成别具一格的经营战略，同时，组织经营战略制定后，需要全体员工贯彻执行，组织文化正是激发员工热情、统一意志的重要手段，组织文化若能与组织战略相配合，就是组织内部的优势，反之，则变为组织内部的劣势。

2. 组织结构

一个组织的正式结构是其内部环境的组成部分，它决定着组织决策是如何被执行的。高层管理者、中层管理者、一线管理者这 3 个不同层次的组织的管理者，组成不同的团队完成设计、生产、销售、财务、人力资源管理等不同的工作。组织结构还决定了权利和沟通的流动方向即由管理层到基层。组织结构因每个组织的不同而不同，因管理者的期望不同而不同，因各种外部因素不同而不同。现代的组织结构越来越倾向于扁平化形式，包括被充分授权的个体、被充分授权的团队及风险小组等。这种组织结构使组织更快、更灵活地对市场需求做出反应，大大降低了市场风险。

创造一个好的、有利于组织目标实现的内部环境、组织结构非常重要。组织结构应当综合考虑高层领导者、中层管理者和一线管理者的需求，提供足够的信息，确保组织结构的有效运转。

3. 人际关系

人际关系，是人们在共同的实践中结成的关系的总称。在人们的生活、学习和工作中，肯定会遇到各种各样的人和事，结成各种各样的人际关系。从其功能来看，可以分为：良好的人际关系和恶性的人际关系。良好的人际关系可以促进组织成员的团结，对组织目标的实现起积极作用。而恶性的人际关系则会加剧组织成员间的冲突，使得组织成员浪费大量的时间和精力去应付其他成员，这不利于组织目标的实现。恶性的人际关系会导致组织产生“内耗”。

协调组织的人际关系是推行人本管理的内在要求。组织管理的实质就是对于人的管理，而要管理好人，除了采取行政指挥、经济手段、制度约束外，更重要的是感情影响、人际吸引等。现代管理理论强调以人为中心，尊重人，体贴人，关心人。只有建立良好的、宽松的、互相信任的、友好的人际环境，才能使组织形成有凝聚力的群体，体现人本管理的实质。人本管理就是通过最大限度地发挥组织共同价值观的影响力，充分发挥积极性，在推动组织发展过程中，实现员工自身素质的全面提高。

协调组织内部人际关系是发挥管理整体功能，提高组织效益的关键。人与人之间的关系，由于结合方式和结构的不同，协调程度的差异，而使整体效应力量的发挥有着本质的差别。人与人之间的关系结合得好，其整体效应就能得到最大限度发挥。反之，其整体效应力量就很小，甚至等于零。因此，协调好组织内部人际关系会使组织内员工心情舒畅，建立起团结、协作、互相帮助的人际关系，发挥整体功能大于部分之和的作用。只有这样，组织的各项工作才能不断取得新的成效，组织的经济效益就会提高。因此，搞好组织内部的人际关系对于提高组织的效益和效能十分重要。

协调组织内部人际关系是调动职工积极性，保证组织目标实现的基础。协调人际关系的意义在于创造一个宽松、文明、健康、友好的人际环境，使组织的人际关系处于和谐状态，使上下级坦诚相待、和睦相处，同事之间感情融洽、配合默契，这样组织的员工就会有安全感，促使大家为组织的利益和荣誉，加倍努力工作，从而产生强大的群体凝聚力和向心力，以调动各方面的积极性，使组织上下真诚相处，有效地克服组织管理中的各种困难和障碍。

4. 雇主—雇员关系

激烈的全球竞争导致很多公司组织结构重组和雇员缩减，这就产生了新的“雇主—雇员”关系，西方管理理论将其称之为“新的雇主—雇员社会契约关系”。这种新关系的目标是，使员工能够适应组织内外部的不同要求，从而提高员工的满意度。相应的，员工则被期望通过对工作和工作团体有更强的承诺来为新的“雇主—雇员”关系做出贡献。这种新的“雇主—雇员”关系契约被喻为现代员工关系管理的最重要的基础。

全球化进程的加快、从业人员越来越复杂、新技术的应用等原因导致多种新的“雇主—雇员”关系问题出现，并使组织面临着十分广泛的各种社会力量的压力。而且，许多社会力量正通过员工的个人价值观、社会态度在组织内部渗透，构成工作场所的一个内在部分，使组织内部环境发生根本性变化。

5. 组织核心竞争力

一个组织成功与否，关键因素之一是该组织能否认识到并有效地利用组织的核心竞争力。核心竞争力与其他一些无形的因素构成了组织的智力资源。智力资源包括丰富的经验、智慧、知识储备和专业技能。智力资源包含在组织人事技能及组织成员的实践中，它包括了一个组织现实存在的价值与未来的发展前景，只有充分有效地意识到组织的核心竞争力，并整合组织资源对其加以利用，才能在竞争中彰显出自身的特色。

这里需要强调的是，一个组织的内部环境可以是一种优势，也可以是一种劣势。因此组织要重视内部环境，发挥其优势，避免其劣势的产生。

第三节 社会责任和管理道德

组织在追求利润的同时，必须遵守管理道德和担当必要的社会责任。任何组织的管理行为都在文化层面上体现着道德观，形成独特的管理道德。管理道德随着社会经济的发展不断进步。现代管理道德的发展，使社会责任成为当前管理界最紧迫、最重要的课题。

一、社会责任

(一) 社会责任的内涵

社会责任(social responsibility)是管理者在决策制定过程中考虑某些社会标准的一种责任感。企业的社会责任是企业追求社会长远目标实现的一种义务，是企业管理道德的要求，完全是企业出于义务的自愿行为。

社会可以定义为一个社区、一个国家或由一群有相同传统、价值观和兴趣的人所组成的团体。讨论企业与社会的关系则可以把社会看成是由许多利益集团、规范或不规范的组织及各种各样的机构构成的集合。从系统的观点看，社会是一个大系统，是由若干个子系统构成的，子系统就是集团、组织和机构。社会对其所有的子系统都有约束作用，而各个子系统对社会具有依赖作用及反作用。作为一个市场主体和经营实体，企业的经营行为必然要符合社会阶层、群体等利益主体的需要，如满足社会对产品和服务的需要，维护社会的安定，以及促进社会的进步和满足社会持续进步与发展的要求。总之企业在谋求经济利益满足的同时，必须自觉地履行其应尽的社会责任。

(二) 社会责任的性质

社会责任的性质是法律与道德的统一，责任和权利的统一，付出与收获的统一。

1. 法律与道德的统一

社会责任既是一种客观需要，也是一种主观追求，是自律，也是他律。在追求文明和进步的社会中，一个组织应该基于自己的良知、信念、觉悟，自觉自愿地履行责任，为国家、社会、他人做出自己的贡献。无论是道德责任，还是法律责任，都不以个人意志为转移。不履行道德责任，会受到道德和良心的谴责；不履行法律责任，会受到法律的追究和制度的处罚。

2. 责任和权利的统一

社会责任并不是单纯地、孤立地强调对社会尽责，没有无责任的权利，也没有无权利的责任，两者是互为依托而存在的。一个组织的权利，往往是它履行责任的条件；一个组织的责任，往往是为了争取一些权利。所以，要想享有一定的权利，必须尽到相应的责任；尽到一定的责任，才能享有相应的权利。

3. 付出与收获的统一

从管理哲学的角度来看，企业不仅是一个经济实体，同时也是一个伦理实体。社会给予企业利用各种资源进行生产的权利，政府给予多种支持，员工投入劳动，同时，企业通过满足社会需求，提供就业，缴纳税款，支付员工工资等回馈社会。但是，相对于企业为获得利润所消耗的资源，对环境的影响和破坏，以及员工所付出的劳动，这些都是九牛一毛。因此，所有的企业都应当从道德的层面，担负起更宽广的社会责任，以感恩的心情来回报社会，增进社会福利。

(三) 社会责任的内容

1. 公共组织的社会责任与特点

公共组织，又称非营利性组织，是不以营利为目的的非政府社会组织。这类组织在社会的各个领域，主要包括：环境保护、扶贫发展、权益保护、社区服务、慈善救济等。

各种不同的组织依照自身的不同性质，承担着不同的社会角色，为社会做出不同的贡献。公共组织不直接创造财富，却是创造和维持财富的重要力量。其社会责任包括两方面：一方面，履行社会和政府职能范围以外的"服务大众"的社会责任，社会是多元的，"市场不是万能的"，政府也存在缺陷，在这样的环境中，各种各样的公共组织就必须积极地实现社会公益；另一方面，监督政府和企业的行为，无论政府和企业怎样自律，都需要一个外部监督，而公共组织最重要的社会责任就是监督它们，让它们更严格地约束自身的行为、更好地为社会服务。

政府以权力为履行责任的后盾，企业以货币为履行社会责任的武器，公共组织以理想和价值追求作为履行社会责任的鼓励和支持。它们在履行社会责任的过程中追求的既不是金钱，也不是利益，更多是依赖自愿、道德感和使命感作为动力。所以从根本上讲，公共组织存在的理由就是全心全意地服务社会。

2. 组织的社会责任与特点

组织在社会中履行的社会责任包括以下几个方面。

(1) 经济发展的责任。组织是经济社会的细胞，只有企业发展，经济才能发展。经济的发达程度又决定了社会的性质。企业家冒着巨大的风险投资并且辛苦经营，绝不是慈善家，最终目的是为了赢利。早在20世纪50年代至20世纪60年代，诺贝尔经济学奖获得者米尔顿·弗里德曼就对组织责任进行了描述："企业的责任就是使利润最大化"。逐利的心态把企业赢利与企业社会责任对立起来，使二者之间形成了一条不可逾越的鸿沟。

(2) 为政府提供税收。为政府提供税收是组织重要的社会责任，组织应该勇于承担这个社会责任，要坚决按照法律规定进行纳税。所有组织都应该充分认识到纳税是自己应该履行的法定的社会责任。

(3) 为市场提供产品或服务。组织为市场提供产品或服务的社会责任关乎消费者的生命和健康，关乎整个社会的生活质量和经济生活的正常运转，因此组织在为市场提供产品或服务时要必须保证其质量，为市场提供优良产品和优质服务，那些为市场提供劣质产品的企业，并没有履行自己的法定的社会责任，是违法行为。

(4) 提供就业机会。组织对员工的社会责任体现为企业对员工的薪水、安全、福利、教育等方面的责任。首先组织要关心员工的身体健康，为员工创造良好的工作环境；其次，组织应负担起员工技能培养和素质提高的责任；最后，组织应该充分尊重员工，发挥员工的积极性和创造性，听取员工的意见和建议，加强民主管理，尽可能让员工参与到企业的发展和决策过程中。

(5) 环境保护和可持续发展。组织对环境的依赖是不可否认的，与此同时，组织对环境的破坏也是可怕的，企业应该通过放弃落后的生产技术，采用新技术，实现低消耗、低破坏、高产出，维持社会的长远发展。随着人们对环境的重视，组织也越来越重视环境保护。

组织的社会责任与公共组织的社会责任有着明显不同的特征。在组织生产经营过程中，由于需要在经济利益与社会利益之间取得“平衡”，常常导致组织在对社会责任的认识、感情和实践这三个层面上不相一致。

二、管理道德

管理之所以需要伦理道德，除了因为现代社会经济运行面临诸多伦理困境与道德风险及伦理道德可以帮助组织更好地达到经济目标外，更重要的是，伦理道德是现代社会的核心价值构成，具有特殊的管理意义和文明意义。

伦理道德在管理学上的意义突出表现在以下几方面。

1. 经济与经营活动的意义，尤其是对终极意义的追求

正如汉普登(Charles Hampden-Turner)在对国际最著名企业的大规模调查中所发现的那样，寻求意义，并在任何具体形式中赋予价值意义，是人类内心最深沉的呼唤。新教伦理为欧美企业家和资本主义经济提供的最重要的动力，就是对关于上帝终极关怀的意义和信念的追求，只有基于这一点，才能理解美国石油大王洛克菲勒“人死而富有是一种耻辱”的名言，及比尔·盖茨等富豪捐献其全部财产用于慈善事业的行为。当然，这些言行背后的依据，就是道德哲学上对财富创造活动的认识：“即使从外表上看，也就一望而知，一个人自己享受时，他也在促使一切人都得到享受，一个人劳动时，他既是为他自己劳动也是为一切人劳动，而且一切人也都为他而劳动。”[1]中国的一些企业家由于缺乏对终极意义的追求，或把财富追求与积累当成目的，或把财富当成个人能力的证明，因而，实际上离真正的企业家还很远。

2. 企业组织

在古典意义上，管理被诠释为透过人群的努力达到组织目标的活动。伦理道德对于企业组织的意义，不仅在于构建“人际关系”，更重要在于造就真正合理有效的企业组织，因为“伦”本身就是个体性与实体性的统一。根据巴纳德的组织理论，组织的形成有3个要素：共同目的、协作愿望、信息沟通。不难看出，3个要素中处于重要地位的前两个要素都与伦理道德有关。

[1] 黑格尔. 精神现象学(下卷). 贺麟等，译. 北京：商务印书馆，1996

3. 人文与企业精神

企业管理一方面透过伦理道德建立个体与组织相统一的内部伦理关系；另一方面借此建立企业与社会相统一的外部伦理关系，同时还透过伦理道德的有效合理运作，建立企业的人文力体系，从而形成企业的伦理精神，构筑作为企业灵魂的“企业精神”。

4. 企业及其产品的价值观

汉普登在调查中发现：“任何企业产品的品质，早先决定于创办人的价值观。后来则决定于整个企业的工作价值观。”一个可以通过经验验证的事实是，企业活动与人们带进工作现场的价值观有关，伦理道德的着力点，就在于生产者的劳动价值观与管理者的经营价值观。“企业成功与产品质量的真谛全在于诚信”，这句话说明伦理道德是管理学的核心意义。

三、道德管理的特征

合乎道德的管理具有以下特征。

(1) 合乎道德的管理不仅把遵守道德规范视作组织获取利益的一种手段，而且把其视作组织的一项责任。在遵守道德规范会带来利益或不遵守道德规范会带来损失的情况下，组织当然会选择遵守道德规范；但在遵守道德规范会带来损失或不遵守道德规范会带来利益的情况下，组织仍然会选择遵守道德规范，这就是责任。在企业管理中，承担责任有时意味着要额外付出成本。

(2) 合乎道德的管理不仅从组织自身角度更应从社会整体角度看问题。有时，为了社会整体的利益，甚至要不惜在短期内牺牲组织自身的利益。就如在经济危机、民族危机和其他严重社会危机来临的关键时刻，企业所做的那样。

(3) 合乎道德的管理尊重所有者以外的利益相关者的利益，善于处理组织与利益相关者的关系，也善于处理管理者与一般员工及一般员工内部的关系。合乎道德的管理者知道，组织与利益相关者是相互依存的。

(4) 合乎道德的管理不仅把人看作手段，更把人看作目的。组织行为的目的是为了人。

(5) 合乎道德的管理超越了法律的要求，能让组织取得卓越的成就。法律是所有社会成员必须共同遵守的最起码的行为规范。哈佛大学的佩尼曾说：“法律不能激发人们追求卓越，它不是榜样行为的准则，甚至不是良好行为的准则”。仅仅遵守法律不太可能激发员工的责任感、使命感，不太可能赢得顾客、供应者、公众的信赖、支持，因而也不太可能取得非凡的成就。相反，合乎道德的管理虽然不是把组织自身利益放在第一位，但常常能取得卓越的业绩。

(6) 合乎道德的管理具有自律的特征。有时，社会舆论和内心信念能呼唤人们的良知和羞耻感、内疚感，从而对其行为进行自我调节。

(7) 合乎道德的管理以组织的价值观为行为导向。组织的价值观不是个人价值观的简单汇总，而是组织所推出的并为全体成员所认同的价值观。组织的价值观有时可以替代法律来对组织内的某种行为做判断。

追求道德的管理者通常为组织确立起较为崇高的价值观，以此引导组织及其成员的一切行为。这种价值观一般能够激发起成员去做出不平凡的贡献，从而给组织带来生机和活力。

四、改善企业道德行为的途径

改善企业道德行为可以从以下几个途径入手。

(一) 招聘高素质的员工

人在道德、个人价值取向和个性上存在差异，管理者可以通过严格的招聘程序将道德素质低的求职者淘汰掉。但要想真正做到并不容易，在组织实践过程中，已得到证明，仅仅通过招聘这一控制环节，是很难把道德标准有问题的求职者选出来的，最重要的一个环节是加强对试用者的观察和了解，在工作的某一细节中有可能判断出员工的内心世界和道德水准。

(二) 建立道德守则

在一些组织中，员工对“道德是什么”认识不清，这显然对组织不利。建立道德守则可以让员工知道行业或职业道德，从而避免这种不利因素。

道德守则是表明组织的基本价值观和组织期望员工遵守的职业道德规范的正式文件。道德守则既要具体以便使员工知道以什么标准工作，内容也要宽松，以便让员工有判断的自由。

(三) 管理者在道德方面起带头作用

高层管理者应该是一名道德高尚的人，并且要以道德高尚的标准严格要求自己，在道德方面的领导作用比制定规章制度重要得多。

(1) 高层管理人员在言行方面做员工的表率。

(2) 高层管理人员可以通过奖惩机制来影响员工的道德行为。

(3) 高层管理人员要勇于承担责任。

(四) 制定工作目标

员工应该有明确和现实的目标。如果目标对员工的要求不切合实际，即使目标是明确的，也会产生道德问题。在不现实的目标的压力下，即使道德素质较高的员工也会感到迷惑，很难在道德和目标之间做出选择，有时会为了达到这一不切合实际的目标而不得不牺牲道德。而明确和现实的目标可以减少员工的迷惑，并能激励员工。

(五) 对员工进行道德教育

组织意识到对员工的道德教育特别重要，组织应积极采取各种方式来提高员工的道德素质，如开设研修班、组织专题讨论会或座谈会等。

(六) 提供保护机制

保护机制可以使面临道德困境的员工在不用担心受到斥责或报复的情况下自主行事。如，员工可以向上一级政府部门或纪律检查委员会进行信访或上访。而接受信访或上访的部门应明确提出处理意见，并保护检举人不受报复。

以上途径的目的都是使组织的员工自觉地遵守职业道德。

第四节 全球化与管理

当今社会已发展到全球化的模式，管理已经成为企业在世界范围内的活动。越来越多的企业从事全球化经营，并通过对分布在世界各地的子公司或代理机构的人力、物力、财力等要素的有效规划、组织、协调、指挥和控制，谋取全球范围内的竞争优势。即便是当地经营的企业，管理者也必须从全球视角来考虑诸如环境评估、对手分析、人员招聘与资源配置、资源获得与配置等一系列管理问题。

一、全球化内涵

全球化既是一个事实，又是一个过程。说全球化是一个事实，是指其反映的是世界各国及各国人员之间比以往任何时候都更加相互依赖，而且这种依赖程度越来越高。说全球化是一个过程，是指其既是技术发展的过程又是人类发展的过程，反映了全球化背后的两股最根本的推动力。一方面，随着交通、信息与通信技术的发展，飞机、移动电话、因特网、可视电话等越来越普及，当今世界好似一个地球村。实现全球范围内的瞬间协调和交流正变得十分平常。另一方面，各种政治的、经济的和文化的力量都在促进着全球化进程，如联合国、世界贸易组织等在全球范围内建立共同的规则，如企业家为寻求一种国际效率，在全球范围配置资源、销售产品，甚至改变消费者偏好。食品的口味和饮食习惯长久以来都被认为是与文化联系最密切的消费者行为，但是，麦当劳和可口可乐的全球化成功已经说明，即便是这些与文化密切相关的偏好也可以被改变。我们可以从不同层面来定义和理解全球化，如世界、国家或地区、产业、公司，甚至是公司内的某一部门或某一业务。

1. 世界层面上的全球化内涵

在世界层面上，全球化是指国家之间日益增长的经济相互依赖性，反映在商品、服务、资本和信息等方面不断增长的跨国流通上。在2000—2007年间，跨国商品贸易年均增长率为5.5%，跨国商业服务年均增长率为12%，几乎分别是同期世界各国国内生产总值(GDP)年均增长率(3.0%)的2倍和4倍。从2000年到2007年，国外直接投资(FDI)从13981.8亿美元增加到18333.2亿美元，增加近5000亿美元，分别占当年全世界GDP的4.4%和3.4%。从2000年到2006年，全世界的出国旅游人数从7.6亿上升到10.3亿，出国旅游人数占当年全球总人口数的比例从11.3%上升为13.0%。1990年，超过10亿美元的跨国企业并购发生48起，并购额达837亿美元，占世界并购总额的41.7%，2000年这些数据分别上升为207起、9990亿美元和74.0%，2007年这些数据分别为300起、11610亿美元和70.9%。

2. 国家或地区层面上的全球化内涵

在国家或地区层面上，全球化是指一个国家或地区的经济与世界其他领域之间的联系程度。衡量某个国家或地区的经济全球化的一些关键性指标包括：进出口额占 GDP 的比例、国外直接投资和有价证券的进出流动额等。

3. 产业层面上的全球化内涵

在产业层面上，全球化是指某一产业在全球范围内的扩张和活动，以及在全球国家或地区间相互依赖的程度。全球化产业的市场往往由若干个全球化公司所主导，比如运动鞋产业是由耐克、锐步和阿迪达斯这3个全球化公司所控制。衡量产业全球化的关键指标通常包括：该产业跨国贸易额在世界总产值中所占的百分比、该产业跨国投资额在该产业实现的投资总额中所占的百分比等。如制药业在1980年和1994年的世界产量分别为750亿和2050亿美元，该产业跨国贸易额分别为131亿和559亿美元，分别占该产业当年总产量的17.5%和27.3%。并且该产业的跨国投资额从1980年的123亿美元上升到1994年的374亿美元，年均增长率为14.9%。

跨国化指数和国际化指数都是基于跨国公司而定义的，这两个指数既可用作测量公司的全球化程度，也可用作反映产业的全球化程度，有时还用作测量一个国家或地区的全球化程度。联合国贸易与发展会议所定义的跨国化指数是由跨国公司的国外资产占总资产的比例、国外销售额占总销售额的比例和国外雇员数占总雇员数的比例平均而得。联合国贸易与发展会议所定义的国际化指数是指跨国公司的国外机构数占总机构数的比例。

4. 企业层面上的全球化内涵

在公司层面上，全球化是指公司在各国或地区的收入分布和资产扩展的程度，以及与各国或地区的资本、商品和信息的跨国/地区交流程度。在信息产业，个人电脑在亚洲排名第一位、全球排名第三位的联想集团的全球化发展是一个很好的例子。1984 年 11 月 1 日，柳传志等科技人员响应中国科学院科技体制改革的号召，成立中国科学院计算机新技术发展公司，这是联想的前身。经过 20 年的发展，2004 年 12 月 8 日，联想集团以 12.5 亿美元收购“PC产业缔造者”“蓝色巨人”IBM 个人电脑事业部。收购完成后的联想拥有 IBM 的“Think”品牌及相关专利、IBM 深圳合资公司、位于大和(日本)和罗利(美国北卡罗来纳州)的研发中心，以及遍及全球 160 个国家的庞大分销与销售网络和广泛的全球认知度。在家电制造业，海尔集团的全球化发展是一个很好的例子。从 1984 年开始，海尔先后实施了名牌战略(1984—1991年)、多元化战略(1992—1998 年)和国际化战略(1999—2004 年)，2005 年底，海尔进入第 4个战略发展阶段：全球化品牌战略，即在每一个国家的市场中创造本土化的海尔品牌。具体来说，就是 3 个 1/3 的全球化战略，即海尔产品 1/3 国内生产国内销售，1/3 国内生产国外销售和 1/3 国外生产国外销售。

二、全球化与管理

那些只局限于一国或地区范围内的业务正在逐步减少，如今的管理者都必须具有全球化视角。越来越多的情形是，管理者需要在不同地区、不同国家和不同文化情况下进行管理工作。如海尔在美洲、欧洲、亚洲等几十个国家与地区都有生产基地或研发中心。海尔的管理者面临着更为广泛的、更复杂的任务，并且这些任务对管理者提出了特殊的挑战。

(一) 全球化管理的环境因素

1. 全球化的一般环境

1) 政治与法律环境

世界上不同国家有着不同的政治制度和法律制度，并且这些制度还在不断变化。全球化管理者必须充分理解不同政治与法律制度的内涵与运作方式。

国家政治体制通常是指东道国国家的国体和政权的组织形式及其有关制度，如国家的政治和行政管理体制、经济管理体制、政府部门结构以及选举制度、公民行使政治权利的制度等。

政治的稳定性通常是指东道国政局的稳定性以及社会的安定状况。如国家领导人的更换、政府的更迭可能导致国家政体的变化以及政治主张的改变；再如政变，社会内乱，以及一些国家的种族和宗教冲突等，都将导致政局动荡不定。

政府对外来经营者的态度通常反映在政府对外资的政策上，其主要包括政府对外国企业的鼓励和限制程度，对国外经营者所提供的便利条件和优惠措施，对外国企业生产经营活动的干预程度，以及对外国企业的经营政策的连续性和稳定性等。

法律环境是指本国和东道国颁布的各种法规，以及各国之间缔结的贸易条约、协定和国际贸易法规等。东道国的有关诽谤、个人隐私、消费者保护、就业和安全以及工资等方面的各种法律条例，全球化公司必须遵从。对于中国企业全球化管理者来说，尤其应该十分了解目的国或地区的法律环境，特别是那些与我国差别较大的法律法规，如个人隐私、就业与安全、消费者保护等方面的法律条例。

2) 经济和技术环境

在全球范围内，经济体制主要包括 3 大类型：自由市场经济、命令经济和混合型经济。一个国家或地区的经济体制还在不断发展与变化。全球化管理者必须了解不同经济体制的运行方式。除了理解经济体制之外，全球化管理者还必须了解一国或地区的经济发展水平，从而更好地理解与它们相联系的各种机会与威胁。

在自由市场经济中，产品的生产和劳务的提供主要由私人从事的，其价格与数量不受政府的支配与干预，主要由供求关系所决定，资源主要由市场进行配置。在命令经济中，一个国家或地区所生产的产品和所提供的劳务的价格和数量都是由政府来决定的，资源主要由政府进行配置。在混合型经济中，一部分由私营企业根据市场机制运行，一部分则由政府支配与干预。不同国家或地区经济体制的特点是不尽相同的，市场经济的发展水平也不平衡。加之各国或地区在贸易政策、工业化政策、地区开发政策和外汇管理政策上的不同，从而对全球化经营和管理有着不同的影响。

在不同经济发展水平下，市场需求能力、消费偏好和产业特征各不相同，对国际经营企业的吸引力和影响程度也有差别。根据罗斯托的分类，当今世界各个国家或地区的经济发展水平存在着较大的差异，有的国家或地区经济上主要依赖原料资源和农产品，仍然处于传统社会阶段；有的国家或地区则处于经济起飞阶段，工业化水平逐步提高，经济持续稳定增长；有的国家或地区则处于成熟阶段，经济上完全工业化，生产处于世界领先地位。除此以外，经济发展潜力也是全球化经营所必须考虑的因素。有的新兴国家或地区，即使现在的经济水平较低，但市场广阔，经济日趋开放，具有良好的后续发展潜力；而有些国家或地区虽然工业化程度很高，但市场趋于饱和，发展明显乏力。

一个国家市场的大小、有无市场潜力、市场对外来产品的准入程度，都直接影响着全球化经营机会的大小。衡量市场规模的指标主要有人口数量及其增长速度、人口分布状况、人均国民收入水平、市场消费水平、消费性质和消费结构，以及市场的竞争态势、物价水平等。衡量市场的准入程度则要看东道国的贸易和关税政策、对国外企业销售的政策等。

科技发展水平通常反映在科技发展现状、科技发展结构、科技人员的素质和数量、科学技术的普及程度、现有工业技术基础的水平，以及产业结构的现代化水平等多方面。

社会基础设施主要是指一个国家或地区的交通运输条件、能源供应情况、通信设施和商业基础设施等。

3) 文化环境

文化因素是指企业所在的国家或地区中人们的处事态度、价值取向、道德行为准则、教育程度、风俗习惯等构成的环境因素。文化因素与政治因素不同，政治因素一般带有强制性，而文化因素则带有习惯性。文化环境包括的内容非常广泛，如宗教、语言、教育体制等。

2. 全球化的任务环境

1) 供应商

全球化进程使得全球化采购和全球化外包得以进行。全球化采购和外包不仅能够降低成本，而且能够提高产品质量。在低成本国家采购，跨国公司平均节约采购成本 20%～40%，有的类别节约的成本甚至高达 70%。在低成本国家或地区采购，一方面可以降低公司成本，另一方面可以提高新兴市场供应商的竞争力。例如，德国大众 2006 年在中国采购的汽车零部件总额达 10 亿美元，其关键零部件厂均由大众及其配套企业在国内独资或控股。2007 年，通用汽车在中国共签约 198 家供应商。菲亚特集团也正在扩大低成本汽车配件的采购，采购比例由现有的 8%扩大到 11%，金额将达到 15 亿欧元。再如，波音公司生产的新型 777 商用喷气式飞机的132500种零件由全球545个不同供应商提供。尽管波音负责大部分零件的生产，但是其机身、机门、机翼由 8 家日本供应商生产，1 家新加坡供应商负责生产前降轮的门，3 家意大利供应商负责生产襟翼。波音的理念是：这些供应商都是世界上生产这些零部件最好的企业，同他们做生意能够帮助波音生产出高质量的飞机。

但是，全球化采购和外包也带来一些挑战，如复杂的质量控制、物流成本、供应时滞风险等。因此，全球化供应商和外包商的选择、控制与管理非常重要。

2) 销售商

全球化给企业带来了更为丰富的销售商机的选择机会。企业既可以利用境内外的传统销售商，又可以利用网络来营销自己的产品和服务。地区性或国际性的零售商往往既有传统商店，又有网上商城。

3) 顾客

曾经一度界限分明的国内或地区市场已逐渐融合为一个全球市场，从而许多种类的产品或服务可以被销往世界各地。这种融合不仅发生在消费品领域，而且也同时发生在工业品领域，并为管理者提供了大量的商机。

4) 竞争对手

不论是跨国经营还是当地经营，全球化环境给企业带来了更大的挑战。例如，在海外市场的海尔管理者，既需要面对当地的竞争者，如惠尔普、通用电器、Maytag 等，也需要面对其他国际竞争对手，如来自亚洲的松下、夏普、LG、三星、小天鹅，来自欧洲的西门子、菲利浦、伊莱克斯(Electrolux AB) 等。在国内市场竞争的海尔，同样面对着这些竞争对手。全球化已经使竞争对手无处不在。

5) 劳动力市场及工会

全球化不仅促进了劳动力在不同国家或地区间的流动，而且加快了劳动力市场的一体化和规范化。在经济全球化条件下，许多国家或地区的劳动市场变得更开放，成为全球一体化的一个组成部分。

(二) 全球化管理的关键能力

1. 国际商务知识

国际商务知识至少包含3层含义：一是对管理者所负责的所有国家或地区的一般环境因素的深入了解，如政治、法律、文化、经济、历史等；二是对管理者所负责的业务的任务环境因素的深入了解，如竞争对手、顾客、供应商、销售商等；三是深入理解一般环境和任务环境对市场和商业活动的影响，并能够有效地开展一系列的管理活动。为了成为一名有效的全球化管理者，首先需要参加培训，阅读大量书籍，并与相关专业人士和商业人士交流与讨论；其次要实践、实践再实践。

2. 文化适应能力

管理者了解所负责的所有国家或地区文化的价值、特点和行为倾向，这仅仅是一个开始。文化知识是文化适应能力的重要组成部分，但是要成为一位有效的全球化管理者，关键是要理解这些文化知识并学会如何恰当地改变自己的行为。文化适应能力也是管理者处理压力能力的一种。不同文化会产生管理上的不同压力，这要求管理者能够学习和理解不同或陌生文化的特点和性质，以改变自己的行为来适应这些文化的要求。

3. 视角转换能力

每个人都有自己的视角。视角是对事物是什么样或者应该是什么样的一种观点或假设。当管理者试图理解来自另一种文化的人的观点的时候，必须在思想里对那种文化有个基本框架，然后从该框架确定的视角来审视事物。转换到别人的视角就可以明白别人对事物的看法，理解他们认为事物是什么样或者应该是什么样的想法。然而，转换视角是一件比较困难的事，因为每个人都有根深蒂固的价值观和信仰，即每个人都有固有的视角。但转换视角的难易程度也会因人而异。作为一位有效的全球化管理者，转换视角去看问题是必须做到的。全球化管理者必须拥有这种能力。在实践中，转换视角的学习和行动也不是十分复杂，也不难理解。正如彼得•德鲁克(Peter F. Drucker)所说，管理有效性是一种习惯，是可以培养的，可以学会的。转换视角能力也是可以培养的，它包括：有良好的倾听能力，有了解不同看法的意愿，认识到其他人对事物是什么样或者应该是什么样的看法与己不同，愿意征求其他人的意见，并且承认自己的视野是有限的。

4. 创新能力

掌握足够的国际商务知识，改变自己的行为以适应不同的文化期望，能够从不同文化价值结构去理解事物，作为一位全球化管理者来说，这些都是为了创造出新的有效的管理方式。创造新事物正是一位有效的全球化管理者的本质所在。创新者的技能是一步一步地积累信息、学习倾听和注意观察、引导正确的需求，以及寻找有用的行为组合等这一长期过程的积累结果。创新是落脚点，但创新建立在全球化管理者对国际商务知识的掌握与理解基础上。在掌握和理解恰当的商务知识基础上，作为一位成功的全球化管理者，还必须能够转换视角看问题，调整自己的行为以适应不同文化的期望，通过组建跨文化的合作团队、与他人沟通交流、进行良好的倾听等，从而创造出新事物，如产品、服务、规则、程序与管理方法。

三、全球化与管理职能

全球化环境和全球化经营对管理的主要职能，如计划、组织、领导和控制，都提出了新的挑战。

(一) 全球化经营的进入方式决策

企业应该在外部环境评估和内部条件分析基础上，首先考虑如何进行国际经营。国际化经营的进入方式主要有：出口、非股权安排和国际直接投资。企业可以根据所进入国家或地区的环境，以及企业自身的发展阶段，选择恰当的进入方式。

1. 出口

出口是指企业将国内生产和加工的产品输往海外目标市场的活动。它既是一国企业实施国际化经营在初级阶段的表现形式，也是一个企业进入海外市场传统的、基本的方式。根据该企业与目标市场联系的紧密程度不同，可以将其区分为直接出口进入和间接出口进入两种类型。

作为国际经营的初级方式，出口方式并不需要企业拥有丰富的国际化经营的知识和经验。其次，出口方式的资源投入相对较少，风险也相对较小。非生产性成本支出较大是出口进入方式面临的最大问题。在出口进入方式下，企业往往会遇到东道国的关税与非关税壁垒，此外还需要支付高额的运输和保险费用。控制程度低是出口方式的另外一个缺点。在出口进入方式下，本企业难以对其行为进行直接干预，企业对营销渠道及其运行效率的控制必然会被削弱，于是国际经营计划的实施与发展所必需的稳定性也会受到影响。

2. 非股权安排

非股权安排又被称为合同安排。非股权安排是国际化经营的第二阶段，该种方式的主要特征是不以股权控制为目标，并且所涉及的财务风险较小。非股权安排的种类很多，主要包括特许、合同制造、管理合同等。

相对于出口进入，非股权安排的资源投入增大，所面临的风险也在增大。但是从事非股权安排的企业在进入东道国时，可以绕开贸易壁垒，节省关税支出；还可以通过技术渗透实施对东道国企业的控制。由于不涉及股权，因此就大多数情况而言，非股权安排对东道国企业的控制是相当有限的。非股权安排的另外一个威胁在于，这种进入方式极易造成技术泄密，从而使企业丧失所有权优势。例如，东道国企业在特许的情况下可以接触并使用许可技术、品牌或专利，很可能会掌握其中的诀窍。

3. 国际直接投资

国际直接投资是指以控制权为目的的国际资本流动。国际直接投资进入主要包括合资进入和独资进入、新建进入和购并进入等多种方式。

一般来说，制造业企业会从出口、建立海外营销机构、建立生产企业到建立研发中心循序渐进地进行全球化经营。如海尔、万向、科龙、正泰等都是先从贸易做起，再发展到在国外建立生产基地和研发中心。近年来，境外收购、参股、重组性投资都成为我国企业全球化经营的新趋势。

(二) 全球化经营的组织模式

在选择目标市场和东道国市场的进入方式后，管理者就需要在战略目标的指引下，管理和组织分布在世界各地的子公司和代理机构。这就需要企业在全球化和当地化之间进行权衡，选择恰当的组织模式。

1. 全球化经营的压力

当不同国家的消费对某一种商品的品味和喜好相近时，就存在着普遍的需求，满足普通需求的产品几乎不需要按照不同的市场来改变。由于产品需求的同质性，使得降低成本成为竞争优势的唯一来源，这就迫使组织进行集中化生产。这对于那些把价格作为竞争武器并且竞争激烈的产品来说是很重要的，对于那些把基地设在要素成本低的国家的国际性竞争企业来说同样也是很重要的。全球化战略的竞争对手的出现是产生全球化压力的另一个要素，对全球竞争做出反应需要进行全球战略协调，这给组织总部进行全球化战略决策带来了压力，同时一旦组织采用全球战略协调的做法，组织的竞争者可能被迫以同样的方法做出反应。

2. 当地化的压力

由于国际企业的产品需要在多个国家进行销售。在某种情况下，公司必须考虑不同国家的不同需求。当不同国家的政策导向、市场需求存在差异时，当地化的压力随之而生。以汽车产品为例，从 2009 年上海国际汽车工业展览上可以看出，欧洲和美国特别强调环保和节能，尤其在金融危机压力下，政府和大众十分关注节能环保型、电油混合型、太阳能型汽车，以及微型汽车。另外，虽然国际汽车市场受金融危机影响，十分疲软，但是中国车市很热，许多豪华车纷纷涌入中国。因此，汽车厂家需要根据不同国家或地区的政策导向和需求差异来改变其经营策略。

当不同国家的习惯不同的时候，当地化的压力也会应运而生。例如世界最大的牛肉生产供应商巴西 JBS 公司根据不同文化背景，提供不同类型的牛肉，如在埃及市场，其根据伊斯兰法律供应清真牛肉，在西班牙市场供应牛肚，在俄罗斯市场供应牛心脏。JBS 认为，运营全球化和按文化规范提供产品是企业创造价值的关键。

不同国家之间分销渠道和销售方式的差异也会带来本地化压力。

3. 全球化组织模式的选择

有 4 种可供选择的全球化组织模式，即国际组织模式、多国组织模式、全球组织模式和跨国组织模式。采用不同组织模式的企业在资产和能力配置、海外业务的角色、知识的开发和扩散等方面有着不同的特点。

1) 多国组织模式

多国组织模式是在第二次世界大战前公司用来进行海外扩张的古典组织模式，也是最普及的一种组织模式。多国组织模式中，母公司虽然也行使最终控制权，但它赋予子公司很大的自主权，各子公司可以根据当地的情况做出相应的改变。在多国组织模式下，每个子公司具备在当地市场运作所需要的所有职能。这样每个子公司都有自己的制造、销售、研发和人事职能。由于具备这样的自主性，每个子公司能够按照当地客户的品位和喜好，以及当地的竞争环境、政治、法律和社会结构，对产品和策略进行“量体裁衣”。这种资源分散与责任下放的结构可以称之为分权联盟(decentralized federation)。多国组织模式有 3 个特点：一是将资产和责任都进行分权的联盟；二是在非正式人际协调基础上用简单财务系统进行控制的管理思想；三是将公司海外经营视为相互独立业务所构成的投资组合的主导战略思想。

多国组织模式被许多欧洲公司，如联合利华和壳牌石油公司所采用。多国模式的优点是：允许子公司根据当地市场的情况做出反应，很少需要公司总部来进行协调和指导。同时，由于子公司是自治单位，产品和服务很少在子公司之间相互转移。

多国组织模式的主要缺点是较高的制造成本和重复工作。尽管多国模式中核心技术也由母公司向各东道国传递，但不能通过实行集中制造和向全球市场提供标准产品的方式实现规模经济。而且由于多国模式倾向于将战略决策权分散，因此在许多情况下，它难以向竞争对手发起协调一致的全球性的进攻。

2) 国际组织模式

国际组织模式是一种由母公司开发现有的核心能力并传递到子公司的战略模式。在国际组织模式下，子公司虽然有一定程度的根据当地情况革新产品的自由，但像研发这样的核心能力倾向于集中在母公司。子公司在新产品、新工艺、新概念上依赖于母公司，需要母公司进行大量的协调和控制。这种组织构架也被称为协同联盟(coordinated federation)。

在国际组织模式下，母公司向世界各地的子公司转移技术和知识。美国公司的管理文化与这种结构非常吻合。如 IBM、施乐公司和柯达公司均受益于把其核心技术向海外转移。国际组织模式的一个突出的缺点是，它不能为子公司提供最大限度的自由使它们能够根据当地的情况做出反应。此外，它通常不能以规模经济实现低成本。

3) 全球组织模式

全球模式的特点是由母公司集中决策，并对海外的大部分业务实行严格的控制。那些采取低成本全球竞争战略的公司通常采用这种模式。采用全球组织模式的公司通常在成本最低和技术最好的地方进行生产，将标准化的产品向全球市场销售。这些公司把全球作为一个单一的市场，认为不同国家的消费者的品位和喜好没有实质性的差别。这种结构也被称作集权中心(centralized hub)。全球化经营的先行者们(如亨利·福特和约翰·洛克菲勒)最早采用这种模式。20 世纪 70 年代及 80 年代，日本企业的全球化经营也以此为基础。

采用全球组织模式的公司为了寻求低成本，通常选择在少数几个成本低廉的地方建立全球规模的加工设施以实现规模经济。规模经济可以通过分摊投资中的固定成本而实现，也可以通过集中制造和全球市场战略而实现。索尼公司是采取全球模式取得成功的经典范例。

采用全球组织模式的企业很少根据不同国家用户的不同品位和喜好做出反应，因此，试图采取全球模式的跨国公司事先必须考察不同市场中的消费者是否偏好相似。例如，花王是日化产品的重要生产商，它将其海外子公司视为公司标准化产品与服务的输出渠道，因此整个公司都依赖于母公司。但花王的管理人员发现他们的产品在欧美的销售遇到了困难，原因在于根据东方人特点开发的产品并不一定适合西方人的特点，在亚洲很先进的产品技术在欧美只不过是一般产品；在营销方面，欧美市场与亚洲市场也存在着很大的区别。

4) 跨国组织模式

在全球经济中要想获得竞争优势，需要同时从适应当地情况、转移技术和节约成本中追求利润，从而使得企业能够同时获得全球扩展的所有利益。这就产生了一个新的组织模式——跨国组织模式。

跨国组织模式的特点是，将某些职能集中在最能节约成本的地方，把其他一些职能交给子公司以便更多地适应当地的情况，并促进子公司之间的交流以及技术的转移。在采用跨国组织模式的公司中，某些职能特别是研发倾向于集中在本国进行，其他一些职能也集中，但不一定必须在本国。为了节约成本，公司可以把生产劳动力密集型产品的工厂设在低劳动力成本的国家，把需要技术型劳动力的工厂设在技术发达的国家。其他的职能，特别是销售、服务和最后组装，倾向于交给各国的子公司，以便更大程度地适应当地的情况。因此，大部分零部件在集中的工厂制造以实现规模经济，然后运到各地的工厂组装成最终产品，并且按照当地的情况对产品做出改动。这种结构也可称为一体化网络，强调了人、财、物、信息在国与国之间的流动。

跨国组织模式需要子公司之间进行大量和广泛的沟通。子公司之间为了互利，相互转让技术和知识，同时集中化的加工厂与各地的组装厂相互协调，从而高效率地运行全球集成的生产体系。

分权联盟、协同联盟、集权中心和一体化网络分别代表了多国型、国际型、全球型和跨国型公司的典型组织结构。

【趣味阅读】

波特五力模型

分析任务环境的最流行的一个框架，是马克尔·波特提出的五力模型，其中包括5种竞争力。按照波特的观点，从企业的角度来看，一家企业赚取利润的能力受到竞争对手的进入威胁、买方议价能力、供方议价能力、替代品的威胁，以及行业内现有公司之间的竞争强度的影响。在波特的框架里，这些竞争力的作用越强，某个行业内的公司赢利就越难。因此，强竞争力构成一种威胁，弱竞争力则通常带给管理者扩大销售、提高价格、获取更多利润的机会。通过执行正确的战略，管理者能够改变各种竞争力的强度。因此管理者可以执行降低买方议价能力的战略，并由此减少该种竞争力造成的威胁。

(资料来源：M.E.Porter. Competitive Strategy: Techniques for Analyging Industries and Competitors)

两种截然不同的组织文化

组织A

组织A是一家制造公司，要求管理者对所有的决策彻底地文件化，而“优秀”的管理者是那些能够提供精细的数据来支持其提案的人，导致重大变革和风险的、具有开创性的决策是不被鼓励的，由于计划失败的管理者会被公开地批评或惩罚，因此管理会尽量实施那些不太偏离现状的构想。一位基层管理者引用公司的一句话来说就是，“如果没坏，就不要修理它”。

公司要求雇员遵守大量的规章制度，管理者严密监督雇员以保证不发生偏离，管理当局关心的是高生产率，而不管它对雇员士气或流动率的影响。

工作活动是围绕个人设计的。组织中有明确的部门和权力线，并希望雇员尽量减少与专业领域外的雇员的正式交流。虽然上级往往是决定加薪和晋升的主要因素，但是绩效评估和奖励强调的是个人的努力。

明茨伯格在《管理工作的本质》中，这样解释说：“角色这一概念是行为科学从舞台术语中借用过来的。角色就是属于一定职责或者地位的一套有条理的行为。”根据他自己和别人的研究成果，得出结论说，经理们并没有按照人们通常认为的那样按照职能来工作，而是进行别的很多的工作。明茨伯格将经理们的工作分为 10 种角色。这 10 种角色分为 3 类，即人际关系方面的角色、信息传递方面的角色和决策方面的角色。

组织 B

组织 B 也是一家制造公司，管理当局鼓励并奖励冒险和变化。基于直觉的决策与那些经过充分合理化的决策受到同程度的重视。管理当局以不断试验新技术并成功地定期引入创新产品为荣。公司鼓励那些具有好点子的管理者或雇员大胆去做，而失败被视为“学习经验”，公司以自己成为市场推动型的公司而骄傲，并对顾客变化的需求做出快速反应。

雇员只需遵守少量的规章制度，监督较松，因为管理当局相信他们会努力工作，而且是值得依赖的。管理当局关心高生产率，但他们相信高生产率来自于正确地对待员工。该公司因良好的工作氛围而享有盛誉，公司也为此感到自豪。

工作活动是围绕工作团队设计的，公司鼓励团队成员跨越职能领域和权力等级进行交流。雇员对团队间的竞争表现出积极的态度。个人和团队都有目标，发放红利的基础是取得的成就。此外，雇员在选择实现目标的手段时具有相当大的自主权。

(资料来源：罗宾斯，库尔特. 管理学[M]. 第 7 版. 孙健敏等，译. 北京：中国人民大学出版社，2006：64.)

【思考题】

1. 环境可以分为哪几类？它们相互之间有什么关系？
2. 对管理环境的分析对组织管理有怎样的意义？
3. 组织文化的功能有哪些？
4. 外部管理对组织管理带来了怎样的影响？
5. 一般环境包括了哪些内容？请举例说明它们对组织的影响。
6. 请试着描述你感兴趣的一家企业或组织的内外部环境。

【技能训练】

案例：我国食品安全问题

“毒奶粉”、“瘦肉精”、“地沟油”、“墨汁粉条”、“毒豆芽”等事件层出不穷，2011 年 4 月，上海染色馒头又像一个重磅炸弹引爆全国。

事件发生后，国家领导人相继表态：这些恶性食品安全事件足以表明，“诚信的缺失、道德的滑坡已经到了何等严重的地步”；对食品安全问题，“要以《食品安全法》为准绳，重点治乱”。这表明，政府高层真正认识到，食品安全问题已是一种国家乱象，食品治理与维稳相关，刻不容缓。

作为上海染色馒头事件的揭露者，央视的《消费主张》栏目把暗访镜头对准上海盛禄食品有限公司分公司的馒头生产车间和几家上海著名的超市，并报送我们：一个馒头从生产、流通到销售，所有环节都可能会出现问题。拥有正规生产许可证的盛禄食品公司在脏乱差的环境里制作馒头，违法添加各种添加剂和色素，将过期馒头作为原料再生产，标注虚假生产日期。质检部门让厂方送来样品，在办公室里马虎完成检查。超市则同样马虎完成检测或省略检测。所有程序形同虚设。结果，这些外表光鲜，实则连生产者也承认自己“打死都不会吃，饿死都不会吃”的馒头，就这么堂而皇之地、每天3万个地流向几大超市和几百家门店，流向百姓的饭桌，而且销量还不错。同时，很多消费者都相信，这家被曝光的制造商，绝对不会是上海唯一有问题的制造商。

问题的纠结之处在于：首先，生产者是具有生产许可证的正规生产者，但它利用监管部门的玩忽职守，常年生产违法产品；其次，负责监管的质检、工商等行政部门也是正规的职能部门，但是它经常失职，遇有风吹草动才奋力突击，再进行一些不痛不痒的道歉、检讨、表决心；最后，超市是正规的大超市，但是它明知馒头售价如此低廉，必有问题，却看中低价商品的揽客效应，常年贩卖问题产品，认为反正有责任也赖不到自己头上，大不了出事时，大摆无辜和痛心状。在食品安全问题面前，连这些原本最可信任的各方权威都通通倒下，那么满街流动的小商小贩、小作坊，其中的食品安全隐患就更不可预期了。利益各方共同造就一个高风险的社会，让普通消费者满眼狐疑，又孤立无援。有媒体爆料，一些食品生产商为了打进知名超市，常常与超市合作，租用超市摊位，利润与超市分成，而超市也因此对食品质量降低要求。这表明生产商、超市可能已经形成某种松散的联合，一起站在消费者的对立面。

面对一波又一波重大食品安全问题的冲击而无法有效解决，很多学者认为，由于食品问题涉及各种利益关系和行为主体，单一突击哪一方都不能有效解决，而必须具备综合的“社会治理”观念，即在社会利益和主体多元化的现代社会，政府只有让企业、民间组织、社区等主体共同参与治理，运用法律、市场、协商、行政等手段，才能有效地治理社会。但是，食品安全更多的是食品企业自律的结果，其本质是企业伦理与社会责任的问题。

现代商业生产无处不在，很难设想每个生产现场都存在着一个专业、负责的监管者，对每个食品生产点、加工环节都能实现监管是不现实的。每个人相互投毒式的食品生产加工仍在进行，商业只需要利润的“现代圣经”已经使人们从道德责任中“解放”出来。不怕违背伦理只怕被人抓住，正在成为新的行为模式。因此，如何重新认识企业伦理与社会责任的作用，重建社会诚信体系，是解决包括食品安全在内的中国社会秩序问题的根本。

对于所有行业的所有经营者来说，其都应当承担起自己的社会责任，而不是一味地朝钱看，只顾自己的利益，甚至为了赚取更多的利润而见利忘义、蒙骗欺诈、巧取豪夺，丧失最基本的社会道德。我国改革开放30多年来，伴随经济社会的发展和民主法制的推进，文化建设有了很大的进步。同时也必须清醒地看到，当前文化建设特别是道德文化建设，同经济发展相比仍然是一条短腿。道德文化建设的滞后，客观上使得全民伦理道德得不到正确引导。在这种现状下，光让逐利的商人流淌道德的血液，显然是无济于事的，生活在充满铜臭味的环境里，这样的道德约束力也是软弱无力的。只有当“道德的血液”流淌在所有社会成员身上，才能真正实现市场自由竞争下的淘汰，使得无道德者寸步难行，有道德者行遍天下。

分析的问题：

1. 我国食品安全事件频发的根本原因在哪里？
2. 如何从根本上解决我国社会面临的食品安全问题？

(资料来源：张银海. 中央高层推动食品安全治理[J]. 政府法制，2011(16).)

【训练目标】

1. 增强对组织的社会责任和管理道德的认识；
2. 了解改善企业道德行为的途径，增强自身道德行为的约束。

【组织实施建议】

1. 建议在主体教学时安排此案例分析；
2. 在课下准备，可安排课上集中讨论；
3. 每个人认真阅读分析案例；
4. 每人写出发言提纲；
5. 以小组为单位组织发言。

第十一章

管理的新趋势

【本章学习目标】

通过本章学习，读者应了解知识管理的含义与过程、管理观念的创新化、中国管理学的发展趋势；理解学习型组织的基本要素、供应链管理的相关内容、全面质量管理的内涵；掌握管理手段现代化的趋势、企业文化和企业再造理论等内容。

【导入案例】

不拉马的士兵

一位年轻有为的炮兵军官上任伊始，到下属部队视察操练情况。他在几个部队发现相同的情况：在一个单位的操练中，总有一名士兵自始至终站在大炮的炮管下面，纹丝不动。军官不解，询问原因，得到的答案是：操练条例就是这样要求的。军官回去后反复查阅军事文献，终于发现，长期以来，炮兵的操练条例仍遵循非机械化时代的规则。在过去，大炮是由马车运载到前线的，站在炮管下的士兵的任务是负责拉住马的缰绳，以便在大炮发射后调整由于后坐力产生的距离偏差，减少再次瞄准所需的时间。现在大炮的自动化和机械化程度很高，已经不再需要这样一个角色了，而马车拉炮也早就不存在了，但操练条例没有及时调整，因此才出现了“不拉马的士兵”。军官的发现使他获得了国防部的嘉奖。

企业的管理者应有一根敏感的神经，应对外部环境的变化非常敏感，能较早地发现变革的导火线并采取相应的行动。同时，管理者要有系统的观念，在实施变革时不能忽略工作流程的调整，从而发现哪些工作已经不再需要，或者工作流程的哪些环节已发生了变化。

因循守旧和墨守成规已经不适应管理的发展，创新是管理发展新趋势的核心思想。

(资料来源：蒋永忠，张颖. 管理学基础. 大连：东北财经大学出版社，2008)

第一节　管理科学化的新趋势

20 世纪，是管理理论和实践飞跃发展的 100 年，管理理论从无到有，从片面到全面，从经验到科学，从硬管理到软管理，经历了巨大而深刻的变化，也为 20 世纪世界经济发展做出了卓越的贡献。当今社会是知识经济的社会，这构成了新世纪的社会经济大背景。在这个大背景下，整个社会经济的运行具有社会经济信息化、社会经济创新化、生产要素知识化、社会发展高速化、市场需求多样化、经济运行虚拟化、科技发展集成化和世纪经济一体化的特征，这些特征要求现代的管理必须科学化。发展过程中管理科学化体现出了管理观念创新化、管理组织扁平化、管理手段现代化和组织环境复杂化的新趋势。

一、管理观念创新化

(一) 管理观念的内涵

在企业经营中，所谓的“观念”是指能改善商业绩效及管理的各种做法，也就是可以加速改善公司内部绩效的观念，例如全面质量管理、企业再造、知识管理、作业基础成本(ABC法)、平衡计分卡、六标准差，以及其他上百种可以让企业有更佳表现的观念。

管理观念对组织有两项基本功能。其一是改善(或企图改善)组织的绩效。虽然不是每一次都会有效，但新的观念如果实施良好，便有助于组织改善成本、周期时间、财务表现及市场份额等。观念的另一项功能是提供正统性。引进观念，意味着组织与身在其中的人正兢兢业业想要改善他们的企业，不管是真是假，通过组织文化的影响，所有人都会感受到组织的企图心。

(二) 管理观念创新化的趋势

近几年来，新的管理观念不计其数，在各式各样的管理杂志和咨询公司的推波助澜下，各公司忙着实施一个又一个的新运动，从早期的 SWOT 分析、BCG 矩阵分析、国际化，到核心竞争力、战略联盟、流程再造、平衡计分卡、价值链分析、ERP、TQM、数据库营销、供应链管理、顾客关系管理、知识管理，到最近的执行力、公司伦理、公司治理。同时，咨询公司也大量出现，为企业介绍新观念、新做法。但这些新的观念对企业是否真正有效，还要视情况而定。例如，迈可·波特(Michael Porter)认为战略定位优先于核心竞争力的构建，核心竞争力的一派则认为战略定位应根植于公司的核心竞争力，因此核心竞争力优先于战略定位。到了现在大家又发现，还是执行力最有用，没有执行力，任何观念都是天马行空。

许多人把观念能否成功的重责大任归于商业大师。如果观念成功，在各组织内流行起来，那么是因为大师天纵英明，如果观念只是昙花一现，大师就成了替罪羔羊。大师在促进并传播观念上，扮演重要角色，然而，大师并不是观念能否成功最重要的因素，真正的因素是在组织内落实观念的那些人，这些人往往是默默无闻的，正是他们将观念付诸实现，并发展出一套实践观念的做法，也同时协助发展观念，因此，他们既是创造者，也是实践者。这些人对公司有好有坏。坏的一面是，他们在实践观念时可能无法持久，浪费公司的时间，也让新的观念蒙受恶名。所以说，没有全然一无是处的管理观念，只有不好的处理方式。

因此，观念是否妥善被管理，有没有创造一个正面的环境来使用管理观念，观念实践者要负很大责任。观念又多又廉价，但实行起来往往是很困难的。观念实践者要决定哪些观念对公司有益，修改它们以符合公司需要，并动员组织将之实现。许多时候，他们既是观念创造者、阐释者，也是使用者。他们承担风险，并且经常运用好不容易才积累出的社会资本，来推广他们的信念。

一般社会大众都将公司内所有的观念变革归功于有远见的首席执行官，的确，如果要成功地执行观念，首席执行官终究得在背后支持。但实际上观念实践者通常是中层经理人，观念的原始拥护者与传播者，通常是公司中低层的员工。他们可能是运营单位的主管、事业功能的规划者，甚至只是个人贡献者，他们靠热情和说服力来做好事情，而不是靠权力。

管理观念的创新化还体现在对“管理”的认识上，传统的认识是“命令和控制”，新的认识是“相互适应和协作”；在竞争观念上，传统的认识是“你死我活”，新的认识是“合作竞争，双赢策略”；在员工与老板的关系上，传统的认识是“员工是老板与企业发展的工具”，新的认识是“员工是主人，老板与企业是员工发展的工具”；在时空观念上，传统的认识是“时间与空间是企业发展的约束”，新的认识是“时空是企业发展的资源”等。

二、管理组织扁平化

(一) 扁平化管理的内涵

扁平化管理是企业为解决层级结构的组织形式在现代环境下面临的难题而实施的一种管理模式。当企业规模扩大时，原来的有效办法是增加管理层次，而现在的有效办法是增加管理幅度。当管理层次减少而管理幅度增加时，金字塔状的组织形式就被“压缩”成扁平状的组织形式。

解决层级结构的组织形式在现代环境下面临的难题，最有效的办法就是扁平化。扁平化管理得以在世界范围内大行其道的原因，一是分权管理成为一种普遍趋势，金字塔状的组织结构是与集权管理体制相适应的，而在分权的管理体制之下，各层级之间的联系相对减少，各基层组织之间相对独立，扁平化的组织形式能够有效运作；二是企业快速适应市场变化的需要，传统的组织形式难以适应快速变化的市场环境，为了不被淘汰，就必须实行扁平化；三是现代信息技术的发展，特别是计算机管理信息系统的出现，使传统的管理幅度理论不再有效。

(二) 管理组织扁平化趋势

发展到一定阶段，企业内部的管理组织结构，将一改当今占主流地位的“金字塔”式的多层组织结构形态，中间管理层将失去原有的价值，企业的管理组织将呈现扁平状态，管理者的管理幅度将数倍增加。借助网络与信息技术，企业的每个员工，虽然工作岗位不同、工作地点不同，但可以在同一时间与同一管理者直接进行沟通。扁平化的管理组织将直接带来管理费用的下降、管理效率的提高。

以产品销售渠道的扁平化为例，传统的销售渠道是多层次批发，渠道层次多，环节多，渠道长，渠道链上的经销商数目呈指数级数发散，这是一种典型的层级结构组织形式。但当前大多数优秀企业已经摒弃了这种渠道形式，而代之以扁平化的渠道形式。

扁平化趋势表现在：渠道层级减少，渠道缩短，渠道宽度大大增加。扁平化管理销售渠道最显著的特点：一是渠道直营化；二是渠道短宽化。

在因特网和电脑异地联网成为可能之前，市场信息的传递只能通过电话、传真、信函等方式进行，公司难以对众多经销商提供的、来自市场的大量原始信息进行处理，企业的信息反应能力极度缓慢。在当时的情况下，金字塔型的渠道结构有利于信息的处理。随着信息技术的发展，现代网络技术和功能强大的营销管理软件能够对众多经销商反馈的大量信息进行快速处理，并能通过因特网将企业的信息“集群式”，即在同一时点向所有对象传送信息。因此，渠道扁平化过程中所遇到的信息的传递与处理问题，能够通过现代信息技术解决，这极大地推动了渠道扁平化趋势的发展。

三、管理手段现代化

(一) 管理手段的内涵

管理手段，是保证管理方法发挥作用的工具。管理手段有不同的分类，如有形手段(计划、津贴、规章)与无形手段(教育、激励、人际关系)、传统手段(文件、标牌、灯光、广播)与现代化手段(记录卡、程控机、电脑网络)等。一般来说，不同的手段可以为同一管理模式服务，如采取行政方法时可运用计划、广播、程控机等手段。而同一手段也可为不同的方法服务，如记录卡既可用于行政检查也可用于经济处罚。需要指出的是，在现代社会，高科技的信息手段得到普及和推广，对于加强企业管理发挥了比较大的作用，值得广大管理者重视。但是一个好的管理者在管理某一事项时要因人而异、因地适宜。作为一种新型的现代化管理思想和管理方式，它与传统管理思想和管理方式最本质的区别在于，它是一种以人为中心，以确立企业价值观为核心内容，追求创新与个性的现代管理新模式。

(二) 管理手段现代化的趋势

管理手段现代化是指在企业管理中逐步采用电子计算机、现代通信技术、自动化控制技术等先进的管理手段，提高管理的速度和水平，使管理工作真正做到准确、及时、经济和高效。

管理手段现代化就是要实现以应用信息技术为主要标志的管理技术装备上的现代化。在商流、物流、信息流方面，国际上已广泛应用信息技术于物资计划、采购、供应和销售的各个环节，以及文件编印、数据传输、市场信息联网、汇集与分析等，还拥有现代化仓库管理的电子控制系统，运输、装卸的电子调度指挥系统等。我国在这方面的差距还很大，以物流为例，物流机械设备性能落后，传递商情还靠手工操作，这种物流管理手段需要的硬件品种不全、软件开发滞后的局面，要有计划、有步骤地改变过来。

四、组织环境复杂化

(一) 组织环境的基本内涵

组织环境是指所有潜在影响组织运行和组织绩效的因素或力量。组织环境调节着组织结构设计与组织绩效的关系，影响组织的有效性。组织环境对组织的生存和发展，起着决定性的作用，是组织管理活动的内在与外在的客观条件。

一般来说，组织环境的类型，以组织界线(系统边界)来划分，可以分为内部环境和外部环境，或称为工作(具体)环境和社会(一般)环境。

组织内部环境是指管理的具体工作环境。影响管理活动的组织内部环境包括：物理环境、心理环境、文化环境等。物理环境要素包括工作地点的空气、光线和照明、声音(噪音和杂音)、色彩等，它对于员工的工作安全、工作心理和行为以及工作效率都有极大的影响。

物理环境因素对组织设计提出了人本化的要求，防止物理环境中出现消极性和破坏性因素，创造一种适应员工生理和心理要求的工作环境，这是实施有序而高效管理的基本保证。

心理环境指的是组织内部的精神环境，对组织管理有着直接的影响。心理环境制约着组织成员的士气和合作程度的高低，影响了组织成员的积极性和创造性的发挥，进而决定了组织管理的效率和管理目标的达成。心理环境包括组织内部和睦融洽的人际关系、人事关系，组织成员的责任心、归属感、合作精神和奉献精神等。

组织文化环境至少有两个层面的内容，一是组织的制度文化，包括组织的工艺操作规程和工作流程、规章制度、考核奖励制度以及健全的组织结构等；二是组织的精神文化，包括组织的价值观念、组织信念、经营管理哲学以及组织的精神风貌等。一个良好的组织文化是组织生存和发展的基础和动力。

组织外部环境是指组织所处的社会环境，外部环境影响组织的管理系统。组织的外部环境，实际上也是管理的外部环境。外部环境可以分为一般外部环境和特定外部环境。一般外部环境包括的因素有：社会人口、文化、经济、政治、法律、技术、资源等。一般外部环境的这些因素，对组织的影响是间接的、长远的。当外部环境发生剧烈变化时，会导致组织发展的重大变革。特定外部环境因素主要是针对企业组织而言的，包括的因素有：供应商、顾客、竞争者、政府和社会团体等。特定外部环境的这些因素，对企业组织的影响是直接的、迅速的。

外部环境从总体上来说是不易控制的，因此它的影响是相当大的，有时甚至能影响到整个组织结构的变动。对外部环境做分析，目的是要寻找出在这个环境中可以把握住哪些机会，必须要回避哪些风险，抓住机遇，健康发展。外部环境是指存在于组织界限以外的一切与本组织发生相互作用的因素。组织作为一个开放的系统，必然时刻与环境进行物质、能量、信息的交换。

(二) 组织环境复杂化的趋势

我们面临的时代是一个“十倍速”的时代，21 世纪社会经济变化的大环境，使得管理环境的复杂性前所未有，无论是宏观管理还是微观管理都是如此。例如，就企业管理而言，企业的外部环境不再是国内市场环境，其竞争对手不再是国内竞争对手；由于产品寿命周期急剧缩短，企业如果不能及时对市场做出反应，就会随时面临倒闭的威胁。企业内部的管理也是如此，由于人力资本是第一要素，如何让员工更聪明、更愉快地工作，如何恰如其分地评价、奖励员工成为管理难题。

另外，未来发展的管理环境还体现出企业组织虚拟化、管理方法集成化、管理行为人性化和管理决策知识化的趋势。

由于环境的复杂多变，为增强企业的灵活性与应变性，提高为顾客服务的效率，降低企业的经营风险，企业不再封闭运行，盲目贪大求全，而是通过建立虚拟组织来解决企业的敏捷制造、快速服务以及低成本运行问题。每个企业集中发展具有核心能力的技术、产品或服务，将其他相关业务进行外包。企业组织体现出了虚拟化趋势。

从 19 世纪末 20 世纪初泰罗的科学管理，到 20 世纪 80 年代孔茨的“管理理论的丛林”，管理科学与管理方法迅速发展。科学的交叉融合、管理实践的强力推动，产生了许多新的管理方法，如当今的准时生产(JIT)、精益生产(LP)、柔性制造(FM)、计算机集成制造系统(CIMS)、敏捷制造(AM)、虚拟制造(VM)、并行工程(CE)、供应链管理(SCM)、企业经营过程重组(BPR)、企业资源计划(ERP)、学习型组织、电子商务等。然而，发展到 21 世纪，管理方法不再是上述管理方法的单独运用，而是借助信息技术，将各种先进的管理方法进行集成，新的 CIMS(计算机集成管理系统)时代即将到来。

从产品经营到资本经营再到知本经营，从融资到融智是企业经营的必由之路。由于人力资本为 21 世纪生产的第一要素，如何对人力资本进行有效的管理，是管理的难题之一。要对人才与人力资本进行有效的管理，充分调动人的积极性与创造性，最根本的是要坚持管理人性化。每个员工不再是“工具”，而是企业的主人，每个员工都追求自身的价值实现。尊重人、关心人、激发人、使人更聪明的工作是管理的主导行为。

知识经济社会要求管理决策也是知识化决策，决策的过程就是知识与信息的收集、储存、加工和利用的过程。企业经营的成败首要取决于科学准确的知识化决策。国外不少先进的企业已设立知识主管，其任务主要有：一是负责企业信息与知识的收集与利用，向管理当局决策提供咨询；二是负责对企业员工进行培训，更新员工观念，提高员工知识化程度。

第二节 管理理论的新趋势

管理理论发展趋势体现在以下两个方面：一是企业管理将从“硬环境”和“软环境”两方面重塑企业形象，二是科学管理与人本管理相结合，即表现为企业文化、企业再造、学习型组织、供应链管理和全面的质量管理理论。

一、企业文化

(一) 企业文化的基本内涵

1. 企业文化的含义

近20年来，国内外学者纷纷从不同角度、运用不同的方法对企业文化理论进行着深入的探索和研究，对企业文化的含义提出了许多见解和观点，但至今没有形成统一的定义。

企业文化建设从企业“软环境”方面重塑企业形象，注重管理的伦理道德、价值观和行为方式的变革。企业文化是以价值体系为主要内容的群体精神支柱、思维方式、行为约束等聚集的合力，它对物质生产起促进和导向作用，是企业的灵魂。现代企业的竞争是技术竞争，是质量竞争，但归根到底是人才的竞争，人才的竞争又取决于人的意识、观念和素质，这些差异形成不同的企业文化。通过对企业文化理论的研究，激发人们的事业心和责任感，激发职工的积极性和创造性，形成共同经营宗旨、共同价值观、共同道德行为取向，产生共同语言和集体荣誉感。在我国进行社会主义市场经济改革时期，企业文化理论应有效地引导企业及职工，符合社会主义市场经济改革发展要求，符合国家的法规和政策，把企业的发展目标与国家建设、市场需要紧密结合。

(二) 中国企业文化建设盲点

1. 文化核心“价值观”的缺失

企业文化的关键是要承载“企业之道”、“企业精神”，这就是所谓企业文化“价值观”。企业由于盲目的照搬使得文化价值体系混乱，从而导致企业要么没有价值观，要么将所有的价值观放到了一起，没有突出其核心价值观。也就是说，中国企业文化模式普遍存在企业哲学系统的若干元素缺失，即核心价值观的缺失。

2. 文化“个性”的缺失

世界上没有完全相同的企业文化。中国企业文化根基的薄弱势必会带来中国的企业文化缺乏个性和创造性。一是搞形式主义、表面主义，认同问题没有形成理论体系。认为企业文化就是根据领导意图，人为设计、策划的。如企业进行统一着装、张贴标语口号的要求；提炼一些高深的企业理念、信条等。二是缺少创新意识。各企业之间互相模仿、千篇一律，用以表达企业精神的词语照抄照搬、大同小异，不能真正反映本企业的管理特色。忽略了企业文化是在某一特定文化背景下企业独具特色的管理模式，是企业个性化的表现。

3. 企业文化政治化

在中国，外部环境尤其是政治环境对于一个企业的生存和发展来说意义重大。企业文化不同于思想政治工作，企业文化是规范和指导企业生产经营和员工工作行为的管理理论和管理方法，它涉及企业风格、体制和形象等方面的管理实务；而思想政治主要是用说服教育的方法来解决员工思想上存在的问题，他们的目的虽然都是为企业发展服务，但却属于两个不同的范畴，不可相提并论。

(三) 中国企业文化的发展趋势

20 世纪 90 年代，企业文化作为一种先进的管理理论为我国企业所应用，极大地提高了我国企业在世界经济舞台上的地位和竞争力。但这并不意味着企业文化是企业生存和发展的灵丹妙药。作为中国企业，其所处的经济环境和运营模式有其独特之处，企业文化的发展也必定有其自身的特点和规律，如果一味照搬国外理论而不加以消化吸收，那么这样的文化运用将会给企业带来沉重的打击。因此，作为中国企业，只有真正地了解企业文化，准确地把握中国企业文化的发展趋势，才能合理运用企业文化，提高企业经济效益和国际竞争力。

1. 企业文化愈发重要

随着企业内部人员的不断更替，未来企业的员工配置将是以“80 后”和“90 后”为主的人员结构。这些员工与前人相比，彰显出极强的自我意识，同时还缺乏团队协作和实干精神。他们这种独特的个性将给企业带来巨大的压力。“80 后”和“90 后”自身存在一些缺点，但是他们同时拥有追求快乐、思维活跃、敢于创新的优秀品质，关键在于如何正确引导。

什么东西能对“80 后”和“90 后”进行正确引导，就是企业文化。首先要让他们从内心深处认同和理解所在企业的企业文化。因此对于中国企业未来的发展而言，企业文化的塑造和执行将成为制约企业成长的核心要素。

2. “领导者”文化还将盛行

企业文化具有鲜明的个性和差异性。不同的企业具有不同的成长经历和企业文化，而这往往是由企业经营者的文化素质、性格特征以及处理事情的能力等决定的。西方学者罗伯特•布莱克(Robert Blake)与简•穆顿(Jane S•Mouton)在《新管理风格》中就提到：“现实中企业领导人的风格对企业的经营风格具有决定作用”。这就是在中国企业中普遍存在的“领导者”文化现象。

在中国，由于其独有的历史原因和文化背景，人们往往将领导者的重要性看得很高，认为领导者指引组织方向，决策组织战略，执行战略决策，主导企业文化，其个人魅力直接决定企业的氛围。总而言之，领导者是企业生存发展的核心。此观点显然偏激，过分依赖领导者的作用，忽略企业自身发展以及能力的建设，必然带来不良的后果。但这对于有着“领导者为大”思想的中国企业来说有其存在的意义，例如海尔的成功常常被定义为企业文化的成功，而海尔的企业文化就是张瑞敏文化。对于一个民族来说，这种观点的改变并不是一朝一夕的事情，因此中国企业的文化建设还将经历一段“领导者”文化为先的时期。

二、企业再造

(一) 企业再造的基本内涵

企业再造也译为“公司再造”、“再造工程”(reengineering)。它是 1993 年开始在美国出现的关于企业经营管理方式的一种新的理论和方法。所谓“再造工程”，简单来说就是以工作流程为中心，重新设计企业的经营、管理及运作方式。按照该理论的创始人原美国麻省理工学院教授迈克•哈默(M. Hammer)与詹姆斯•钱皮(J. Champy)的定义，是指“为了飞越性地改善成本、质量、服务、速度等重大的现代企业的运营基准，对工作流程(business process)进行根本性重新思考并彻底改革”，也就是说，“从头改变，重新设计”。为了能够适应新的世界竞争环境，企业必须摒弃已成惯例的运营模式和工作方法，以工作流程为中心，重新设计企业的经营、管理及运营方式。

企业再造理论强调从“硬”、“实”的方面构建企业管理新模式，其基本思想是对企业的业务流程做根本的重新思考和彻底的重新设计，以业务流程重组为重点，以求在质量、成本和业务处理周期等绩效指标上取得显著改善。企业再造工程在欧美企业受到高度重视，带来了显著经济效益，涌现大量成功范例，通过再造减少费用，提高顾客满意度。同时，企业再造理论考虑企业的总体经营战略，注重作业流程之间的联络作用，协调经营流程和管理流程关系。某些管理学者提出“MTP”(manage through process)即流程管理的新办法，对流程规划、设计、构造、调控所有环节系统管理，企业管理理论应将“硬环境”和“软环境”理论有机结合。

企业再造理论认为，企业再造活动绝对不是对原有组织进行简单修补的一次改良运动，而是重大的突变式改革。企业再造是对植根于企业内部的、影响企业各种经营活动开展的，向固有的基本信念提出了挑战；企业再造必须对组织中人的观念、组织的运作机制和组织的运作流程进行彻底的更新，要在经营业绩上取得显著的改进。企业再造理论的“企业再造”就是“流程再造”，其实施方法是以先进的计算机信息系统和其他生产制造技术为手段，以顾客中长期需求为目标，在人本管理、顾客至上、效率和效益为中心的思想的指导下，通过最大限度地减少对产品增值无实质作用的环节和过程，建立起科学的组织结构和业务流程，使产品质量和规模发生质的变化，从而保证企业能以最小的成本、高质量的产品和优质的服务在不断加剧的市场竞争中战胜对手，获得发展的机遇。

(二) 企业再造的程序

企业“再造”就是重新设计和安排企业的整个生产、服务和经营过程，使之合理化。通过对企业原来生产经营过程的各个方面、每个环节进行全面的调查研究和细致分析，对其中不合理、不必要的环节进行彻底的变革。在具体实施过程中，可以按以下程序进行。

1. 对原有流程进行全面的功能和效率分析，发现其存在的问题

根据企业现行的作业程序，绘制细致、明了的作业流程图。一般来说，原来的作业程序是与过去的市场需求、技术条件相适应的，并由一定的组织结构、作业规范作为其保证。当市场需求、技术条件发生的变化使现有作业程序难以适应时，作业效率或组织结构的效能就会降低。因此，必须从以下方面分析现行作业流程的问题。

(1) 功能障碍。随着技术的发展，技术上具有不可分性的团队工作(TNE)，个人可完成的工作额度就会发生变化，这就会使原来的作业流程或者支离破碎增加管理成本，或者核算单位太大造成权责利脱节，并会造成组织机构设计的不合理，形成企业发展的瓶颈。

(2) 重要性。不同的作业流程环节对企业的影响是不同的。随着市场的发展，顾客对产品和服务的需求在变化，作业流程中的关键环节以及各环节的重要性也在变化。

(3) 可行性。根据市场、技术变化的特点及企业的现实情况，分清问题的轻重缓急，找出流程再造的切入点。为了对上述问题的认识更具有针对性，还必须深入现场，具体观测、分析现存作业流程的功能、制约因素以及表现的关键问题。

2. 设计新的流程改进方案，并进行评估

为了设计更加科学、合理的作业流程，必须群策群力、集思广益、鼓励创新。在设计新的流程改进方案时，可以考虑：

(1) 将现在的数项业务或工作组合，合并为一；

(2) 工作流程的各个步骤按其自然顺序进行；

(3) 给予职工参与决策的权力；

(4) 为同一种工作流程设置若干种进行方式；

(5) 工作应当超越组织的界限，在最适当的场所进行；

(6) 尽量减少检查、控制、调整等管理工作；

(7) 设置项目负责人。

对于提出的多个流程改进方案，还要从成本、效益、技术条件和风险程度等方面进行评估，选取可行性强的方案。

3. 制定与流程改进方案相配套的组织结构、人力资源配置和业务规范等方面的改进规划，形成系统的企业再造方案

企业业务流程的实施，是以相应组织结构、人力资源配置方式、业务规范、沟通渠道甚

至企业文化作为保证的，所以，只有以流程改进为核心形成系统的企业再造方案，才能达到预期的目的。

4. 组织实施与持续改善

实施企业再造方案，必然会触及原有的利益格局。因此，必须精心组织，谨慎推进。既要态度坚定，克服阻力，又要积极宣传，形成共识，以保证企业再造的顺利进行。企业再造方案的实施并不意味着企业再造的终结。在社会发展日益加快的时代，企业总是不断面临新的挑战，这就需要对企业再造方案不断地进行改进，以适应新形势的需要。

三、学习型组织

(一) 学习型组织的基本内涵

学习型组织是一个能熟练地创造、获取和传递知识的组织，同时也要善于修正自身的行为，以适应新的知识和见解。当今世界上所有的企业，不论遵循什么理论进行管理，主要有两种类型，一类是等级权力控制型，另一类是非等级权力控制型，即学习型企业。

等级权力控制是以等级为基础，以权力为特征，对上级负责的垂直型单向线性系统。它强调“制度+控制”，使人“更勤奋地工作”，达到提高企业生产效率、增加利润的目的。权力控制型企业管理在工业经济时代前期发挥了有效作用，它对生产、工作的执行和有效指挥具有积极意义。但在工业经济后期，尤其是进入信息时代、知识时代以后，这种管理模式越来越不能满足企业在科技迅速发展、市场瞬息万变的竞争中取胜的需要。企业家、经济学家和管理学家们都在探寻一种更有效的能顺应发展需要的管理模式，即另一类非等级权力控制型管理模式，学习型组织理论就是在这样一个大背景下产生的。

学习型组织理论认为，在新的经济背景下，企业要持续发展，必须增强企业的整体能力，提高整体素质。也就是说，企业的发展不能再只靠像福特、斯隆、沃森那样的伟大的领导者一夫当关、运筹帷幄、指挥全局，未来真正出色的企业将是能够设法使各阶层人员全心投入并有能力不断学习的组织，即学习型企业。

成功的学习型企业应具备 6 个要素：一是拥有终身学习的理念和机制，重在形成终身学习的步骤；二是多元反馈和开放的学习系统，重在开创多种学习途径，运用各种方法引进知识；三是形成学习共享与互动的组织氛围，重在企业文化；四是具有实现共同目标的不断增长的动力，重在共同目标不断创新；五是工作学习化，使成员活化生命意义，重在激发人的潜能，提升人生价值；六是学习工作化，使企业不断创新发展，重在提升应变能力。

知识经济迅速崛起，对企业提出了严峻挑战，现代人工作价值取向的转变，终身教育、可持续发展战略等当代社会主流理念对组织群体的积极渗透，为组织学习提供了理论上支持。

结合研究现状，我们提出了学习型组织的内涵。

1) 学习型组织基础——团结、协调及和谐

组织学习普遍存在“学习智障”，个体自我保护心理必然造成团体成员间相互猜忌，这种所谓的“办公室政治”导致由高智商个体组成的组织群体反而效率低下。从这个意义上说，班子的团结，组织上下的协调以及群体环境的民主、和谐是建构学习型组织的基础。

2) 学习型组织核心——在组织内部建立完善的“自学习机制”

组织成员在工作中学习，在学习中工作，学习成为工作新的形式。

3) 学习型组织精神——学习、思考和创新

这里的学习是团体学习、全员学习，思考是系统、非线性的思考，创新是观念、制度、方法及管理等多方面的更新。

4) 学习型组织的关键特征——系统思考

只有站在系统的角度认识系统，认识系统的环境，才能避免陷入系统动力的旋涡里去。

5) 组织学习的基础——团队学习

团队是现代组织中学习的基本单位。许多组织中不乏的是对组织现状、前景的热烈辩论，但团队学习依靠的是深度汇谈，而不是辩论。深度汇谈是一个团队的所有成员，摊出心中的假设，而进入真正一起思考的能力。深度汇谈的目的是一起思考，得出比个人思考更正确、更好的结论；而辩论是每个人都试图用自己的观点说服别人同意的过程。

(二) 学习型组织的基本要素

1. 建立共同愿景

愿景可以凝聚公司上下的意志力，透过组织共识，大家努力的方向一致，个人也乐于奉献，为组织目标奋斗。

2. 团队学习

团队智慧应大于个人智慧的平均值，以做出正确的组织决策，透过集体思考和分析，找出个人弱点，强化团队向心力。

3. 改变心智模式

组织的障碍，大多来自于个人的旧思维，例如固执己见、本位主义，唯有透过团队学习，以及标杆学习，才能改变心智模式，有所创新。

4. 自我超越

个人有意愿投入工作，个人与愿景之间有种“创造性的张力”，正是自我超越的来源。

5. 系统思考

应透过资讯搜集，掌握事件的全貌，以避免见树不见林，培养纵观全局的思考能力，看清楚问题的本质，有助于清楚了解因果关系。

学习是心灵的正向转换，企业如果能够顺利导入学习型组织，不只能够达到更高的组织绩效，更能够带动组织的生命力。

四、供应链管理

(一) 供应链管理的基本内涵

所谓供应链，其实就是由供应商、制造商、仓库、配送中心和渠道商等构成的物流网络。同一企业可能构成这个网络的不同组成节点，但更多的情况下是由不同的企业构成这个网络

中的不同节点。比如，在某个供应链中，同一企业可能既在制造商、仓库节点，又在配送中心节点等占有位置。在分工愈细，专业要求愈高的供应链中，不同节点基本上由不同的企业组成。在供应链各成员单位间流动的原材料、在制品库存和产成品等就构成了供应链上的货物流。

随着 3G 移动网络的部署，供应链已经进入了移动时代。移动供应链，是利用无线网络实现供应链的技术。它将原有供应链系统上的公司客户关系管理功能迁移到手机。移动供应链系统具有传统供应链系统无法比拟的优越性。移动供应链系统使业务摆脱时间和场所的局限，随时随地与公司业务平台沟通，有效提高管理效率，推动企业效益增长。数码星辰的移动供应链系统就是一个集 3G 移动技术、智能移动终端、VPN、身份认证、地理信息系统(GIS)、商业智能等技术于一体的移动供应链产品。

供应链管理(supply chain management，SCM)是一种集成的管理思想和方法，它执行供应链中从供应商到最终用户的物流的计划和控制等职能。从单一的企业角度来看，是指企业通过改善上、下游供应链关系，整合和优化供应链中的信息流、物流、资金流，以获得企业的竞争优势。

供应链管理是企业的有效性管理，表现了企业在战略和战术上对企业整个作业流程的优化，整合并优化了供应商、制造商、零售商的业务效率，使商品以正确的数量、正确的品质、在正确的地点，以正确的时间、最佳的成本进行生产和销售。

《物流术语》国家标准(GB/T18354-2001)对供应链管理的定义：利用计算机网络技术全面规划供应链中的商流、物流、信息流、资金流等，并进行计划、组织、协调与控制等。全球供应链论坛(global supply chain forum，GSCF)将供应链管理定义成：为消费者带来有价值的产品、服务以及信息的，从源头供应商到最终消费者的集成业务流程。

(二) 供应链管理的 3 个要素

不管你是批发商、零售商，还是制造商，你都需要处理好这 3 个重点：流程、人和技术。供应链的成功不是偶然的，它需要整个公司各部门以及外部供应商和服务商的共同关注和努力。物流涉及公司的每一方面，所以供应链管理在方法和范围上必须是多维的。这就关乎到了流程、人和技术。同样，如果您的公司实施的是精益生产策略，那么您也需要向敏捷、灵活和协同生产方面转化，当然也要处理好这 3 个重点。

供应链可能很长、很复杂，延伸到不同国家。一个公司有各种各样的顾客，他们有不同的订单和运输要求。公司也有各种各样的供应商，他们来自不同的国家和地区，而他们对于订单完成期都有不同的要求和计划。所有这些工作都是为了达到一个目的——在客户下订单时，拥有足够的产品以履行订单。

除了企业外部的客户和供应商管理，企业内部的供应链管理也很复杂，包括：国内外的仓库选址；库存预测，以及库存在不同仓库间的分配；订单处理、准备发货；工厂和供应商间生产安排。

1. 流程

流程指的是为某一特定目的，诸如满足顾客需求，而采取的一项运作、一系列活动。客户对供应商的期望越来越高，不论你的公司规模有多大，也不论你处于什么行业，这都是既存的事实。并且，供应链管理对顾客满意度也是至关重要的。

供应链流程是以满足某一顾客需求为目的的一连串活动。它包括诸如物流、配送、采购、客服、销售、制造和会计在内的所有内部职能以及公司外部的相关企业。同时供应链流程也是一个逆向的过程——从满足客户订单，到通过供应商提供成品、配件和装配来获取每份订单所要的货物。

流程有它的构造，这与一些公司所说的流程不同，他们所说的流程可能只是一系列重复的、相对独立的事务。流程都有其相应的标准，这些标准对于流程所要完成的工作都有其自身的理解。虽然流程有其相应的标准，但它在应对现实业务中的突发事件和变化方面也有一定的弹性。

2. 人

组织由人构成，人对供应链的成功非常重要。他们需要有实用的专业知识和技能，需要了解仓库、库存、运输和采购的管理和运作方法。他们对每天的作业应该有战术上的见解，而针对他们在供应链上的作用，如何适应供应链，以及如何促进供应链发展，他们应有战略眼光。

个人成功对于组织文化也非常的重要，影响到公司内外怎么样看待自己、定义自己以及公司的运作方式。组织文化可能是流程的推动力，也可能是抑制剂。如果公司目光短浅，这就会对公司的响应能力产生消极的影响。

同样地，如果组织的设置是层级式的，那么就会给水平式的供应链流程制造障碍。组织模块会使供应链流程产生中断。每个模块都有其内部目标，并共同来完成供应链流程。尽管供应链流程关注的是顾客、销售规划、物流和财务，在各个功能领域它们可能都会实现最优化，但是这可能只是流程的局部优化。

3. 技术

供应链管理有时会被错误地定义为一种技术。流程要是过分强调软、硬件，而不是目的的话，那它确实可以被定义为技术。

供应链管理软件在销售时，可能被宣称为解决供应链问题的灵丹妙药。这就导致了用户对这些软件的过度期望，而伴随着软件的安装使用和实际上达到的结果，随之而来的又是失望。

每家公司都离不开供应商管理，你要么处理与供应商的关系，要么你自己就是供应商。供应商管理是整个供应链中的关键部分，而且它必须同满足顾客需求的目标相结合。

提高供应链可视性是实现供应链管理有效性的切实方法，而且它也是供应链入库作业最需要的。在整个供应链中，入库作业非常复杂，而且涉及重大的财务责任。众多的采购订单，众多供应商从多个工厂和仓库中发出的不同货物，这些货物从本国或其他不同国家的港口或机场发出，这一复杂的过程在管理上无疑是一项重大的挑战。再加上不同的文化、时区和商业习惯，要实现全球供应链系统的可视性确实不是一件容易的事情。

供应商管理作为入库供应链管理的一部分，需要流程、人和技术。它需要一个流程，而不是一系列采购订单的处理。它需要有眼光、有技能的人才，需要他们对一系列复杂的因素进行管理、与合作伙伴建立协同关系、处理因销售和其他事件带来的采购需求变化。人与人之间需要沟通。这就要靠技术来获取采购订单、供应商以及运输货物的可视性；而利用意外事件管理来处理所有可能发生的突发事件也需要技术支持。

(三) 常见的供应链管理方法

1. 快速反应(QR)

快速反应quick response(QR)是指物流企业面对多品种、小批量的买方市场，不是储备了“产品”，而是准备了各种“要素”，在用户提出要求时，能以最快速度抽取“要素”，及时“组装”，提供所需服务或产品。QR是在美国纺织服装业中发展起来的一种供应链管理方法。

2. 有效客户反应(ECR)

有效客户反应(efficient consumer response，ECR)是1992年从美国的食品杂货业中发展起来的一种供应链管理策略，也是一个由生产厂家、批发商和零售商等供应链成员组成的，各方相互协调和合作，以满足消费者需要为目的的供应链管理解决方案。有效客户反应是以满足顾客要求和最大限度降低物流过程费用为原则，能及时做出准确反应，使提供的物品供应或服务流程最佳化的一种供应链管理战略。

3. ECR与QR的比较

1) QR与ECR的差异

ECR主要以食品行业为对象，其主要目标是降低供应链各环节的成本，提高效率。QR主要集中在一般商品和纺织行业，其主要目标是对客户的需求做出快速反应，并快速补货。

QR与ECR存在差异是因为食品杂货业与纺织服装行业经营的产品的特点不同。杂货业经营的产品多数是一些功能型产品，每一种产品的寿命相对较长(生鲜食品除外)，因此，订购数量过多(或过少)造成的损失相对较小。纺织服装业经营的产品多属创新型产品，每一种产品的寿命相对较短，因此，订购数量过多(或过少)造成的损失相对较大。

QR与ECR的差异表现在以下方面。

一是侧重点不同。QR侧重于缩短交货提前期，快速响应客户需求；ECR侧重于减少和消除供应链的浪费，提高供应链运行的有效性。

二是管理方法的差别。QR主要借助信息技术实现快速补发，通过联合产品开发缩短产品上市时间；ECR除新产品快速有效引入外，还实行有效商品管理。

三是适用的行业不同。QR适用于单位价值高，季节性强，可替代性差，购买频率低的行业；ECR适用于产品单位价值低，库存周转率高，毛利少，可替代性强，购买频率高的行业。

四是改革的重点不同。QR改革的重点是补货和订货的速度，目的是最大限度地消除缺货，并且只在商品有需求时才去采购。ECR改革的重点是效率和成本。

2) 共同特征

共同特征表现为超越企业之间的界限，通过合作追求物流效率化。具体表现在如下3个方面：一是贸易伙伴间商业信息的共享；二是商品供应方进一步涉足零售业，提供高质量的物流服务；三是企业间订货、发货业务全部通过EDI来进行，实现订货数据或出货数据的传送无纸化。

(四) 供应链管理的主流技术

1. 全方位连接技术

近年来，各种无线连接技术如雨后春笋，包括个人局域网用的蓝牙技术、无线局域网、支持语音及数据通信的蜂窝式无线广域网等。它们在供应链领域的最新应用趋势是汇聚在同一种设备里，提供多样化的无线通信服务，这为用户以及相关的IT管理人员带来便利。

2. 语音及 GPS 技术

供应链方案的另一个发展趋势是手持式电脑结合了语音通信及GPS功能，令它可以同时支持数据采集、数据通信及手机通信，Intermec 公司的 CN3 便是一个典型例子。随着包括GPRS、GSM、CDMA 等在内的广域无线通信的覆盖面日趋广阔及通信价格不断下调，越来越多的公司能负担使用实时数据访问系统的费用，提高供应链管理的效率。

3. 语音识别技术

语音识别技术使得手持式电脑的使用者不需分心留意屏幕。在 IT 产业提倡开放系统及互操作性的大潮下，目前语音合成/识别功能已经能轻易地融合进多种已有的供应链应用软件里，包括仓库管理、提货及存放、库存、检验、品质监控等，这主要是得益于终端仿真(TE)语音识别技术的面世。

根据一项对大批量配送中心所做的调研结果显示，使用条码数据输入方法的准确性比传统语音技术高4%(前者为99%，后者为95%)，但使用条码处理需要多26个全职工人。如果采用结合条码和 TE 语音识别技术的系统，其准确性与单纯使用条码技术相当，但可以少用22个全职工人。

4. 数码成像技术

企业级移动计算机也增添了数码成像技术，不少运输和配送公司已经使用整合了数码照相机的移动计算机，使得他们的送货司机能采集配送完成的证明，存储已盖章的发票并将未能完成送货的原因记录在案。

5. 便携式打印技术

目前移动打印机是打印行业中发展最为迅速的一环。销售、服务及配送人员使用便携式打印设备可以立即为客户提交所需文件，同时马上建立一个电子记录文档，不需另行处理纸质文件。在工业环境中使用便携式打印设备，可以节省工人前往打印中心提取标签、提货单或其他输出文件的时间。

6. 二维条码技术

二维条码技术的效益早已获市场肯定，但由于使用环境不同会导致有些标识难以读取，所以其广泛性还有待提高。但随着自动对焦技术的面世，二维条码逐渐成为进行物品管理、追踪以及其他运营工作的主流支持技术之一。

大多数的机构需要使用不同的条码应用软件来处理各式各样的标识以及编码数据。比如，对于用在仓库货架的标签，使用大规格线性标识技术较为理想，而对于在装船货物上用的标签，有条码区域的102毫米标签是常用的规格。由于携带两个独立的条码阅读器是不切实际的，很多机构放弃使用二维条码，只是使用普通的线性条码。

现在用户不必再做出取舍。例如，Intermec 公司的 EX25 自动对焦扫描引擎是能够同时读取线性和二维条码的条码阅读器。照明技术的进一步发展，使得条码在以前无法读取的黑暗环境中也可以使用。

7. RFID 技术

RFID 的应用也日趋普及，它在资产管理及供应链领域所能发挥的价值尤为明显。例如，美国海军在一项存储管理关键任务中使用 RFID 支持数据输入，操作时间节省了 98%。TNT 物流部使用 RFID 来自动记录装载于拖车上的货品，确认程序所需时间节省了 24%。

RFID 在存货管理及配送运营中的新应用模式是，使用车载 RFID 设备和其他移动 RFID 解读器，以增强或取代传统的固定 RFID 设备。

8. 实时定位系统(RTLS)技术

RTLS 能将无线局域网拓展至资产追踪系统，其中一个很大的市场驱动力是思科系统的无线定位设备。它可以通过思科的无线局域网进行资产追踪，任何一台和无线局域网连接的设备都可以被追踪和定位。一个应用就是通过车载计算机的射频信号来追踪叉车。无线定位设备和支持软件可以实时追踪射频信号，高效地支持存储、路由、数据收集及资产使用率分析等操作。

9、远程管理技术

使用无线局域网来追踪仓库和工厂资产是远程管理的一个例子。其实，远程管理技术的应用范围十分广泛，包括对条码阅读器及打印机、RFID 设备、计算机以及其他数据采集设备和通信器材进行配置、监控及修复，可大幅度减少供应链设备管理工作所需的时间及成本。

10、安全技术

更高的安全性是支持供应链管理技术的另一个主要的业务趋势和需求。例如可以为移动计算机加锁，即使设备丢失或被窃，机主的信息和其他数据也不会被别人窃取。无线计算机和数据采集设备也支持许多领先的企业级无线网络安全技术，其中包括 WPA、RADIUS 服务器及 VPNS 等。支持 CCX 的无线数据采集设备可以完全融合在思科整合式无线网络中，得到其可靠性和安全性方面的支持，这包括对黑客及捣乱无线访问点的检测、身份鉴别与加密、防火墙整合等。

五、全面质量管理

(一) 全面质量管理的基本内涵

全面质量管理这个名称，简称 TQM，最先是 20 世纪 60 年代初由美国的著名专家菲根堡姆提出。它是在传统的质量管理基础上，随着科学技术的发展和经营管理上的需要发展起来的现代化质量管理，现已成为一门系统性很强的科学。

近年来，TQM 正日益受到各国领导人和广大企业家的重视。从中央到地方，从政府到企业，各行各业都针对经济全球化迅速发展和“入世”所带来的机遇与挑战，对质量工作给予高度重视，为加强质量工作采取了企业、政府、社会齐抓共管，企业自律、市场竞争、政府监督“三管齐下”，明确地方政府在产品质量工作中的责任，“以法治国”等一系列措施来实现提高产品质量的总体水平。

全面质量管理是一种由顾客的需要和期望驱动的管理哲学。TQM 是以质量为中心，建立在全员参与基础上的一种管理方法，其目的在于长期获得顾客满意、维护组织成员和社会的利益。ISO8402 对 TQM 的定义是：一个组织以质量为中心，以全员参与为基础，目的在于通过让顾客满意和本组织所有成员及社会受益而达到长期成功的管理途径。菲根堡姆对 TQM 的定义：“为了能够在最经济的水平上，并考虑到充分满足顾客要求的条件下进行市场研究、设计、制造和售后服务，把企业内各部门的研制质量、维持质量和提高质量的活动构成为一体的一种有效的体系”。具体来说，TQM 含义如下。

1. 强烈地关注顾客

从现在和未来的角度来看，顾客已成为企业的衣食父母。“以顾客为中心”的管理模式正逐渐受到企业的高度重视。全面质量管理注重顾客价值，其主导思想就是“顾客的满意和认同是长期赢得市场、创造价值的关键”。为此，全面质量管理要求必须把以顾客为中心的思想贯穿到企业业务流程的管理中，即从市场调查、产品设计、试制、生产、检验、仓储、销售，到售后服务的各个环节都应该牢固树立“顾客第一”的思想，不但要生产物美价廉的产品，而且要为顾客做好服务工作，最终让顾客放心满意。

2. 坚持不断地改进

TQM 是一种永远不能满足的承诺，“非常好”还是不够，质量总能得到改进，“没有最好，只有更好”。在这种观念的指导下，企业持续不断地改进产品或服务的质量和可靠性，确保企业获得对手难以模仿的竞争优势。

3. 改进组织中每项工作的质量

TQM 采用广义的质量定义。它不仅与最终产品有关，还与组织如何交货，如何迅速地响应顾客的投诉，如何为客户提供更好的售后服务等有关系。

4. 精确地度量

TQM 采用统计度量组织作业中人的每一个关键变量，然后与标准和基准进行比较以发现问题，追踪问题的根源，从而达到消除问题、提高品质的目的。

5. 向员工授权

TQM 吸收生产线上的工人加入改进过程，广泛地采用团队形式作为授权的载体，依靠团队发现和解决问题。

(二) 全面质量管理的观点

1. 为用户服务的观点

在企业内部，凡接收上道工序的产品进行再生产的下道工序，就是上道工序的用户，“为用户服务”和“下道工序就是用户”是全面质量管理的一个基本观点。通过每道工序的质量控制，达到提高最终产品质量的目的。

2. 全面管理的观点

所谓全面管理，就是进行全过程的管理、全企业的管理和全员的管理。

(1) 全过程的管理。全面质量管理要求对产品的生产过程进行全面的控制。

(2) 全企业管理。全企业管理的一个重要特点，是强调质量管理工作不局限于质量管理部门，要求企业所属各单位、各部门都要参与质量管理工作，共同对产品质量负责。

(3) 全员管理。全面质量管理要求把质量控制工作落实到每一名员工，让每一名员工都关心产品质量。

3. 以预防为主的观点

以预防为主，就是对产品质量进行事前控制，把事故消灭在发生之前，使每一道工序都处于控制状态。

4. 用数据说话的观点

科学的质量管理，必须依据正确的数据资料进行加工、分析和处理，找出规律，再结合专业技术和实际情况，对存在的问题做出正确判断并采取正确措施。

(三) 全面质量管理领域的新思想

全面质量管理领域的新思想是顾客完全满意。在介绍顾客完全满意之前，我们先来界定一下顾客。顾客有两种界定标准，一种是“具有消费能力或消费潜力的人”，另一种是“任何接受我们的产品或服务的人”。顾客可以分为内部顾客和外部顾客。内部顾客是指企业内部的从业人员：基层员工、主管、经理乃至股东。外部顾客分为显著型和隐蔽型两种。显著型：具有消费能力，对某商品有购买需求，了解商品信息和购买渠道，能立即为企业带来收入。隐蔽型(潜在)：预算不足或没有购买该商品的需求，缺乏信息和购买渠道，可能随环境、条件、需要变化，成为显著顾客。

顾客最关注的是卓越的产品质量、优质的服务、货真价实，以及按时交货。顾客眼中的价值是从产品或劳务中得到的收益减去商业成本所得的利益。收益主要包括：所获效用、实用性、购物享受等；成本主要包括：金钱支出、为获得满足所花的时间和精力、获取信息和实物时所经历的种种不便等。

“顾客完全满意”就是倡导一种“以顾客为中心”的文化。企业把顾客放在经营的中心位置，让顾客需求引导企业的决策。在那些建立“顾客完全满意”管理模式的企业当中，企业需要了解顾客及其业务，了解他们使用产品的目的、时间、方式、周期；企业需要从顾客的角度进行思考，即“用顾客的眼睛看世界”。

我们可以通过对比不同的竞争优势获取策略，来分析企业建立“顾客完全满意”的长期优越性。不同的竞争优势获取策略主要有以下几种。

商品策略——假定该企业的产品和服务与竞争对手基本相同；靠高生产率低成本竞争。

技术导向——在技术上超过竞争者，获得技术上的暂时性垄断地位。

质量导向——重视产品质量，促进消费者购买。

服务导向——通过提供服务，给产品增加额外的价值。

顾客导向——把消费者的意见带进企业内部，企业根据消费者需求制定策略、设计产品。

其中，“顾客导向”的竞争策略，要求企业全面提高质量意识，提供优质服务。这样，企业获得的将是一种长期的效果：永远留住顾客。

(四) 专家对全面质量管理的展望

以下是世界上著名的质量管理专家对质量管理理论和实践的展望。

著名质量管理专家朱兰博士指出：过去的20世纪是生产率的世纪，而21世纪是质量的世纪。质量是全民的事业，人人有责。必须全民参与质量活动，全社会监督质量活动。必须在质量管理方面做出革命性变革，以追求世界级质量。全面质量管理就是为了达到世界级质量的领导地位所要做的一切事情。

菲根堡姆博士提出：质量是一个综合的概念，要把战略、质量、价格、成本、生产率、服务和人力资源、能源和环境学一起进行考虑，即要认识到现代经济中质量的广泛性，树立“大质量”概念。

美国营销学家菲利普・科勒特指出：产品质量分为绩效质量与吻合质量。绩效质量是产品的绝对工作质量，它是单纯以产品中所包含的工程技术水平来衡量的质量，而不考虑质量的市场定位；吻合质量是指由市场定位决定的，与目标市场的需要相一致的质量。

日本著名质量管理专家石川馨博士指出：全面质量管理是经营的一种思想革命，是新的经营哲学。

国际质量科学院院士刘源张指出：世界上最好的东西莫过于全面质量管理了。他对全面质量管理有十分精辟的见解：

(1) 全面质量管理通过改善职工素质和企业素质，以达到提高质量、降低消耗和增加效益的目的；

(2) 全面质量管理的关键是质量管理工作的协调和督促，而这件事最后只有一把手有权去做。

(3) 管理的历史就是从管人到尊重人。

我们坚信，全面质量管理(TQM)必将成为21世纪质量管理创新的焦点。

第三节　中国管理学的展望

现代科学技术的快速发展导致管理科学发生了深刻变革，使得管理在功能、组织、方法和理念上产生了根本性变化，21世纪中国管理学的发展将进一步趋向信息化管理、文化管理和艺术管理。

一、中国管理学将进一步体现信息化

管理信息化是人类社会发展的必然趋势，也是现代管理学发展的必然趋势。

(一) 信息管理的特征

随着生产力飞速发展，生产社会化程度迅速提高，市场不断扩大，企业竞争日趋激烈，这就要求管理水平不断提高，以适应新的经营环境。因此，许多管理学者、社会学家、心理学家积极从事管理研究，创立了许多新的管理理论，伴随着社会现代文明的出现，信息管理如雨后春笋般地发展起来，信息管理作为人类为了有效地开发和利用信息资源，以现代信息技术为手段，对信息资源进行计划、组织、领导和控制的社会活动，其就是人对信息资源和信息活动的管理。它是由信息生产者、信息、信息技术组成的有机体。其的根本目的是控制信息流向，实现信息的效用与价值。但是，信息并不都是资源，要使其成为资源并实现其效用和价值，就必须借助“人”的智力和信息技术等手段。因此，“人”是控制信息资源、协调信息活动的主体，而信息的收集、存储、传递、处理和利用等信息活动过程都离不开信息技术的支持。没有信息技术的强有力作用，要实现有效的信息管理是不可能的。由于信息活动本质上是为了生产、传递和利用信息资源，信息资源是信息活动的对象与结果之一。信息生产者、信息和信息技术 3 个要素形成了一个有机整体，那就是信息资源，其是构成任何一个信息系统的基本要素，是信息管理的研究对象之一。

信息管理是管理活动的一种，管理活动的基本职能(计划、组织、领导、控制)仍然是信息管理活动的基本职能，只不过信息管理的基本职能更有针对性。同时，信息管理是一种社会规模的活动，它反映了信息管理活动的普遍性和社会性。它是涉及广泛的社会个体、群体、国家参与的普遍性的信息获取、控制和利用活动。

信息管理作为管理的一种，具有管理的一般性特征。例如，管理的基本职能是计划、组织、领导、控制；管理的对象是组织活动；管理的目的是实现组织的目标等。这些特征信息管理同样具备。但是，信息管理作为一个专门的管理类型，又有自己的独有特征。

1. 管理类型特征

(1) 管理的对象不是人、财、物，而是信息资源和信息活动。

(2) 信息管理贯穿于整个管理过程之中。

2. 时代特征

1) 信息量猛增

随着经济全球化，世界各国和地区之间的政治、经济、文化交往日益频繁，组织与组织之间的联系越来越广泛，组织内部各部门之间的联系越来越多，以致信息量猛增。

2) 信息处理和传播速度更快

由于信息技术的飞速发展，使得信息处理和传播的速度越来越快。

3) 信息处理的方法日趋复杂

随着管理工作要求的提高，信息处理的方法也就越来越复杂。早期的信息加工，多为一种经验性加工或简单计算。现在的加工处理方法不仅需要一般的数学方法，还要运用数理统计方法、运筹学方法等。

4) 信息管理所涉及的领域不断扩大

从知识范畴上看，信息管理涉及管理学、社会科学、行为科学、经济学、心理学、计算机科学等；从技术上看，信息管理涉及计算机技术、通信技术、办公自动化技术、测试技术、缩微技术等。

(二) 信息化的发展推动了管理学的变革

管理学的实质是探求外部环境、内部条件与管理目标三者之间的动态平衡，而人类社会总是由低级阶段向高级阶段发展，即管理主体的外部环境总是变化的。因此，为了寻求三者之间的平衡，管理学也必须动态地发展。进入 20 世纪 90 年代，特别是进入 21 世纪的后工业社会，科学技术飞速发展，信息化的发展必将推动管理学的进一步发展。

传统的和现代的管理职能，构成了一个管理循环体系，使管理工作周而复始地进行，每循环一次，管理水平就提高一级。但随着全球经济由工业经济向信息经济转变的进程加快，缺乏信息渗透的管理工作将显得苍白无力，要么管理节奏跟不上，要么管理质量得不到保证。因此，在管理工作中，强化信息职能，将成为管理学发展的趋势之一。其具体表现在如下 3 个方面。

首先，信息职能能革新企业内部的生产力要素结构，使资源转换系统的生产率大幅度提高，并同时以不断增加的柔性适应市场需求结构和消费结构的快速变化。

其次，信息职能能促成管理系统的优化，促进组织的创新，使组织的绩效不断上升。信息职能能提高计划与决策的科学性和及时性，成为信息时代企业生存、发展、竞争制胜的有力武器。

最后，信息职能与传统管理职能将构成一种相互依存、相互促进的管理职能系统。信息职能为传统管理职能的发挥提供了全方位、全过程的信息，反过来，传统管理职能又促使信息职能去开发、收集、处理、传播和分配信息资源。

二、中国管理学将更加趋向文化管理

(一) 文化管理的内涵

未来，人们会将企业文化研究的成果进一步提升为较完善的理论系统，并频繁地利用文化管理的概念。

文化管理是一种文化意识管理。所谓文化意识，包括以下内容：以人为本的意识、理性主义的意识、民主的意识、伦理的意识、洞悉时代的意识、解构传统的意识、创造的意识和信仰的意识。

文化管理的本质是为了适应未来竞争的企业管理的实际需求，而不是为“文化”而“文化”。文化管理的宗旨不是使企业成为文人的企业，而是变成富有人文精神的企业家的企业。文化管理成功的前提是首先放弃所有特定的文化的观念，因为文化管理不是要在管理中附庸风雅，或人为地与某种文化、理论建立一种关系，文化管理更不是要让企业变成一个不务实际的文化沙龙，而是要建立一种健全的商业理性，在使企业担负起必要的社会责任，使员工更加高效地工作并达到工作与生活之平衡的同时，实现企业效益的最大化。

(二) 文化管理的特征

目前，对文化管理的研究还缺乏系统性。文化管理与科学管理的最大差异在于：科学管理的重点在于人的行为，而文化管理的重点在于人的思想和观念。一般来说，文化管理的特征表现在以下几个方面。

1. 培育共同价值观

管理科学发展的历史表明，企业不仅是管理理论和方法的积极推行者，同时也是新观念、新理论的发源地，文化管理的形成和发展也是如此。20 世纪 70 年代以来，科学技术日新月异，脑力劳动者的数量大幅度增加，人类的生活方式、社会风貌以及人的世界观发生了深刻变化。在以脑力劳动为主的信息时代，脑力劳动者的个人目标从物质需求转向高级的社会价值需求，工作的动机开始由谋生转向追求较好的生活质量、追求丰富的业余生活、追求优雅的生存环境、追求自我发展和自我实现。面对这一新趋势，企业界开始提出从文化的高度来管理企业，用文化来规范企业，即开始实施文化管理。这种管理的显著特点之一是注重价值的建构。它以企业既定的价值观为核心，以企业文化的塑造为龙头，贯穿于企业的规章、道德规范、行为准则、精神风貌、审美教育等方方面面，不仅注重企业的文化设施和标识、文化教育与技术培训以及文化联谊活动、原材料、产品和商标设计等企业外显文化的塑造，更注重企业内隐文化的建构，包括以人的精神世界为依托的各种文化现象。通过优秀文化的塑造，潜移默化地增强企业对广大职工的号召力、凝聚力，塑造员工良好的行为方式，并以此塑造企业的良好形象。另一方面，通过企业精神文化建设，使人在其精神实践活动中，体验生命情感对人类的极端重要性，培养良好的人际关系和感情文化，使人们在共同价值观念的作用下，陶冶情操，激发斗志，自觉地努力工作，自然而然生出一种人与人之间的依恋感及人对组织的归属感，使人们从工作、生活的压力和失落感中解放出来，走向心灵的自由，真正实现马克思所预见的人的自由而全面的发展。

2. 管理重点从行为管理转向思想管理

组织文化在本质上是组织精神的反映，它是通过价值观念、组织(如企业、学校等)精神、伦理道德等方式，对员工的意识和行为进行潜移默化的影响。以企业为例，企业价值观本质上是企业的经营哲学和理念，是企业在生产经营过程中的世界观和方法论，是企业遵守的共同信念和是非标准的行为取向。企业价值观是企业文化的核心，其形成不仅需要很长的时间，而且需要给予不断强化，有时甚至需要通过舆论进行灌输。企业精神是围绕企业哲学概括和提炼出来的一种规范化、信念化的群体主导意识。它渗透在企业宗旨、战略目标、经营方式、职业道德等方面，反映在企业的厂风、厂纪、厂容等方方面面。企业精神是企业文化的灵魂，是企业的行动指南和企业人力资源开发的动力。在企业的长期工作中，员工受到本企业的共同价值观的熏陶，其思想和行为会自动按照企业的共同价值观进行调整，以适应企业的文化氛围，因此企业精神可以变成员工的精神动力，激发员工的主观能动性、积极性和创造性，以及对企业的认同感。文化管理区别于科学管理的关键正在于此，文化管理不是直接通过制度来约束人的行为，而是通过对组织价值观念、组织精神、伦理道德等的塑造，对组织成员的思想观念产生影响，进而增进员工对组织的感情和归属感，激发员工的成就感和创新精神，增强组织的凝聚力和战斗力，直接影响组织运行的效益。

3. 控制方式由外部控制为主向自我控制为主转变

控制是管理的四大职能之一，它是按照一定标准对组织成员的行为及成果进行监督、检查和衡量，从中发现并解决问题，以保证组织目标实现的过程。在科学管理环境下，控制主要是由行为主体之外的专门组织来主持实施的，管理者和被管理者之间是控制与被控制、监督与被监督的关系。当今是一个自主与个性张扬的时代，员工具有强烈的自尊心和自我个性意识。从人本管理出发，通过组织的共同信念和最高目标来影响和引导管理，可以很好地协调领导与员工的关系，使领导与员工之间的关系，由控制与被控制、监督与被监督的关系，转变为在共同的信念下平等协商、共谋组织发展的平等式关系，形成一种相互沟通、理解、信任的文化氛围。重视员工的个性自主意识的管理方式是一种有效地体现企业人力资源管理“人文”性的管理环节和手段。人本文化的本质是“人化”，人本文化的功能是“化人”、“育人”。自我管理正是现代企业人本文化向纵深层次发展的体现。许多企业现在实行的“信任型”管理和“弹性工作时间制”，都是以企业文化为依托，以员工的良好素质为基础，根据企业的发展战略和目标，实施“自己管理自己”、“自我完善”、“自我实现”，把个人意志与企业的意志统一起来，从而使每个人的积极性真正调动起来，赢得员工的献身精神，这才是成功的人本管理的基石和企业文化的真谛。在文化管理条件下，控制是通过行为主体的自觉性来实现的，即：承担具体任务的部门或个人具有很强的工作责任心和自我约束力，通过“自检”的方式，保证自己的行为符合组织总目标的要求，实现自我控制。

4. 领导方式由指挥型向育才型转变

领导是一种影响力，是对人们施加影响的艺术或过程。领导影响他人的基础是权力，权力则由包括合法权、奖赏权、惩罚权在内的职位权力和包括专长权、个人魅力、背景权、感情权在内的非职位权力构成。相对而言，在科学管理阶段，职位权力在权力体系中显得更为突出，主要通过组织赋予的职权和奖赏、惩罚等方式影响下属。在这种领导方式下，强调的是下属在行为上服从上级部门和人员的领导。在文化管理阶段，非职位权力的地位得到凸显，领导者主要通过培育组织成员内在价值观的一致性，建立顺畅的沟通渠道，给予下属更多的支持指导，增强自组织的功能。

5. 管理中心由物转向人

管理中心问题不是辨明组织要素中人和物哪个要素更重要的问题，而是涉及管理理性的升华。文化管理与传统管理的重要差异在于：文化管理将“利用人”的工具理性与“为了人”的价值理性相互结合，使组织从利用人的机构转变成为满足人的需要的一种工具，管理的着眼点已经从对“物”的管理转向了对“人”的管理，它的核心价值观是尊重人、关心人，激发人的热情，满足人的合理需要。文化管理是一种把“人”作为管理活动的核心和组织的最重要的资源，把组织内部全体成员作为管理主体，围绕如何充分利用和开发组织的人力资源，服务于组织内外的利益相关者，从而实现组织目标和组织成员个人目标的管理理论和管理实践活动。为此，文化管理强调营造充满活力与弹性的工作环境，为每一位员工个性才能的施展提供一个宽松适宜的环境；强调培养员工自觉主动的驱动力，组织通过为员工的利益着想，尊重员工、关心员工，启发员工自觉主动的精神；强调善于运用人的智慧和创造力，不仅要使人与人友好相处，也要使人与机器间的沟通更趋完善。

(三) 文化管理的作用

1. 导向作用

企业的根本宗旨和目标构成了员工奋斗的共同理想或愿景，但是企业目标不能仅仅是追求盈利，企业要能够凝聚人，就必须有超越利润的价值观，就需要实施文化管理。

2. 激励作用

对员工的激励，应综合考虑物质和精神的需要，物质需要可以用物质去满足，而精神需要、自我实现需要、自尊需要则要靠企业文化。这就是现在很多企业在留住人才的时候，不仅只靠待遇留人，还要靠感情和事业留人。而感情和事业正是文化的一部分。

3. 凝聚作用

企业应能够团结员工的心，使他深切感到这个事业值得追求，使他感到企业如家，也可以通过企业文化，通过文化的感情诉求实现。

4. 塑造作用

人都是环境影响的产物，一流的员工不仅要有一流的业绩、一流的技术，更重要的是他的精神风貌、作风、敬业精神都应该是一流的。企业文化特别强调，员工之间应具有很强的团队精神，协作很好，内耗少，一致性强，这样企业的竞争力才会较强。

5. 资源整合作用

文化管理形成的是一种经营理念、企业哲学，可以起到很好的整合作用，整合企业的精神资源和物质资源。特别是企业精神资源的整合，更是文化管理作用的独到之处。

6. 辐射作用

成功的公司，他的品牌战略往往也是成功的。品牌怎么形成的？品牌的背后就是文化，企业品牌是企业文化在社会上的一种映象，一种反射，一种辐射。企业的文化让社会公众、顾客、供应商、政府了解了，让新闻媒体报道了，传遍世界，就树立了企业的形象。所以拥有良好的企业文化，就会树立好的企业形象，好的企业形象不断积累的结果就能变成好的品牌。

(四) 文化管理是对科学管理的新发展

从管理学发展的总体趋势看，文化管理是对科学管理的新发展，是管理学适应现代社会经济发展大趋势的必然选择，管理实践应当充分体现文化管理的基本精神。但是，文化管理是在科学管理的基础上发展起来的，没有科学管理就没有文化管理。在实践中更是如此，只有经历过科学管理阶段的熏陶，才能使组织运行趋于科学规范，组织成员养成自觉遵守纪律的习惯，增强各部门和成员的自控能力与组织水平，而这些正是文化管理得以实现的基本前提。换句话说，只有在全面普及科学管理的基础上，才能实施文化管理模式，科学管理的普及是管理发展不可跨越的阶段。当前，我国大多数企业和各类组织还处在科学管理的普及阶段，有些组织甚至还处在由经验管理向科学管理的转变时期，具备实施文化管理条件的组织还凤毛麟角。也就是说，在我国目前的管理实践中，尽管可以借鉴和吸纳文化管理的某些理念，但还不能片面强调文化管理的功能与优点，中国管理实践的当务之急仍然是普及科学管理，由科学管理向文化管理的转变是一个循序渐进的过程。

三、中国管理学将进一步体现哲学思想

人类早期的管理活动已经包含了一些科学认识的萌芽，其表现为经验认识发展过程中的

科学化趋势。而从管理理论产生之日起，也就包含着对管理的哲学思考萌芽，管理理论的发展过程则表现出哲学化趋势。管理学在研究管理时，由于管理对象本身就是多样性的统一，对这个对象的研究也就逐渐从单一走向多样。其结果，一方面，管理学的研究要适应涉及的领域、组织系统和内容越来越广泛、越来越具体的现实要求。另一方面，管理学为了把握越来越丰富的具体，也就要求越来越高的抽象概括。而管理学发展的哲学化趋势，正是在这种具体和抽象相统一的过程中表现出来的，其可以从管理学说内容的理论化趋势和理论形态的抽象化趋势得以反映。

（一）学说内容的理论化趋势

在早期的管理理论阶段，管理理论的内容虽然也不乏某些理论的分析，但总体来说，却明显地偏重于研究某些具体的管理技术，通过找到某些有效的管理技术来提高生产或工作效率。随着管理的发展，人们越来越认识到管理的指导思想和指导理论的重要性。于是在组织理论和行为科学阶段，管理理论则更注重组织理论、行为理论的研究，试图抓住管理的某一个侧面或方面，形成指导某方面管理的理论。但是，这时的理论还没有达到系统化，各论一个方面，没有着重去研究各个方面的系统联系。到了现代管理理论阶段，管理理论就提高到了一个新的水平。这不仅表现在对管理的各个方面的问题开始形成更全面和系统的认识，而且力图从价值观点出发去处理各类管理问题，以适应不断变化的环境的要求。

（二）理论形态的抽象化趋势

从理论形态来说，“科学管理”和“管理科学”也是一种理论，但这种理论表现出来的“硬科学”成分较多。首先，它研究的是管理的比较具体的规律，并在此基础上形成一些比较定型的专业知识。其次，由于其对象比较具体和专业化，因而其内容有较多的部分可以用数学方法来做定量的描述。再次，和以上两个特点相关，它们偏重于制定管理技术和工艺过程标准，使管理通过标准化而达到科学化。但是，我们应当看到，管理学不能仅限于此，而应该对各种管理要素进行更广泛的研究和理论抽象，要从实事和研究实事进展到价值研究，做出价值判断，研究除了必然因素外的随机因素，并将定性分析和定量分析统一起来。正是管理学理论形态的抽象化，才使管理学具有更丰富的具体内容。

管理学的哲学化趋势，反映了管理学发展的理论定位，也是管理学本身性质和作用所决定的。它标志管理学的研究从专门科学的性质上升到了理论科学的性质，要求管理学必须运用科学的抽象法，通过具有普遍指导性的管理价值观念和理论，提高管理者的素质和适应性，帮助管理者解决管理活动中的各种问题，而不是用具体的管理方法和模式的研究来解决管理的实用性问题，更不能把具体的管理问题和经验泛化为管理学的内容。

第四节　管理创新

创新在管理中无处不在，并且贯穿于管理学发展的始终，创新无论从思想观念方面，还是从硬件设备技术方面，都体现出长足的进步。在全球竞争的动态环境中，组织要成功地展开竞争，就必须创造出新的产品或服务，并采用最先进的技术。新的规则不再是传统的“大鱼吃小鱼”而变成了“快鱼吃慢鱼”，毫无疑问创新的速度有时是决定一个组织生存命运的主要因素，“不创新，毋宁死”的形势下，创新的必要性已被广泛接受。

一、管理创新概述

(一) 管理创新的含义

1912 年，美籍奥地利经济学家约瑟夫·熊彼特在《经济发展理论》一书中最早将“创新”一词引入经济分析。熊彼特认为所谓“创新”，实际上是建立一种新的生产要素组合函数，即通过一种生产要素与生产条件的重新组合，使企业获得潜在的超额利润。

同时熊彼特认为，管理创新包括下列几种情况：

(1) 发展一种新产品，也就是消费者还不熟悉的产品或产品的一种新特性；

(2) 采用一种新的生产方法，也就是在有关的制造部门中尚未通过经验鉴定的方法，这种新的方法不需要建立在科学新发现基础之上，并且也可以存在于商业上对一种产品的新的处理方式之中；

(3) 开辟一个新的市场，也就是有关国家的某一制造部门以前不曾有产品进入的市场，不管这个市场以前是否存在过；

(4) 获得原材料或半制成品的一种新的供应来源，不管这个来源是已经存在的，还是第一次创造出来的；

(5) 实现任何一种工业的新的组织，比如造成一种垄断。

熊彼特的“创新理论”产生了深远影响。继熊彼特之后，美国著名管理学家彼得·德鲁克在《管理：任务、责任、实践》一书中将创新定义为：“一项赋予人力和物质资源以更强的创造财富能力的任务”。我国管理学者复旦大学经济学教授芮明杰先生将管理创新定义为创造一种新的或更有效的资源整合范式，这种范式可以是利用新的有效整合资源以达到企业目标的全过程管理，也可以是某方面的细节管理。结合管理学发展的时代特征，可以将管理创新定义为：企业把新的管理要素，如新的管理方法、新的管理手段、新的管理模式等或要素组合引入企业管理系统以更有效地实现组织目标的创新活动。

(二) 管理创新的必要性

1. 市场经济和激烈的市场竞争的要求

只注重产量的计划经济时代已经成为过去，信息化为经济市场化、国际化提供了生产力基础。企业的生存必将是全球范围内的生存。全球电子数据交换系统 EDI，使企业在产品生产和供应方面的地理概念与时间概念大大淡化，资金流通与商品流通日趋市场化、全球化。这些变化既给企业带来了机遇和挑战，又对企业提出了更高的要求。

2. 企业现状和深化企业改革的要求

管理要合理组织生产力，同时又要不断调整生产关系。当今我国企业正处于生产力大发展的阶段，生产关系大变革的环境中，要提高企业经济效益，必须从粗放经营转到集约经营上来。

3. 科技进步和知识经济的要求

科技进步的变化除了导致企业产品的生命周期变短外，对企业的管理模式和管理流程也提出了巨大的挑战。大部分产品的生命周期有明显缩短的趋势；技术与信息贸易的比重增大；劳动密集型产业所面临的日益加大的压力使我国劳动力费用低廉的优势逐步减弱；流通方式向更加现代化的方向演变；对社会组织的领导结构和人员素质提出了更高的要求。而互联网技术的出现，不仅缩短了时间和缩小了空间，而且改变了人类的生活，不只是技术上的改变，还要求重构企业的经营模式。

(三) 管理创新的条件和特点

1. 管理创新的基本条件

为使管理创新能有效进行，还必须创造以下基本条件。

1) 创新主体(企业家、管理者和企业员工)应具有良好的心智模式

创新主体具有良好的心智模式是实现管理创新的关键。心智模式是指由过去的经历、习惯、知识素养、价值观等形成的基本固定的思维认识方式和行为习惯。创新主体应具有的心智模式：一是远见卓识；二是较好的文化素质和价值观。

2) 创新主体应具有较强的能力结构

管理创新主体必须具备一定的能力才可能完成管理创新，创新管理主体应具有：核心能力、必要能力和增效能力。核心能力突出地表现为创新能力；必要能力包括将创新转化为实际操作方案的能力，从事日常管理工作的能力；增效能力则是控制协调、加快进展的各项能力。

3) 企业应具备较好的基础管理条件

现代企业中的基础管理主要指一般的最基本的管理工作，如基础数据、技术档案、统计记录、信息收集归档、工作规则、岗位职责标准等。管理创新往往是在基础管理较好的基础上才有可能产生，因为基础管理好可提供许多必要的准确的信息、资料和规则，这本身有助于管理创新的顺利进行。

4) 企业应营造良好的管理创新氛围

创新主体能有创新意识，能有效发挥其创新能力，与拥有一个良好的创新氛围有关。在良好的工作氛围下，人们思想活跃，新点子产生得多而快，而不好的氛围则可能导致人们思想僵化，思路堵塞，头脑空白。

5) 管理创新应结合本企业的特点

现代企业之所以要进行管理上的创新，是为了更有效地整合本企业的资源以完成本企业的目标和任务。因此，这样的创新就不可能脱离本企业和本国的特点。在当前的国际市场中，短期内中国大部分企业的实力比西方企业弱，如果以刚对刚则会失败，若以太极拳的方式以柔克刚，则可能使中国企业走向世界。中国企业应充分发挥以“情、理、法”为一体的中国式管理制度的优势和特长。

6) 管理创新应有创新目标

管理创新目标比一般目标更难确定，因为创新活动及创新目标具有更大的不确定性。尽管确定创新目标是一件困难的事情，但是如果没有一个恰当的目标则会浪费企业的资源，这本身又与管理的宗旨不符。

2. 管理创新的特点

管理创新不同于一般的“创新”，其特点来自于创新和管理两个方面。管理创新具有创造性、长期性、风险性、效益性和艰巨性的特点。

(1) 创造性。创造性是指以原有的管理思想、方法和理论为基础，充分结合实际工作环境与特点，积极地吸取外界的各种思想、知识和观念，在汲取合理内涵的同时，创造出新的管理思想、方法和理论。其重点在于突破原有的思维定式和框架，创造具有新属性的、增值的东西。

(2) 长期性。管理创新是一项长期的、持续的、动态的工作过程。

(3) 风险性。风险是无形的，对管理进行创新具有挑战性。管理创新并不总能获得成功。创新作为一种具有创造性的过程，包含着许多可变因素、不可知因素和不可控因素，这种不确定性使得创新必然存在着许多风险。这也就是创新的代价之所在。但是存在风险并不意味着要一味地冒险，去做无谓的牺牲，要理性地看待风险，要充分认识不确定因素，尽可能地规避风险，使成本付出最小化，成功概率最大化。

(4) 效益性。创新并不是为了创新而创新，而是为了更好地实现组织的目标，从而取得效益和效率。通过技术创新提高产品技术含量，使其具有技术竞争优势，从而获取更高利润。通过管理创新，建立新的管理制度，形成新的组织模式，实现新的资源整合，从而建立起企业效益增长的长效机制。

(5) 艰巨性。管理创新因其综合性、前瞻性和深层性而颇为艰巨。人们观念、知识、经验等方面的局限性表现为认识上的差距，而思想的扭转本身就是一个痛苦的过程。管理创新涉及组织目标、组织结构、组织制度，关系到人的意识、权力、地位、管理方式和资源的重新配置，这必然会牵涉到各个层面的利益，使得管理创新在设计与实施中会遇到诸多麻烦。

二、管理创新的内容

创新职能在管理中处处存在，并伴随着管理学的发展而发展，管理创新无论从文化理念方面还是从技术方法方面，都体现出长足的进步。管理创新包括文化管理创新、管理战略创新、组织结构创新、管理模式创新、管理制度创新、管理方法创新等。这些内容的管理创新相互交错、互相作用共同推进组织的成长。

1. 文化理念创新

管理大师彼得•德鲁克曾经说过：“管理者是一个愿意或能够为组织担负责任的特殊群体。他们虽然说是由一个个独立的管理者个体组成，但是他们为组织承担责任的方式是他们的愿望、实践、态度。”管理思想与理念创新产生于管理者群体。思想与理念创新要求企业经营者打破思维定式，开发创造性思维。创造性思维有两个主要组成部分：发散思维和逆向思维。发散思维的特点是以一个问题为中心，从各个不同的角度或侧面进行深入思考，以获得解决问题的全部可能。在组织出现的某个问题、某项工作面前，按照发散思维，自然不是固守传统的模式和套路，而是尽量提出多种设想、多种方案、多种实验，多征求组织成员意见，考虑多种关系，多进行科学论证，以使之人性化、权衡化、最佳化。逆向思维，也叫反常思维，是管理者克服线性因果律的简单化，从相反的角度去发现问题、推测问题，以递进求得解决问题的办法。

从微观的组织内部个体的角度看，组织的文化理念在不同时期也反映出时代的变迁。在工业社会，企业文化理念是经营管理过程外对组织正规管理渠道和管理方式的补充，更多的时候它是组织的行为模式和价值观体现，员工不自觉地会受到这些规则的引导和激励。这时的企业文化理念主要是对于其他一些企业或组织成功的经验的借鉴和复制，并未体现出更鲜明的组织特征与个性。对于组织成员而言，组织信念表现出更多的一致性，对于员工个性的包容性较差。但是随着知识经济和网络经济的发展，组织的文化理念已经成为区别于其他组织的显著标志，是发展员工个性、推动组织发展、增强组织核心竞争力的重要手段。知识经济时代，管理者需要比以往更具有创新精神，需要更加注重人文主义的关怀和对人本的回归，需要对人性进行深入的研究，从而形成更好的组织氛围以及达到理想的工作效率。

2. 管理战略创新

战略创新的关键是应对不确定的环境，企业就是在一定经济环境中从事经营活动的，特定的环境要求企业按照特定的方式提供产品或服务。当环境发生变化时，企业的生产方向、经营目标以及企业同其他社会经济组织的关系都要进行相应的调整。就企业总体战略选择而言，可以采取适应性战略、半适应性战略、以资源为中心的战略和改变游戏规则战略等。其中，适应性战略指你变我亦变的战略，其要求企业保持对环境变化的敏感性，提高对环境变化的适应性。半适应性战略指你变我才变的战略，它要求企业事先规划几种方法、几套方案，在事态的进展中观察效果，选择合理的方案。以资源为中心的战略是一种以不变应万变的战略，它要求企业突出自己的核心竞争力，以突出的资源优势赢得竞争胜利，重点是保持优势，相机而动。改变游戏规则战略则是一种先你而动的战略，采取这种战略的企业会主动出击，改变商业游戏规则，使游戏规则向着对自己有利的方向发展。

3. 组织结构创新

传统所倡导的如直线制、职能制、直线职能制等科层制的金字塔形的官僚组织体系在组织变化、社会变迁速度不明显的时代，对于社会组织结构的稳定、生产效率的提高，都起到了积极的作用。但是，随着全球化的发展，比较优势理论在市场经济中的广泛应用，越来越多的企业以国际性的视角在全球寻找战略发展机会及进行资源的统筹规划，那么矩阵式的组织结构、网络式的组织结构更能够适应弹性化的、多变的组织结构的需求。从协调的角度来看，直线制和层级制的垂直沟通体系和命令式的沟通方式既不能满足灵活多变的组织情况，也不能适应员工心理需求的多样性。

4. 管理模式创新

管理模式是一整套互相联系的观念、制度和管理方式方法的总称。管理模式创新就是企业为了适应内外环境的变化而针对管理模式进行的创新。

5. 管理制度创新

制度创新的定义为：人们在现有的生产和生活条件下，通过创设新的、更能有效激励人们行为的制度、规范体系来实现组织的持续发展和变革的创新。所有创新活动都有赖于制度创新的积淀和持续激励，通过制度创新得以固化，并以制度化的方式持续发挥着自己的作用，因此管理制度创新就显得很有必要。管理制度创新所包含的内容广泛，不仅仅包含企业的制度创新，还包括政治制度的创新、国家经济制度的创新等。

制度创新无论对政府还是企业都有着重要的作用。对于政府而言，运用创新性的思维将有助于形成创新型政府，同时也会形成组织的创新型文化。目前，越来越多的政府也引入新的管理学理念，积极建立学习型政府、服务型政府。对于企业而言，制度创新能够帮助企业界定所有权和经营权。

制度创新的核心内容是组织的管理制度的革新，对组织而言，制度是管理的依据，是搞好组织内部管理的基础。

6. 管理方法创新

知识经济发展使组织或社会的管理方法从常规管理阶段步入管理创新阶段。变革对组织的生产发展带来了挑战，更带来了机遇，其核心理念在于创新。改革开放以来，一些科学管理方法都得到了一定应用，如全面质量管理、定置管理、物料资源规划、制造资源规划、企业资源规划、计算机集成制造系统等。

【趣味阅读】

飞利浦的信息化和知识管理

飞利浦公司充分认识到，一个优秀的群体平台能够实现的不仅仅是简单的信息共享，而是能够把信息转化成知识。挖掘知识、共享知识、传递知识的重要性已经深入到了飞利浦公司的决策层。

为了实现这些知识管理的基本功能，公司引进了多个 Lotus 知识管理产品，部署企业级知识管理系统，包括企业级的 Sametime 实时通信基础设施，构建能够与统一通信基础设施相集成的信息知识库。目前，飞利浦公司企业范围内所有员工都可以根据权限访问知识库中的信息，快速获取所需的知识，大大提高了工作质量。

(资料来源：http: //www.officeba.com)

出租车里的商业创意

1998 年，如今的触动传媒创始人兼执行主席冯晖中与家人一起去拉斯维加斯度假，在出租车上，他看到车里装着一块 DVD 显示屏，播放着拉斯维加斯当地的节目。冯晖中当时 3 岁的女儿第一次看到在车里播的节目非常高兴。但随着一个急刹车，DVD 突然黑屏了，女儿也为此失望地一再追问为什么。其实，这涉及的正是此类新媒体营销形式的关键问题。

出租车里的 DVD 给冯晖中留下很深的印象。2001 年，在美国做投资人的冯晖中干脆计划亲自开一家这样的公司。因为车载 DVD 性能不稳定，当时互联网浪潮已经席卷各个行业，冯晖中认为：有互联网就有互动，新的车载传播形式应该做出互动的效果来，而并非只是播放节目。于是，冯晖中自己直接参与研发，做出小型 PC 装在出租车里，初期试验了 100 辆出租车，性能稳定，初战告捷。到 2002 年底，冯晖中决定回到中国发展。原因是，美国出租车是个人所有，如果要在 1 万辆出租车里装上设备，就必须与 1 万个车主一个一个谈判，这是不可能完成的任务。而中国的出租车绝大多数归出租车公司所有，只需与出租车公司谈判即可。

回国后，冯晖中的设备很快装在了 1 万辆上海的出租车上，触动传媒也在 2003 年正式成立。值得一提的是，这 1 万辆出租车里的设备模型都是冯晖中直接参与，在公司手工制作出来的。自己研发设备成了触动传媒的一大特色。

(资料来源：《中外管理》2014 年第 4 期)

【思考题】

1. 未来发展过程中管理理论具有哪些趋势?
2. 企业再造应该遵循什么样的程序?
3. 学习型组织的基本内涵是什么?
4. 供应链管理的基本要素有哪些?
5. 简述全面质量管理的基本观点。

【技能训练】

案例：联想集团并购 IBM PC 事业部

2004 年 12 月 8 日，联想集团宣布并购IBM PC 事业部，这件事引起了全球相当大的关注和反响。

20 世纪 80 年代以前，IBM 是一个软硬件全都自己设计和制造的企业。到了 20 世纪 90 年代，开始调整战略，逐渐把自己变成一个软件、服务型企业。因此，IBM 连续出售了他们的生产制造部门，包括大容量硬盘、打印机等几大块业务。这次出售 PC 业务也是 IBM 原定战略的继续。

作为中国第一大计算机厂商，联想今天的成功从一定程度上讲也标志着整个中国计算机产业的成功。然而，联想在成本控制上比不上直销起家的戴尔，而在技术创新上又远不是以标新立异著称的苹果电脑的对手，那么在整个 PC 产业趋于低迷的今天，在 PC 鼻祖 IBM 也宣布退出的时候，联想又凭什么敢于接受这块烫手的山芋呢?

Citigroup Smith Barney分析师科克•杨(Kirk Yang)表示，发展多种经营战略的失败使得联想只能赴海外市场寻找新的经济增长点。他在一份报告中称："如果不走出中国，联想将失去 PC 市场 90%的市场份额。"如果能够成功收购 IBM 公司的 PC 部门，那必然会对联想的重组起到积极的推动作用。但从另一方面看，联想进行大规模的收购也可能使公司陷入困境，从而在国内的竞争中更加力不从心。其中最突出的就是如何在利润率日渐萎缩的 PC 市场获得较高的盈利。

2005年5月1日，联想正式宣布完成收购 IBM 全球 PC 业务。2005年8月柳传志首次披露 IBM PC 的决策内幕。柳传志认为，尽管是亏损，但 IBM PC 业务的毛利是相当高的，达到24%，联想本身毛利才14%。但是，联想在14%的毛利之中实现了5%的净利，而 IBM 24%的毛利却是亏损。原因非常简单，就是 IBM PC 部门的费用成本太高，而有些费用是 IBM PC 部分因为处在 IBM 整个体系中所无法避免的。联想认为，制造业本身就是一个毛巾拧水的行业，钱要一点一滴地通过管理挤出来。所以从长远来看，收购 IBM PC 不是亏损不亏损的问题，而是盈利规模多大的问题。其次，就是在并购前深入调查和谈判之后，联想发现双方的工作语言是共同的，管理模式基本上是一个层次。这奠定了双方业务整合的基础。

此外，IBM的主要客户在欧美，联想的主要客户在中国；IBM最擅长的是高档笔记本，联想最擅长的是台式机。这样总体看来，双方从业务关系上也是互补居多。

分析的问题：

1. 联想收购IBM PC事业部体现了哪些管理发展上的新趋势？

2. 请分别评价IBM和联想此次的战略行为。

(资料来源：董华编写，参考资料为2004年12月8日的《华尔街日报》和2005年9月12日的《中国经营报》)

【训练目标】

1. 增强对管理发展上的新趋势的认识；
2. 加强自身素质与技能的训练与培养。

【组织实施建议】

1. 建议在教学时对此案例进行分析；
2. 在课下准备，可安排1个课时集中讨论；
3. 每个人认真阅读分析案例；
4. 每人写出发言提纲；
5. 以小组为单位组织讨论。

参 考 文 献

[1] 周三多. 管理学(第四版). 北京：高等教育出版社，2014
[2] 张逸昕，赵丽. 管理学原理(第二版). 北京：清华大学出版社，2014
[3] 赵伊川. 管理学(第三版). 大连：东北财经大学出版社，2014
[4] 罗哲. 管理学(第二版). 北京：电子工业出版社，2014
[5] 王艳秋，张凤岩等. 管理学. 哈尔滨：哈尔滨工程大学出版社，2013
[6] 方振邦. 管理学基础(第二版). 北京：中国人民大学出版社，2011
[7] 陈传明，周小虎. 管理学原理(第二版). 北京：机械工业出版社，2012
[8] 李宏林. 管理学简明教程. 北京：经济科学出版社，2008
[9] 路宏达. 管理学基础. 第 2 版. 北京：高等教育出版社，2008
[10] 张英奎，孙军. 现代管理学. 北京：机械工业出版社，2007
[11] 倪杰. 管理学原理. 北京：清华大学出版社，2006
[12] 江孝东. 管理学. 北京：北京理工大学出版社，2006
[13] 钟锐. 培训游戏金典. 北京：机械工业出版社，2006
[14] 卜军，姜英来. 管理学基础. 大连：大连理工大学出版社，2005
[15] 杨明刚. 现代实用管理学. 上海：华东理工大学出版社，2005
[16] 艾理生. 赢在激励. 北京：地震出版社，2005
[17] 孙晓红，闫涛. 管理学. 大连：东北财经大学出版社，2005
[18] 吕实. 管理学. 北京：清华大学出版社，2010
[19] 郭跃进. 管理学. 北京：经济管理出版社，2005
[20] 李晓光. 管理学原理. 北京：中国财政经济出版社，2005
[21] 刘秋华. 管理学. 北京：高等教育出版社，2004
[22] 林志刚. 如何与上级沟通. 北京：北京大学出版社，2004
[23] 陈龙海，韩庭卫. 企业管理培养游戏全书. 深圳：海天出版社，2004
[24] 孙凤芝，赵善伦. 管理学原理. 青岛：中国海洋大学出版社，2004
[25] 王绪君. 管理学基础. 北京：中央广播电视大学出版社，2004
[26] 王毅捷. 管理学案例 100. 上海：上海交通大学出版社，2004
[27] 周树清. 管理(企业管理 1001 法). 北京：中国国际广播出版社，2004
[28] 王俊柳，邓二林. 管理学教程. 北京：清华大学出版社，2003
[29] 刘涛. 管理学原理. 北京：清华大学出版社，2010
[30] 吴金法. 现代企业管理学. 北京：电子工业出版社，2003

[31] 张石森，欧阳云. 哈佛经典管理法则全书. 呼和浩特：远方出版社，2003

[32] 杨文士，张雁. 管理学原理. 北京：中国人民大学出版社，2002

[33] 刘俊贤，刘娟. 新编管理学原理与实务. 北京：北京交通大学出版社，2013

[34] 王克夷. 管理学. 北京：清华大学出版社，2010

[35] 吴照云. 管理学原理. 北京：经济管理出版社，2001

[36] 苗雨君. 管理学. 北京：清华大学出版社，2009

[37] [美]F • 卡斯特等. 组织与管理：系统与权变的方法. 傅严等，译. 北京：中国社会科学出版社，2000

[38] [美]J • C • 柯林斯. 基业长青. 北京：中信出版社，2002

[39] [美]斯蒂芬 • P • 罗宾斯. 组织行为学(第七版). 北京：中国人民大学出版社，2002

[40] [美]理查德 • L • 达夫特. 管理学. 范海滨，王青，译. 北京：清华大学出版社，2009

[41] 张军. 现代管理学. 北京：清华大学出版社，北京交通大学出版社，2009

[42] 叶萍. 管理学基础. 北京：电子工业出版社，2009

[43] 单凤儒. 管理学基础. 北京：高等教育出版社，2008